主编：龙卫球

国家转型与法学丛书

专利标准化的法律规制研究

从专利至上主义到创新至上主义

丁道勤 著

中国法制出版社
CHINA LEGAL PUBLISHING HOUSE

总 序

这套丛书缘起于一种思考：如何进行一种可持续的国家转型。国家转型是个大课题，并且我国超级巨大的治理规模这个事实，使得我们的转型成为一个前无古人的大课题。以一种长程的历史眼光来看，近代以来将近两百年的中国历史，整个是一个转型历史；以一种较为切近的现实眼光来看，最近三十多年的改革开放史，也是一部性命攸关的转型历史。

国家或者文明继往开来之转型，牵涉军事、科技、经济、文化、法律、政治，牵涉整个国家生存发展的方方面面。近代史给出的教训是，在这许许多多的环节中，并不存在一个固定的、能够一转百转的环节；然而同样是这段历史，总是存在一种努力，试图找到一个类似的中心，因此军事救国、实业救国、教育救国、文化改造、社会改造等主张、路线前后相继、不绝如缕，结果各个环节在同一个时空中累积、汇聚，导致批判的武器以武器的批判告终，改革的问题以革命的方式解决，文明的转型以政治的空间收尾。如此反复轮回，已一而再，可为镜鉴。因此之故，文明期待深厚的过程之积累。

另一方面，中国晚近的改革史日益明白地显示出，国家与社会之间的相互沟通，对于稳定的国家转型具有十分关键的意义。社会创造力的释放过程，是，也应当是国家获得有力建构的过程。法律恰好是国家与社会沟通的中间环节，而且法律这个中间环节在某种意义上具有全局的地位：一方面，民主立法过程实现社会领域内的问题、意见、意义向国家的转译；而另一方面，各种社会问题产生的纠纷，又以司法作为最终的救济手段。因此，转型中的每一个难题与课题，最终也都可能或可以转化为法律的问题、法学的问题。

所以，本质上，我国的法学就是“转型中国的法学”，它在不同的时期总是遇上自己的新课题。但在应对这些新课题挑战的智识努力中，同人们或许已经发现，要释放法学的新创造力，往往还需要深挖基础理论。因此，法学发展的一般趋势一直是新课题的不断开拓，以及基础理论的不断深挖。这两个方向并行不悖，互为支援。唯有如此，才能使法学在深度、广度上获得建设和积累，向立法和司法两个方向反馈，最终将自己构建为内在于国家转型的知识通道，这是一种内在的信念。

若能对此宏大的历史进程贡献一二，岂非我辈法学人之幸事？此即为本丛书编纂之初衷。是为序。

龙卫球

2011 年 8 月

于北京航空航天大学法学院

前　言

标准是人类技术立场的共同语言，标准在工业社会和市场经济中起着重要作用，是经济活动的重要“基础设施”。标准制度与专利制度具有对立统一性，随着高新技术的发展，在主客观因素的双重影响下，技术标准更多地和各种知识产权紧密地联系在一起，呈现出专利标准化趋势，它所拥有的知识产权权利和产业支配力，通过标准网络效应和锁定效应的放大，对相关产业影响深远。国内外专利标准化相关诉讼频发，专利标准化中的专利挟持问题凸显，引起了司法、产业及学术界的广泛关注。主流的国际标准化组织纷纷积极探索应对专利标准化之策。

专利标准化问题越来越复杂，专利挟持是标准与专利融合过程中最为根本的问题。因为一旦专利发明被标准采用，那么专利持有者在市场中相对于其他竞争主体就有了一定的竞争优势，其竞争者将毫无选择地使用专利技术，以便与标准达成一致，可能会造成企业依靠专利技术的授权获得高额专利费，这明显阻碍了其他企业使用标准。专利挟持有多种表现形式，主要包括不当披露专利信息、违反 FRAND 原则、违背前手承诺实施不正当竞争行为、超高定价等不公平许可及拒绝许可等。

专利标准化包括许多复杂的政策和法律问题，这些问题背后存在着左右其发展变化的更深层次的理论和规律。纵观专利制度的历史发展，专利至上主义理念居于主导地位，持续时间也最长。而此一专利至上主义理念，竟也泛滥于专利标准化之中，主要表现为技术标准受制于知识产权的专利挟持行为，标准制定组织的专利政策过于强调专利权作为私权的意思自治性以及专利许可协议自由，标准制定组织的专利政策对技术标准化中的专利信息披露义务的弱约束，模糊的RAND专利许可条件，标准制定组织不审查专利权信息、不介入知识产权纠纷，等等。上述种种情形，导致专利权人滥用其在耦合进技术标准中的专利权，甚至利用专利权挟持整个技术标准。专利至上主义是一个历史产物，其存在就一定有其特定历史背景。当前，专利至上主义的理念正日益成为创新的障碍，对专利标准化造成了极大的不确定性，值得深刻反思。

解决专利标准化问题是一项复杂的系统工程，需要从不同视角积极探索解决之道，要实现标准与知识产权高度融合，既方便实行标准，又推广专利技术，保持标准化过程中的利益均衡。因此，应当考虑主要基于专利法自身的完善，完善标准制定组织的专利政策，辅以合同法、侵权法及反垄断法，系统解决专利标准化问题；应当进行理念更张，将先前的“专利至上主义”理念转变为“创新至上主义”理念，以“创新至上主义”理念作为衡量具体法律制度有效性的尺度，专利标准化的法律规制措施的构建也是在此理念下的合理展开；应当借鉴衡平法的禁止反悔原则和民法上的诚实信用原则，建立民法、知识产权法和反垄断法共同适用的规制体系，在法律法规中明确规定对于知识产权标准化的总体策略与规制原则，规定“禁止反言”原则、“默示许可”原则及共同侵权责任，具体包括完善标准制定程序和标准制定机构的知识产权政策、通过专利法限制专利标准化、通过反垄断法规制专利标准化、完善专利侵权的司法救济程序，促进技术创新。

Preface

As the common language in the field of human technology, standard plays an important role in industrial society and market economy, and serves as important "infrastructure" in economic activity. Standard system is in a unity of opposite to the patent system. With the development of high technology and under double impact of the subjective and objective factors, technical standard is increasingly linked to a variety of intellectual property rights, showing the trend of patent standardization, whose intellectual property rights and dominance in industries has far-reaching influence in related industries through amplification of standard network effects and lock-in effect. Domestic and foreign lawsuits related to patent standardization occur frequently, which highlights patent hold-up issue in the patent standardization, and attracts broad attention in judicial, industry and academia field. The mainstream international standardization organizations have been actively exploring the strategy to patent standardization.

Patent Standardization issues become increasingly complex. Patent hold-up is the most fundamental problem in the integration of standards and patents in the sense that once an item of invention is adopted by standard, the patent owner will obtain certain advantage to other competitors in market, that is, other competitors have no choice but use the patented technology to comply with the standard. This will possibly enable the company to gain huge amount of patent fee through licensing, which obviously hinders other businesses from use standard. Patent hold-up manifests in many forms, including the improper disclosure of patent information in violation of FRAND principle, acts of unfair competition in contrary to the prior commitment, unfair licensing or denial of permission by ultra-high pricing, and so on.

Patent standardization involves a number of complex policy and legal issues, behind which exist theories and disciplines that influence its development and changes in a deeper sense. Patent suprematism concept dominates the whole history of patent system, it's been enduring for the longest time. And now this concept also overruns into the field of patent standardizatioon, mainly in the form such as patent hold-up in which technical standard is subject to intellectual property rights, the patent policy in standard-setting organization is over-emphasis on patent right as private right and on freedom of patent protocol, weak control on the obligation of disclosure of patent information in technical standardization in standard-fixing organization policy, ambiguous RAND patent licensing condition, non-examination of examining patent information and non-involvement in intellectual property rights disputes by standard-setting organization, and so on. All these conditions enable the patent owners to abuse their patent rights fused into the technical standard, and put the whole standard in hostage. Patent suprematism is a historical product, with certain specific historical background. Nowadays, the concept of the patent suprematism is increasingly becoming barriers to innovation, and bring hug uncertainty to patent standardization. This is an issue worthy of reflection.

It's a complicated and systematic job to solve the problem of patent standardization, requiring exploration of solution from different perspectives, high integration of standard and intellectual property right, and balance between easy performance of standard and popularization of patented technology. Therefore, on the basis of improvement of patent law itself, consideration shall be made mainly on the improvement of the patent policy in standard-setting organization, coordinated with contract law, tort law and anti-trust law to solve the problem of patent standardization systematically. First of all, Patent suprematism concept should be replaced by innovation suprematism concept, which shall be used as a scale to measure the specific legal system, and the setup of legal regulation measures about patent standardization shall also be carried out under this concept. The doctrine of estoppels in equity law and the principle of good faith in civil law should be adopted to set up a system suitable for common use of civil law, intellectual property rights law and anti-trust law, and in laws and regulations shall clearly states general strategy and principle for standardization of intellectual property rights, and estoppels principle, implied license principle and joint tort liability. In detail, this includes improving procedures and intellectual property rights policy in standard-setting organization, restricting patent standardization through patent law, regulating patent standardization through anti-trust law, improving judicial relief procedures for patent infringement, and finally promoting technological innovation.

目　录

第一章　绪论

一、命题的提出

标准在工业社会和市场经济中起着重要作用，是经济活动的重要“基础设施”。从 1778 年惠特尼运用标准化方法制造来复枪而开创了标准时代开始，到 1946 年国际标准制定组织正式成立，标准在知识经济社会日益广泛地被使用。无论是在公的政府层面，还是在私的企业和社会组织层面，标准化已然成为一项日益活跃的令人趋之若鹜的活动。标准竞争由此也成为市场竞争动态演进的新阶段，使得市场竞争这一环节大大提前，在产品甚至产业还未形成之前，竞争就已经开始并且对今后产业链的竞争起着决定性作用。事实上，标准是一种高层次知识产权战略，知识产权拥有者通过标准把各种知识产权权利打包，再以标准许可的方式获利，而其他厂商却在标准的束缚中无力反抗。因此，掌握标准的厂商往往掌控着产业的规则和秩序，主导着相关市场中利润和权利的分配，对技术和标准的垄断往往也就意味着对市场的垄断和对产业的控制。通过协调一致或联合行动制定统一的技术标准，已经成为行业寡头们追求垄断利润这一终极目标的重要手段。

但是，标准与专利权结合是一把双刃剑，虽然推动了技术的发展创新，但与此同时，如果处理不当，也可能会阻碍新技术的发展应用。当专利借标准行走，专利权对标准的威胁也就昭然若揭。近年来，大量的知识产权进入标准，业已成为标准化中的重要问题，专利标准化相关诉讼频发，专利标准化中的专利许可问题凸显，引起了司法、产业及学术界的广泛关注。国内外都有相关案例发生，对标准涉及的专利权处置也有相关的规定。

（一）国内专利标准化问题

1. 典型案例

（1）事实标准

标准化中的专利权问题，在我国引起社会各界的广泛关注，主要源于2001年的DVD专利收费事件及2003年的“思科诉华为案”等，这些事件对我国信息通信等高科技行业产生了重大而深远的影响。[1]

DVD专利收费事件

1998年，国际上6家DVD核心生产技术企业(分别为日立、松下、三菱、时代华纳、东芝和JVC）组成的“6C”(Six Companies)联盟与中国DVD生产商之间产生了关于DVD的专利纠纷。1999年6月，结成联盟的6C向全球发表了关于“DVD专利联合许可”的联合声明，称其拥有DVD核心技术的专利所有权，世界上所有从事生产DVD专利产品的厂商，必须向6C购买专利许可才能从事生产。2000年年底，被称为6C的日立等6大DVD技术开发商联盟向

〔1〕 例如，2001年年初，中国原信息产业部和美国高通公司谈判关于在中国生产该公司倡导的CDMA标准的手机。高通公司的许可费是每部手机360.80元人民币的专利技术许可费，按照中国三年可以生产这样的手机2800万部计算，就要付出104亿元人民币的专利费。参见张平、马骁著：《标准化与知识产权战略》，知识产权出版社2002年版，第8页。

中国企业宣布了“DVD专利许可激励计划”，其规定：中国的DVD整机生产厂商必须向他们缴纳产品净售价的4%或每台4美元的技术专利使用费；为每台DVD解码器缴纳净售价的4%或每台4美元的技术专利使用费。[1] 2002年伊始，DVD专利硝烟又起。2002年1月9日，以飞利浦为代表的3C在英国以DVD未交专利许可费，系侵权产品为由，申请海关知识产权保护，扣押了深圳普迪公司运往欧洲的3864台DVD。2002年2月21日，惠州德赛视听科技出口到德国的3900台DVD播放机，也因同样的理由被当地海关扣押。[2] 2002年3月8日，国内百余家DVD生产商收到6C的最后通牒，称由于6C的“DVD专利许可激励计划”在中国经过两年谈判未达成任何协议，6C要求2002年3月31日之前，中国DVD生产商必须就支付专利使用费与6C达成协议，否则，6C将把中国生产商告上法庭。[3] 2002年5月8日，媒体披露中国电子音像协会就DVD播放机专利许可事宜与6C在公平、合理的条件下达成共识，并已在2002年4月19日签订有关协议。至此，社会广泛关注的DVD专利纠纷告一段落。[4]

我国DVD机产业自2002年来因专利费问题遭受重创。无独有偶，2002年美国思科公司诉华为公司侵犯其路由器的案件，引起了国内各界的广泛关注。国内学界召开了专门的会议，认为华为可以反诉思科垄断。

---

〔1〕 崔少华：《DVD收美元的来了》，载《北京青年报》2000年11月17日。

〔2〕 梁桦：《被扣中国DVD交钱后获准进英国》，载《南方都市报》2002年3月8日。

〔3〕 李新丽：《6C称不与中国DVD企业还价》，载《北京青年报》2002年3月28日。

〔4〕 冯亦珍、李佳路：《两年谈判终达共识　我DVD企业与6C达成协议》，http://news.xinhuanet.com/fortune/2002-05/08/content_385253.htm，2016年7月2日访问。

思科诉华为案

美国思科是全球最大的互联网设备制造商和提供商，并且自成立以来的17年间从来没有起诉过任何一家公司。在2002年的189亿美元的销售额中，有30亿美元来自中国。华为是中国电信设备供应商，2002年的合同销售额达220亿元，名列中国2002年度电子百强第7位。2003年1月22日，思科系统公司和思科技术公司在美国得克萨斯州的Mashall联邦地方法院向我国的华为技术有限公司及其在美国的两家子公司HUAWEI AMERICA，INC.和FUTUREWEI TECHNOLOGIES，INC.提起诉讼，指控华为侵犯其知识产权。思科指控华为在多款路由器和交换机中盗用了其IOS（互联网操作系统）源代码，使得源代码中的文字符、文件名以及程序瑕疵都存在雷同现象。这份文件中罗列出的指控，还包括华为Quidway系列路由器和交换机的技术文件、路由器的命令行接口等软件侵权，以及对思科拥有的至少5项与路由协议相关的专利侵权。思科对华为的指控主要体现在以下几点：(1) 盗用思科IOS源代码；(2) 盗用思科技术文件；(3) 盗用思科命令行接口；(4) 侵犯思科至少5项专利权。[1]

类似事件使中国通信和信息产业陷入两难的被动局面——不交纳专利费，将被认定侵权，国外也可以援引世界贸易组织关于海关边境措施的规定，要求进口国政府查扣侵权产品；而专利谈判的结果表明，如果交纳专利费，则将使本来很小的利润空间进一步被挤压，很多企业将被迫转产。

---

〔1〕 杨华权：《滥用技术标准的对策——从思科诉华为侵犯知识产权案说起》，载《企业标准化》2003年第3期。

（2）法定标准

以下分别简要摘录国内三个典型案例：云南省昆明市中级人民法院审理的“陈国亮诉昆明岩土工程公司案”（2001年）、广西壮族自治区高级人民法院审理的“邕江药业公司诉天工药业公司侵犯专利权”专利侵权上诉案（2007年）及最高人民法院《关于朝阳兴诺公司按照建设部颁发的行业标准〈复合载体夯扩桩设计规程〉设计、施工而实施标准中专利的行为是否构成侵犯专利权问题的函》（2008年）。

第一，2001年8月28日，云南省昆明市中级人民法院审理了一起标准制定组织无意间将一项专利技术纳入国家强制性标准所引发的“陈国亮诉昆明岩土工程公司案”。

原告陈国亮称，他的关于“固结山体滑动面，提高抗滑力的施工方法”于1999年5月12日被国家专利局授予专利，至今有效。但昆明岩土工程公司未经他许可，于2000年5月以来，采用这一专利方法，先后在玉溪—元江高速公路上两个地段施工赚取经济利益。为此，陈国亮将昆明岩土工程公司告上了法庭，要求被告赔偿其经济损失10万元。

昆明岩土工程公司对于陈国亮的指控颇感意外。该公司负责人称，作为国家水利水电二级施工企业，他们是严格按照国家的强制性技术规范施工的。据这位负责人介绍，原告的这项“专利技术”实际上是国家水利、水电管理部门颁布实施的一系列水利、水电工程施工强制规范的技术要求。这些规范是固结或防治坡体滑动设计、施工、监理、验收的强制性标准或依据，对建设项目的勘查、设计、施工、监理、验收均具法律约束力。

该公司负责人说，我们依据国家规定的强制性技术规范施工，却受到专利侵权控诉，不依照规范施工，必将又会受到其他相关法律法规处罚，这种尴尬究竟由谁来负责？如果侵权行为存在，那么颁布这些规范的国家水利、电力管理部门是不是最初、最大的专利侵权者？

据悉，陈国亮曾以同样理由控告了云南地质工程勘察院。为此，云南省地质灾害研究会、云南地质工程勘察院在2000年8月23日邀集云南国土资源、水电、公路、铁路、冶金、地矿等行业专家，召开了对陈国亮此项专利的专家评议会，根据《专利法》及《专利法实施细则》相关条文，与会专家向国家知识产权局专利复审委员会提出申请，要求宣告此专利无效。理由是，该发明专利不符合《专利法》第22条之规定，不具备发明专利的基本要求，即新颖性、创造性。[1] 该案最后以原、被告达成和解，原告撤诉而告终。

第二，广西壮族自治区高级人民法院2007年审理了“邕江药业公司诉天工药业公司侵犯专利权”专利侵权上诉案。

原告广西南宁邕江药业公司于2000年3月获得了一项名为“一种治疗颅脑外伤及其综合征的药物组合物”的发明专利。为了能够生产该专利所公开的药品，邕江药业公司参与了“复方赖氨酸颗粒”质量标准的制定。在标准制定过程中，该公司申明标准所采用的配方为其发明专利说明书公开的五个实施例之一。2001年3月，国家药品管理局颁发了“复方赖氨酸颗粒”的质量标准及使用说明书，并附当时生产该药品的企业名单，其中包括邕江药业公司和河南天工药业公司。

---

〔1〕 陈昌云：《云南：硬规范与专利权起冲突》，载《工人日报》2001年9月5日。

2006年4月，邕江药业公司发现市场上销售有天工药业公司生产的“复方赖氨酸颗粒”，认为该产品落入了其专利保护范围，遂将天工药业公司诉至南宁市中院。在庭审过程中，被告对其生产的药品落入原告的专利保护范围没有异议，一审法院最终判定被告侵犯了原告的专利权。被告不服一审判决，于2007年3月向广西高院提起上诉。在上诉状中，被告认为其使用原告的专利是执行国家药品标准的合法行为，不构成专利侵权，原告自愿、主动将专利提供给国家，使专利配方成为国家标准向社会公布，应被视为允许他人使用。

不久前，广西高院对该案进行了终审判决。该院认为，邕江药业公司在将专利技术转化成国家药品标准过程中，明确指出该标准所采用的配方为其专利所覆盖，这意味着邕江药业公司并没有默许其专利技术进入公有领域，允许他人可以未经许可自由使用。因此，天工药业公司侵犯了邕江药业公司的专利权。[1]

第三，2008年我国最高人民法院针对一则个案的批复意见（即最高法四号函）再次将专利标准化问题拉入社会各界的聚光灯下，引发各方广泛争议。为了便于下文分析，现将该批复意见全文摘录如下：[2]

---

〔1〕 李德山：《技术标准与专利侵权》，http://ip.people.com.cn/GB/136674/136699/8239228.html，2016年7月2日访问。

〔2〕 全文详见 http://www.chinaiprlaw.cn/file/2008092613652.html，2016年7月2日访问。

最高人民法院关于朝阳兴诺公司按照建设部颁发的行业标准《复合载体夯扩桩设计规程》设计、施工而实施标准中专利的行为是否构成侵犯专利权问题的函

〔2008〕民三他字第4号

辽宁省高级人民法院：

你院《关于季强、刘辉与朝阳市兴诺建筑工程有限公司专利侵权纠纷一案的请示》(〔2007〕辽民四知终字第126号）收悉。经研究，答复如下：

鉴于目前我国标准制定机关尚未建立有关标准中专利信息的公开披露及使用制度的实际情况，专利权人参与了标准的制定或者经其同意，将专利纳入国家、行业或者地方标准的，视为专利权人许可他人在实施标准的同时实施该专利，他人的有关实施行为不属于专利法第十一条所规定的侵犯专利权的行为。专利权人可以要求实施人支付一定的使用费，但支付的数额应明显低于正常的许可使用费；专利权人承诺放弃专利使用费的，依其承诺处理。

对于你院所请示的案件，请你院在查明有关案件事实，特别是涉案专利是否已被纳入争议标准的基础上，按照上述原则依法作出处理。

此复。

二〇〇八年七月八日

该批复体现出以下情况：（1）最高人民法院认识到目前标准制定机关尚未建立有关标准中专利信息的披露机制、使用制度。（2）最高人民法院提出了如果涉案专利已被纳入争议标准，则应考虑的法律规则有如下几点：其一，专利权人参与了标准制定或经其

同意，将专利纳入国家、行业或者地方标准的，视为专利权人许可他人在实施标准的同时实施该专利。那么，此时他人的有关实施行为不视为侵犯专利权行为。其二，专利权人有权要求实施人支付适当使用费，除非其承诺放弃专利使用费（即免费许可）。其三，此种许可费应明显低于正常的许可使用费。[1] 但是，该批复引出一系列新的疑问，例如，专利权的标准化行为如何界定？标准中的专利权人是否应当披露其所有的专利信息？不披露的法律后果是什么？该批复是否明确承认“默示许可”，即专利权人参与了标准制定或经其同意，将专利纳入国家、行业或者地方标准的，视为专利权人许可他人在实施标准的同时实施该专利，此种许可是否属于强制许可？换言之，在专利权人拒绝许可或以不公平条件实施许可的情况下，其专利能否因此被强制许可？

2. 国内专利标准化问题国际化

标准化中的知识产权措施业已成为全球性的贸易问题，美国一直对中国的无线局域网（WAPI）标准和 3G 标准政策等高度关注。2004 年 6 月，美国国家标准学会（ANSI）的专利组向美国政府提交了一份报告，题为“标准制定组织的知识产权政策及其对与中华人民共和国贸易问题的影响”[2]。该报告侧重于中国一个拟议中的政策。该政策要求为无线局域网络鉴别与保密基础框架（WAPI）采纳一个国家标准。中国所拟议的无线通信政策将规定一个具体的加密标准，有可能将许多美国制造商排除在广大的中国市场之外。

---

〔1〕 顾金焰、郑颖捷：《知识产权标准化的法律规制初探》，载《中国发明与专利》2010 年第 6 期。

〔2〕 ANSI White Paper 原文：“Intellectual Property Rights Policies in Standards Development Organizations and the Impact on Trade Issues with the People's Republic of China”, http://public.ansi.org/ansionline/Documents/News%20and%20Publications/White%20Papers/China%20IPR%20PaperFinal....pdf，2011 年 12 月 22 日访问。

2005年5月，我国政府向WTO技术性贸易壁垒委员会提交了《问题》的提案及背景文件。[1] 我国政府认为，《TBT协定》要求成员方采用国际标准，而国际标准设定机构允许知识产权并入国际标准，其制定的知识产权政策仍存在一些不合理的地方。有鉴于此，我国政府建议，WTO应考虑国际问题，要求WTO/TBT委员会在审议TBT协议执行情况的“三年审议”（Triennnial Review）议程下就该问题的解决方案进行讨论，寻求解决这一问题的方法和政策。但是，中国政府此份关于标准化中知识产权问题的提案，因美国等国的抵制无果而终。

近年来，我国对与国内标准发展进程有关的专利技术所采取的做法引起了包括美国贸易代表办公室在内的广泛关注。[2] 美国贸易代表办公室指出，首先，2004年年底中国国家标准化管理委员会发布的《国家标准涉及专利的暂行规定（草案）》以及中国政府主要官员公开发表声明，将考虑对国家标准中所使用的专利技术采取强制许可，引起了他们的关注。2009年11月，中国国家标准化管理委员会拟定了新的《国家标准涉及专利的暂行规定（草案）》与其他国家中获得认可的标准制定组织的典型做法有所不同。其次，中国电子技术标准化研究所于2006年为标准制定机构制定了知识产权政策条例草案。此种政府参与会影响个体交易行为并可能在一定情况下引起担忧。中国标准化研究院于2010年1月就其颁布的《国家标准涉及专利的处置规则》征询公众意见。此份处置规则是中国国家标准化管理委员会颁布的暂行规定的辅助文件。中国

---

〔1〕 中国WTO问题提案（G/TBT/W/251）及其背景文件（G/TBT/W/251/Add.1），http://sms.mofcom.gov.cn/index.shtml，2011年10月19日访问。

〔2〕 Office of the United States Trade Representative：2011 Special 301 Report，http://www.ustr.gov/webfm_send/2841，2012年3月6日访问。

电子技术标准化研究所于2010年10月完成了《国家标准涉及专利的暂行规定》的二次草案——《国家标准涉及专利的标准制定特别程序》，并提交给中国国家标准化管理委员会审查。美国公司对此提议深表担忧。美国将继续监视中国如何通过标准制定机构处理知识产权问题，包括中国电子技术标准化研究所制定和定稿的条例，以及中国国家标准化管理委员会《国家标准涉及专利的暂行规定》的进一步发展。另外，中美双方将在商贸联合委员会知识产权工作小组会上讨论这些问题，中美双方已同意与来自双方相关机构的参会者讨论相关问题。

（二）国际专利标准化问题

20世纪末以来，发达国家出现了大规模的专利标准化的趋势，尤其一些跨国公司、大型企业，它们或是积极地参与国家、行业标准的制定，或是联合相关企业组成产业联盟来生成事实标准。知识产权问题已经成为全世界标准组织的一项巨大挑战。例如，ITU-T（国际电信联盟）认为，标准中的知识产权问题越来越复杂。ITU-T专利政策指南认为，这有其客观原因，但是却无力解决主要问题。IETF（互联网工程任务组）也指出，“如今，标准制定中最为棘手的问题是知识产权”。它已经经历过多起企图通过“专利挟持”以及其他各种方式控制标准的事例。“这不仅仅是IETF的问题，很多标准组织面临同样的问题。”

在美国，Unocal案、Rambus案、Dell案、高通案[1]等都是专利标准化问题的里程碑式案例。有鉴于此，国际社会对该问题给予了高度关注，并从以下几个角度积极寻求解决方案：第一，标准制定组织继续完善其知识产权政策，其中包括明确知识产权所有人披

---

〔1〕具体案情见下文详述。

露其知识产权信息的时间，以便使披露不至于影响标准的制定。同时，他们还积极探索降低知识产权许可成本、提高许可条件确定性的机制，如允许知识产权所有人单方面披露其许可条件等。欧洲通信标准学会（ETSI）甚至还提出了许可费封顶的建议。第二，一些政府部门，如丹麦、荷兰等则从公共政策的角度，通过强制实施“开放标准”（open standard）来避免知识产权对标准的消极影响。尽管这些政策并没有就知识产权许可提出明确的要求，但他们往往要求以合理的低成本实施标准。第三，产业界和一些民间标准制定组织则在实践中探索解决方案，如开放源代码、要求进入标准的知识产权免费许可等。他们也许并不想深入探究复杂的政策和法律问题，而只是想通过实践，如互联网等来证明，免费的知识产权许可可以获得成功。不过，目前的工作重心主要是从竞争政策的角度，探索标准化条件下知识产权许可中的限制竞争行为管制。[1]

2007 年 3 月 19 日，经过充分协商，ISO（国际标准制定组织）、IEC（国际电工委员会）和 ITU 在“世界标准合作（WSC）”的框架下联合制定通过了一项关于实施统一专利政策、统一专利申请书和专利许可证格式的导则。三大组织共同采纳的政策鼓励公开专利技术，只要公司在合理和非歧视的条款和条件下公开知识产权，那么其创新技术就可以纳入标准中。ISO、IEC 和 ITU 这项导则的发布实施，将有助于企业采用含有专利技术的标准文件。此外，IEC、ISO 和 ITU 还联合采纳了共同专利政策的执行指南以及

〔1〕 有关这个问题的解决方案的讨论，详见安佰生：《标准化条件下知识产权保护问题初探》，载《国际贸易》2005 年第 12 期。另见 Baisheng An, “Intellectual Property Rights Issues in Standardization”, in *The Standards Edge: Golden Mean*, ed. Sherrie Bolin, The Bolin Group, Ann Arbor, MI: Sheridan Books, 2007.

专利权声明和许可申报单。[1] 2008 年 5 月 23 日至 27 日，世界知识产权组织（WIPO）第十二届专利法常设委员会（SCP）要求秘书处为下届 SCP 针对专利信息的传播、专利客体的例外和专利权的限制尤其是豁免和强制许可、专利和标准及客户、律师保密特权等四项议题进行研究，WIPO 秘书处编制了《标准与专利研究报告》作为 2009 年 3 月 23 日至 27 日第十三届 SCP 大会专利和标准议题。[2] 目前在 WIPO 网站上的“标准、知识产权（IPRs）和标准制定程序”一文有力地证实了其主要结论：“无论贵公司是否拥有对于满足标准可能是基本的或有用的专利（或提出了专利申请）、或者贵公司是否打算制作或提供符合一定标准的产品或服务，都应当熟悉知识产权或有关标准制定组织（SDO）的专利政策。”[3]

美、欧、日等发达国家和地区的反垄断机构，近年来高度关注专利标准化问题。反垄断机构起初主要从知识产权许可，包括专利联营的限制竞争行为的角度，考察专利标准化问题，所适用的法律也是一般意义上的知识产权许可反垄断指南。但反垄断机构很快就发现，专利标准化中的许可不同于一般情况下的知识产权许可，并开始专门就专利标准化问题的反垄断进行研究，日本公平贸易委员会则已于 2007 年专门发布了《标准化与专利联营安排指南》。不过，即便有上述指南性文件，专利标准化问题的解决，还必须基于

〔1〕 世界领先的国际标准组织采用了统一的方法将专利技术纳入标准。http://www.itu.int/ITU-T/ipr/index.html，2012 年 4 月 13 日访问。

〔2〕 张平主编：《冲突与共赢：技术标准中的私权保护——信息产业技术标准的知识产权政策分析》，北京大学出版社 2011 年版，第 15 页。

〔3〕 Standards，Intellectual Property Rights（IPRs）and Standards-setting Process，http://www.wipo.int/sme/en/documents/pdf/ip_standards.pdf，2016 年 6 月 15 日访问。

标准化的独特性，对诸多问题进行深入、细致的分析。[1] 此外，美国司法部的一份文件对“专利挟持”进行了比较具体的界定：标准确立之后，核心专利的专利权人披露出所谓新的专利或者新的专利申请。在这种情况下，推翻已制定的标准再搞新标准在经济上是不可行的，只能维持原来的标准，这样就等于核心专利人新公布的专利申请对于现有标准有一种挟持作用。[2] 在涉及专利权人不正当行使其权利的问题上，美国联邦法院分别在1917年和1948年发展出“专利权滥用行为原则”，“滥用专利”在专利侵权诉讼中成为被告重要的辩护理由之一。美国联邦最高法院判例表明，对专利权滥用行为理论，美国司法走过了由完全否认到全面承认，再到加以适当限制的承认这样一个演变发展的历程。针对知识产权是否容易产生市场支配力，出于防止专利滥用的目的，1988年美国国会通过了《专利权滥用行为修正法》，坚决摒弃这种固有的市场支配力的假设，即明确拒绝假定市场支配力来自知识产权保护的存在。[3] 集中反映美国反垄断法在这一领域的丰富经验的是美国司法部和联邦贸易委员会（FTC）在1995年4月6日联合发布的《知识产权许可反托拉斯指南》，该指南提出三大原则，并就知识产权许可行为可能引起的反垄断法问题，系统地说明了其在执法中将采取的一般态度、分析方法和法律适用原则，提供了分析知识

---

〔1〕 安佰生：《标准化中的专利权问题：进展与挑战》，载《知识产权》2008年第5期。

〔2〕 David L. Meyer：“How to Address ‘Hold Up’ in Standard Setting Without Deterring Innovation：Harness Innovation by SDOs”，http://www.usdoj.gov/atr/public/speeches/234124.htm，2015年8月15日访问。

〔3〕 ［美］Jay Dratler，Jr. 著：《知识产权许可》，王春燕等译，清华大学出版社2003年版，第641页。

产权许可中反托拉斯问题的框架。[1]

总而言之，专利标准化政策特别是专利许可问题已引发了国内外的广泛关注。综合上述案例及相关应对来看，在我国现行标准管理体制下，如果专利权人参与了标准制定，但没有披露专利信息，能否视同免费实施的默认许可，从而使标准管理组织、标准制定者和标准采用人的有关行为不被视为专利侵权？在专利标准化过程中，专利权人未按照事先披露的条件许可该专利，当事人主张按照披露的许可实施条件实施的，能否强制许可？上述依据又是什么？何为专利标准化的核心问题？专利标准化究竟存在哪些复杂的政策和法律问题？这些问题背后是否存在左右其发展变化的更深层次的理论和规律？法律应该如何回应专利标准化问题？换言之，针对专利标准化的行为，法律应当如何规制？本文拟结合国外典型案例分析技术标准化中的专利许可问题，深入剖析及反思技术标准化中专利许可背后的专利至上主义理论理念，进而尝试从多层面、多视角提出解决技术标准化中专利许可问题的法律规制对策，最后对我国标准化专利许可制度提出完善建议。

二、研究综述

（一）国外专利标准化研究

美国一直是标准与知识产权战略研究与实施相结合的典范国

---

〔1〕 详见王蔷：《知识产权许可反托拉斯指南》，载《主要国家（地区）反垄断法规汇编》，尚明主编，法律出版社 2004 年版。《反垄断法指南》还指明了反垄断部门在运用合理法则对知识产权许可合同进行分析、评估时的一般原则，包括：市场的结构状况、协调和排斥，涉及排他性的许可合同，效率与正当理由，反垄断的“安全区”。另参见冯晓青、杨利华著：《知识产权法热点问题研究》，中国人民公安大学出版社 2004 年版，第 206—207 页。

家，在相关理论方面也颇有建树。美国学者将知识产权标准化问题归纳为知识产权对标准化的"挟持"（hold-up[1]，也译为"阻抑""敲竹杠"）和专利费累加（royalty stacking）的问题。在"SSRN网"上，以"Patent Standardization"为主题词搜索，共有19篇文章；以"patent hold up"为主题词搜索，共有36篇文章。[2] 比较有代表性的如美国斯坦福大学法学院马克·莱姆利（Mark Lemley）教授和伯克利大学卡尔·夏皮罗教授（Carl Shapiro）的文章。

Mark Lemley教授认为，一旦专利发明被标准采用，那么专利持有者在市场中相对于其他竞争主体就有了一定的竞争优势，其竞争者将毫无选择地使用专利技术，以便与标准达成一致，可能会造成企业依靠专利技术的授权获得高额专利费，这明显阻碍了其他企业使用标准。由此，就产生了专利挟持问题。而且信息通信业（ICT）等网络效应产业对兼容性有很高要求，所有产品都要按照标准进行生产。按照标准生产的每个产品都涉及大量专利技术，这和依靠少数专利技术就能进行生产的制药等行业有根本的不同。ICT产业里往往含有大量专利技术，这些技术由于数量众多而无法为包括标准制定组织和标准实施者在内的相关方轻易知悉。标准制定组织往往会在不知情的情况下，将受知识产权保护的技术写入标准，权利人则可能等标准广泛实施后，再主张权利。此时，由于标

[1] Hold-up也有译为"挟持"，在经济学上也称机会主义（opportunism），是指一个上游的专利权人对一个下游的使用者（用户）强制索取远高于正常合理许可费（a greater-than-reasonable royalty）的现象。详见Carl Shapiro, *Navigating the Patent Thicket: Cross Licenses, Patent Pools and Standard Setting*, AdamJaffe, Joshua Lerner, Scott Stern, eds, 1 Innovation Policy And The Economy 119, 125 (2001).

[2] http://papers.ssrn.com/sol3/results.cfm? RequestTimeout = 50000000。而以"hold up"为主题词，能搜索出151篇文章，http://papers.ssrn.com/sol3/results.cfm，2012年1月30日最后搜索。

准实施者已经进行了大量不可逆转的投资，加之专利侵权诉讼中的诉前禁令威胁，标准实施者在专利许可谈判中往往会被迫接受专利人的不合理条件，标准的实施和顺利推广将因此受到很大阻碍。在涉及专利侵权的情况下，由于类似的“伏击”专利往往不止一个，也不只属于一个权利人，法院在不考虑标准化的实际情况下，往往会认为单个专利人在法庭上要求侵权方交纳产品价格1%的专利费听上去是很合理的，在现有知识产权保护司法体系下，也很容易得到法院的支持。但最终累加起来的总的专利费，往往使标准实施无利可图，最终导致专利权人阻碍标准的采用和产品的市场化，从而出现ICT产业内专利权人阻挠生产商按照标准进行生产的现象。[1] Mark Lemley 教授在考察研究了美国现存的众多标准化组织（主要是私立标准化组织）后认为，一些兼容标准是开放性的还是封闭性的，很大程度上取决于标准化组织所采取的专利政策，以及这些政策是如何运行的。进而，他初步确立了此后研究的基本范围框架：纳入标准的专利披露义务、专利许可的“RAND 条款”、退出时的一些许可问题等。他着重考察了这些规定的可执行性，认为无论是专利信息披露还是许可方面都只是原则性的规定，缺少了可执行性。[2]

Carl Shapiro 教授认为，标准的制定和贯彻必须以科学、技术和经验的综合成果为依据。标准的制定受某一时期、某一领域的科学技术发展水平的高低的限制。然而，在知识经济时代，新技术存在

---

〔1〕 Mark Lemley, “Ten Things to do about Patent Holdup of Standards (and One Not To) ”, *Boston College Law*, Vol. 48, p. 149, 2007; Mark Lemley and Carl Shapiro, “Patent Holdup and Royalty Stacking”, *Texas Law Review*, Vol. 85, 1991, 2007.

〔2〕 Mark A. Lemley, “Intellectual Property Rights and Standard-Setting Organizations”, 2002.

的状态已经较过去有了很大的改变，新技术的掌握者大多寻求以专利权保护自己的新技术。而且一项尖端技术往往包含多个技术方案，并分别为不同的专利权所有人所掌握，附有内容不同的专利权。当某一技术领域存在多项专利技术时，要将该技术推向商业化就必须获得多次授权，Carl Shapiro 首次将这种现象称为“专利丛林”（patent thicket）。[1] 知识产权权利有许多重叠的地方，开发新技术的人必须在专利丛林中披荆斩棘，才能获得自己所需的全部专利技术的使用许可，由于专利被累积起来，并且它们为不同人所有，所以，一些具有基础性作用并且极其重要的专利就会给此技术的开发和产业化带来很多的负面效应，专利丛林问题使技术发展僵化，甚至阻碍技术的革新。他指出，计算机、半导体和信息技术公司现在遇上了限制其发明创造能力的专利权“丛林”。标准的制定实施也会遇到类似于专利丛林的问题，专利丛林会导致标准制定覆盖已有专利的现象，即“专利被动加入技术标准”。[2]

在标准制定组织的专利政策方面，律师 Rita R. Kanno 和 Frederick M. Gonzale 深入地研究了标准制定组织（Standard-Setting Organizations，以下简称 SSO）的知识产权政策对 SSO、组织成员和标准使用者的影响，认为标准制定组织体现的是反垄断法与专利权的内在张力，如果 SSO 的知识产权政策不能平衡专利权人与其他各方的利益关系，可能有许多专利权人担心失去其专利权或对其专利权限制过大，不愿加入标准制定组织。他们从这样的角度对标准化组

〔1〕 Carl Shapiro, *Navigating the Patent Thicket: Cross Licenses, Patent Pools and Standard Setting*, AdamJaffe, Joshua Lerner, Scott Stern, eds, 1 INNOVATION POLICY AND THE ECONOMY 119, 125 (2001).

〔2〕 此外，有很多学者从科斯定理、公地悲剧与反公地悲剧、政府干预等角度提出了非常独到的见解。例如，布坎南（James M. Buchanan）和杨（Yong J. Yoon）2000 年的《对称的悲剧：公地与反公地》就是其中力作。详见下文分析。

织的专利政策进行了探讨并提出了建议，如针对纳入政府标准的专利的特殊情形，可以考虑建立两层专利体系制度。[1] Kraig A. Jakobsen律师认为，SSO应首先重新审视自己成文的专利政策，看看有没有需要修正的地方，对于一些基本问题如应该对谁、在什么时候、怎样披露专利政策或许可决定等，要有清楚的回答与界定。[2] 律师Nicos L. Tsilas更加详细地审视了信息披露制度应达到的标准和要求，提出了与以往主流不同的观点：对专利和正在申请的专利有披露义务是在正式的标准制定程序开始后，而不是在讨论或建议阶段。在这个重新审视的阶段中，也有学者反对专利信息披露制度的：Robert M. Webb律师就建议要去除披露义务，因为这个方法免除了由此所带来的不确定性和较大的风险。[3]

在专利许可方面，Patrick D. Curran律师研究了专利政策中的许可方式，提出了固定许可费的方式（fixing price），并倾向于"单一来源固定价格"许可方式：从某个专利权人处收取专利技术信息，然后通过谈判的方式确定许可价格，以此来避免多方谈判的麻烦，由于谈判时双方力量均衡，制定的价格也比较合理，也不存在垄断的问题。Daniel J. Gifford法官和Janice M. Mueller教授则建议通过对传统专利制度的变革与调整来解决标准化组织在专利政策选择上的两难境地。而Philip J. Weiser教授则提出了几种非专利法上的救济，如反垄断、建立在合同基础上的救济：欺诈、衡平法上的禁止反言和默示许可。Maurits Dolmans律师在研究欧盟的专利政

---

〔1〕 Controlling Patent Rights In The Industry Standard Context：MICRON TECHNOLOGY，INC. V. RAMBUS INC 2002.

〔2〕 Kraig A. Jakobsen，*Revisiting Standard - Setting Organizations' Patent Policies*，2004.

〔3〕 Robert M. Webb，"There is a Better Way：It's Time to Overhaul the Model for Participation in Private Standard-Setting"，*Journal of Intellectual Property Law Association*，2004.

策基础上提出了针对专利许可的具体评估与操作方法：成本价评估法（Cost-Based Pricing）、同一公司许可价比较法（Same Firm Price Comparison）、市场价评估法（Market-Based Pricing）。这些学者在评估专利的总体成本和效益时，还借鉴了经济学建立在对大量专利统计分析基础上的研究文献，克服了小样本研究的局限性。著名的 Mark Lemley 教授也在其 2006 年、2007 年的研究中分别从 SSO 和法律两方面可做的完善措施对专利政策的核心——专利许可条款提出了建议。[1]

在技术标准与专利结合产生的限制竞争等问题的反垄断审查方面，David J. Teece 教授和 Edward F. Sherry 教授探讨的是 SSO 与反垄断的关系，因为有些标准化组织如大企业联合形成的联盟从美国反垄断法来看，本身就有卡特尔的性质与特点，要接受反垄断法的审查，同时这种标准化组织达成的知识产权政策内容中可能会有限制竞争、不利于创新的情形，也需要接受反垄断审查。[2]

（二）国内专利标准化研究

1. 法学界

对于该问题，国内法学界主要有知识产权法、竞争反垄断法、国际经济法等领域的学者，分别或交叉地论述标准化、知识产权及反垄断法的相互关系，但主要侧重于标准化与知识产权的关系，以

---

[1] Mark Lemley, "Ending Abuse of Patent Continuations", 2006; Mark Lemley, "Ten Things to do about Patent Holdup of Standards (and One Not To)", *Boston College Law*, Vol. 48, January 2007.

[2] 参见郭玲：《标准化组织的专利政策研究》，西南财经大学 2007 年博士学位论文。

及知识产权与反垄断法的关系方面。[1] 通过“中国期刊全文数据

---

〔1〕 我国已有大量有关技术标准化与专利许可及反垄断法方面的研究论文，挂一漏万，列举如下：

缪剑文：《知识产权与竞争》，载《法学》1999年第6期；王先林：《从微软垄断案看知识产权滥用的反垄断控制》，载《法学家》2001年第3期；王先林：《日本关于知识产权滥用的反垄断控制及其借鉴意义》，载《知识产权》2002年第2期；徐瑄：《专利权垄断性的法哲学分析》，载《中国法学》2002年第4期；张平、马骁：《技术标准与知识产权战略的结合》，载《电子知识产权》2003年第1—2期；鲁篱：《标准化与反垄断问题研究》，载《中国法学》2003年第1期；朱晓薇、朱雪忠：《专利与技术标准的冲突及对策》，载《科研管理》2003年第1期；王先林：《若干国家和地区对知识产权滥用的反垄断控制》，载《武汉大学学报（社会科学版）》2003年第2期；梁志文：《标准制定组织知识产权政策实证研究》，载《科技与法律》2003年第3期；李再扬、杨少华：《GSM：技术标准化联盟的成功案例》，载《中国工业经济》2003年第7期；梁志文、李卫军：《钢丝绳上的平衡——论事实标准与知识产权》，载《电子知识产权》2004年第1期；王先林：《知识产权滥用及其法律规制》，载《法学》2004年第3期；马铁良：《技术标准中引入专利的原则》，载《电子知识产权》2004年第12期；杨海江：《技术标准与知识产权保护刍议》，载《电子知识产权》2006年第1期；郭丽峰、高志前：《专利池的形成机理及对我国的启示》，载《中国科技产业》2006年第4期；胡水晶、余翔：《技术标准组织中联合抵制行为的反垄断规制——以GBT诉诺基亚案为例》，载《电子知识产权》2006年第8期；詹映、朱雪忠：《标准和专利战的主角——专利池解析》，载《研究与发展管理》2007年第1期；张平、何怀文：《美国ATSC数字电视标准中的专利权：问题分析与应对思考》，载《电子知识产权》2007年第4期；王晓晔：《滥用知识产权限制竞争的法律问题》，载《中国社会科学》2007年第4期；王晓晔：《知识产权强制许可中的反垄断法》，载《现代法学》2007年第4期；王先林：《反垄断执法与知识产权保护之间的平衡——美国〈反托拉斯执法与知识产权：促进创新和竞争〉报告述评》，载《知识产权》2007年第6期；赵启杉、黄良才：《技术标准中的事先披露原则——VITA新专利政策介评》，载《电子知识产权》2007年第6期；张平、孟兆平：《专利联营的反垄断法规制》，载《电子知识产权》2007年第7期；王先林：《滥用市场支配地位与知识产权》，载《电子知识产权》2007年第7期；张乃根：《专利许可、标准化与反垄断的三角关系》，载《WTO经济导刊》2007年第7期；张平：《标准制定机构与专利许可机构政策分离的利弊分析——以3GPP与3G专利平台为例》，载《电子知识产权》2007年第10期；丁蔚：《标准化中知识产权的“事前披露”政策》，载《电子知识产权》2007年第10期；马忠法：《技术标准与技术许可之关系探究》，载《电子知识产权》2007年第10期；黄良才：《专利联盟中的搭售问题分析——以MPEGLA下的H.264、DVB2T专利池为视角》，载《电子知识产权》2007年第10期；王先林、潘志成：《反垄断法适用（接下页）

库”以“专利标准化”为主题词检索出69篇论文，但法学类相关性比较强的仅有10篇。[1]

我国知识产权法领域较早深入关注到标准化与知识产权关系的学者首推北京大学法学院张平教授及其指导带领的北大科技法研究

（接上页）于知识产权领域的基本政策主张——日本〈知识产权利用的反垄断法指南〉介评》，载《电子知识产权》2008年第1期；王先林：《知识产权行使行为的反垄断法规制——〈反垄断法〉第55条的理解与适用》，载《法学家》2008年第1期；江清云、单晓光：《欧美知识产权领域中的反垄断诉讼及其经济分析》，载《比较法研究》2008年第2期；张平：《ICT标准之知识产权“开放授权”模式探讨》，载《科技与法律》2008年第3期；张冬：《解析美国滥用专利权认定的发展原则》，载《知识产权》2008年第4期；张曦：《标准、专利池与知识产权滥用辨析》，载《电子知识产权》2008年第4期；王晓晔：《与技术标准相关的知识产权强制许可》，载《当代法学》2008年第5期；黄武双：《竞争法视野下的关键设施规则在知识产权领域的运用——以欧盟判例为主线》，载《电子知识产权》2008年第7期；张林胜：《知识产权与〈反垄断法〉关系之我见》，载《电子知识产权》2008年第7期；朱理：《滥用问题专利》，载《电子知识产权》2008年第11期；马海生：《技术标准中的“必要专利”问题研究》，载《知识产权》2009年第2期；马海生：《标准制定组织的RAND许可政策实证分析》，载《电子知识产权》2009年第2期；王先林：《竞争法视野的知识产权问题论纲》，载《中国法学》2009年第4期。

〔1〕主要包括杨华权：《滥用技术标准的对策——从思科诉华为侵犯知识产权案说起》，载《企业标准化》2003年第3期；吴丰盛：《WTO框架下国际技术标准的本质》，载《法制与社会》2007年第2期；王秀梅：《国际技术问题：法律经济分析》，载《管理现代化》2007年第3期；万玉明：《技术标准中的知识产权滥用法律问题》，载《法制与社会》2007年第11期；莫洪宪、贺志军：《国家经济安全视角下我国知识产权之刑事保护——对“专利侵权罪”增设论之否定》，载《法学论坛》2008年第1期；唐娇：《我国〈反垄断法〉对技术标准中专利权滥用行为的规制》，载《科技成果纵横》2008年第1期；岳艳霞、杜晶晶：《技术标准中专利联营的反垄断法规制》，载《现代商贸工业》2008年第13期；梁志文：《专利营销策略的负面影响及其克服》，载《公民与法（法学版）》2009年第9期；韩梅、王忠敏：《基于专利许可与专利池的技术标准研究》，载《太原师范学院学报（社会科学版）》2010年第1期；肖颖：《思科公司专利战略分析》，载《法制与社会》2010年第2期。

中心团队（包括马骁、赵启彬、何怀文等）[1]，张平教授在其专著《标准化与知识产权战略》（2002）中开启了标准化中知识产权问题研究的先河。张平教授认为，标准与专利等知识产权，标准才是最重要的。技术标准许可的实质是专利的许可，现代技术标准的全球技术许可战略是高水平的知识产权管理的系统工程，这一管理工作在建立标准之前就先行介入了，沿用了“技术专利化——专利标准化——标准垄断化”这一思路，并且贯穿于全球技术许可战略的始终。技术标准许可的实质就是知识产权的许可。从技术层面上讲，技术标准体系中的各项技术标准，就是各项技术经认定后汇集成一个技术集合体从而能达到制造一个产品的目的。在这些技术之中，专利技术是核心和重点。所说的标准体系中的知识产权问题，主要就是专利权的问题，因而如何挑选出标准体系需要的专

---

〔1〕 张平教授发表了多篇非常有影响力的有关标准化中知识产权论文，同时出版了多部相关专著。专著主要包括张平、马骁著：《标准化与知识产权战略》，知识产权出版社2002年版；张平、赵启杉著：《标准化概论》（第四版），中国人民大学出版社2005年版；张平主编：《冲突与共赢：技术标准中的私权保护——信息产业技术标准的知识产权政策分析》，北京大学出版社2011年版。主要论文包括张平、马骁：《技术标准与知识产权战略的结合（上）》，载《电子知识产权》2003年第1期；张平、马骁：《技术标准与知识产权战略的结合（下）》，载《电子知识产权》2003年第2期；张平、马骁：《标准化组织的知识产权政策（1）》，载《标准与知识产权》2004年第3期；张平、马骁：《标准化组织的知识产权政策（2）》，载《标准与知识产权》2004年第4期；张平、马骁：《标准化组织的知识产权政策（3）》，载《标准与知识产权》2004年第5期；张平、孟兆平：《专利联营的反垄断法规制》，载《电子知识产权》2007年第7期；张平、何怀文：《美国ATSC数字电视标准中的专利权：问题分析与应对思考》，载《电子知识产权》2007年第4期。指导团队论文主要包括何京：《国家技术标准与专利保护的若干问题》，载《科技与法律》2005年第4期；赵启彬：《论技术标准中知识产权滥用行为的反垄断规制》，载《知识产权文丛》（第12卷），郑成思主编，中国方正出版社2005年版；赵启杉、黄良才：《技术标准中的事先披露原则——VITA新专利政策介评》，载《电子知识产权》2007年第6期；杨海江：《技术标准与专利保护刍议》，载《电子知识产权》2006年第1期；何怀文：《互联网技术标准化的知识产权问题》，北京大学2006年硕士学位论文。

利，如何去获得专利许可，专利许可给标准体系后如何管理，标准体系如何实现标准的对外许可等各项工作就是标准化工作的关键了。技术标准在许可中涉及知识产权的许可，而标准制定组织或标准的持有人也有可能利用标准的优势从事垄断市场或滥用标准、滥用知识产权的行为，因此，技术标准也面临反垄断的问题，而且在国外也越来越受到重视。[1] 他依次分多个专题论述了企业标准与专利等知识产权的关系并从企业的角度提出了一些实际的对策和建议，如加强对标准中相关专利的检索、加强本企业的知识产权管理等。[2]

李扬教授较早地从知识产权的合理性及其危机和挑战的角度论述了知识产权标准化问题。他认为，知识产权整体上作为一种私权的合理性是一个十分复杂的问题，涉及每一个具体国家的政治、经济、文化以及社会本身的具体状况。但知识产权的合理性并不是永恒的，作为现代文明翅膀之一的科技飞得越高，就给知识产权蒙上越厚的阴影。他指出，知识产权标准化引发了合法性危机。随着知识产权以牺牲公共领域为代价的扩张，随着各国将扩张的知识产权制度化，知识产权的体系已经被破坏。同时，社会的分配已经发生了严重的不公，而分配不公的原因就是以财产制度（property regime）来作为分配标准。人们一直对知识产权作为私有财产的正当性予以保护，可是，以这种财产理念为基础，以知识产权体系中的许可制度为标准进行的社会分配已经导致分配正义的丧失。尽管人们对知识产权的创新激励机制还抱有希望，不管知识产权制度在多大程度上能够促进创新，这种实质上的不公平已经破坏了其所宣

〔1〕 张平、马骁著：《标准化与知识产权战略》（第二版），知识产权出版社2005年版。张平、马骁：《技术标准与知识产权战略的结合（上）》，载《电子知识产权》2003年第1期。

〔2〕 张平：《从思科诉华为案谈发明、产业标准与知识产权——企业技术标准与知识产权战略专题一，专题二，专题三》，载《网络法律评论》，张平主编，法律出版社2004年版。

称的目的。同时，分配的不公必然会导致社会发展的低效率。这说明，现代知识产权的内在逻辑已经失败。由于标准与专利越来越密不可分，因此，在标准化方面出现了一个新动向，那就是过去往往是先有产品，后有标准，而现在却是产品尚未商业化，而标准却已先行。国际上出现抢占标准的热潮，以获得企业竞争的制高点。这就是法定标准。标准和专利的紧密结合引发了很多新问题，其中，专利垄断成为人们日益关注的问题。〔1〕

国内多名竞争法领域的学者很敏锐而深刻地关注到知识产权与竞争反垄断法的关系，〔2〕多从知识产权滥用角度探讨标准专利的反垄断法的规制措施，比较有代表性的学者如王晓晔教授、黄勇教授、王先林教授、时建中教授。王晓晔认为，知识产权在市场竞争中是重要乃至关键的因素，因此会受到反垄断法的制约。各国反垄断法一般不把与知识产权相关的限制竞争看成一个黑白分明的问题，仅当它们成为市场势力的决定性因素，且不合理地严重妨碍市场竞争的时候，才会予以禁止。考察与知识产权相关的限制竞争需进行综合分析：界定相关市场、认定当事人关系、确定当事人市场份额、评估限制竞争条款等。中国的现行法规还不足以解决与知识产权相关的限制竞争问题。〔3〕王晓晔还指出，专利在技术标准化

---

〔1〕李扬等著：《知识产权基础理论和前沿问题》，法律出版社 2004 年版，第 228—246 页。

〔2〕知识产权领域的学者也从反垄断法角度予以关注，例如冯晓青、杨利华等著：《知识产权法热点问题研究》，中国人民公安大学出版社 2004 年版。第三章专门分析了知识产权滥用导致的垄断问题。王为农对美国、欧盟、日本的标准专利引发的反垄断问题进行了介绍，参见王为农著：《日本反知识产权滥用的立法与实践》，知识产权出版社 2004 年版。王为农：《“技术标准化”引发的垄断与反垄断法律问题》，载《中南大学学报（社会科学版）》2004 年第 1 期。

〔3〕王晓晔：《滥用知识产权限制竞争的法律问题》，载《中国社会科学》2007 年第 4 期。

过程中起着核心作用。为了防止专利权人在标准化过程中滥用权利和不正当地限制竞争，很多国家规定了专利在技术标准化中的处置方式。如何合理处置技术标准化中的专利，这不仅关系知识产权的保护，也关系市场竞争。因为技术标准体现的是社会公共利益，专利则是其所有权人的私权，这种情况下，权利人为谋取最大经济利益，就有可能利用其专利在标准化过程中或成为标准之后不公平地排除、限制竞争。因此，如何恰当处置标准化中的专利以及成为标准的专利，已成为与技术标准相关的社会各界普遍关注的热点问题。世界各国在这方面的立法趋势是，参与标准制定的专利权人必须披露其涉及标准的专利信息；当其专利成为标准，他得在公平合理条件下许可所有的潜在市场进入者使用其专利；在其不正当地拒绝许可或不以公平条件实施许可的情况下，他的专利有可能被强制许可。总而言之，世界各国关于技术标准化的立法可能存在差异，但它们基本体现了这样一个原则，即参与标准制定的专利权人负有更大的法律责任，即必须在公平合理的条件下向所有的企业开放技术。另外，参与标准制定的专利权人也存在着法律风险，即在拒绝许可或不以公平条件许可的情况下，他们的知识产权极有可能被实施强制许可。〔1〕

黄勇教授认为，知识产权领域的反垄断法问题，已成为近年来理论和实践中的热点。反垄断法在知识产权领域的运用，首先需要明确的是，防止知识产权的滥用，有的方面可以通过知识产权法体系内的控制来解决，有的则需要与其他法律，尤其是反垄断法结合起来加以解决。考察反垄断法在知识产权领域的运用，美国、欧盟

〔1〕 王晓晔：《技术标准、知识产权与反垄断法》，载《电子知识产权》2011 年第 4 期。

和日本的法律实践都具有相当的指导意义。从世界各国的法律实践可以看到，当前对知识产权与反垄断之间的关系研究主要着眼于反垄断法对知识产权滥用行为的规制，尤其着重于对知识产权实施许可行为的规制。在知识经济条件下，仅仅将反垄断法对知识产权滥用行为的规制集中在对知识产权实施许可方面是不全面的，应当说，反垄断法追求的实现有效竞争的目的，是寄托于“权利不得滥用”等民法原则之下，从而全面扩张至知识产权制度的各个领域。[1]

王先林教授主要研究了知识产权滥用的反垄断角度规制。他认为，知识产权的滥用，是相对于知识产权的正当行使而言的，它是指知识产权的权利人在行使其权利时超出了法律所允许的范围或者正当的界限，导致对该权利的不正当利用，损害他人利益和社会公共利益的情形。在这里，知识产权的获得与知识产权的行使是两个问题，不能因为知识产权是合法获得的权利就忽视甚至否认其也有滥用的问题。[2] 知识产权所具有的重要的经济意义，使得它容易被权利人不正当地加以利用，破坏正常的市场竞争。例如，在知识产权行使的过程中，权利人往往利用许可（授权）方式，扩张其所

---

〔1〕 黄勇：《论我国反垄断法在知识产权领域的应然取向》，载《电子知识产权》2006 年第 5 期。

〔2〕 权利意味着得到法律肯定和保障实现的利益，因此，严格说来没有不合法权利的说法，权利滥用中的权利本身也应是合法的。当然，有时也将不正当获得的专利权、商标权等知识产权这种表面上的“权利”或者根本就不应获得的“权利”行使行为也称为权利滥用。例如，1995 年美国司法部和联邦贸易委员会的《知识产权许可反托拉斯指南》就指出，实施或者企图实施以欺诈方法从专利商标局或者版权局获得的专利权等知识产权，可能违反《谢尔曼法》第 2 条的规定（如果能证明符合该条的其他要件）或者《联邦贸易委员会法》第 5 条，这也往往被视为知识产权的滥用。在我国司法实践中，也将专利权人采取规避法律或者其他不正当手段，明知其申请不应当获得专利而申请专利并且获得了专利权，据此行使权利的行为称为专利权滥用，被控侵权人可以提出滥用专利权的抗辩。

享有的知识产权，或者说，权利人往往利用许可合同的规定，限制被授权人可以正当从事的行为。为防止知识产权的滥用，知识产权的行使就要受到一定的限制。一般认为，对权利的限制有内部限制和外部限制两种，前者认为权利本身包含义务，权利应为社会目的而行使；后者则是在承认并保障权利的不可侵犯性、权利行使的自由性的前提下，以公法的措施适当限制权利的不可侵犯性，以民法上的诚实信用原则、权利滥用之禁止原则及公序良俗原则限制权利行使的自由性。〔1〕这同样适用于对知识产权滥用的法律限制。“个体知识产权的行使，不仅与有效竞争的理念存在冲突，而且也极易与民法上的公平、诚信和公序良俗等基本原则发生背离，与知识产权法自身维持社会整体效益的目标之间也有抵触。”〔2〕相应的，知识产权的滥用要受到知识产权法自身规范的限制，同时还要受到民法的基本原则的限制和主要作为公法的反垄断法的限制。它们从各自特有的角度出发，确保知识产权这一合法垄断权的行使不背离法律设定它的基本宗旨。就知识产权法自身规范的限制来说，知识产权除了其所固有的地域和时间的限制以外，为了国家利益或者社会公共利益，有关的知识产权法还通过一些具体的制度使知识产权在一定条件下受到限制，如著作权要受到合理使用制度和法定许可制度的限制、专利权要受到强制许可制度的限制等。无论是知识产权法自身规范对知识产权滥用的限制还是民法基本原则对知识产权滥用的限制，都属于在民商法范围内的规制，这种规制受到民商法自身性质和手段的局限，因此还不足以解决知识产权滥用的更深层次的问题。而属于经济法范畴的反垄断法可以在此基础上对知识产权

〔1〕梁慧星著：《民法总论》，法律出版社1996年版，第251—252页。
〔2〕缪剑文等：《知识产权与竞争法》，载《法学》1999年第6期。

的滥用进行更高层次的规制。虽然并非所有知识产权滥用都涉及反垄断法上的问题，但是由于竞争政策是各国基本的公共政策，而且知识产权的垄断行为也决定了其滥用行为往往会造成对竞争政策的破坏，因而现代各国主要是在反垄断法（反托拉斯法、竞争法、公平交易法等）的框架中来解决知识产权滥用问题的。[1]

时建中教授认为，技术标准在经济发展和社会进步的过程中扮演着越来越重要的角色，然而在有关技术标准的法律关系中却出现了传统法律调整路径无法解决的矛盾。审视知识产权法和反垄断法的互补式互动关系，实现新型的知识产权和反垄断法的嵌入式互动。在新经济条件下，为了实现技术标准化过程中的利益平衡，必须重新基于知识产权"有限保护原则"和反垄断法的"关键设施原则"，构建解决标准化过程中利益失衡问题的法律规则。[2]

2. 经济学界及产业界

国内经济学界对专利标准化问题进行深入研究的，当推安佰生博士。安佰生博士很早就关注到该问题，他认为标准化中的专利权问题，是指由于缺乏对专利技术进入标准的有效管理，导致标准为特定私有技术锁定，并受知识产权权利人权利主张限制，无法顺利实施标准的问题。具体说，标准制定由于缺乏关于实现标准的替代技术，包括替代技术的价格和性能综合评估等比较的全面信息，导致技术标准被锁定在特定技术上，严重偏离了标准"在规定的范围内获得最佳秩序的"原本目的。标准制定组织模糊的专利政策及现行专利制度的强保护趋势，使标准实施者在专利权许可谈判中处于

---

〔1〕 王先林：《知识产权滥用及其法律规制》，载《法学》2004年第3期。

〔2〕 时建中、陈鸣：《技术标准化过程中的利益平衡——载兼论新经济下知识产权法与反垄断法的互动》，载《科技与法律》2008年第5期。

劣势，标准实施因专利权问题受到严重阻碍。[1]

针对“专利挟持行为”（patent holdout），薛兆丰教授提出了一种治理原则。他认为，无论在有形资源或无形资源的领域里，均存在一物主对其他物主构成“要挟”的现象。在有形资源领域，如果物理上无法分割的资源由多位物主拥有，那么就可能采用“强令出售”的方式来处理要挟问题。在无形资源领域，上述“物理上无法分割”的概念，则对应为“事前就存在但事后才发现的专利冲突”，而采用“强令出售”的方式来解决这种困境可能是有合理性的。[2]

此外，吴欣望博士专门从经济、规则与政策角度分析了知识产权。她观察到，从20世纪80年代开始，越来越多的是要防止知识产权的行使所导致的社会整体效率的低下。吴欣望博士认为，专利垄断是创新垄断的最主要形式。但是过度的专利垄断会对后来的创新活动形成障碍。因此，必须运用反垄断制度，对专利的过度垄断进行适当的限制，以免妨碍产业界的整体创新活力。这就好比，专利制度是通过赋予经济系统中每个“创新种子”以成长的动力来推

---

〔1〕 安佰生：《标准化中的专利权问题：进展与挑战》，载《知识产权》2008年第5期。其他还可参见安伯生的相关著述，如安佰生、祝宝良：《欧盟国际标准化领域的优势》，载《世界标准化与质量管理》2004年第7期；安佰生：《技术标准作为交易信号及其治理》，载《北京工商大学学报（社会科学版）》2004年第6期；张向晨、安佰生：《WTO与中国国家标准化战略：一个基本的理论分析框架》，载《WTO经济导刊》2005年第7期；安佰生：《标准化条件下知识产权保护问题初探》，载《国际贸易》2005年第12期；安佰生：《标准中的知识产权问题》，载《世界标准信息》2005年第11期；安佰生：《标准化条件下知识产权许可中的限制竞争问题初探》，上海WTO事务咨询中心2005年；安佰生：《法律、不安、教育——关于“问题”的思考》，载《中国标准化》2007年第2期；安佰生、钱永铭：《知识产权许可的反垄断行为研究》，载《国际贸易》2007年第9期；安佰生：《洛夏墨点：关于知识产权保护制度与竞争政策关系的争论》，载《经济理论与经济管理》2008年第2期；安佰生：《标准化中的知识产权：一个政策的视角》，载《电子知识产权》2009年第2期；安佰生：《从丹麦开放标准政策看〈TBT协定〉对信息技术标准的适用性》，载《信息技术与标准化》2011年第8期。

〔2〕 薛兆丰：《专利要挟的一个治理原则》，载《电子知识产权》2011年第4期。

动创新，但专利垄断极易使得某个“种子”过度膨胀而导致其他“种子”大量牺牲，需要创新垄断来避免整个生态系统的失衡和停滞。但是，与任何其他政策一样，知识产权政策的制定也需要从一国实际情况出发。知识产权保护的“最优”力度，是和该国的技术吸收能力、人力资本、市场规模等因素联系在一起的。[1]

如前所述，通过“中国期刊全文数据库”以“专利标准化”为主题词检索出 69 篇论文，多数为经济学类和产业类论文。[2] 还有一些从 ICT 产业的角度论述标准化与知识产权的[3]，例如，知名

---

〔1〕 吴欣望著：《知识产权——经济、规则与政策》，经济科学出版社 2007 年版，第 31、39、116—117 页。

〔2〕 主要包括王俊秀：《谁在制造知识霸权》，载《中国改革》2003 年第 4 期；王黎萤、蔡绯：《技术标准战略：信息技术产业发展的有力抓手》，载《浙江经济》2004 年第 20 期；韩汉君、曹国琪：《现代产业标准战略：技术基础与市场优势》，载《社会科学》2005 年第 1 期；叶柏林：《专利壁垒与新圈地运动》，载《中国质量与品牌》2005 年第 4 期；肖武岭：《跨国公司技术垄断战略对我国的启示》，载《科技与经济》2005 年 6 期；王黎萤、陈劲：《技术标准战略、知识产权战略与技术创新协同发展关系研究》，载《世界标准信息》2005 年第 5 期；陈礼和、刘品：《论技术性贸易壁垒的两大政策工具：标准与知识产权》，载《北京工业大学学报（社会科学版）》2006 年第 1 期；李大平等：《软件业技术标准联盟的新产权契约关系解析》，载《科学管理研究》2006 年第 2 期；王海瀛：《技术垄断的新趋势——专利标准化》，载《轻工标准与质量》2007 年第 6 期；李广强、甘路：《标准化和知识产权初探》，载《军民两用技术与产品》2007 年第 7 期；王国顺、袁信：《高科技产业技术标准战略联盟治理研究》，载《科技进步与对策》2007 年第 7 期；孙耀吾、裴蓓：《企业技术标准联盟治理综述》，载《软科学》2009 年第 1 期；李庆满：《产业集群条件下技术标准联盟的组建与运作研究》，载《标准科学》2009 年第 7 期；侯贵龙、朱翔华：《我国实施知识产权战略中标准化问题探讨——解析〈国家知识产权战略纲要〉》，载《中国标准化》2010 年第 3 期；辛军、赵婧：《关于专利与标准融合战略的思考》，载《中国高新区》2010 年第 8 期；胡英姿：《刍议标准化内涵与标准化工作》，载《航天标准化》2011 年第 1 期；方堃、张鸣、谢德琼：《专利标准化的探讨》，载《口腔护理用品工业》2011 年第 4 期；朱瑞博：《战略性新兴产业培育的知识产权与标准竞争战略研究》，载《上海经济研究》2011 年第 4 期；姚远、宋伟：《专利标准化趋势下的专利联盟形成模式比较——DVD 模式与 MPEG 模式》，载《科学学研究》2010 年第 11 期；王春锋：《新兴电子产业技术标准化研究》，载《中国高新技术企业》2011 年第 19 期。

〔3〕 为了落实国家知识产权战略，2006 年原信息产业部与国家知识产权局进行了分专题研究，例如，信息产业部电子标准化研究所牵头承担电子标准分专题组：《电子信息产业标准中知识产权问题的研究》（2006），中国通信标准化协会、信息产业部电信研究院牵头承担通信标准分专题组：《通信标准中知识产权问题研究》（2006）。

互联网业界学者姜奇平认为，标准这种公共物品，本身是公开的，但附着于标准的专利、技术等，情况就比较复杂。他认为，除了安全等少数领域，政府不宜采用政府授权标准，政府不应直接与企业打交道，而应与中介组织如行业协会发生关系，通过行业标准，在市场基础和技术基础上，更好地解决法定标准与事实标准的矛盾。美国技术标准体系的基本特征是产业自治，但是，在个别关系到重大公共利益和公共资源的领域，政府则执行强制性的技术标准。这是由它所处的领先阶段决定的。我国产业界的专利、技术基础薄弱，与美国不可同日而语，如果标准制度过于激进，将欲速则不达。〔1〕

3. 学位论文

在“中国知网”的“中国博士学位论文全文数据库”里，以“专利标准化”为主题词检索2000年至2012年的博士论文,〔2〕，仅

〔1〕 姜奇平：《技术标准的程序正当问题》，载《互联网周刊》2004年第17期。

〔2〕 近年来，以标准化、知识产权和反垄断为主题的硕士论文数量明显增多，在“中国知网”的“中国优秀硕士学位论文全文数据库”里，以“专利标准化”为主题词检索2000年至2012年的硕士论文，共有30篇，以“知识产权标准化”为主题词仅检索到4篇文章，相关性比较强的主要包括张晋静：《技术标准中的反垄断问题研究》，华中科技大学2004年硕士学位论文；苑世芬：《知识产权标准化问题研究》，安徽大学2005年硕士学位论文；陈丽军：《技术标准中的反垄断问题研究》，西南财经大学2006年硕士学位论文；喻萌：《技术标准战略的法学视角研究》，武汉理工大学2006年硕士学位论文；胡宾：《标准化过程中的反垄断思考》，西南政法大学2006年硕士学位论文；程晓军：《反垄断法视野下的技术标准化》，安徽大学2006年硕士学位论文；郭静：《技术标准中知识产权滥用与反垄断》，吉林大学2007年硕士学位论文；王晓青：《国际贸易中知识产权壁垒的形成与企业应对策略分析》，山东大学2007年硕士学位论文；李波：《标准化与专利权滥用》，兰州大学2007年硕士学位论文；张君亮：《跨国公司对华专利策略及其应对研究》，烟台大学2007年硕士学位论文；徐光陆：《技术标准中专利权的滥用及其法律规制》，安徽大学2007年硕士学位论文；唐娇：《技术标准中专利权滥用行为及对其的反垄断规制》，广东外语外贸大学2008年硕士学位论文；关研新：《技术标准中的反垄断问题研究》，复旦大学2008年硕士学位论文；李蕊：《标准和专利权结合引发的反垄断法律问题研究》，中央民族大学2008年硕士学位论文；马晓慧：《基于技术标准的企业知识产权战略研究》，山西大学2008年硕士学位论文；王充：《专利标准化问题研究》，西南政法大学2009年硕士学位论文；倪必勇：《与技术（接下页）

有 4 篇论文[1]，扩展以“专利许可”为主题词检索[2]，共有 14

（接上页）标准有关的专利信息披露制度研究》，厦门大学 2009 年硕士学位论文；邵萌子：《技术标准中的专利权问题研究》，北京化工大学 2010 年硕士学位论文；孙伟超：《专利与技术标准融合中的反垄断问题研究》，大连海事大学 2010 年硕士学位论文；刘静：《标准化的反垄断法规制制度》，西南财经大学 2010 年硕士学位论文；赵艳：《关于温州打火机因技术标准问题受阻欧美市场的案例分析》，兰州大学 2010 年硕士学位论文；牛妞：《技术标准中专利选择问题研究》，中国政法大学 2011 年硕士学位论文。2012 年 1 月 30 日最后检索。

〔1〕分别为孙耀吾：《基于技术标准的高技术企业技术创新网络研究》，湖南大学 2007 年博士学位论文；杨帆：《技术标准中的专利问题研究》，中国政法大学 2006 年博士学位论文；姚远：《技术标准下的专利联盟形成机理研究》，中国科学技术大学 2010 年博士学位论文；张继宏：《专利标准化视角的多维集成创新研究》，华中科技大学 2011 年博士学位论文。2012 年 1 月 30 日最后检索。

〔2〕在“中国知网”的优秀硕士论文库里，扩展以“专利许可”为主题词检索到 76 篇论文，匹配程度较高的主要有张联庆：《论专利权交叉许可及专利池许可模式的反垄断规制——美国的理论与实践》，对外经济贸易大学 2004 年硕士学位论文；陈亮：《知识经济时代下的标准竞争研究》，首都经济贸易大学 2004 年硕士学位论文；孙嫱：《专利许可协议中限制竞争条款的反垄断法规制》，中国政法大学 2005 年硕士学位论文；严业福：《专利权滥用问题研究》，山东大学 2005 年硕士学位论文；冯小兵：《专利联盟及其反垄断规制研究》，中国政法大学 2006 年硕士学位论文；叶萍：《专利池滥用的反垄断法规制问题研究》，中国政法大学 2006 年硕士学位论文；罗曦：《专利联盟制度研究》，西南政法大学 2006 年硕士学位论文；张道成：《专利权滥用研究》，西南政法大学 2006 年硕士学位论文；黄献：《专利标准战略法律问题研究》，湘潭大学 2006 年硕士学位论文；王伟军：《标准化的弊端与法律规制》，湖南大学 2006 年硕士学位论文；何怀文：《互联网技术标准化的知识产权问题》，北京大学 2006 年硕士学位论文；解静：《标准化中专利许可的反垄断研究》，北京大学 2007 年硕士学位论文；卢垚：《“新经济”模式下知识产权滥用的反垄断法规制研究》，四川大学 2007 年硕士学位论文；吴旻：《论专利许可中对权利滥用的规制》，中国政法大学 2007 年硕士学位论文；张波：《专利联营的反垄断规制研究》，上海交通大学 2007 年硕士学位论文；郭玲：《标准制定组织的专利政策研究》，西南财经大学 2007 年硕士学位论文；司云节：《专利池滥用行为的法律规制比较研究》，华东政法大学 2007 年硕士学位论文；赵曦：《专利丛林法则研究》，西南政法大学 2007 年硕士学位论文；朱姣姣：《专利壁垒及法律应对研究》，中南大学 2007 年硕士学位论文；孙翀：《论专利权滥用及其法律规制》，安徽大学 2007 年硕士学位论文；苟元勋：《“专利池”权利滥用及其法律规制研究》，四川大学 2008 年硕士学位论文；王洁：《专利实施许可合同中核心条款的探究》，上海交通大学 2008 年硕士学位论文；徐长恩：《国际专利许可贸易中权利滥用的法律规制》，大连海事大学 2008 年硕士学位论文；范静：《技术滥用与规制》，西北大学 2008 年硕士学位论文；孙磊：《专利许可中“搭售行为”的规制》，清华大学 2008 年硕士学位论文；巩炜：《专利许可限制条款研究》，武汉理工大学 2008 年硕士学位论文；周春杰：《论专利联营的反垄断法规制》，湖南（接下页）

篇论文。综合起来看，相关博士论文主要集中于2006年以后，相关性比较强的仅有4篇：杨帆的博士论文《标准化中的专利问题研究》（中国政法大学2006年）[1]、夏志豪的博士论文《标准选定

（接上页）大学2008年硕士学位论文；连骏：《中国3G技术标准TD-SCDMA的知识产权战略》，西南政法大学2008年硕士学位论文；陆金俊：《专利池的反垄断法律规制研究》，华东政法大学2009年硕士学位论文；马丽：《论专利联盟的反垄断规制》，华东政法大学2009年硕士学位论文；吴洪华：《对跨国公司在TD-SCDMA中专利滥用的法律规制及对策》，湖南大学2009年硕士学位论文；陈少青：《技术标准中专利许可的权利滥用研究》，华中师范大学2009年硕士学位论文；许建：《专利池反垄断规制研究》，华东政法大学2009年硕士学位论文；夏慧：《专利联营的反垄断法规制研究》，南京航空航天大学2009年硕士学位论文；刘鹏：《论3G知识产权许可及其限制》，华中科技大学2009年硕士学位论文；李蕊：《标准和专利权结合引发的反垄断法律问题研究》，中央民族大学2009年硕士学位论文；满璐：《标准组织知识产权政策中的专利信息披露制度研究》，山东大学2009年硕士学位论文；李盼盼：《专利许可中权利滥用的法律规制研究》，大连海事大学2009年硕士学位论文；秦健：《论技术标准中专利权滥用的法律规制》，北京大学2009年硕士学位论文；朱颖：《技术标准中的专利权滥用问题研究》，中国政法大学2009年硕士学位论文；杨绍兰：《国际视野下专利许可限制性条款及其法律规制研究》，复旦大学2009年硕士学位论文；王剑锋：《专利联盟反垄断规制研究》，湖南大学2009年硕士学位论文；李滨：《存在纵向一体化成员的专利联盟效应研究》，大连理工大学2010年硕士学位论文；吴蕾：《专利权滥用规制研究》，大连理工大学2010年硕士学位论文；刘开奎：《我国专利强制许可制度研究》，南京理工大学2010年硕士学位论文；邵静程：《论专利联营的反垄断法规制》，南京理工大学2010年硕士学位论文；刘忆红：《专利联营的政府监管研究》，湖南师范大学2010年硕士学位论文；时艳蕾：《技术标准制定中的专利信息披露制度研究》，河南大学2010年硕士学位论文；2012年1月30日最后检索。

〔1〕该文可以说是国内首篇专门研究标准化中专利问题的博士学位论文，主要探讨技术标准与知识产权之间的互动发展关系，其中心论点分三个部分予以展开：（1）在有能力参与甚至引导技术标准制定的情况下，如何实现自主专利的标准化；（2）在无从参与标准制定的情况下，从事相关贸易的企业如何获得相关专利权的许可；（3）在有能力参与但无能力主导技术标准制定的情况下，如何利用法律手段防止技术标准产生过程中的知识产权滥用。但杨帆的论文主要是从国际经济法视角研究“知识产权与技术标准”问题。全文结构主要分为技术标准概述，标准化中的专利政策，专利技术的标准化途径，技术标准中专利许可的法律问题，技术标准中的专利权滥用及其法律规制，我国的技术标准化战略，等等。参见杨帆：《标准化中的专利问题研究》，中国政法大学2006年博士学位论文。

过程中知识产权保护的冲突与平衡》（中国政法大学 2008 年）[1]、徐曾沧的博士论文《WTO 背景下的技术标准化中专利并入的法律问题研究》（华东政法大学 2008 年）[2]、顾金焰的博士论文专著《专利标准化的法律规制》（中南财经政法大学 2012 年）[3] 等。

---

〔1〕 该文认为，基于知识产权本属私权之一部分，当然应予以保护，只是当知识产权被纳入政府所指定的行业标准后，将动态地向公共性、公益性倾斜，因而产生公权与私权的冲突。所以本书引用利益平衡理论作为基础，以说明当知识产权符合本书所提出之要件时，即不应受既存知识产权体系的保护，而应以利益平衡理论所阐明之原则，对知识产权所有人与使用者，分别公平地采取相应的措施，求取公权和私权在价值取舍上、法律体系中、具体方案里三个层次的平衡，以有效解决上述争议。而在 3G 专利技术之许可费的支付上，实行由政府来支付费用，并对专利权使用者予以合理的收费，达到实质上的利益平衡，以促进全社会的和谐。参见夏志豪：《标准选定过程中知识产权保护的冲突与平衡》，中国政法大学 2008 年博士学位论文。

〔2〕 该文也是一篇从国际经济法视野研究技术标准化中的专利问题的力作。作者通过对我国政府向 WTO 技术性贸易壁垒委员会提出《标准化中的知识产权问题》议案、后无果而终这一事件的追问与反思，将 WTO 背景下技术标准中专利并入的法律问题作为研究对象，通过对这一命题的解读，指出技术标准中专利并入可能产生标准阻抑及竞争阻碍问题，主要表现为专利信息不披露、专利联合许可、专利拒绝许可、专利超高定价许可四种形式，在国际贸易领域，该问题还表现为新形式的贸易壁垒。随后作者提出了解决该问题的三种方法，即标准设定组织专利政策、专利法、反垄断，分析其可能存在的不足。我国在实施国内技术标准、采用国际标准、遵守外国（含区域）技术标准三个层面，都面临技术标准中专利并入问题。我国现有标准化政策与法律、专利法、反垄断法等尚不完善，难以有效解决这一问题，需进一步完善。该文主要从以下几方面进行论述：技术标准中专利并入的基础理论，技术标准中专利并入问题的专利政策调整，技术标准中专利并入问题的专利法调整，技术标准中专利并入问题的反垄断法调整，完善与运用多种法律制度解决技术标准中专利并入问题，等等。参见徐曾沧：《WTO 背景下的技术标准化中专利并入的法律问题研究》，华东政法大学 2008 年博士学位论文。

〔3〕 顾博士是很早就敏锐地观察研究专利标准化问题的学者之一，该文从专利标准化的"中国问题"出发，通过归纳专利标准化形成的格局、专利标准化行为（区分为市场主导和行政主导两大类）、法律规制现状，进而追溯专利标准化背后深层的理论基础。该文认为新的专利标准化法律规制必须要考虑到技术、经济贸易和地缘政治三方面因素的影响，提出新法律规范论，即以法律和自律规则为主更为严格地规范专利标准化行为。参见顾金焰著：《专利标准化的法律规制》，知识产权出版社 2014 年版。笔者在撰写博士论文过程（2009—2012）中，没有查到该文。笔者在修订博士论文出版时，该文已出版，特此补记。

综上，目前我国已有一些专利标准化、知识产权及反垄断法相关的研究文献，但是，近年来学界在标准化知识产权问题研究中出现了一个令人担忧的现象：概念化、重复性研究的文章层出不穷，特别是很多文章没有经过扎实的实证分析，就冠上诸如“技术标准中的知识产权滥用”这样的标题，简单地把技术标准中的知识产权问题与滥用知识产权画上等号。这种概念化、粗放的研究甚至影响了相关政策、部门规章和司法解释的制定过程，引发了很多误解和业界质疑。〔1〕国内许多学者、律师等也对专利联营、技术标准等问题进行探讨，其基本思路是国内存在专利许可垄断问题，通过简单介绍欧美等国家（地区）知识产权指南，从而得出结论——中国应该制定知识产权指南。他们主要是将专利许可中的垄断问题纳入知识产权滥用及其规制中进行研究。针对专利许可中出现的拒绝许可、专利联营、不合理许可合同条款等问题，现有研究未能深入探讨，也没有提出可行性的建议。〔2〕总体上，当前国内研究多侧重于从竞争反垄断法角度来分析知识产权或专利池或专利联盟的反垄断问题，或者研究标准化与反垄断，或标准制定过程中的专利信息披露制度。即便研究专利标准化问题，也是多从知识产权滥用或专利许可的反垄断规制角度（虽然这些方面的问题也很重要），但少有结合国内外典型案例和立法例剖析专利标准化及专利挟持问题的，特别是从专利标准化问题背后抽象提炼出贯穿宏观专利法律制度和行政司法环境始终的理论主线，把握规律，并结合我国专利标准化实践针对性地提出有效法律对策和建议的，尤嫌不够。

---

〔1〕张平主编：《冲突与共赢：技术标准中的私权保护——信息产业技术标准的知识产权政策分析》，北京大学出版社2011年版，执行主编手记第2页。

〔2〕金善明：《结合知识产权战略 完善专利许可中的垄断规制》，载《中国社会科学报》2011年7月12日。

三、研究思路与本文结构

本书主要基于“法律问题—理论抽象—法律规制—完善建议”的逻辑思路展开论述。为了分析和解决专利标准化问题，本书将首先对专利标准化存在的各种法律问题进行归纳总结，为相应的原因分析和对策研究提供坚实基础。然后本书将上述专利标准化问题置于专利至上主义理念之下，借助立法、司法和行政三个维度展开讨论，提炼专利标准化背后的专利至上主义的种种表现及弊病，并进行理论反思，在此基础上，探讨专利标准化的法律规制措施。最后，对完善我国专利标准化提出相关建议。

本书主要分为六个部分：

第一章，绪论。从几则案例引出本书的命题，然后就知识产权标准化问题进行文献综述，进而概括研究思路和本书结构、研究方法、创新与不足。

第二章，专利标准化的法律问题。首先，研究技术标准与专利权的耦合情况，简要介绍技术标准概念及分类、分析技术标准与专利耦合的原因、影响及路径；其次，介绍国际主要标准制定组织及其专利政策，研究国际标准制定组织专利政策的基本规则、专利信息披露政策及专利许可政策；最后，重点通过剖析专利标准化中的专利挟持的各种问题，例如，不当披露专利信息、违反 RAND 原则、违背前手承诺、拒绝许可及超高定价等。

第三章，专利至上主义及其反思。首先，对专利至上主义理念进行分析，通过分析专利至上主义的内涵，分四个阶段对其演进与发展进行历史回溯：从原始的封建特权到资本主义的专利法权阶段、专利权神圣阶段、反垄断阶段、亲专利阶段；其次，研究专利至上主义泛滥情况，分析标准制定组织中立自由的专利政策、专利法律制度的固有缺陷、专利授权的有效推定及宽容的反垄断审查和司法的“亲专利”倾向；最后，对专利至上主义进行深刻反思。

第四章，专利标准化的法律规制。首先，要完善标准制定组织的专利政策，包括对合同自由的适当限制、事先披露原则、相对确定的 RAND 原则、ADR 纠纷解决机制及开放授权；其次，完善专利法律制度，包括在知识产权法定原则下的专利权客体范围限制，禁止权利滥用原则下的合理使用、强制许可、专利权穷竭、先用权等；再次，通过分析专利与垄断的关系及国际反垄断法规制立法例，提出对滥用市场支配地位的专利标准化行为（如不当披露专利信息、拒绝许可、超高定价、搭售等）的反垄断规制以及采用垄断性协议的专利标准化（如交叉许可和专利联盟）的反垄断规制措施；最后，研究司法审查举措，包括提高永久禁令的核发难度，放宽专利无效诉讼的提起条件，提高专利的“非显而易见性”标准。

第五章，完善我国专利标准化政策建议。首先分析我国标准化管理现状及问题，其次梳理我国专利标准化政策现状，最后提出完善我国专利标准化政策建议。

最后，是本书简要的结论。

四、研究方法

本书主要采用比较法方法、案例分析方法、历史研究方法、经济分析方法等。

1. 比较法方法

比较法是法学研究的重要方法，同时，比较法学也是法学的一个重要分支学科。自古希腊开始，就存有最古老的比较法研究。柏拉图的《法律论》和亚里士多德的《政治学》都曾用到比较法进行研究。国际著名的比较法学权威 K. 茨威格特和 H. 克茨认为，比较法最好是“作者首先在各国报告中说明外国法的主要资料，然后用这些资料作为研究的真正核心继续进行深入的比较，最后作为此种比较的结果，进行批评性的法律政策的考察或者得出关于本国法律的解释的结论”。〔1〕

本书将采用比较法方法，主要以美国专利法律制度及司法判例为中心，比较国际主流的标准制定组织的专利政策，以及美国、欧盟、日本等的反垄断法律规制措施。通过比较研究的方法，在剖析专利标准化问题的基础上，结合中国的国情，提出完善我国专利标准化的对策建议。

2. 案例分析方法

案例实则是一种个体比较的研究方法。案例是“活的法律”(living law)，拉贝尔（Rabel）教授曾言：“有法律而无相关判决，犹如仅有骨骼而无肌肉。通说理论系法律之神经。”〔2〕

对于案例比较法方法，王泽鉴先生有精辟论述，他说：

“传统上多采用法条比较，偏重分析各立法例的异同。例如比较法国民法、德国民法典、日本民法及我国台湾地区‘民法’关于侵权行为的一般规定。此种比较仅属基础研究，必须进一步落实到法律的解释适用，尤其是判例（广义包括判决），探讨如何处理具体的法律问题。……在判例的比较研究，常可发现各民法条文规定不同，但解释适用的结果却属相同；或条文虽同，但结论互异。此

---

〔1〕［德］K. 茨威格特、H. 克茨著：《比较法总论》，潘汉典等译，法律出版社2003年版。

〔2〕转引自张红著：《基本权利与私法——以法律行为无效规则和权利侵害救济规则为中心》，中国政法大学2009年版，第17页。

涉及立法体系结构、法律文化和社会发展。”[1]

本书特别侧重于就专利标准化问题的案例分析，通过研究美国 Rambus 案、Dell 案、Unocal 案等典型案例，归纳总结出专利标准化问题的各种不同类型，理解法院在具体案件裁判过程中的关注点及态度变化，深刻把握判例背后的理论脉络，对于我国相关司法实践具有重要的参考价值。

3. 历史研究方法

世界上任何事物都有其产生、发展和灭亡的过程，对研究对象进行历史考察是社会科学的主要研究方法之一。列宁同志就曾指出：“在社会科学问题上有一种最可靠的方法，它就是真正养成正确分析这个问题的本领而不被淹没在一大堆细节或大量争执意见之中所必须的，那就是不要忘记基本的历史联系，考察每个问题都要看某种现象在历史上怎样产生，在发展中经过了哪些主要阶段，并根据它的这种发展去考察这一事物现在是怎样的。”[2]

历史分析方法也是法学的重要研究方法，在法学史上还曾出现了以萨维尼为代表的历史法学派。专利法律制度是一个历史产物，是一个从“特权垄断”逐步走向“创新垄断”的过程，其存在就一定有其特定历史背景。除了考察当前专利法律制度外，还应该从历史的视角，注意观察法律在发展变化过程中的动态规律。本书也将采用历史分析方法，通过历史考察的方法归纳总结出专利至上主义的演进与发展趋势，揭示出专利至上主义影响技术标准化中专利许可的一般规律，从而为下文的对策建议奠定坚实的基础。

---

〔1〕 王泽鉴著：《民法学说与判例研究》（第 8 册），中国政法大学出版社 2003 年版，第 109—110 页。

〔2〕《列宁全集》（第 37 卷），人民出版社 1986 年版，第 61 页。

4. 经济分析方法

自科斯的经典论文《论社会成本问题》发表以来，对法律进行经济分析遂成为一种重要的法学研究方法。科斯定理从成本角度搭建了经济和法律制度之间的桥梁，因为现实世界的交易成本为正，所以立法活动和法官的判决也就具有了经济价值。科斯定理奠定了法经济学理论的基础框架和分析工具，法经济学的诸多研究成果很大程度上是科斯定理的运用和扩展。后又经过波斯纳等人的推动，所谓法律经济学也成为近年来一门发展迅速的交叉学科。例如，在《法律的经济分析》中阐发的波斯纳定理，“如果市场交易成本过高而抑制交易，那么，权利应赋予那些最珍视它们的人”。“能以最低成本避免事故而没有这样做的当事人，要负法律责任。”[1] 本书也将借鉴经济学分析方法，进行实证分析，以增强立论的说服力。

五、创新与不足

总体而言，专利标准化最核心的问题就是如何处理好专利权与技术标准二者的关系，避免技术标准垄断，平衡私人利益与公共利益的冲突。寻求二者的契合点，是技术标准与专利关系主题研究的本质与精髓所在。当前的权宜之计是采用竞争反垄断规制来平衡二者的关系，而没有深层次地从专利权本身进行理论挖掘探索。本书的中心命题是：专利挟持是专利标准化中的核心问题，其存在各种表现形式。究其原因，在于专利标准化背后的专利至上主义理念。专利至上主义理念有其特定的历史背景，当前正日益成为创新的障

---

[1] 关于法律经济学的分析方法和学理路径，可参见罗培新等著：《公司法的法律经济学研究》，北京大学出版社2008年版，序言及第一章内容。

碍，并给专利标准化带来极大的不确定性，值得反思。解决专利标准化问题是一项系统工程，需要多方协调配合。首先需要进行理念更张，即从原来的专利至上主义理念转变为创新至上主义理念。反垄断法规制虽是其中重要环节，但并不足以解决专利标准化问题，因此需要"反求诸己"，完善专利制定组织的专利政策，特别是完善相关专利法律制度。

本书主要创新之处在于在专利至上主义的理论框架下重新审视技术标准与专利权的关系问题，并提出在创新至上主义理念下对其予以法律规制，为解决专利标准化问题在类型总结、理论抽象和制度构建等三个方面提出了初步的思路。具体而言，本书的贡献可概括为如下几点：

1. 在对技术问题全面分析的基础上，抓住技术标准化中的专利挟持这一核心基本问题，结合美欧等典型案例，归纳总结出专利挟持的几大类型，即不当披露专利信息、违反 RAND 原则及包括拒绝许可、超高定价等形式的不公平许可。

2. 本书在理论抽象方面，创造性地提出并阐释了专利至上主义理念，指出专利至上主义理念贯穿于美国的经济发展与专利制度的演进过程中并长期居于主导地位，而此一专利至上主义理念，竟也泛滥于技术标准化中的专利许可之中。在分析专利至上主义内涵基础上，本书梳理了专利至上主义的历史演进与发展，并剖析了其在标准化专利政策及立法、行政和司法几大因素中的表现形式，进而反思其对技术创新的阻碍，给技术标准化中专利许可带来的不确定性。

3. 在制度构建方面，本书认为，应当将以前的"专利至上主义"的理念转变为"创新至上主义"，以"创新至上主义"理念作为衡量具体法律制度有效性的尺度。反垄断法并不足以解决专利标准化问题特别是专利挟持问题，而且与美国主要通过私法上的专利侵权及反垄断诉讼的司法途径保护不同的是，我国行政机构比较强势，因此应强化专利执法及标准化管理工作，还应当考虑主要基于专利法自身的完善，完善标准制定组织的专利政策，辅以合同法、侵权法及反垄断法，系统解决专利标准化问题。本书尝试提出了解决该问题的几种方法，即标准制定组织专利政策、专利法、反垄断法及相应的司法救济措施，并分析其可能存在的不足。具体而言，应完善标准制定机构的自律监管机制，即事先披露原则、相对确定的 FRAND 原则、违法披露和许可的惩戒措施，在法律诉讼程序之外建立可选择的 ADR 纠纷解决机制；应以市场为导向建立专利池，采取开放授权；在知识产权法定原则下限制专利客体范围，严格并提高专利授权条件、统一审查标准，禁止权利滥用原则；用反垄断法规制标准化中专利权滥用；在司法救济方面，通过提高永久禁令的核发难度、合理的专利授权费率和损害计算方法，放宽专利无效诉讼的提起条件，提高专利的“非显而易见性”标准，等等。

4. 为我国完善专利标准化提出初步思路。我国在实施国内技术标准、采用国际标准、遵守外国（含区域）技术标准三个层面，都面临专利标准化问题。我国现有标准化政策与法律、专利法、反垄断法等尚不完善，难以有效解决这一问题，应当在法律法规中明确规定对于知识产权标准化的总体策略与规制原则，具体完善专利法律制度，建立禁止专利权滥用制度及强制许可制度，同时完善反垄断法律制度，明确知识产权领域反垄断执法机构及其职责，尽快制定《知识产权领域反垄断执法指南》。

专利标准化问题是私法与公法发生激烈碰撞的领域,[1] 知识产权标准化法律规制是一项系统工程，知识产权因素在反垄断法上适用也异常复杂，本书的资料选取和论证思路也仅为一家弊言，难免挂一漏万。囿于篇幅和能力，本书主要基于美国相关专利法与反垄断法制度对司法判例进行分析，对欧盟等相关地区和国家的法律制度及案例没有太多涉及。但是，美国和欧盟在知识产权法和反垄断法方面还是存在明显差异,[2] 美国偏向于保护知识产权人的利益，而欧盟则倾向于以反垄断法来限制知识产权人滥用行为，如果充分对比研究欧盟等地区和国家相关的知识产权法制度和反垄断法制度，将会有助于对本书主题的深化。

---

〔1〕 强制性标准的公法属性不言而喻，即使是推荐性非强制性标准，其公有性特征也非常明显。

〔2〕 因为政治体制所导致的法律体制的差异，美国和欧盟在知识产权法律和反垄断法适用的关系方面存在明显差异。欧盟特殊的政治体制造就了欧盟竞争执法机构敢于也有这样的权力为确保实现“欧共体条约”所确立的宗旨来挑战成员国的知识产权法律制度。但美国则不同，其不存在一种超国家的法律，不管是知识产权法还是反托拉斯法都是美国一国的国内法且法律地位是平等的。因此，即使美国法院意图通过反托拉斯法干涉知识产权权利人的权利，也将遇到国内知识产权界的巨大阻力。参见赵栋:《美欧竞争执法对拒绝许可的态度差异及其原因探究》，载《电子知识产权》2011 年第 9 期。

第二章　专利标准化的法律问题

本章重在解析专利标准化中存在的各种法律问题，为后文提供分析对象，首先研究了技术标准化与专利权的耦合情况，然后介绍了国际主要标准制定组织及其专利政策的相关内容，最后重点结合案例，如 Rambus 案、Dell 案、Unocal 案及 N-Data 案等，分门别类地剖析了专利标准化中各种专利挟持情况，主要包括不当披露专利信息、违反 RAND 原则、违背前手承诺、拒绝许可、超高定价等不公平许可。

第一节　专利标准化：技术标准与专利权的耦合

从 1778 年惠特尼运用标准化方法制造来复枪而开创了标准时代开始，到 1946 年国际标准制定组织正式成立，标准在知识经济社会日益广泛地被使用。无论是在公的政府层面，还是在私的企业和社会组织层面，标准化都已然成为一项日益活跃的、引人关注的活动。

标准与专利权的结合是近年来随着世界经济向区域化、全球化方向的发展以及现代科学技术的发展而产生的一个新现象。简而言之，二者的结合源于标准化和专利权本身的性质、专利权在现代科学技术发展中的重要性的不断凸现和标准化对市场影响力的不断提升。传统上，技术标准与专利权几乎没有关联，甚至相互排斥。随着高新技术的发展，技术标准作为一定时期内对某项技术的统一要求，必须反映当时科学技术发展的水平，适应特定的社会技术领域。而体现科学技术发展水平的高新技术成果几乎完全被知识产权覆盖，所以，技术标准与专利权越来越紧密地耦合在一起。

一、技术标准概念及其分类

标准是人类技术立场的共同语言，标准在工业社会和市场经济中起着重要作用，是经济活动的重要“基础设施”。标准化通过使人们协同工作而使力量增强。在经济全球化的今天，对标准化的作用和意义进行审视是极为必要的。

（一）技术标准概念

在现代社会，标准已经渗透到了社会经济生活的方方面面。那么，什么是标准?

根据 ISO/IEC Guide 2：2004《标准化和相关活动——通用词汇》的规定，“标准”（Standard）是指“为在一定的范围内获得最佳秩序，对活动和其结果规定共同的和重复使用的规则、指导原则或特性的文件。该文件经协商一致制定并经一个公认的机构的批准。(注：标准应该以科学、社会效益为目的。)”[1]世界贸易组织《技术性贸易壁垒协定》（TBT 协定）附件 1（本协定中的术语及其定义）的第 2 条将“标准”定义为：“经公认机构批准的、规定非强制执行的、供通用或重复使用的产品或相关工艺和生产方法的规

---

〔1〕 原文见 ISO/IEC Guide 2：2004，definition 3.2：Standard means that document, established by consensus and approved by a recognized body, that provides, for common and repeated use, rules, guidelines or characteristics for activities or their results, aimed at the achievement of the optimum degree of order in a given context.

则、指南或特性的文件。该文件还可包括或专门关于适用于产品、工艺或生产方法的专门术语、符号、包装、标志或标签要求。”该条的解释性说明是：“ISO/IEC 导则 2 中定义的术语涵盖产品、工艺和服务。本协定只涉及与产品或工艺和生产方法有关的技术法规、标准和合格评定程序。ISO/IEC 指南 2 中定义的标准可以是强制性的，也可以是自愿的。就本协定而言，标准被定义为自愿的，技术法规被定义为强制性文件。国际标准化团体制定的标准是建立在协商一致基础之上的。本协定还涵盖不是建立在协商一致基础之上的文件。”根据我国 2002 年 GB/T 20000.1-2002《标准化工作指南第 1 部分：标准化和相关活动的通用词汇》第 2.3.2 条，“标准”是指为在一定范围内获得最佳程序，经协商一致制定并经公认标准机构批准，共同使用和重复使用的一种规范性文件。〔1〕

技术标准是标准中的一种，〔2〕也是目前数量最多，具有重要意义和广泛影响的一类标准。那么，何谓技术标准呢？

根据 ISO 的定义，所谓技术标准，是指一种或一系列具有一定强制性要求或指导性功能，内容含有细节性技术要求和有关技术方案的文件，其目的是让相关的产品或服务达到一定的安全要求或市

〔1〕 中华人民共和国国家标准 GB/T 20000.1－2002（代替 GB/T 3935.1－1996），《标准化工作指南第 1 部分：标准化和相关活动的通用词汇》（ISO/IEC Guide 2：1996，Standardization and related activities-General vocabulary，MOD），中华人民共和国国家质量监督检验检疫总局 2002 年 6 月 20 日发布，2003 年 1 月 1 日实施。

〔2〕 根据标准的性质划分，标准可分为技术标准、管理标准与工作标准。管理标准是针对标准化领域中需要协调统一的管理事项所制定的标准，主要是规定人们在生产活动和社会生活中的组织结构、职责权限、过程方法、程序文件以及资源分配等事宜，它是合理组织国民经济、正确处理各种生产关系、正确实现合理分配、提高生产效率和效益的依据。工作标准是针对标准化领域中需要协调统一的工作事项所制定的标准，针对具体岗位而规定人员和组织在生产经营管理活动中的职责、权限，是对各种过程的定性要求以及活动程序和考核评价要求。

场准入的要求。[1] 按照欧洲委员会的观点，技术标准“是一种与产品或服务相关并得到大多数生产厂商和用户承认的技术规范”[2]。

综上，技术标准是针对标准化领域中需要协调统一的技术事项而制定的标准，主要是事物的技术性内容，是生产技术活动的经验和总结，作为技术上共同遵守的规则而制定的各项标准。[3] 技术标准的实质就是一个或几个生产技术设立所必须符合的条件以及能达到此标准的实施技术。它有两层含义：（1）对技术要达到的水平划了一道线，只要不达到此线的就是不合格的生产技术；（2）技术标准中的技术是完备的，如果达不到生产的技术标准，可以向标准体系寻求技术的许可，从而获得相应的达标的生产技术。对于一些技术不发达的国家来说，其没有能力来进行技术研发，就只能通过从标准体系获得许可从而形成生产能力，除了付费之外，关键是要服从标准的管理。而标准的管理的实质和核心是知识产权政策的制定和利用，由于知识产权具有地域性和排他性，一旦这些知识产权进入标准行列并得到一定的普及，便会形成垄断，尤其在市场准入方面，会排斥不符合此标准的产品，从而达到排斥异己的目的。这是标准的全球技术许可战略能够得以实施的法律基础。[4]

---

〔1〕 标准是包含技术规范或其他被一致地用作规则、指南或特征定义的精确准则的文件协议，以确保材料、产品、过程和服务符合其目的（Standards are documented agreements containing technical specifications or other precise criteria to be used consistently as rules, guidelines, or definitions of characteristics, to ensure that materials, products, processes and services are fit for their purpose）。See “What are Standards?”, http://www.iso.org/iso/en/aboutiso/introduction/index.html，2011年12月16日访问。

〔2〕 John Verbruggen/Anna Orincz, “Patents and Technical Standards”, IIC Vol. 33: 2, p. 135.

〔3〕 刘耀威主编：《竞争优势新要素——国际贸易标准化规范与实施》，中国经济出版社1997年版，第17页。

〔4〕 马骁：《技术标准许可战略中的法律热点研究》，北大法律信息网，http://article.chinalawinfo.com/Article_Detail.asp? ArticleID=20477，2011年12月18日访问。

（二）技术标准的分类

技术标准可从不同角度进行分类。

1. 法定标准与事实标准

按照标准的产生过程，可将其分为法定标准和事实标准。

（1）法定标准（De Jure Standards）

法定标准是指政府（或政府间缔约形成的）标准制定组织（Government Standard Setting Organizations）及政府授权的标准制定组织设定、颁布或者认可的标准。[1] 例如ISO、IEC和ITU建立的有关国际标准，以及欧洲电工标准化委员会（CENELEC）、欧洲标准化委员会（CEN）、欧洲电信标准学会（ETSI）公布的区域标准。

（2）事实标准（De Facto Standards）

事实标准是指单个企业或者具有垄断地位的极少数企业在没有任何官方或准官方标准设定机构批准的情况下成功地使产业界接受而形成的标准。事实标准是单个企业或者企业联合在市场中通过大量使用而形成的公认的企业标准或行业标准，虽然没有相关标准化机构参与制定和推荐使用，但是市场会像一个标准制定组织那样筛选不同的技术，以实现各种技术之间兼容性最优、标准化成本最小的目标。而事实标准又可以分为两类。一类是单个企业由于市场优势形成的产品格式的统一或者产品格式的单一，其典型代表是Microsoft的Windows操作系统和Intel微处理器，故而美国学者又称之为“WinTel事实标准”。这类事实标准的特点在于厂商本身并未就该技术方案从事实际的标准化工作，而是因其技术被市场参与者所广泛接纳而获得统治地位，达到统一该技术领域的效果。另一类事

[1] 由ISO和/或一系列国家标准制定机构批准发布，http://www.emii.org/map/glossary.htm#dejure，2011年12月18日访问。

实标准是企业出于标准化工作或标准许可的目的而联合起来制定的非法定标准，即“私有化标准组织（private standard setting organization）建立的普通标准”[1]。例如，企业联盟发出的技术标准，具体如 DVD 技术中 6C 和 3C 集团形成的标准。根据开放性程度不同，企业联盟标准分为开放标准和封闭标准。开放标准意味着标准对联盟外的成员授权、许可和开放，而封闭标准意味着标准不对外开放。当然，开放标准的程度和方式影响标准和标准游戏的参与者。无论产生方式有何不同，事实标准最开始都属于企业标准，随着企业的发展可能逐渐成为行业标准和国际标准。[2]

2. 强制性标准、推荐性标准和标准化指导性技术文件

按照标准的约束性，可将其分为强制性标准、推荐性标准和标准化指导性技术文件。[3]

（1）强制性标准

强制性标准的范围主要是保障人体健康，人身、财产安全的标准和法律、行政法规规定强制执行的标准。不符合强制标准的产品是禁止生产、销售和进口的。强制性标准是国家技术法规的重要组成部分，是技术法规。

《中华人民共和国标准化法》（下文简称《标准化法》）第 7 条第 1 款规定：“国家标准、行业标准分为强制性标准和推荐性标准。保障人体健康，人身、财产安全的标准和法律、行政法规规定

〔1〕 参见张平、马骁著：《标准化与知识产权战略》，知识产权出版社 2002 年版，第 22 页。

〔2〕 杨帆：《技术标准中的专利问题研究》，中国政法大学 2006 年博士学位论文。

〔3〕 我国《标准化法》将技术标准分为级，即国家标准、行业标准、地方标准和企业标准。国家标准和行业标准又分为强制性和推荐性两类。然而根据 WTO《贸易技术壁垒协议》（《TBT 协议》），“标准”是非强制性的技术档，只有“技术法规”才可强制执行。因而我国强制性技术标准其实等同于 TBT 协议中的“技术法规”。

强制执行的标准是强制性标准，其他标准是推荐性标准。”第 2 款规定：“省、自治区、直辖市标准化行政主管部门制定的工业产品的安全、卫生要求的地方标准，在本行政区域内是强制性标准。”企业和有关部门对涉及其经营、生产、服务、管理有关的强制性标准都必须严格执行，任何单位和个人不得擅自更改或降低标准。对违反强制性标准而造成不良后果以致重大事故者由法律、行政法规规定的行政主管部门依法根据情节轻重给予行政处罚，直至由司法机关追究刑事责任。

根据我国 GB/T 20000. 1-2002《标准化工作指南第 1 部分：标准化和相关活动的通用词汇》第 2. 3. 6. 1 条，技术法规（Technical Regulation）是规定技术要求的法规，它或者直接规定技术要求，或者通过引用标准、技术规范或规程来规定技术要求，或者将标准、技术规范或规程的内容纳入法规中。

强制性标准符合 TBT 协定关于“技术法规”的定义，即“强制执行的规定产品特性或相应加工方法的包括可适用的行政管理规定在内的文件。技术法规也可包括或专门规定用于产品、加工或生产方法的术语、符号、包装标志或标签要求”。为使我国强制性标准与 WTO/TBT 规定衔接，标准的范围要严格限制在国家安全、防止欺诈行为、保护人身健康与安全、保护动物植物的生命和健康以及保护环境等五个方面。

（2）推荐性标准

推荐性标准是指导性标准，基本上与 WTO/TBT 对标准的定义接轨，即“由公认机构批准的，非强制性的，为了通用或反复使用的目的，为产品或相关生产方法提供规则、指南或特性的文件。标准也可以包括或专门规定用于产品、加工或生产方法的术语、符号、包装标准或标签要求”。推荐性标准是自愿性文件。

推荐性标准由于是协调一致文件，不受政府和社会团体的利益干预，能更科学地规定特性或指导生产。《标准化法》鼓励企业积极采用推荐性标准，为了防止企业利用标准欺诈消费者，要求采用低于推荐性标准的企业标准组织生产的企业向消费者明示其产品标准水平。

（3）标准化指导性技术文件

标准化指导性技术文件是为仍处于技术发展过程中（变化快的技术领域）的标准化工作提供指南或信息，供科研、设计、生产、使用和管理等有关人员参考使用而制定的标准文件。

符合下列情况可判定为指导性技术文件：①技术尚在发展中,需要有相应的标准文件引导其发展或具有标准价值，尚不能制定为标准的；②采用ISO、IEC及其他国际组织的技术报告。

国务院标准化行政主管部门统一负责指导性技术文件的管理工作，并负责编制计划、组织草拟、统一审批、编号和发布。

3. 基础标准、产品标准、方法标准、安全标准、卫生标准、环境保护标准和检验试验标准

按照技术标准所规范的对象，可以将标准分为基础标准、产品标准、方法标准、安全标准、卫生标准、环境保护标准和检验试验标准等。

（1）基础标准：在一定范围内作为其他标准的基础并普遍通用，具有广泛指导意义的标准。如名词、术语、符号、代号、标志、方法等标准；计量单位制、公差与配合、形状与位置公差、表面粗糙度、螺纹及齿轮模数标准；优先数系、基本参数系列、系列型谱等标准；图形符号和工程制图；产品环境条件及可靠性要

求等。

（2）产品标准：为保证产品的适用性，针对产品必须达到的某些或全部特性要求而制定的标准，包括品种、规格、技术要求、试验方法、检验规则、包装、标志、运输和贮存要求等。

（3）方法标准：以试验、检查、分析、抽样、统计、计算、测定、作业等各种方法为对象而制定的标准。

（4）安全标准：以保护人和物的安全为目的而制定的标准。

（5）卫生标准：为保护人的健康，针对食品、医药及其他方面的卫生要求而制定的标准。

（6）环境保护标准：为保护环境和有利于生态平衡，针对大气、水体、土壤、噪声、振动、电磁波等环境质量、污染管理、监测方法及其他事项而制定的标准。

（7）检验试验标准：是对实体或产品的一种或多种特性或性能进行测量、检验、试验、度量，并将其结果与规定要求进行比较，以确定各项特性或性能是否合格的标准。

4. 国际标准、区域标准、国家标准、行业标准、地方标准和企业标准

按照技术标准的层级，可以将其分为国际标准、区域标准、国家标准、行业标准、地方标准和企业标准。其中前四类属于法定标准。

（1）国际标准

根据我国 GB/T 20000.1-2002《标准化工作指南第 1 部分：标准化和相关活动的通用词汇》第 2.3.2.1.1 条，国际标准是指由国际标准制定组织或国际标准组织通过并公开发布的标准。

国际标准包括国际标准制定组织（ISO）、国际电工委员会（IEC）和国际电信联盟（ITU）所制定的标准，以及 ISO 为促进

《关贸总协定—贸易技术壁垒协议》，即标准守则的贯彻实施所出版的《国际标准题内关键词索引》（KWIC Index）中收录的其他国际组织制定的标准。ISO 希望该索引能作为执行（GWTT/TBT）标准守则的国际标准的权威性目录被成员方接受，尽可能作为成员国本国国家标准和技术法规的基础。前述国际组织，根据 ISO 第 2 号指南的定义，均属于国际标准化机构，但它们所发布的文件并不一定都可作为国际标准，只有经 ISO 认可并收入 KWIC Index 中的标准文件才能被确认为国际标准。

（2）区域标准

根据我国 GB/T 20000. 1-2002《标准化工作指南第 1 部分：标准化和相关活动的通用词汇》第 2. 3. 2. 1. 2 条，区域标准是指由区域标准制定组织或区域标准组织通过并公开发布的标准。

区域标准主要有欧洲标准化委员会（CEN）、欧洲电工标准化委员会（CENELEC）、欧洲广播联盟（EBU）、亚洲大洋洲开放系统互联研讨会（AOW）、亚洲电子数据交换理事会（ASEB）等制定的标准。

（3）国家标准

根据我国 GB/T 20000. 1-2002《标准化工作指南第 1 部分：标准化和相关活动的通用词汇》第 2. 3. 2. 1. 3 条，国家标准是指由国家标准机构通过并公开发布的标准。

根据《标准化法》第 6 条第 1 款的规定，国家标准由国务院标准化行政主管部门制定。

（4）行业标准

根据《标准化法》第 6 条第 1 款的规定，对没有国家标准而又需要在全国某个行业范围内统一的技术要求，可以制定行业标准。

行业标准由国务院有关行政主管部门制定，并报国务院标准化行政主管部门备案，在公布国家标准之后，该项行业标准即行废止。

（5）地方标准

根据我国 GB/T 20000. 1-2002《标准化工作指南第 1 部分：标准化和相关活动的通用词汇》第 2. 3. 2. 1. 4 条，地方标准是指国家的某个地区通过并公开发布的标准。

根据《标准化法》第 6 条第 1 款的规定，对没有国家标准和行业标准而又需要在省、自治区、直辖市范围内统一的工业产品的安全、卫生要求，可以制定地方标准。地方标准由省、自治区、直辖市标准化行政主管部门制定，并报国务院标准化行政主管部门和国务院有关行政主管部门备案，在公布国家标准或者行业标准之后，该项地方标准即行废止。

（6）企业标准

在企业生产的产品没有国家标准、行业标准和地方标准的情况下，由企业制定的作为组织生产的依据的相应的企业标准，或在企业内制定适用的严于国家标准、行业标准或地方标准的企业（内控）标准，称为企业标准。企业标准由企业自行组织制定，并按省、自治区、直辖市人民政府的规定备案（不含内控标准）。企业标准实际上是一种事实标准。

上述几种标准主要是适用范围不同，不是标准技术水平高低的分级。

（三）技术标准化

标准化是制定标准工作的统称。标准化是现代市场竞争非常重要的构成，许多公共机构和私人组织都有专门的部门致力于标准的制定和实施，究其根由，在于标准化具有促进社会发展的积极功能：标准化有助于保障消费者的基本安全健康，有助于便利消费者的生活，有助于促进竞争，有助于生产厂家提高企业效益。[1]

ISO 和 IEC 在 1991 年联合发布的 ISO/IEC 第 2 号指南《标准化与相关活动的基本术语及其定义》（1991 年第 6 版）的第 1 条将标准化定义为："是对实际与潜在问题作出统一规定，供共同和重复使用，以在领导的领域内获取最佳秩序的效益活动。"

我国 1983 年 GB 3935《标准化基本术语》将标准化定义为："在经济、技术、科学及管理等社会实践中，对重复性事物或概念，通过制订，发布和实施标准，达到统一，以获得最佳秩序和社会效益。"在 GB 3935. 1-1996 中，"标准化"已采用国际标准定义。

近百年来，世界各国对标准化活动基本规律的探索和研究一直没有停止过，也出版了一些有标准化原理的专著，如 T. R. B. 桑德斯（英国）的《标准化目的与原理》、魏尔曼（印度）的《标准化是一门新学科》、古川光（日本）等著的《标准化》等。其中比较有影响的是 1972 年出版的 T. R. B. 桑德斯的《标准化目的与原理》中提出的七项原理，日本松浦四郎的《工业标准化原理》中所提出的十九条原则。

第一，桑德斯的七项标准化原理。国际知名的标准化专家桑德斯（T. R. B. Sanders）在其 1972 年出版的《标准化目的与原理》一书中对"标准化"的定义是："标准化是为了所有有关方面的利益，特别是为了促进经济效益最佳化，并适当考虑产品的使用条件与安全要求，在所有有关方面的协作下，进行有秩序的特定活动而制定并实施各项规定的过程。标准化以科学技术与实践的综合成果为依据，它不仅奠定了当前的基础，而且还决定了将来的发展，它

---

〔1〕 鲁篱：《标准化与反垄断问题研究》，载《中国法学》2003 年第 1 期。

始终与发展步伐保持一致。”桑德斯认为，标准的制定应以全体一致同意为基础，而其实施也只有通过一切有关者的互相协作才能成功。标准化的效果只有在标准被实行时才能表现出来，否则即使被硬性出版了，标准不实施也毫无价值可言。桑德斯提出了标准化必须遵守的七个原理：（1）标准化从本质上来看，是人们有意识使其统一的活动。标准化不仅是为了减少目前的复杂性，而且也以预防将来产生不必要的复杂化为目的。（2）标准化不仅是经济活动也是社会活动，应该在所有有关者的相互协作下推动工作。制定标准的方法应以全体一致同意为基础。（3）标准化的效果只有在标准被实行时才能表现出来。实施时可能会为了多数利益而牺牲必要的少数利益。（4）决定标准的活动实质上就是选择可取的方案并在一段时间内将其固定化，以便于实施。（5）标准在规定的时间里，应该按照需要进行重新认识与修改。修改与再修改之间的间隔时间根据各个不同情况而决定，但所有标准大概从出版后，最多 10 年有必要进行实质性的修改。（6）起草产品标准时主要规定产品的特征、使用中所期望的性能、产品的材料、标准应该采用的试验方法和试验设备。（7）标准是否采用法律规定而强制实施的问题必须慎重考虑，由标准的性质、社会的工业化水平以及预期执行此种标准的一个或数个国家的宪法与法律决定。[1]

第二，松浦四郎的十九项原则。日本政法大学教授松浦四郎从 1961 年担任 ISO/STACO 和日本规格协会标准化原理委员会（JSA/STACO）成员开始，就研究标准化理论，先后发表了《工业标准化理论》《简化的经济效果》与《产品标准化》等著作和文章，是

---

〔1〕参见［英］桑德斯著：《标准化的目的与原理》，中国科学技术情报研究所译，科学技术文献出版社 1974 年版，第 2、7 页。

"巧妙地尝试了用数学方法解决品种简化及其经济效果问题"的标准化专家。松浦四郎在1972年出版的《工业标准化原理》一书中，全面系统地研究和阐述了标准化活动过程的基本规律，提出了十九项原则：（1）标准化本质上是一种简化，是社会自觉努力的结果。（2）简化是减少某些事物的数量。（3）标准化不仅能简化目前的复杂性，而且还能预防将来产生不必要的复杂性。（4）标准化是一项社会活动，各有关方面应相互协作来推动它。（5）当简化有效果时，它就是最好的。（6）标准化活动是克服过去形成的社会习惯的一种活动。（7）必须根据各种不同的观点仔细地选定标准化的主题和内容，优先顺序应从具体情况出发来考虑。（8）对"全面经济"的含义，由于立场的不同会有不同的看法。（9）必须以长远观点来评价全面经济。（10）当生产者的经济和消费者的经济彼此冲突时，应该优先照顾后者，简单的理由是生产商品的目的在于消费或使用。（11）使用简便，最重要一条是"互换性"。（12）互换性不仅适用于物质的东西，而且也适用于抽象概念或思想。（13）制定标准的活动基本上就是选择然后保持固定。（14）标准必须定期评论，必要时修订，修订时间间隔多长，将视具体情况而定。（15）制定标准的方法，应以全体一致同意为基础。（16）标准采取法律强制实施的必要性，必须参照标准的性质和社会工业化的水平审慎考虑。（17）对于有关人身安全和健康的标准，法律强制实施通常是必要的。（18）用精确的数值定量评价经济效果，仅仅对于使用范围狭窄的具体产品才有可能。（19）在拟标准化的许多项目中确定优先顺序，实际上是评价的第一步。[1]

---

〔1〕 张国庆：《论标准化原理》，http://blog.voc.com.cn/blog_showone_type_blog_id_698116_p_1.html，2011年12月20日访问。

二、技术标准与专利耦合的原因及其影响

技术标准与专利权有着截然不同的特性，甚至是相互排斥的。标准技术具有通用、成熟、无偿使用、广泛使用的特点，标准追求开放性、普适性和公益性。标准化需要大规模推广技术，并力求其以最小的成本为社会所使用。而知识产权赋予权利人排他性的私有财产权，具有专有性、地域性和时间性的特点，与技术标准化大规模推广技术的目标之间存在潜在的本质冲突。传统技术标准属于公知领域的技术规范，不含有企业的知识产权，标准化机构在采集标准时也希望尽量避免涉及他人的知识产权。因此，早期的标准制定组织尽可能地避免将专利技术带入标准中。[1] 但是，随着高新技术的发展，在主客观因素的双重影响下，技术标准与专利越来越紧密地耦合在一起。

在客观因素方面，主要是高新技术的发展，特别是在信息通信等高新技术领域，制定技术标准时基本没有现有的通用技术可以采集，加上高新技术的发明者和改进者都具有非常强的专利保护意识，其技术成果几乎完全被专利覆盖，一项尖端技术往往包含多个技术方案并分别为不同的专利权所有人所掌握，标准制定组织在这个领域内别无选择地必须与拥有专利的知识产权人谈判，将专利耦

〔1〕 早期的标准实际上完全是免费的，例如因特网技术标准组织 W3C 和 IETF。早期的因特网标准都是开放和合作的，只是随着技术的发展，当标准的建立需要同专利技术相结合之时，知识产权政策的介入就不可避免了。IETF 曾经认为，为了避免影响人们采用标准的兴趣，有必要在制定标准时，尽量采用非专利技术的优秀技术。参见张平、马骁著：《标准化与知识产权战略》（第二版），知识产权出版社 2005 年版，第 48—49 页。

合纳入标准当中。[1] 技术标准与专利的相互需要和依赖成为二者耦合的主要客观因素。

在主观因素方面，主要是专利权人为了获得和维持其竞争优势和对整个产业的掌控地位，突破专利权的时间性和地域性限制，以谋求自身利益最大化甚至是垄断利润，而主动地将其专利与技术标准相耦合。一方面，其主要表现为专利权人借助技术标准化，扩大其授权许可范围，并凭借标准的统一性和强制力，主导或垄断相关市场，获得相关产业的掌控权。事实上，标准作为技术规范和知识产权的载体，从源头上控制了该产业的资源整合能力和技术升级的主动权。掌握标准，可以使知识产权的持有者最大限度地控制生产成本并且自主地优化产业结构，改善产业链环境，引导产业资源的动态分配。标准是一种高层次知识产权战略，知识产权拥有者通过标准把各种知识产权权利打包，再以标准许可的方式获利，而其他厂商却在标准的束缚中无力反抗。标准实际上成为一种市场游戏规则，标准化的过程就是这一市场游戏规则的制定过程。[2] 因此，掌握标准的厂商往往掌控着产业的规则和秩序，主导着相关市场中利润和权利的分配，对技术和标准的垄断往往也就意味着对市场的垄断和对产业的控制。通过协调一致或联合行动制定统一的技术标准已经成为行业寡头们追求垄断利润这一终极目标的重要手段。上升到国家层面，发达国家之所以不遗余力地扶植和帮助本国

---

〔1〕 例如在1998年，仅“微处理器”一项，美国专利局就授予了近5000项专利。又如仅关于第三代移动通信技术的CDMA标准，美国高通公司就拥有1400余项专利技术。参见郑卫华：《标准作用的再认识》，载《中国技术标准发展战略暨国家技术标准体系建设高层论坛优秀论文集》，第15页。

〔2〕 钟云龙、马聪著：《知识产权法前沿问题报告——全球化与信息化背景下知识产权法前沿问题研究及其启示》，中国经济出版社2007年版，第129页。

企业共同开发和维护行业和产品标准，归根到底是为了实现本国和本地区利益的最大化。[1] 另一方面，由于专利权具有时间性和地域性特点，使得专利权人的授权许可利益随着时间推移和地域限制，呈现逐渐限缩的趋势。但是，技术标准具有相对稳定性，与技术标准耦合的专利寿命有可能借助标准的有效期复审延长而顺延。加上技术标准，特别是国际性的技术标准是可跨区域适用的，一旦某些专利技术被耦合进入国际性技术标准当中，该专利技术无须多国申请获权也可在多国获得专利收益甚至是垄断性的市场地位。

在当今知识经济时代，市场竞争越来越表现为科学技术的竞争，而科学技术的竞争，其实质就是知识产权的竞争，专利已经由单纯的转让、许可渗透到技术标准中。基于此，有学者甚至主张技术标准已经成为一种新的知识产权，即为“专利性技术标准”的“技术标准”，正在成为一种新的知识产权，[2] 此种专利性技术标准虽有待观察，[3] 但其无疑显现出专利标准化形态的发展趋势。

---

〔1〕 例如，TD-SCDMA 得到了中国政府的大力支持和国内外众多企业的推动，其原因除了可观的 3G 市场规模外，还在横向和纵向两个方面，保持着强大的渗透力。在横向上，不仅可以独立组网，实现全国覆盖，而且，由于它的模式特点，还可以在专网、数字集群等业务领域具有广阔的发展前景。在纵向上，由于 3C 技术的融合和“三网合一”趋势的加速，它对半导体、精密仪器制造、软件、芯片、原料、系统集成、电子元器件等领域的行业辐射力，将使中国历史上首次有机会以自己的国际标准为依托，以自主知识产权为纽带，打造一个不受制于任何外部力量的产业链。从这个意义上讲，“中国标准”对于我国“赶超战略”的成功实现，将发挥难以估量的巨大作用。详见李萌：《“中国标准”的战略价值》，载《人民日报海外版》2004 年 8 月 26 日。

〔2〕 张勇刚、张素亮：《“专利性技术标准”——一种新的知识产权形态》，载《建设科技》2005 年第 11 期。

〔3〕 有国际标准制定组织认为，技术标准并非一种新型的知识产权，在获得同意许可的声明之后，技术标准充其量只是既有知识产权的一种表述形态。表述形态并非表现形态。参见钟云龙、马聪著：《知识产权法前沿问题报告——全球化与信息化背景下知识产权法前沿问题研究及其启示》，中国经济出版社 2007 年版，第 135 页。

技术标准更多地和各种知识产权紧密地联系在一起，它所拥有的知识产权权利和产业支配力，通过标准网络效应和锁定效应的放大，对相关产业影响深远。技术标准与知识产权耦合在一起，技术标准实施就会涉及专利许可实施问题，其在事实标准及由事实标准所形成的国际标准方面表现尤为突出。越来越多包含有企业专利的技术标准通过市场竞争成为行业的“事实标准”，甚至政府与国际组织制定的行业标准中也包含企业专利，将“私有权”打上了“公有权”的标签。这类包含企业专利的通信标准，对相关行业和企业的技术创新和竞争力都具有重要影响，成为各方利益的焦点、贸易的“语言”。知识产权固化在技术标准之中，从而形成技术标准与知识产权的“联盟”，其结果是技术标准从一个技术问题转化为一个贸易问题，在全球化的背景下更转化成为一个国际贸易问题。因此，标准与专利权结合是一把双刃剑，虽然推动了技术的发展创新，但与此同时，如果处理不当，也可能会阻碍新技术的发展应用。当专利借标准行走，专利权对标准的威胁也就昭然若揭。不同的技术标准对应不同特定的专利权提供群及不同的专利组合，耦合技术标准的专利转让费用高于一般的技术转让，产生溢价，甚至是强制许可。技术标准作为专利权对市场垄断的放大器，使得专利权的滥用达到了一个新的高度。知识产权问题已经成为世界标准组织的一项巨大挑战。

三、技术标准化与专利的耦合路径：必要专利标准化

技术标准化过程首先要对标准体系所需的专利进行认定，其次是向专利权人申请获得必要专利的许可。构成一项技术标准的全部要素包括概括要素、标准要素和补充要素。其中标准要素为主

体，具体包括规定标准的名称、范围和技术要素，而被纳入技术标准的知识产权主要和技术标准的技术要素相关。从技术标准中技术要素与专利权的关系出发，可以将技术标准与专利权的耦合方式分为以下三种：[1]

（1）技术标准的技术要素包含对某种产品功能的规定或者指标要求，而专利技术则是实现该要求的具体技术方案。

（2）标准的技术要素涉及产品的某些特征，而专利是实现这些特征的技术手段。技术标准所规定的特征与专利权权利要求书中的描述有部分的重叠。

（3）标准的技术要素包含专利技术的全部技术特征，此时技术要素的字面内容即构成一项完整的专利技术方案，这种情况主要见于有关环保和建筑施工方法的标准。

另外，需要特别指出的一点是，并非所有的专利权都可以和标准相耦合，专利上升为技术标准是有条件的。参照国外标准制定组织的有关专利政策规定，其中最主要的条件是，在整个技术标准体系中只有必要专利（Essential Patent）才能被纳入标准之中，而所谓“必要专利”是指为某技术标准所认定的并且是必不可少的技术，而该技术又为专利权人所独占，在相关技术市场上不存在可替代的竞争技术。例如，《国际电联电信标准化部门（ITU-T）、国际电联无线电通信部门（ITU-R）、国际标准制定组织（ISO）及国际电工委员会（IEC）共同专利政策实施准则》认为，当标准草案需要获得全部或部分实施某项专利的授权时，该专利即为必要专利。上述主流国际标准组织都鼓励在标准制定阶段尽早披露并认定必要

---

〔1〕张平、马骁著：《标准化与知识产权战略》（第二版），知识产权出版社2005年版，第43—44页。

专利，认为这样可提高标准制定的效率并避免产生潜在的专利权问题。与此同时，标准制定组织应该避免做出标准中专利相关性和必要性的判断，避免干涉许可条件的协商，避免陷入必要专利的纠纷处理中。上述组织还认为，上述事项应该依据以往惯例，留给标准制定参与方自行解决。在标准制定过程中，标准组织内的技术机构将对所提交的专利材料进行讨论，但是不会对任何涉及专利必要性、权利范围、有效性以及具体的许可条款发表意见。〔1〕在美国国家标准学会（ANSI）专利政策中，标准中需要使用的专利即是必要专利。该文件同时指出，国家标准学会不负责确定哪些专利是标准执行所必需的，也不负责调查这些专利的法律有效性和保护范围。〔2〕国际通行的做法是，仅依据“技术因素”作出判断。如欧洲电信标准协会（ETSI）认为知识产权的“必要性”必须是“基于技术而非商业的原因”，并考虑到标准制定时常见的技术实践和工艺条件，不可避免侵犯该知识产权。〔3〕也有一些标准制定组织将技术因素和商业因素都纳入了判断必要专利的考量因素。例如，IEEE 标准协会（IEEE-SA）规定，必要专利权利要求“在商业上或技术上都没有可替代的非侵权技术方案”。〔4〕

目前国内对必要专利的认定标准主要包括两种。第一种判定标

〔1〕“Guidelines for Implementation of the Common Patent Policy for ITU-T/ITU-R/ISO/IE”, http://isotc. iso. org/livelink/livelink/fetch/2000/2122/3770791/Common_ Guidelines_ 01_ March_ 07. pdf, 2011 年 12 月 18 日访问。

〔2〕“ANSI Patent Policy”, http://publicaa. ansi. org/sites/apdl/Documents/News%20and%20Publications/Links%20Within%20Stories/ANSI%20 Patent%20Policy. doc, 2011 年 12 月 18 日访问。

〔3〕“ETSI IPR Policy”, www. etsi. org/WebSite/document/Legal/ETSI_ IPR-Policy. pdf, 2011 年 12 月 18 日访问。

〔4〕IEEE-SA Standards Board Bylaws.

准可划分为三个因素：技术因素、法律因素和商业因素。[1] 第二种判定标准也包括三个因素：有效性、必要性和时间性；或者有效性、时间上不可替代性和改进技术替代性，[2] 其中有效性标准其实就是考察法律因素，而余下两个标准都是针对技术因素。对法律因素的判断主要涉及判定该专利的地域性、有效期以及是否构成专利侵权。国内研究对必要专利的认定标准包括两种倾向：一种包括技术因素和商业因素；另一种只包括技术因素，即使是承认商业因素的研究者，也可能在最终得出必要专利认定应当排除商业因素的结论。[3] 因此，必须澄清技术因素与商业因素的适用条件及适用优先顺序，同时，对于采用技术因素作为判定标准的情况，还存在不同判定时间点的选择带来的问题。

无论是否考虑商业因素，对必要专利的认定首先应该针对技术因素进行判断。目前通行的做法是根据专利的核心重要性进行判断。具体来说，技术标准中的必要专利通常被认为是由底层技术构建；在电信领域，必要专利也常常是由实现某一技术标准必需的框架技术构成；在互联网领域，必要专利则常常是由标准的具体实现技术构成。对技术因素进行判断，需要将专利权利要求书所记载的技术特征、专利说明书记载的技术方案与技术标准中所包含的技术要素（如对产品规格或功能的指标要求）进行分析比较。必要专利权利要求提供实现该技术指标的技术方案，记载解决该技术问题的

〔1〕 参见马海生：《技术标准中的“必要专利”问题研究》，载《知识产权》2009年第2期；杨华权：《论必要专利的评估》，载《科技与法律》2010年第5期；王学先、杨异：《技术标准中必要专利的认定》，载《沈阳农业大学学报（社会科学版）》2010年第7期。

〔2〕 那英：《技术标准中的必要专利研究》，载《知识产权》2010年第6期。

〔3〕 王学先、杨异：《技术标准中必要专利的认定》，载《沈阳农业大学学报（社会科学版）》2010年第7期。

技术特征。[1]

第二节 国际主要标准制定组织及其专利政策

知识产权问题已经成为世界标准组织的一项巨大挑战。例如，ITU-T（国际电信联盟）认为，标准中的知识产权问题越来越复杂。在ITU-T专利政策指南中，其认为这有其客观原因，但是却无力解决主要问题。IETF（互联网工程任务组）也指出，“如今，标准制定中最为棘手的问题是知识产权”。它已经经历过多起“专利挟持”以及其他各种控制标准的企图。“这不仅仅是IETF的问题，很多标准组织面临同样的问题。”

有鉴于此，2007年3月19日，经过充分协商，ISO（国际标准制定组织）、IEC（国际电工委员会）和ITU在“世界标准合作（WSC）”的框架下联合制定通过了一项关于实施统一专利政策、统一专利申请书和专利许可证格式的导则。三大组织共同采纳的政策鼓励公开专利技术，只要公司在合理和非歧视的条款和条件下公开知识产权，那么其创新技术就可以纳入标准中。ISO、IEC和ITU这项导则的发布实施，将有助于企业采用含有专利技术的标准文件。此外，IEC、ISO和ITU还联合采纳了共同专利政策的执行指南以及专利权声明和许可申报单。

2008年5月23—27日，世界知识产权组织（WIPO）第十二届专利法常设委员会（SCP）要求秘书处为下届SCP针对专利信息的传播、专利客体的例外和专利权的限制尤其是豁免和强制许可、专利和标准、客户——律师保密特权等四项议题进行研究，WIPO秘

---

〔1〕 何隽：《技术标准中必要专利问题再研究》，载《知识产权》2011年第2期。

书处编制了《标准与专利研究报告》作为2009年3月23—27日第十三届SCP大会专利和标准议题。[1] WIPO网站上的《标准、知识产权（IPRs）和标准制定程序》一文有力地证实了其主要结论："无论贵公司是否拥有对于满足标准可能是基本的或有用的专利（或提出了专利申请）或者贵公司是否打算制作或提供符合一定标准的产品或服务，都应当熟悉知识产权或有关标准制定组织（SDO）的专利政策。"[2]

一、国际主要标准制定组织简介

本文所称的国际标准制定组织实则包括ISO、IEC和ITU等国际性标准化组织，以及ANSI、ETSI、IEEE等地区性标准化组织。国际标准制定组织非常多，下文主要介绍ISO、IEC、ITU、ANSI、ETSI、IEEE等国际主流标准制定组织的概况。

（一）国际标准化组织（ISO）

ISO是当今世界最大、最权威的标准化机构，它是非政府性的、由各国标准化团体（ISO成员团体）组成的世界性联合会，成立于1947年2月23日，宗旨是在全球范围内促进标准化工作的发展，以利于国际资源的交流和合理配置，扩大各国在知识、科学、技术和经济领域的合作，其主要活动是制定国际标准。制定国际标准的工作通常由ISO的技术委员会完成，各成员团体若对某技术委员会确立的项目感兴趣，均有权参加该委员会的工作。与ISO保持联系的各国际组织（官方的或非官方的）也可参加有关工作。此

---

〔1〕 张平主编：《冲突与共赢：技术标准中的私权保护——信息产业技术标准的知识产权政策分析》，北京大学出版社2011年版，第15页。

〔2〕 "Standards, Intellectual Property Rights (IPRs) and Standards-setting Process", http://www.wipo.int/sme/en/documents/pdf/ip_standards.pdf, 2011年12月20日访问。

外，ISO 还负责协调世界范围内的标准化工作，组织各成员和技术委员会进行情报交流，并和其他国际性组织如 WTO、UN 等保持联系和合作，共同研究感兴趣的有关标准化问题。在电工技术标准化方面，ISO 与 IEC 保持着密切合作关系。

根据 ISO 的章程规定，其成员团体分为正式成员和通信成员。正式成员是指各成员方地域范围内最有代表性的标准化机构，而且各成员方只允许一个组织参加。通信成员是尚未建立全国性标准化机构的国家，一般不参与 ISO 的技术工作，但可参会了解工作进展，当条件成熟时，可以通过一定程序成为正式成员。中国既是发起国，又是首批成员国之一。

全体大会是 ISO 的最高权力机构，每年召开一次。理事会是 ISO 的常务领导机构，由正主席、副主席、司库和 18 个理事国代表组成，理事会下设政策制定委员会、理事会常务委员会、技术管理局、特别顾问咨询组以及其他若干专门委员会。

（二）国际电工委员会（IEC）

IEC 成立于 1906 年，是世界上最早的国际性电工标准化机构，总部设在日内瓦。IEC 负责有关电工、电子领域的国际标准化工作，其他领域则由 ISO 负责。ISO 和 IEC 通过联合技术委员会（ISO/IEC JTC1）在信息技术方面进行合作。

IEC 的宗旨是促进电工、电子领域中标准化及有关方面问题的国际合作，增进相互了解。IEC 的工作领域包括电力、电子、电信和原子能方面的电工技术。

（三）国际电信联盟（ITU）

国际电信联盟（ITU）是世界各国政府的电信主管部门之间协调电信事务方面的一个国际组织，是电信界最权威的标准制定机构，成立于1865年5月17日，[1] 当时叫“国际电报联盟”，1932年更名为“国际电信联盟”。ITU现有成员国189个，总部设在日内瓦。ITU是联合国负责电信事务的专门机构。

ITU的宗旨包括保持并扩大国际合作，以改进和合理使用各种电信手段；促进技术设施的发展和应用，以提高电信业务的效率；研究制定和出版国际电信标准并促进其应用；协调各国在电信领域的行为，促进并提供对发展中国家的援助。

ITU的实质性工作由三大部门承担，即国际电信联盟标准化部门（ITU-T）、国际电信联盟无线电通信部门和国际电信联盟电信发展部门。其中，ITU-T由原来的国际电报电话咨询委员会（CCITT）和国际无线电咨询委员会（CCIR）的标准化工作部门合并而成，主要职责是完成国际电信联盟有关电信标准化的目标，使全世界的电信标准化。ITU成员由各国电信主管部门组成，同时也欢迎那些经过主管部门批准、ITU认可的私营电信机构、工业和科学组织、金融机构、开发机构和从事电信的实体参与电联活动。

（四）美国国家标准学会（ANSI）

美国国家标准学会，原名是美国工程标准委员会（American Engineering Standards Committee，AESC）。当时，美国的许多企业和专业技术团体已开始了标准化工作，但因彼此间没有协调，存在不少矛盾和问题。为了进一步提高效率，数百个科技学会、协会组织和团体，均认为有必要成立一个专门的标准化机构，并制定统一的通用标准。1918年，美国材料试验协会（ASTM）、美国机械工程师协会（ASME）、美国矿业与冶金工程师协会（ASMME）、美国土

---

[1] 我国政府也因此把每年的5月17日定为“中国电信日”。

木工程师协会（ASCE）、美国电气工程师协会（AIEE）等组织，共同成立了美国工程标准委员会（AESC）。1928 年 AESC 改名为美国标准协会（American Standards Association，ASA），1966 年改名为美国标准学会（America Standards Institute，USASI），1969 年正式改为现名美国国家标准学会（American National Standards Institute，ANSI）。

ANSI 经联邦政府授权，作为自愿性标准体系中的协调中心，其主要职能是：协调国内各机构、团体的标准化活动；审核批准美国国家标准；代表美国参加国际标准化活动；提供标准信息咨询服务；与政府机构进行合作。

美国国家标准学会系非营利性质的民间标准化团体。但它实际上已成为国家标准化中心，各界标准化活动都围绕着它进行。它使政府有关系统和民间系统相互配合，起到了联邦政府和民间标准化系统之间的桥梁作用；它协调并指导全国标准化活动，给标准制定、研究和使用单位以帮助，提供国内外标准化情报；它还起着行政管理机关的作用。

ANSI 现有工业学、协会等团体会员约 200 个，公司（企业）会员约 1400 个。其经费来源于会费和标准资料销售收入，无政府基金。领导机构是由主席、副主席及 50 名高级业务代表组成的董事会，其行使领导权。董事会闭会期间，由执行委员会行使职权，执行委员会下设标准评审委员会，由 15 人组成。总部设在纽约，卫星办公室设在华盛顿。

美国国家标准局（NBS）的工作人员和美国政府的其他许多机构的官方代表也通过各种途径来参与美国国家标准学会的工作。

美国国家标准学会下设电工、建筑、日用品、制图、材料试验等各种技术委员会。[1]

（五）欧洲电信标准协会（ETSI）

欧洲电信标准化协会（ETSI）是由欧共体委员会1988年批准建立的一个非营利性的电信标准化组织，总部设在法国南部的尼斯。该协会的宗旨是：为实现统一的欧洲电信大市场，及时制定高质量的电信标准，以促进电信基础结构的综合，确保网络和业务的协调，确保适应未来电信业务的接口，以达到终端设备的统一，为开放和建立新的电信业务提供技术基础，并为世界电信标准的制定做出贡献。ETSI作为一个被CEN（欧洲标准化协会）和CEPT（欧洲邮电主管部门会议）认可的电信标准协会，其制定的推荐性标准常被欧共体作为欧洲法规的技术基础而采用并要求各成员执行。ETSI的标准化领域主要是电信业，还涉及与其他组织合作的信息及广播技术领域。ETSI成立时间不长，但由于其运作符合电信市场需要，工作效率高，至今已有2600多项标准或技术报告发布，对统一欧洲电信市场，对欧洲乃至世界范围的电信标准的制定起着重要的推动作用。ETSI的工作程序建立在ITU等国际标准化组织活动准则的基础上，并与之相协调。

ETSI目前有来自52个国家的773名成员，涉及电信行政管理机构、国家标准化组织、网络运营商、设备制造商、业务提供者、用户以及研究机构等。ETSI成员可分为正式成员、候补成员和观察员三类。正式成员和观察员只允许CEPT成员范围内的组织参加。凡自愿申请入会、按年收入比例向ETSI交纳年费者，经全会

---

〔1〕参见"互动百科"，http://www.hudong.com/wiki/%E7%BE%8E%E5%9B%BD%E5%9B%BD%E5%AE%B6%E6%A0%87%E5%87%86%E5%8D%8F%E4%BC%9A,2011年12月25日访问。

批准均可成为正式成员。正式成员享有针对ETSI标准的技术报告及参考文件的发言权、投票权和使用权。ETSI观察员一般只授予被邀请的电信组织的代表。ETSI候补成员是为非欧洲国家电信组织或公司寻求与ETSI合作而设的一种特殊身份。要成为ETSI的候补成员，需与ETSI签署正式协议，经全会批准。候补成员可自由参加会议，有发言权但无表决权，可以享有与正式成员同样的文件；候补成员应支持ETSI标准作为世界电信标准的基础，尽可能地采用ETSI标准，并交纳年费。ETSI授予欧共体和EFTA（欧洲自由贸易协会）的代表以顾问的地位，顾问有权参加全会，参与常务委员会、技术委员会、特别委员会的工作，但没有投票表决的权利。〔1〕

（六）美国电气及电子工程师学会（IEEE）

美国电气和电子工程师协会（Institute of Electrical and Electronics Engineers，IEEE）是一个国际性的电子技术与信息科学工程师的协会，是世界上最大的专业技术组织之一，总部在美国纽约市。IEEE于1963年1月1日由美国无线电工程师协会（IRE，创立于1912年）和美国电气工程师协会（AIEE，创建于1884年）合并而成，它有一个区域和技术互为补充的组织结构，以地理位置或者技术中心作为组织单位（例如IEEE费城分会和IEEE计算机协会），管理着推荐规则和执行计划的分散组织（例如IEEE-USA明确服务于美国的成员、专业人士和公众）。IEEE在150多个国家中拥有300多个地方分会。透过多元化的会员，该组织在太空、计算机、电信、生物医学、电力及消费性电子产品等领域中都是主要的

〔1〕参见“百度百科”，http://baike.baidu.com/view/493324.htm，2011年12月25日访问。

权威；专业上它有35个专业学会和两个联合会。IEEE发表多种杂志、学报、书籍，每年组织300多次专业会议。IEEE定义的标准在工业界有极大的影响。

IEEE成立的目的在于为电气电子方面的科学家、工程师、制造商提供国际联络交流的场合，为他们交流信息，并提供专业教育和提高专业能力的服务。学会的主要活动是召开会议、出版期刊杂志、制定标准、继续教育、颁发奖项、认证（Accreditation）等。IEEE每年要举办300多个学术会议，有35万人参加。IEEE的许多学术会议在世界上很有影响，有的规模很大，达到4万~5万人。IEEE定位在科学和教育，并直接面向电子电气工程、通信、计算机工程、计算机科学理论和原理研究的组织，以及相关工程分支的艺术和科学。为了实现这一目标，IEEE承担着多个科学期刊和会议组织者的角色。它也是一个广泛的工业标准开发者，主要领域包括电能、能源、生物技术和保健、信息技术、信息安全、通信、消费电子、运输、航天技术和纳米技术。在教育领域IEEE也积极参与和发展，例如在高等院校推行电子工程课程的学校授权体制。

IEEE制定了全世界电子、电气及计算机科学领域30%的文献，还制定了超过900个现行工业标准。每年它还发起或者合作举办超过300次国际技术会议。IEEE由37个协会组成，还组织了相关的专门技术领域会议，每年有规律地召开超过300次会议。IEEE出版广泛的同级评审期刊，是主要的国际标准机构（900项现行标准，700项研发中标准）。[1]

---

〔1〕 参见“百度百科”，http://baike.baidu.com/view/42480.htm，2011年12月25日访问。

二、国际标准制定组织专利政策的基本规则

（一）基本态度

1. 不排斥专利纳入技术标准

当前，由于先进技术及其标准越来越多地被商业公司所掌握和主导，为了保证标准技术方案的先进性和完备性，排斥含有专利的技术已经不现实。因此，国际标准制定组织专利政策基本不排斥专利纳入技术标准中，对必要专利保持谨慎鼓励态度。例如，《ISO/IEC 导则》第一部分第 2.14 条“专利条款”（Reference to Patented Rights）的第 1 款表明了 ISO/IEC 标准化工作中专利政策的基本原则：“在通常情况下，如果技术理由证明引用专利项目是合理的，原则上不反对采用包括专利权覆盖的专利项目的条款制定国际标准——这些专利项目被定义为专利、实用新型或其他基于发明的法定权利，包括前面所提及的出版物中所采用的专利项目，即使在标准的条款中没有其他可用的方法供选择。”这一基本原则说明 ISO/IEC 同意在制定国际标准时引入专利项目，即使该专利项目是该技术标准唯一的技术方案。再如，欧洲标准化委员会（CEN）和欧洲电工标准化委员会（CENELEC）的知识产权政策规定：如果由于技术原因需要在欧洲标准中引用专利项目，原则上不反对。

2. 私权自治原则

标准化组织的一些知识产权政策或规定，从法律的角度来讲，应当属于合同法的范畴，在标准化组织的知识产权政策中，合同的一方是标准化组织，另一方是标准化组织的成员或使用标准者。可以说这涉及两个合同关系：一个是标准化组织成员资格取得

的合同，另一个是接受标准化组织知识产权政策管理约束的合同。[1]

私权自治在技术标准化中的专利许可中主要体现为两个层面：一是标准制定组织制定了章程（或专利许可政策条款）。一些标准制定组织（如ISO、IEEE、VESA）制定了章程，就标准制定、采用等事项作出规定。章程成为专利政策能被执行的法律依据，也被视为标准制定组织与组织成员之间为遵守知识产权问题而达成的协议，如纳入法定标准的专利权人对标准机构的授权等。二是专利权人在技术标准化实施过程中对他人的专利许可，以及专利权人之间有关专利交叉许可的协议内容。在法定标准中的专利许可和事实标准中的专利许可都是如此。

3. 中立地位

标准制定组织对技术标准中的专利，除收集有关专利信息外，采取中立原则，即不介入专利有效性审查，不介入专利许可谈判，不介入争端解决。[2]

例如，ITU的定位是只负责收集有关的知识产权信息，不介入专利的有效性和实用性的审核，也不介入专利争端的解决。

总体上看，标准化组织的知识产权政策，不是创设的国际知识产权新规则，从法律角度讲，就是一份合同，一个规范标准化组织、知识产权权利人以及标准使用者的权利与义务的协议。[3]

---

〔1〕 张平：《知识产权政策的合同法分析（上）》，载《WTO经济导刊》2007年第3期。

〔2〕 徐曾沧：《WTO背景下技术标准中专利并入的法律问题研究》，华东政法大学2008年博士学位论文。

〔3〕 张平：《知识产权政策的合同法分析（下）》，载《WTO经济导刊》2007年第4期。

（二）基本规则

1. 专利信息披露

技术标准，尤其是国际标准，具有适用性和权威性的特点。因此多数专利权人迫切地希望将自己的专利技术与标准结合。于是，部分专利权人在参与标准制定时，会故意隐瞒其专利权状况，等到该标准出台并被广泛适用时再以专利权人的身份出现，向所有遵循该标准而使用其专利技术的用户主张权利。这种做法一方面损害了拥有竞争性技术的其他权利人的利益，另一方面也破坏了标准本身的公正性和稳定性，此外对使用标准中技术方案的用户也是非常不利的。因此，为了增强技术标准中的专利信息透明化，国际标准制定组织都纷纷鼓励和要求披露专利信息。

2. “公平、合理、非歧视”（RAND）许可

该原则要求技术标准所涉及的专利持有人对技术标准采用者进行专利许可时要确定合理的费用并且无歧视地实现公平对外许可。RAND 原则通常包括如下三方面的内容：（1）无正当理由不得拒绝许可第三方，以防止利用标准任意限制其他企业进入该领域而制造垄断。（2）合理的许可费用。该原则要求对外许可条款特别是专利许可应当合理。至于合理的判断标准，目前尚无标准化组织作出清晰界定，更多的是靠许可和被许可方之间通过协商谈判来确定合理的许可费用。（3）非歧视地对外许可。非歧视性原则是指向所有同等条件下的技术标准被许可人提供非歧视性的同等待遇。

RAND 原则的出发点在于防止专利许可成为标准实施和推广的障碍，保证许可请求在正当理由下不被拒绝。该原则为避免在标准许可中出现过高定价、歧视许可等反竞争行为提供了一种事先的防范措施。

相对于免费许可，大多数标准化组织采取的是更为积极但仍比较冒进的专利政策：专利权人仍拥有专利权，但须以“公平、合理、非歧视”的许可条款许可给标准化组织其他成员使用。该条款规定得如此模糊以至于具体的许可内容几乎完全由专利权人与技术标准的使用人通过协商来解决。标准化组织作为冷静的旁观者，仅提供谈判的场所，免除和规避了本身的法律风险。例如，RAND 原则是 ETSI 知识产权政策的条款之一，也是其成员与第三方享有的权利与承担的义务的重要内容。[1]

三、国际标准制定组织的专利信息披露政策

（一）专利信息披露义务

专利信息披露主要是指按照约定或规定要求，标准制定组织的成员将其耦合标准中的必要专利向标准制定组织和社会公众进行披露。专利信息披露的要点主要是披露时间、披露范围、披露对象和违反专利信息披露义务的后果等方面。

在披露时间上，专利或专利申请应在标准设定过程中全程披露、及时披露；在披露主体上，参与标准制定的相关主体应将其知晓并认为涵盖标准议案的任何项目的专利权提请标准制定组织注意；在披露范围上，既包括专利，也包括正在申请中的专利；在披露对象上，既包括向标准制定组织披露，也包括向一般社会公众披露相关专利信息；违反信息披露制度义务的后果，根据标准制定组

[1] ETSI 知识产权政策的主要特点：知识产权拥有者有权保留自身的知识产权和从知识产权中获益，包括有权拒绝授予许可证；标准是基于能够最好地达到 ETSI 技术目标的解决方案；在电信领域公众的标准化需求和知识产权拥有者的权利之间寻求平衡；减少在标准制定、采纳和应用过程中因标准的“必要知识产权”不可获得而可能造成的投资损失风险；尽早发现有关“必要知识产权”的存在；许可谈判是企业之间的商业问题，将在 ETSI 之外解决。

织对专利信息披露义务是“自愿”还是“强制”原则而不同。

（二）专利信息披露政策

1. ISO/IEC

ISO/IEC 的专利政策首先就要求参与标准制定工作的当事方（包括标准文件提案的提交人和所有参与编写标准文件的相关方）承担披露其专利信息的义务。

ISO/IEC 指令第一部分第 2.14.2（a）条规定：标准议案提出人，应将其知晓并认为涵盖议案的任何项目的专利权提请委员会注意。在准备文件过程中涉及的任何其他方，应将其在文件进展中的各个阶段知晓的任何专利权提请委员会注意。如果一项 ISO/IEC 的国际标准在提交审议的技术方案中没有发现专利技术，那么提交人在向 ISO 提交标准提案时应该有以下描述：“（提交人）已经注意到在技术标准中可能含有专利技术，ISO/IEC 不承担确立专利的责任。”

如果一项 ISO/IEC 的国际标准在提交审议的技术方案中包含专利技术，那么提交人应当提请 ISO/IEC 的 TC 和 SC 注意自己发现的并准备在技术标准提案中采纳的专利技术。任何参与标准提案编写工作的相关方也应当提请 TC 和 SC 注意自己发现的并准备在技术标准提案中采纳的专利技术。任何征求意见的技术标准提案都应当在封面上有这样的说明：“欢迎任何收到此文件的人都能提供关于本提案的专利技术方面的资料、自己的评论以及相关的支持性文件。”

2. ITU

ITU 要求其成员尽最大努力关注与 ITU 标准提案有关的专利技术，并尽快上报给 ITU 电信标准化局（TSB）。ITU-T 在其专利政策第1条中明确规定，TSB并不处于就专利及类似权利的证明、有效性和范围给予权威和全面信息的地位，但TSB努力争取尽量充分地提高专利信息，因此，任何提出标准提案的ITU-T成员应该从一开始就告知TSB局长，建议案中可能涉及的已知专利或已知的未决专利申请，无论它们是属于成员自己的还是其他组织的。[1]

四、国际标准制定组织的专利许可政策

（一）专利许可模式

目前，标准制定组织的专利许可模式主要有三种：一是标准制定组织不参与标准中具体专利技术的许可谈判，而只向相关公众提供相关信息，这种模式主要为ISO、IEC和ITU等大型国际性标准化组织所采用；二是标准制定组织成立专门的管理机构，统一负责标准中的相关专利的对外许可，同时也允许专利权人单独就自己的相关专利进行双边许可谈判，这种模式主要为一些联盟标准化组织所采用，一般做法是，由专利权人组建专利池，由专利统一管理机构以专利池的方式对外许可；三是免费（Royalty Free，RF）许可。[2]

第一种模式主要在于专利权人自己负责对外专利许可谈判，标准制定组织只是要求其事先披露和承诺RAND或RF原则对外许可。第三种模式是免费的。下面主要讨论第二种专利池许可模式。

1. 专利池

在美国，专利池一般被称为“Patent Pool”。在欧盟DVB标准中，被称为“Essential Patent Pool”。根据美国司法部和联邦贸易委

---

〔1〕 ITU-T Patent Policy 第1条。

〔2〕 张平主编：《冲突与共赢：技术标准中的私权保护——信息产业技术标准的知识产权政策分析》，北京大学出版社2011年版，第66—67页。

员会1995年《知识产权许可反托拉斯指南》的定义[1]，专利池是两个或者多个知识产权的所有者为相互许可或者对第三方进行许可而形成的协议。经济学家勒纳和梯若尔认为，专利池是一种正式的或者非正式的组织，其中知识产权所有者之间以及第三方共享各自的专利权利。美国加利福尼亚法律与技术大学伯克利法学院的Robert P. Merges Wilson Sonsini Goodrich & Rosati教授认为，专利池是多个专利持有者为聚合（aggregate）他们的专利而达成的协议。典型专利池中每一个成员都可以得到池中专利，专利池对非池中成员提供标准许可条款。另外，专利池是一种由专利权人组成的专利许可交易平台，许可费率是由专利权人决定的。专利池按照既定规则或程序将许可费分配给每个专利池成员。[2] 处于创新阶段的企业，为了整合资源，达到集成创新的目的，或为了扩大产业界对技术标准的采用而组建专利池。技术处于垄断阶段的企业，则希望运用专利池达到技术垄断，谋取垄断利润。[3]

专利池依其是否对外许可分为开放式专利池和封闭式专利池。技术标准下的开放式专利池日渐成为最有影响力的专利池，近年来我国的AVS、DVD 6C和DVD 3C就是典型的技术标准下的开放式专利池。专利池最重要的作用在于消除专利实施中的授权障碍，有

---

〔1〕 其将专利池定义为“两个或多个权利人相互授权或向第三方授权的协议安排”。而《欧共体条约第81条关于技术转让协议使用指南》定义了与专利池相近的技术池（technology pools）：两个或两个以上的主体将技术集合起来互相或者向第三方授权的安排。参见张平主编：《冲突与共赢：技术标准中的私权保护——信息产业技术标准的知识产权政策分析》，北京大学出版社2011年版，第126—127页。

〔2〕 Robert P. Merges：“Institutions for Intellectual Property Transactions：The Case of Patent Pool”，http://www.law.berkeley.edu/files/pools.pdf August，1999 Revision，2011年12月25日访问。

〔3〕 郭丽峰、高志前：《专利池的形成机理及对我国的启示》，载《中国科技产业》2006年第4期。

利于专利技术的推广应用。不同的专利之间存在三种关系：障碍性关系、互补性关系和竞争性关系。障碍性专利往往产生于在先的基本专利和以之为基础后续开发的从属专利之间，从属专利缺少了基本专利就不可能实施，而基本专利没有从属专利的辅助往往难以进行商业化开发。因此，障碍专利之间的交叉许可就显得十分必要。互补性专利一般是由不同的研究者独立研发形成的，与竞争性专利互相依赖，各自形成某项产品或技术方法不可分离的一部分。同障碍性专利一样，互补性专利也需要相互授权才能发挥作用。竞争性专利（替代性专利）是指在某项发明实施过程中可以相互替代的专利，与互补性专利是非此即彼而不是互为依存的关系。对于竞争性专利，一般认为，如果它们存在于同一专利池中，将会引发垄断的问题。因此，排除竞争性专利进入专利池成为反垄断机关审查专利池的重要内容之一。而对于障碍性专利和互补性专利，如果将其放入同一专利池中，将会消除专利间互相许可的障碍，从而促进技术推广。[1]

在私人标准化组织中，少数几个核心技术的持有人无法独立掌握核心技术，于是建立“专利池”（patent pool）进行交叉许可，通过合作来控制该领域的技术使用及技术的发展走向（如DVD 联盟）。他们通过协议将各自的专利技术纳入技术标准中，制定统一的收费标准（如一件终端产品收费多少），当然他们之间的许可使用费的分配由其相互协商。这种私人标准化组织，由于少数几个企业垄断了核心技术，给其他的市场参与者带来了很大的不公

---

〔1〕 *Standing Committee On The Law Of Patents, Standards And Patents*, Document prepared by the Secretariat, Thirteenth Session Geneva, March 23 to 27, 2009, http://www.wipo.int/edocs/mdocs/scp/en/scp_13/scp_13_2. pdf,2011 年 12 月 26 日访问。

平。而且这种固定许可价格的做法，实际上是一揽子许可，其中可能包含非专利技术甚至早就为人公知的技术。但是由于私人标准化组织的支配性地位，其他市场参与者往往是被迫接受许可条款而没有自由选择的余地。

2. 固定许可价格的许可

固定许可价格可能是标准化组织采用的许可方式中最为激进的一种了。此方式大都为私人标准化组织采用，因为该标准化组织中的成员（一般是发起者）掌握了大多数的核心专利，他们联合起来制定标准化组织的专利许可条款。当然也有学者建议法定标准化组织也可采用固定许可价格的方式。但考虑到和多个专利权人谈判商讨固定的许可条款浪费时间且成本也较大，因此建议采用“单一来源固定价格”的许可方式。〔1〕

3. 单一来源固定价格的许可

所谓“单一来源固定价格”，是指通过筛选、测评从某个专利权人处收集专利技术信息，然后通过谈判的方式确定许可价格，以此来避免多方谈判的麻烦。另外在谈判时，由于双方力量均等，制定的价格也相对合理。从新的反垄断角度，标准化及价格固定（专利技术）有利于竞争而没有损害竞争，也不存在垄断的问题。〔2〕

（二）专利许可政策

1. ISO/IEC

为了防止专利权人在正式出版的国际标准中纳入其专利技术以后，拒绝许可或哄抬许可费等擅用垄断地位的行为影响国际标准的

---

〔1〕 Patrick D. Curran, Per Se Legality, “Standard-Setting Organizations: Patents, Price Fixing”, *The University of Chicago Law Review* 2003: 984.

〔2〕 Patrick D. Curran, Per Se Legality, “Standard - Setting Organizations: Patents, Price Fixing”, *The University of Chicago Law Review* 2003: 984.

普遍适用，《ISO/IEC 导则》中专门规定了专利许可的规则。

专利许可规则要求："如果由于技术原因接受了该提案，则提出者应要求已确定的专利权持有人发表声明，说明专利权持有人愿意在合理和非歧视的条款和条件下（即 RAND 原则）与全球的申请人协商其授权的国际许可证。"[1]

如果权利人不愿出具上述声明，那么 TC 和 SC 在 ISO/IEC 技术管理委员会给出明确的处理意见之前不能继续对含有此专利技术的标准提案进行工作。除非 ISO/IEC 技术管理委员会有特别授权，否则只有在标准所涉及的所有专利权利人的许可声明齐备的条件下，一项国际标准才能够被出版。[2]

ISO/IEC 作为国际标准化机构对纳入标准的专利技术不享有任何权利，因此被纳入标准的专利技术在许可时，ISO/IEC 无权参与，其在专利许可中必须秉承中立的态度。《ISO/IEC 导则》对此的规定是："（关于专利技术许可的）协商要留给相关团体完成，并在 ISO 和/或 IEC 之外进行。"

ISO/IEC 指令第一部分第 2.14.3 条规定："如果标准文件公开后，发现包含在文件项目中的专利权，其许可不能以合理、非歧视条件获得，标准文件将交回有关技术委员会重新考虑。"

2. ITU

ITU 特别制定了新的专利政策（ITU-T-Patent Policy），针对新的情况对专利权人和 ITU 之间的关系进行调整。[3]

和 ISO/IEC 专利政策类似，ITU 在其新的专利政策中也将自己

---

〔1〕参见《ISO/IEC 导则》第一部分第 2.14 条第 2 款（b）项。

〔2〕参见《ISO/IEC 导则》第一部分第 2.14 条第 2 款（c）项。

〔3〕"Guidelines for Implementation of ITU-T-Patent Policy", http://www.itu.int，2011 年 12 月 26 日访问。

放在中立地位：只负责收集有关专利权的信息，而不介入专利的有效性和实用性审查、专利争端的解决以及标准中包含的专利技术的许可。

ITU 专利政策也要求为国际标准所纳入专利技术的权利人承担专利信息披露和专利许可声明的义务，但 ITU 在这方面的要求更具体也更具有操作性。ITU 要求权利人进行声明，即 ITU 在标准建立的过程中会向 ITU 已经知道的权利人提供一份格式文本，需要 ITU 标准涉及的专利技术的专利权人就此发布声明。声明目的就是保证标准建立后，能够使权利人尽快地按照声明对外实施技术许可，使标准尽快得到普及。如果专利权人拒绝作出同意的声明，那么 ITU 主任就应该迅速通知有关部门对标准提案进行讨论，是否能够绕开此专利技术或者找到替换技术，否则标准提案将被搁置。[1]

ITU 专利政策规定，如果专利权人不愿遵守上述两种条款（RF 和 RAND），在此情形下，标准不能被确立。

3. ANSI

ANSI 基本要求（Essential Requirements）2004 年版的 3.1 节详细地规定，在批准一项美国国家标准提案之前，ANSI 应该从确定的当事人或专利持有者那里得到以 ANSI 认可的形式作出的以下任意一种保证：美国国家标准提案中所涉及的专利权，权利人承诺放弃专利，当事人不再持有和目前不打算持有该发明专利，或者承诺（1）无偿地向希望在标准实施中使用专利许可的申请者提供许可；（2）按照确证没有任何不公正和歧视的合理的条款和条件向申请者提供许可。

---

〔1〕 张平、马骁：《标准化组织的知识产权政策（1）》，载《标准与知识产权》2004 年第 3 期。

4. ETSI

ETSI 规定，如果注意到任何基本专利，将立即要求权利人在三个月内作出书面承诺，将在公正、合理和非歧视条件下作出不可撤销的许可，许可的内容包括生产、销售、出租、维修、使用、操作产品或者使用方法。

ETSI 专利政策规定，如果成员提出不能按照 ETSI 的要求发放许可，ETSI 将寻求替代技术以绕开该项技术；如果无法找到合适的替代技术，ETSI 将要求成员重新考虑其立场，如果成员仍然表示拒绝，将提交顾问委员会作出相应的决定，直至提交欧洲委员会。

（三）专利许可协议

专利标准化包括法定标准的专利许可和事实标准的专利许可。上述第一种和第二种专利许可模式都有专利许可协议。专利许可协议是指专利权人授权他人在约定的期限和地域范围内以某种方式实施其专利技术的协议，[1] 即专利权人授权他人制造、销售其专利产品或使用其专利方法的协议。专利许可协议的标的是专利实施权，这是由专利权属性所决定的。根据我国《专利法》第 11、12 条的规定，专利实施权主要包括使用专利产品或专利方法，制造、销售、许诺销售和进口专利产品，或依专利方法直接获得的产品的专有权利。

1. 专利许可种类

按专利实施许可协议中许可人授予被许可人的实施权的大小及地域范围不同，可将标准中的专利实施许可协议分为普通实施许可、排他实施许可和独占实施许可三大类型。此外，根据许可人和

〔1〕 曹新明：《专利许可协议中的有色条款功能研究》，载《法商研究》2007 年第 1 期。

被许可人之间的关系，还可分为许可和交叉实施许可两种类型。至于双方当事人采用哪种许可形式更为合适，这主要有赖于许可的技术状况、价金、市场和纳税等多种因素。当然，这些许可类型并非是截然分开的，而是有机结合成为一个整体，综合发挥其作用。

（1）普通许可协议（非独占许可证协议，Simple or Nonexclusive License Contract）：指专利许可人允许被许可人在协议规定的时间和（或）地域内使用专利技术，同时专利许可人自己仍然保留在该时间和（或）地域内使用该项专利技术的权利以及再与任何第三方就该专利技术签订实施许可协议的权利。也即，在协议规定的时间和地域范围内，被许可人、许可人和第三方都可使用该项专利。换言之，普通许可的专利权人可以就同一专利技术的实施权不受限制地多次授予给不同的被许可人，或者同时向几个被许可人授予同一专利技术的实施权，同时自己仍然有权继续使用这一专利技术。通过这种协议，被许可人获得的权利最小，相应的，与其他专利实施许可协议的被许可人相比，其支付的使用费也就最少。

（2）排他许可协议（又称独家或全权许可协议，Sole License Contract）：指在协议规定的时间和地域范围内，除专利实施许可协议的许可人允许被许可人实施其专利技术外，许可人不能将该项专利另行许可给第三方，但许可人自己仍保留在该时间和地域范围内对该项专利技术的使用权。即专利权人不得在同一范围内将同一专利技术的实施权同时授予两个受让人。与普通许可比较，排他许可赋予被许可人的权利相对扩大了，除专利权人之外，被许可人能够独自享有专利技术的使用权。因此，排他许可比普通许可的竞争力要强，其许可使用费要比普通许可高得多。

（3）独占许可协议（Exclusive License Contract）：指在协议规

定的时间和地域范围内，被许可人对其所购买的专利技术具有独占的使用权，许可人和任何第三方都不能使用该专利技术、制造或销售该专利产品，许可方也无权再同他人签订同一技术的许可合同。独占许可的实质是专利权人将自己独占权中的使用权在协议规定的时间和（或）地域内完全授予被许可人，独占许可比前两种许可形式更具有竞争力，可以使被许可人拥有极大的优势。在独占许可协议中，被许可方所获得的权利最大，相应的，其支付的使用费也就最多。

2. 专利许可协议条款

一项有效的专利许可协议必须满足四个要求：第一，许可人必须是专利权人或者得到专利权人授权的人；第二，所许可的专利必须受到法律的保护，即须是依法取得的专利；第三，专利许可协议必须明确规定所许可的与专利有关的权利；第四，专利许可协议必须表明哪些权利由许可人保留，或者是由自己或者将来授予第三方行使。[1] 根据专利技术交易的习惯，一份较为完备的专利实施许可合同一般应当具备下列基本条款或者基本要素：（1）项目名称；(2) 发明创造专利技术的名称和内容；（3）专利实施许可的范围(包括时间和/或地域)；（4）被许可的专利的申请日、申请号、专利号和专利权的有效期限；（5）专利技术情报资料及其保密事项；(6) 技术服务的内容；（7）验收标准和方式；（8）使用费及其支付方式；（9）违约金或者损失赔偿额的计算方法；（10）后续改进的提供与分享；（11）争议的解决方法；（12）名词和术语的

[1] ［美］Jay Dratler，Jr 著：《知识产权许可》，王春燕等译，清华大学出版社 2003 年版，第 4 页。

解释。[1]

实践中，通常将专利许可协议中的条款根据不同作用分成商务性、技术性和法律性三类。其中，商务性条款一般包括合同的前言、定义条款、价格条款与支付条款[2]；技术性条款主要包括合同的范围、改进和创新条款、授权和权利保证、专利的获得与维持、不得反控[3]、使用专利标记和不弃权等条款；法律性条款通常包括完整合同的约定、侵权与保密、税费、违约救济、争议解决与法律适用、合同的有效期和生效时间等内容。和其他知识产权客体的许可协议相比，专利许可协议的特有内容表现在其技术性条款中。[4]

值得一提的是专利标准化中专利许可协议的限制竞争条款。因为许可协议的被许可人通常处于被动接受许可人提出的条件的地位，因此常常不得不接受许可人提出的限制竞争条款以换取专利技术的许可。何谓限制性条款，目前国际上还没有一个明确的、统一的定义。许可人提出的限制竞争的条款，其效果可能是即时显现的，也可能是在专利许可协议的实施过程中逐步显现的，还可能是在专利许可协议的有效期限之后显现的。专利许可协议中常见的限制竞争条款主要包括限制被许可方获得类似的或者竞争性的专利技术、限制被许可方的经营管理、限制被许可方人员的使用、限制研

---

〔1〕 段瑞春著：《技术合同》，法律出版社1999年版，第177—178页。

〔2〕 在专利许可协议中，最主要的商业性条款是许可费用条款。法律对许可费的最高数额并没有作出限制，只要双方对许可费用的协商不违法合同自由原则即可。此外，除了许可费，关乎当事人商业利益的条款还包括售后服务、市场营销和广告等条款。

〔3〕 不得反控条款（No-attack Clause）又叫作不争条款（No-challenge Clause），是指规定被许可方在获得了许可方的专利技术后，在整个合同有效期内，不得对该专利的合法性提出异议或进行无效诉讼。

〔4〕 杨帆：《技术标准中的专利问题研究》，中国政法大学2006年博士学位论文。

究和发展、限制产品的出口、限制被许可方商标的使用、限制继续使用专利技术、[1] 对特定主体拒绝许可、价格歧视条款、掠夺性定价条款、过高定价条款、限制产量条款、划分市场条款、交叉许可条款与联营协议、控制转售价格条款、不置疑条款、独家回售条款、搭售及一揽子许可条款、指定技术来源及进货或销售渠道条款、排他性交易条款、地区限制条款、使用领域及数量限制、知识产权失效后的支付和其他义务等。[2]

日本是目前世界上所有国家中关于调整限制性条款的法律最为完备的国家。日本的法律将审查重点放在了专利实施许可合同是否阻碍了竞争和经济发展上，其限制性条款分成以下三种类型：第一类是合理的限制性条款，即符合竞争和经济发展的限制性条款；第二类是本属于违反竞争和经济发展的限制性条款，但还需要由政府审批机关依据具体情况，决定其是否应被禁止；第三类是法律明文规定必须禁止的限制性条款，除非当事人能够提供特别的证明理由，否则没有任何变通的余地。[3]

国际上通常将专利实施许可合同中的限制性条款分为以下三个类别：第一类属于典型的“自身违法”的专利实施许可限制条款，包括搭售条款，不允许被许可人经营竞争产品专利许可的条款（不竞争条款），一揽子许可条款。第二类属于其他“自身违法”的专利实施许可限制条款，包括固定价格条款，单方独家回授规定条款，专利过期或无效后仍要求支付提成费的条款，被许可人要求

〔1〕 王洁：《专利实施许可合同中核心条款的探究》，上海交通大学2007年硕士学位论文。

〔2〕 孙婧：《专利许可协议中限制竞争条款的反垄断法规制》，中国政法大学2005年硕士学位论文。

〔3〕 王长河、周永胜、刘凤景译：《日本禁止垄断法》，法律出版社1999年版，第76—81页。

对专利权人的其他许可进行控制，被许可人不得对专利有效性提出反对的条款（不质疑条款）。第三类属于“可能违法”的专利实施许可限制条款，包括许可中的地域限制条款，再出售限制条款，以控制市场为目的的专利交易条款，非独占性回授规定条款，拒绝许可条款，交叉许可条款，对具体专利使用范围的许可条款，对被许可人顾客的限制货物条款，压制专利的实施行为条款。[1]

第三节 专利标准化中的专利挟持问题

如上文所述，一旦专利发明被标准采用，那么专利持有者在市场中相对于其他竞争主体就有了一定的竞争优势，其竞争者将毫无选择地使用专利技术，以便与标准达成一致，可能会造成企业依靠专利技术的授权获得高额专利费，这明显阻碍了其他企业使用标准。由此，就产生了专利挟持问题。[2]

美国斯坦福大学法学院马克·莱姆利（Mark Lemley）教授将专利标准化问题归纳为知识产权对标准化的“挟持”（hold-up，也译为“敲竹杠”），也即专利挟持（Patent hold-up）：ICT 等网络效应产业对兼容性有很高要求，所有产品都要按照标准进行生产。按照标准生产的每个产品都涉及大量专利技术，这和依靠少数专利技术就能进行生产的制药等行业有根本的不同。在涉及专利侵权的情况下，专利人在法庭上要求侵权方交纳产品价格 1%的专利费听上去是很合理的，在现有知识产权保护司法体系下，也很容易得到法

---

〔1〕 孟庆法、冯高义著：《美国专利及商标保护》，专利文献出版社 1992 年版，第 141—156 页。

〔2〕 丁道勤、杨晓娇：《标准化中的专利挟持问题研究》，载《法律科学》2011 年第 4 期。

院的支持。但如果所有的专利加起来，总的专利费将使产品生产无利可图，最终导致专利权人阻碍标准的采用和产品的市场化，从而出现 ICT 产业内专利权人阻挠生产商按照标准进行生产的现象。[1] 美国司法部的一份文件对“专利挟持”有比较具体的界定：标准确立之后，核心专利的专利权人披露出所谓新的专利或者新的专利申请。在这种情况下，推翻已制定的标准再搞新标准在经济上是不可行的，只能维持原来的标准，这样就等于核心专利人新公布的专利申请对于现有标准有一种挟持作用。[2]

综上，专利挟持是标准与专利耦合过程中专利许可的最为根本的问题。专利挟持主要包括以下几种情形：一是不当披露专利信息，即专利持有人在参加标准化制定过程中故意隐藏或不当披露现存或者在标准采用过程中未决的专利信息，仅在标准被采纳后（或者当标准被广泛应用后），才行使这种强制性权利，但是拒绝按照合理的条款和条件对专利进行授权。[3] 例如后文将介绍的 Rambus 案、Dell 案、Unocal 案等。二是违反 RAND 原则，即专利持有人加入标准制定组织，并承诺 RAND 原则，然后威胁诉讼，要价过高，远远高于标准组织其他成员所认为的合理性程度。[4] 例如高通案（Broadcom Corp. V. Qualcomm Inc.）等。三是不公平许可，即标

〔1〕 Mark Lemley，“Ten Things to do about Patent Holdup of Standards (and One Not To)”，*Boston College Law*，Vol. 48，2007.

〔2〕 David L. Meyer：“How to Address ‘Hold Up’ in Standard Setting Without Deterring Innovation：Harness Innovation by SDOs”，http://www.usdoj.gov/atr/public/speeches/234124.htm，2012 年 1 月 10 日访问。

〔3〕 *Standing Committee On The Law Of Patents*，*Standards And Patents*，Document prepared by the Secretariat，Thirteenth Session Geneva，March 23 to 27，2009，http://www.wipo.int/edocs/mdocs/scp/en/scp_13/scp_13_2.pdf，2012 年 1 月 10 日访问。

〔4〕 一个 RAND 承诺也可能被解释为将来消除专利权谈判的禁令威胁的许可。Lemley，supra note 9，at 157-58.

准中的必要专利权人拒绝授予其竞争对手以合理条件所提出的使用许可请求，以达到排除其与自己竞争的目的，从而维持和巩固自己的垄断地位。必要专利权人并不参加标准化制定过程，在某种意义上，也有可能以专利作为条件阻止标准的执行，例如要价过高或拒绝许可。这种情况在实践中比较少见。专利挟持可能造成执行标准基础过程中成本大幅提升，而最终会将这种成本转嫁到消费者身上，影响到消费者以及社会公众的利益。当然，上述归纳的三种类型并非截然分开，各类型之间也存在交叉的情形。

一、不当披露专利信息

在专利标准化中不当披露专利信息实质上是专利挟持的一种，包括专利权人在参加标准化制定过程中故意隐藏或不当披露相关专利信息。在标准制定之前或标准引入专利过程中，有些专利权人故意不透露其拥有专利权的情况，等到标准出台后，再以专利权人的身份向标准使用者索取许可费，迫使标准使用者“无意识”地侵犯其专利权，从而获利，或反对其他公司使用该标准，或收取高昂的专利使用费。有时由于信息不对称，专利权人仅仅披露了专利授权信息，不披露专利申请信息，在技术标准发布实施后，原来的专利申请得到了授权，同样会限制技术标准的实施并产生相应的连锁效应。美国 Unocal 案、Dell 案、Rambus 案就是其中的典型案例。[1]

（一）Unocal 案

Unocal 案是在制定强制性技术规则方面涉及知识产权——标准

〔1〕 详细案情可参见丁蔚：《Rambus 专利侵权诉讼与标准中知识产权的管理》，http://blogs.sun.com/dennisding/entry/rambus%E4%B8%93%E5%88%A9%E4%BE%B5%E6%9D%83%E8%AF%89%E8%AE%BC,2007 年 9 月 24 日访问。

化中专利挟持的典型案例，引发了美国学界对标准化组织的专利及技术标准化中专利挟持问题的持续关注与研究，[1] 其简要案情如下：[2]

1988 年，加利福尼亚立法要求加州空气资源局（California Air Resources Board，CARB）通过低排放燃油标准。1990 年 11 月，加利福尼亚州联合石油公司（Union Oil Company of California，Unocal）向美国专利和商标局提交了一项直接针对减少汽车尾气排放的精炼石油的专利申请。当专利申请仍在秘密申请期时，1991 年 11 月，CARB 颁布了一项清洁燃烧汽油的强制性技术标准，有效期到 1996 年，强制适用于加利福尼亚州所有汽油生产商。CARB 通过咨询以及与包括 Unocal 公司在内的众多利害炼油商技术共享的形式，发展了这些规则。1994 年 2 月，Unocal 公司获得编号为 5288393 的专利。值得注意的是，其专利请求载于 CARB 技术标准中，使得任何未被授权的炼油商出售符合该州强制标准的汽油，就会侵犯 393 号专利，即符合 CARB 新的强制性技术标准就必须使用 Unocal 公司的技术。向 Unocal 公司申请专利使用费意味着每加仑汽油价格上涨 5.75 美元，其中 90%则会转嫁给汽油消费者。

Unocal 公司随后宣布，将发起一项专利许可计划，向实施 393 号专利的竞争者收取许可费。雪佛兰（Chevron）等石油公司及其他众多炼油商起诉，请求宣告式判决（Declaratory Judgment）。炼油商认为，Unocal 公司的申请并未足够描述 1994 年授予专利的汽油

---

〔1〕 基于美国判例法传统，如 Sean P. Gates、Mark A. Lemley 等众多学者对此案例进行了分析和点评，总结了相关经验，对后续相关判例有重要的参考意义。See at Sean P. Gates. *Standards, Innovation and Antitrust: Integrating Innovation Concerns into the Analysis of Collaborative Standard Setting*, 1998; Mark A. Lemley, *Standardizing Government Standard-Setting Policy for Electronic Commerce*, 1999.

〔2〕 http://www.ftc.gov/os/adjpro/d9305/index.shtm,2012 年 1 月 10 日访问。

成分，质疑专利的有效性。换言之，炼油商认为，在1990年申请专利时，若该发明尚未被掌握，美国专利和商标局不应该向Unocal公司授予石油精炼发明专利。1997年，几家大型石油公司挑战Unocal公司专利权合法性的行动未果，随后他们因侵犯专利权被判向Unocal公司支付6900万美元的赔偿。2002年11月，一位行政法官员在Unocal/FTC的诉讼中作出了有利于Unocal公司的判决，驳回了联邦贸易委员会（FTC）认为Unocal公司以欺骗手段获得专利权的指控。

2003年3月，FTC的五位委员以全票通过了提出行政上诉的决定并提出了上诉。FTC针对Unocal公司与CARB专利有关的反竞争行为提出指控。指控称，Unocal公司误述，其对CARB的汽油研究并非私有，而是处于公知领域。但是，其将私有性质专利权并入到加利福尼亚州精炼汽油强制性技术标准中的同时，寻求专利权保护，使得其有可能据此收取大量专利许可费。指控还指出，Unocal公司通过参与两项私人标准设定团体同时追求加州空气资源局精炼汽油的专利保护，从事了欺诈行为；其行为还导致了在加州的生产技术以及汽油市场垄断权的获得。如果没有这些欺诈性和排他性行为，CARB不可能采纳涵盖Unocal公司专利请求范围的精炼汽油标准。Unocal公司参与了CARB确立更低汽油排放量的最佳技术标准制定程序，并且“以恶意、欺骗行为、排他性的方式使自己能够削弱竞争和伤害消费者”。指控还称，如果不是Unocal公司的欺诈，CARB根本不会采用精炼汽油标准。

2003年11月25日，FTC的指控被法院驳回。2004年7月，FTC又恢复了指控，Unocal在说服加州政府主管部门确立清洁能源的标准过程中同时申请配方汽油的专利权，这种行为欺骗了政府。FTC 称 Unocal 在 20 世纪 90 年代获得了垄断地位，同时对该公司在废气排放技术方面的专利权提出了质疑，要求 Unocal 公司裁决性听审（Hearing），随后因裁决考虑已达成的同意令而撤回。

加利福尼亚公众联名提起诉讼，要求美国专利和商标局拒绝 Unocal 公司的汽油清洁专利技术申请，加州总检察长（Attorney General）也加入了反对授予 Unocal 公司专利的行列。但美国联邦巡回法院判决授予 Unocal 公司该技术专利。之后公众继续上诉到美国联邦最高法院，但联邦最高法院维持了巡回法院的判决，Unocal 公司仍获得该技术专利。

该案判决在美国引起了激烈争论。芝加哥大学法学院穆勒（Muller）教授认为，Unocal 案是专利"挟持"标准的典型代表，它只是众多专利"挟持"标准案的一个，而美国立法对于类似情况管制的缺位，势必导致并加剧专利"标准挟持"现象。[1]

（二）Dell 案

Dell 公司案并不是一个法院判例，而是美国联邦贸易委员会（FTC）审议的一起知识产权许可反垄断案。[2] 1991 年 7 月，Dell 公司获得了一项专利号为 5036481 的关于计算机总线（bus）布局"主板上用于接收'VL-bus'卡的缺口轮廓"的美国专利。1992 年，Dell 公司加入了一个由美国主要硬件和软件商组成的非营利性标准制定组织——声频电子标准联合会（Video Electronics Standards Association，VESA），该联合会是一个由计算机生产商组成的非营利性标准制定机构。1994 年，Dell 公司参加了一项为 VESA 制定标

〔1〕 Mueller，Janice，"Patent misuse through the capture of industry standards"，17：2，*Berkley Technical Law Journal*，623，2002.

〔2〕 See at Agreement containing consent Order To cease and Desist In re Dell computer Corp，No931-0097（FTC. 1996）.

准的工作，该标准涉及的技术主题是一种在486计算机的中央处理器和外设之间传输指令的总线技术方案，而其中就包括了Dell公司的专利。在标准建立的初期，标准的提案工作小组要求参与标准制定的各方申报与该技术方案有关的专利权，但没有一个申报的，该标准方案也因此是一个不含有任何专利技术的技术标准提案，而当时Dell公司自始至终参与了标准制定的整个过程。事实上，一位Dell公司的代表曾经两次书面保证："据我所知，关于VL总线标准的提案并没有侵犯Dell公司任何专利权。"

但是随着时间的推移，在VESA总线设计技术标准被采用的8个月后，含有"VL-bus"标准的电脑销量就突破了140万台，尤其是在该标准使得这些总线得到充分和良好发展的情况下，Dell公司突然通知某些正在使用"VL-bus"标准的电脑制造商：其使用"VL-bus"标准未经Dell公司的专利许可是对Dell专利权的侵犯，Dell公司要求这些公司与其联系协商"以确定Dell公司排他性权利的方式"，并寻求司法途径确认自己要实施专利许可收费的主张。在此情形下，被Dell公司要求支付专利许可费的电脑制造商联合向FTC的反垄断仲裁庭提出仲裁请求。1996年6月，FTC认定Dell公司在标准制定过程中违反诚信原则，违反标准制定组织的内部规定性文件，没有在知识产权权利披露的前置阶段披露有关的专利技术，却在事后主张其自己知道的专利权，这种行为是对标准制定组织工作的误导，构成专利权滥用，并最终以4：1的裁决结果否决了Dell公司收取专利使用费的权利主张。联邦贸易委员会的主要观点就是Dell公司在标准的制定过程中违反诚信原则，违反标准化组织的内部规定性文件，没有在知识产权权利披露前置阶段披露有关的专利技术，却在事后主张自己知道的知识产权权利，这种行为是对标准化组织工作的误导。[1]

联邦贸易委员会认为，Dell 公司故意不向 VESA 披露其关于 VL-bus 技术标准的专利，其行为已构成“不合理”地限制了竞争，理由是：（1）因为一些电脑制造商将被延迟使用该技术标准，直至专利纠纷被澄清，使采用 VL-bus 技术标准的行业受到阻碍；（2）生产商将回避使用 VL-bus 技术标准系统，因为担心该专利纠纷会影响到 VL-bus 成为行业标准；（3）对采用 VL-bus 技术标准不确定性的担心，提高了采用 VL-bus 技术标准的成本，也增加了产生竞争性技术方案的成本；（4）降低了人们参与行业标准制定的意愿。联邦贸易委员会进一步认为：Dell 公司故意不向 VESA 披露其专利权范围，误导该组织采用了与 Dell 公司专利权相冲突的 VL-bus 标准，此后又企图利用由该标准产生的市场力量（而不是为了实现专利权固有价值），其行为构成违法。联邦贸易委员会据此裁决，Dell 公司不得对使用 VL-bus 标准者实施专利权，禁止 Dell 公司在 10 年内以类似方式实施专利权。联邦贸易委员会还发表了其他意见：（1）联邦贸易委员会不准备通过此案来确定、推荐或者新公布一个关于标准制定的所谓“标准的程序”；（2）联邦贸易委员会并不认为在本案中针对 Dell 的披露义务是标准制定程序中各方的基本义务，该义务在不同案例中应该个别对待。最终，联邦贸易委员会与 Dell 公司达成了同意令（consent order），Dell 公司同意无偿向生产商提供专利许可。

但联邦贸易委员会关于构成不合理限制竞争的裁决也引起了争议。Dell 公司提出了两点质疑意见：其一，Dell 公司并没有获得市

---

〔1〕 张平、马骁著：《标准化与知识产权战略》，知识产权出版社 2002 年版，第 43—44 页。

场力量；其二，如果因为某公司参与到某私有贸易组织的标准化活动，就推定该公司肯定有义务向其披露知识产权，提醒可能引起的潜在冲突，否则就面临反垄断制裁，将影响到推荐性标准的设定。因为没有公司愿意为参与标准设定而披露自己的知识产权状况，或者承担被反托拉斯法制裁的风险。[1]

（三）Rambus 案

Rambus 案对于标准制定组织审查和重新审议其知识产权政策和措施的适当性是一个新的最大激励。具体案情如下：

JEDEC 是一个以促进电子元器件及其相关产品的发展为目的的标准制定组织，自 20 世纪 90 年代初，JEDEC 开始为电脑存储新一代技术制定标准 SDRAMs 和 DDR SDRAMs。Rambus 公司主要将专利授权作为基本的商业模式，并不生产存储器产品。Rambus 公司在 1992 年加入了 JEDEC，并参与了这个标准的制定。同时 Rambus 利用其在标准制定组织中了解到的相关信息，进一步修改其专利申请，使其专利覆盖正在制定中的标准。1995 年 FTC 对 Dell 案信息披露作出了初步裁决并公之于众后，Rambus 公司在 1996 年退出了 JEDEC。

在其控制的存储器私有标准 Direct Rambus DRAM（DR DRAM）在市场上失败之后，Rambus 公司开始了专利侵权的诉讼，宣称拥有 SDRAM 与 DDR DRAM 标准相关的专利权，要求所有标准的实施者缴纳专利授权费用。

2000 年，Rambus 公司正式向美国弗吉尼亚州 Richmond 市联邦地区法院起诉，指控七家大型存储器厂商侵犯 SDRAM 与 DDR

---

〔1〕 孙南申、徐曾沧：《美国对技术标准中专利信息不披露行为的反垄断措施》，载《华东政法大学学报》2009 年第 1 期。

DRAM 标准相关的四项专利权，同时威胁说，“那些期望通过反诉解决问题的公司将要比直接支付授权费用的公司付出更多的专利使用费”，并且对于“在诉讼中失败的公司不授予专利使用权”。从2000 年 6 月开始，包括东芝、日立、索尼在内的多家日本公司开始让步，申请从 Rambus 公司处获得 SDRAM 技术的专利授权，但是很多公司也强烈反对 Rambus 公司的这种做法，并开始积极反诉。

Rambus 公司首先起诉德国 Infineon 公司在其某些电脑记忆产品设计中侵犯了 Rambus 公司的某些专利。由于 Rambus 公司无法在控告 Infineon 公司侵犯专利一案的庭审中提供确凿的证据，同时 Infineon 公司又和 Micro 公司、Hynix 公司一起反诉 Rambus 公司在参与 JEDEC 标准制定组织会议时，没有按照知识产权政策的要求披露其在 SDRAM 标准关键技术中的已有专利和正在申请的专利。2001 年 5 月，美国弗吉尼亚联邦法官判决 Rambus 公司败诉，并撤销其中 3 项指控。Rambus 公司在败诉之后继续上诉。

2003 年 1 月，联邦巡回上诉法院推翻了弗吉尼亚州关于 Rambus 公司欺诈的裁决，裁定 Rambus 公司没有欺诈行为。上诉法院认为：(1) JEDEC 仅仅鼓励成员披露专利而不是强制成员披露专利；(2) JEDEC 专利政策仅仅要求公司披露已经获得的专利，而没有要求披露正在申请的、尚未获得的专利；(3) Rambus 公司没有违反 JEDEC 专利政策，因为该政策仅仅鼓励自愿披露标准中的必要专利；(4) 即使政策是强制性的，JEDEC 也没有说明未披露专利的处罚措施。

2003 年 10 月，根据联邦上诉法庭的要求，此案返回弗吉尼亚重新审理。2005 年 3 月，Rambus 公司控告 Infineon 公司专利侵权案达成协议，Infineon 同意每三个月支付 590 万美元作为授权费用。

作为回报，双方撤销全部针对对方的诉讼。

另外，FTC 还起诉 Rambus 公司涉嫌垄断。2002 年 5 月，根据 Infineon 公司对 Rambus 公司违反 JEDEC 专利披露规则的指控，FTC 控告 Rambus 公司涉嫌违反反垄断法，指控 Rambus 公司采用“非公平”的方法，企图垄断内存芯片市场。FTC 认为反垄断法要求的披露义务比 JEDEC 的知识产权政策和一般的法律具有更高的法律效力。但在进一步的调查和审理后，2004 年 2 月，FTC 的主要法官 Stephen J. McGuir 撤销了 FTC 对于 Rambus 公司的反垄断指控。2006 年 8 月 2 日，FTC 最终裁定 Rambus 公司违反了《谢尔曼法》(*Sherman Antitrust Act*) 第 2 条以及《联邦贸易委员会法》(*Federal Trade Commission Act*) 第 5 条，声明 Rambus “通过欺骗的手段误导 DRAM 内存标准，企图通过锁定内存产业，以实现垄断的目的”。FTC 希望通过法院禁令阻止 Rambu 公司继续提起这类有争议的专利官司，同时也希望中止厂商支付 Rambus 公司专利使用费的义务。

FTC 主要指控两点：第一点是 Rambus 公司在标准制定过程中有义务披露它涉及的专利，但是它没有披露；第二点是它在制定标准的过程中故意修改专利申请覆盖标准中可能涉及的专利。FTC 认为 JEDEC 的政策和实践为成员的行为提供了这样一个预期：标准组织成员不会对其持有的专利或预期持有的专利进行故意欺骗以误导或歪曲标准制定的过程。Rambus 公司的行为构成《联邦贸易委员会法》第 5 条规定的欺诈行为，目的是误导 JEDEC 成员相信 Rambus 公司不持有也没有申请实施该标准生产的产品会涉及的有关专利。而且这种排他性的欺骗行为同时违反了《谢尔曼法》第 2 条。

2006年9月15日，FTC提出了针对此案的弥补方法的建议，要求Rambus公司只能收取标准0.25%的专利授权费作为惩罚措施。Rambus公司认为FTC的裁决是错误的，并将反对任何“改变目前市场环境”的建议，希望能够收取2.5%的专利费用。[1] Rambus公司不服FTC的裁决，上诉到了哥伦比亚特区巡回法院。

2008年4月，哥伦比亚特区巡回法院推翻了FTC的裁决，主要基于两个原因：第一，巡回法院觉得JEDEC标准组织的知识产权政策并不是很明晰。沉默并没有错，除非它有义务讲话或披露。关键在于Rambus公司有没有义务披露标准可能涉及其专利或专利申请。FTC认为根据JEDEC标准组织的政策、成员的行为和预期，Rambus公司有义务披露。巡回法院的意见是，因为这个规则并没有明确的披露义务，所以Rambus公司没有违反这个义务。第二，巡回法院认为FTC的因果关系证明得并不充分，因为FTC仅仅证明了Rambus公司没有披露行为是导致这个标准制定组织采用这一标准的一个重要原因。但是，巡回法院认为这种因果关系证明是不够充分的，即如果Rambus公司当时披露了标准中可能涉及的专利，标准组织是否会采用另外的没有专利的其他替代技术？也就是说，标准制定组织之所以采用Rambus公司的技术，是因为它技术上的优势，即使当时作了披露还是会在标准中采用Rambus公司的技术，还是因为它没有披露误导了标准组织采用了它的技术？后来，FTC请求巡回法院重新审理这个案件，但在2008年8月26日，巡回法院否决了FTC的请求，不同意重新审理。

2008年9月9日，哥伦比亚特区上诉法院向FTC发布了指令。

---

〔1〕 FTC：“In the Matter of Rambus Incorporated”，http://www.ftc.gov/os/adjpro/d9302/index.htm，2012年1月10日访问。

根据指令，FTC 发布了诉讼记录文件编号为 9302 的命令，该命令许可 Rambus 公司能够超过委员会曾经规定的最高限额的许可费率收取费用。2009 年 2 月 23 日，美国最高法院否决了 FTC 对诉讼文件移送命令的申请。

在 Rambus 公司案中，FTC 的事实发现证实了三个问题：(1) Rambus 公司违反了 JEDEC 的规定；(2) Rambus 公司故意隐藏了专利利益点；(3) Rambus 公司根据 JEDEC 行动，变更了专利声明。但 FTC 目前还不能确认，如果 Rambus 公司及早披露了其专利和其专利的相关利益点，情况会怎样，可能有两种情况：JEDEC 可能会采用另外一种标准，抑或 JEDEC 会需要 Rambus 公司在合理和非歧视（RAND）条款下授权专利。所以巡回法院推翻了 FTC 的判决。Rambus 案在实践中意义重大，也引发了一系列思考。例如，如果专利权人遵循专利发展机构（SDO）的要求，是否可以安全地免受反垄断法质疑，如果标准发展机构的条款不明确呢？再如，如果公司有欺诈行为，要证明其违反反垄断法，应该找到哪些因果关系证据，是包括因欺诈行为而引发标准被采用，并且被专利覆盖利用方面的证据，还是包括实施的有关欺诈行为，从而使得专利持有者能够规避 RAND 授权原则的证据呢？又如，该如何确定合理的授权费率？[1] 实际上，巡回法院在本案中确立了很高的证明标准，由此造成了标准中的知识产权问题可能在很长的一段时间内存在不确定性。除非能够证明欺骗或其他不当行为导致标准采用了不同的技术，否则不违反《谢尔曼法》第 2 条，因为如果专利权人的技术无论收取多少许可费都可能被标准采用，就不能证明是所诉行为改变

---

〔1〕 Carl Shapiro，“Standard Setting and Patents”，工业和信息化部电信研究院“知识产权、标准及信息产业的发展”研讨会演讲稿，2008 年 10 月 16 日。

了标准，损害了技术间的竞争。当然，应该注意的是，早期的JEDEC标准组织知识产权政策很不清晰明确，现在的标准组织大都明确要求了参与成员的专利信息披露义务。虽然哥伦比亚特区巡回法院推翻了FTC对Rambus公司构成反垄断的裁决，但在2007年7月，欧盟委员会展开了对Rambus公司的调查，并发出了反对声明，认为它在标准制定组织中进行埋伏，在标准制定之后要求不合理的专利费，可能违反《欧共体条约》第82条，构成滥用市场支配地位。2009年6月，Rambus公司与欧盟委员会达成协议，同意降低专利使用费，以换取欧盟委员会结束反垄断调查，并不再处罚。

二、违反RAND原则

公平、合理且非歧视性（Fair，Reasonable and Non Discriminatory terms，FRAND）原则[1]是ETSI（欧洲电信标准化协会）知识产权政策的条款之一，是其成员与第三方享有的权利与承担的义务的重要内容。作为一种共通性的原则，RAND原则已被广泛接受，业已成为解决标准化中知识产权问题的“宪法性原则”。但是，由于RAND原则没有实质内容，也没有实质约束，相关方对该原则的解释也不统一，导致该原则在实践中很难执行，也已经成为一些知识产权权利人试图将自己的知识产权在采标的过程中纳入标准的重要

〔1〕FRAND原则要求专利权人应承诺在合理且非歧视条款下与全球申请人谈判专利许可条件。该原则目前在标准制定组织中获得了普遍的认同，国际标准化机构，如ISO、IEC、ITU-T，地区和国家的标准化机构如欧盟的标准化机构（CEN）、美国国家标准学会（ANSI）以及民间的标准制定组织如美国民间的电子电器工程师学会（IEEE）等普遍采取了标准化中专利保护的FRAND原则。与FRAND原则相对的是由W3C所倡导的免费出让专利的专利保护政策，这种模式也被称为RF（royalty free）许可。也有的将FRAND简称为RAND原则，即合理非歧视原则。本书若在无特别注明，FRAND等同于RAND。

工具而招致很多质疑。正如欧盟竞争总局局长 Alexander Italianer 指出的那样,“标准必要专利可以产生市场势力,专利权人在标准化协议中作出 FRAND 承诺就非常重要,它阻止知识产权权利人在一个行业被锁定于标准之后,通过拒绝专利许可、索取过高的许可费或者索取歧视性的许可费,而使得标准难以得到实施”。〔1〕美国第七巡回法院波斯纳法官也说过,“FRAND 承诺的目的是将必要专利许可费限制在专利本身的价值范围,这个价值有别于专利成为标准必要专利后产生的额外价值,即挟持了的价值”〔2〕。Broadcom Corp. v. Qualcomm Inc. 案〔3〕、华为诉 IDC 标准必要专利案〔4〕就是其中的代表性案件。

(一) Broadcom Corp. v. Qualcomm Inc. 案

2005 年 7 月,博通公司诉高通公司违反美国反垄断法,主张高通在许可 WCDMA 技术与芯片时,从事非法而反竞争的行为;高通公司对于纳入标准的必要专利的许可条件,违反“公平、合理且非歧视”的许可承诺,高通公司许可政策的目标是把竞争对手打成“残废”。〔5〕高通公司在美国拥有 3000 多项专利和权利申请。作为

〔1〕 Alexander Italianer, Innovation and competition, 21 sep. 2012, http://ec.europa.eu/competition/speeches/text/sp2012_05_en.pdf, 2012 年 1 月 10 日访问。

〔2〕 Apple, Inc. v. Motorola, Inc., 869 F. Supp. 2d 901, 913 (N. D. I1. 22 June 2012), appeal pending, Nos. 2012-1548, 2012-1549 (Fed. Cir.) 转引自王晓晔:《论标准必要专利的特殊性》,载《第四届两岸通信传媒法论坛论文集》(2015 年 10 月),第 239 页。

〔3〕 Broadcom Corp. v. Qualcomm Inc., 501 F. 3d 297. 84 U. S. P. Q. 2D (BNA) 1129; 2007-2 Trade Cas. (CCH) P75, 852.

〔4〕 (2013) 粤高法民三终字第 305 号。

〔5〕 Broadcom Hits Qualcomm With Lawsuit Over Licensing Of Wireless CDMA Chips (Melanie Reynolds. Electronics Weekly. Sutton: Jul 13, 2005, Iss. 2202; pg. 14, 1 pgs), http://proquest.umi.com/pqdweb? index = 24&did = 879556701&SrchMode = 1&sid = 22&Fmt = 4&VInst = PROD&VType = PQD&RQT = 309&VName = PQD&TS = 1134473457&clientId = 3490, 2012 年 1 月 12 日访问。

对原告的回应，高通公司诉称博通公司侵犯其 7 项专利。2005 年 10 月，高通公司又诉博通公司侵犯其数字视频的专利技术。[1] 2005 年 11 月，博通、爱立信、诺基亚、NEC、松下移动通信、德州仪器等六家公司分别向欧盟委员会提出请求，要求调查高通公司。他们诉称，高通公司对纳入 3G 标准的必要专利的许可实践损害了自由竞争，违反了欧盟竞争法，也违反了 3G 标准制定时高通公司作出的“公平、合理且非歧视”的许可承诺。他们认为，如果没有“公平、合理且非歧视”的许可承诺，WCDMA 3G 标准将不会被采纳。[2] 他们主张，高通公司如下具体行为违法：对潜在的芯片竞争者，高通拒绝以“公平、合理且非歧视”的条件许可 WCDMA 的必要专利；向只从高通购买芯片的用户收取低许可费，造成对其他标准使用者的歧视；对 WCDMA 的必要专利，高通公司收取超高的、不合理的许可费，这是因为，高通公司对 WCDMA 标准的技术贡献远不如其对 CDMA2000 标准的贡献，但高通公司对二者收取相同的许可费。

2006 年 9 月，新泽西州联邦地方法院批准了高通的请求，驳回了博通公司对高通公司的反垄断诉讼。法院裁定，博通公司对高通公司的销售和技术许可行为的指控“不足以支持高通公司的技术许可行为危害了或将会危害 UMTS 芯片市场竞争的结论”。关于诉讼中指控高通公司拒绝以公平、合理、非歧视性的条款许可博通公司

[1] Qualcomm, Rival Continue Battling Over Patents, (Kathryn Balint. Knight Ridder Tribune Business News. Washington: Oct 19, 2005. pg. 1), http://proquest.umi.com/pqdweb?index = 14&did = 913344421&SrchMode = 1&sid = 22&Fmt = 3&VInst = PROD&VType = PQD&RQT = 309&VName = PQD&TS = 1134472843&clientId = 3490，2012 年 1 月 12 日访问。

[2] Mobile Giants File Qualcomm EC Complaint (Electronic News), [Executive Quote and Information Service: EQUIS. Waltham: Nov 7, 2005. pg. n/a], http://proquest.umi.com/pqdweb? index = 5&did = 923478831&SrchMode = 1&sid = 21&Fmt = 3&VInst = PROD&VType = PQD&RQT = 309&VName = PQD&TS = 1134471396&clientId = 3490，2012 年 1 月 12 日访问。

使用 WCDMA 3G 蜂窝标准的核心专利，法院认为，“对高通公司行为的指控证据不足，无法证明其垄断或意图垄断”。

2007 年 9 月，美国联邦第三巡回区上诉法院推翻了美国新泽西州联邦地方法院对博通诉高通公司垄断案的裁定，要求继续审理这个反垄断诉讼。此次美国联邦第三巡回区上诉法院一致裁定，博通可以继续起诉高通的垄断行为。上诉法院认为，博通公司已经充分陈述了“高通在相关市场所拥有的垄断力量以及高通蓄意获取并保持此垄断力量的行为，并非是产品优越、商业智慧或历史性机遇的结果”，因此要求新泽西州联邦地方法院继续审理此案。

在本案中，联邦第三巡回区上诉法院认为，如果有事实证明，在标准制定过程中，标准制定组织依赖于高通承诺的 RAND 原则而采纳其专利技术，那么高通就构成反垄断，并由此要求新泽西州联邦地方法院继续审理此案，重新认定相关事实。2009 年 4 月 27 日，高通公司同意向博通公司分四年支付 8.91 亿美元现金，以结束四年多以来的全球性手机技术专利争端。另外，两家公司还将相互提供专利许可，并保证不再相互起诉。[1] 此外，2007 年 10 月，欧盟委员会宣布对高通公司“滥用专利权”的行为发起反垄断调查。但从本案中我们可以看出，由于标准制定组织缺乏明确的知识产权政策，RAND 原则没有可供遵循的实质内容和政策指南，导致在标准制定、实施过程中各方利益受到不同程度的损害。标准制定因此而面临障碍，或者不必要的延搁。知识产权权利人的优先技术受到怀疑，标准实施面临困难，标准的公信度受到不必要的质问。知识产权权利人可能遭遇权利被撤销或者不能执行的危险，可

〔1〕 https://www.qualcomm.com/news/releases/2009/090426_qualcomm_broadcom_settlement.html，2017 年 9 月 4 日访问。

能面临免费的强制许可；如果被认定为市场垄断行为，还要承受高额的罚款和赔偿。由此而引发的诉讼往往异常冗长，成本高昂，给双方都增加了难以负荷的负担，并给司法机构和管制机构增加了不必要的负担。

（二）华为诉 IDC 标准必要专利案

2011 年 7 月 26 日，拥有一系列无线通信基本技术相关专利的美国无线厂商 InterDigital（InterDigital 中文名为美国交互数字公司，旗下有交互数字通信有限公司、交互数字技术公司、交互数字专利控股公司和 IPR 许可公司等子公司，互为关联，对外统称交互数字集团，以下统称为 IDC 公司）向 ITC 提交诉状，同时还在美国特拉华州法院提起了民事诉讼，指控华为 3G 产品侵犯了其 7 项专利。

2011 年 12 月 6 日，华为公司向深圳市中级人民法院起诉，以 IDC 滥用市场支配地位为由提起反垄断诉讼，请求法院判令其停止垄断行为，并索赔人民币 2000 万元。华为公司起诉称，IDC 公司利用其参与各类国际标准制定的机会，将其专利纳入其中，形成标准必要专利，并占据市场支配地位。IDC 公司无视公平、合理、无歧视原则的承诺，对其专利许可设定过高价格，附加不合理条件，涉嫌搭售。IDC 公司还通过美国国际贸易委员会启动 337 调查和在美国联邦法院起诉来拒绝与其进行交易，损害市场秩序，请求法院认定 IDC 公司在美国和中国两个市场构成滥用垄断地位。

2013 年 2 月 4 日，深圳市中级人民法院对此案正式宣判：IDC 公司负有按照 FRAND 原则许可实施其标准必要专利的义务，并参考美国 IDC 公司与苹果公司等厂商就通信领域标准必要专利的许可使用费，对本案的使用费率给予了恰当判定；IDC 公司实行差别、歧视性报价，并意图通过诉讼手段威胁强迫华为公司接受过高的专利许可条件，其行为构成滥用市场支配地位，判令 IDC 公司立即停止针对华为公司的垄断民事侵权行为，并赔偿其经济损失人民币 2000 万元。但法院同时驳回了华为公司在法庭上提出 IDC 公司对必要专利一揽子许可构成捆绑搭售行为的诉求。

一审判决后，双方当事人均提起上诉。由于案件涉及商业秘密，双方当事人均申请法院以不公开开庭方式审理此案。

2014 年 4 月 17 日，广东高院正式公布了华为诉美国 IDC 公司滥用市场支配地位案二审判决，最终维持了深圳市中级人民法院的一审判决，判定 IDC 公司因实施了垄断行为，赔偿华为公司损失人民币 2000 万元。但对于华为公司在法庭上提出 IDC 公司对必要专利一揽子许可构成捆绑搭售行为，法院不予认可。[1]

此外，2014 年 5 月 22 日，国家发改委宣布对美国 IDC 公司涉嫌价格垄断案作出了中止调查的决定，并将对 IDC 公司履行承诺的情况进行持续监督，消除涉嫌垄断行为的后果。2013 年 6 月，国家发改委根据举报对 IDC 公司启动了反垄断调查，获取了 IDC 公司涉嫌实施价格垄断行为的证据材料，IDC 公司相关负责人于 2013 年 7 月、2014 年 1 月两次到国家发改委接受调查询问。在反垄断调查期间，IDC 公司积极配合调查，与我国华为公司就专利许可费和其他条款达成和解协议，同时表示将参照对华为公司的许可条件与我国其他企业进行专利许可谈判。2014 年 3 月，IDC 公司向国家发改委提交了中止调查申请，提出了消除涉嫌垄断行为后果的具体措施。国家发改委依据《反垄断法》第 45 条的规定对 IDC 公司作出了中

〔1〕（2013）粤高法民三终字第 305 号，http://www.gdcourts.gov.cn/gdcourt/front/front! content.action? lmdm=lm438&gjid=20140417024309113155，2014 年 5 月 1 日访问。

止调查的决定，同时严格监督 IDC 公司切实履行承诺，如果 IDC 公司未履行承诺或者有其他法定情形，国家发改委将恢复调查。[1]

三、不公平许可

（一）违背前手承诺：N-Data 案

2008 年 1 月，美国联邦贸易委员会指控 N-Data 实施了不公平的竞争方式和不正当竞争行为，即 N-Data 取得 National 的专利技术 Nway 之后，拒绝履行 National 就该技术与标准制定组织 IEEE 订立的许可费协议，其违反了《联邦贸易委员会法》的第 5 条。[2] FTC 将 N-Data 的行为称为 patent hold-up。N-Data 案的具体详情如下：

1993 年，National 游说 IEEE 采用其 Nway 技术作为与以太网（Ethernet）连接的标准。为了使自己的技术成为标准，National 向 IEEE 承诺，它将按一次性 1000 美元的收费标准向所有人开放其专利技术，Nway 技术由此成为与以太网相连接的标准。2003 年，N-Data 通过转让取得 Nway 专利所有权。在获得专利所有权转让

---

〔1〕 国家发改委经调查认为，IDC 公司涉嫌滥用在无线通信标准必要专利市场的支配地位，实施垄断行为，包括：对我国企业设定不公平的高价许可费、要求我国企业将所持有的专利向其进行免费反许可、将非标准必要专利和标准必要专利进行捆绑许可等。IDC 在中止调查申请中提出了消除涉嫌垄断行为后果的具体措施，主要包括：不对我国企业收取歧视性的高价许可费、不将非标准必要专利与标准必要专利进行捆绑许可、不要求我国企业将专利向其进行免费反许可、不直接寻求通过诉讼方式迫使我国企业接受其不合理的许可条件等。考虑到 IDC 公司提出的承诺措施能够消除涉嫌垄断行为的后果，保证我国企业公平地参与市场竞争，恢复市场竞争秩序，国家发改委据此作出中止调查的决定。参见《国家发展改革委对美国 IDC 公司涉嫌价格垄断案中止调查》，http://www.ndrc.gov.cn/gzdt/201405/t20140522_612466.html，2016 年 3 月 25 日访问。

〔2〕 See In the Matter of Negotiated Data Solutions LLC., http://www.ftc.gov/os/caselist/0510094/index.shtm，2012 年 1 月 12 日访问。

时，N-Data 知悉 National 对 IEEE 的承诺，但以 IEEE 与其没有直接协议为由，拒绝以一次性 1000 美元的收费标准实施许可。N-Data 一方面对专利许可提出大大高于 1000 美元的收费标准，另一方面提出要起诉拒绝按其要求支付专利许可费的企业。2008 年 1 月 23 日，FTC 指控 N-Data 采取了不公平竞争方式，实施了不正当竞争行为。后来，FTC 与 N-Data 订立了以下和解协议：N-Data 不得起诉未按要求支付许可费的企业；N-Data 不得在未承诺遵守 National 与 IEEE 协议的条件下对其专利技术实施许可；禁止 N-Data 在不执行 FTC 指令的情况下转让或出售该专利技术，而且该指令对该专利技术任何一位所有权人均有约束力。

N-Data 案是 Rambus 案的重要发展，如上文论及，FTC 认定 Rambus 违反了《联邦贸易委员会法》第 5 条，欺骗了标准制定组织，在申请其技术成为标准的过程中隐瞒了技术的专利性。FTC 依据反托拉斯理论，强调被告有义务在标准化过程中保护消费者利益。在 N-Data 案中，被告没有参与标准化制定，违反的理由是它不执行专利原所有权人与标准化组织订立的许可费协议。FTC 认定 N-Data 违反《联邦贸易委员会法》第 5 条，不是因为违反反托拉斯法，而是实施了不公平竞争和不正当竞争行为。FTC 认为，“标准化过程是一个取代竞争的过程。这个过程中任何不诚实或欺骗的行为都会损害整个产业竞争，提供产品价格，减少消费者的选择”〔1〕。

（二）超高定价

专利技术标准化后，由于标准的锁定和扩散效应，专利权人可

---

〔1〕 王晓晔：《与技术标准相关的知识产权强制许可》，载《当代法学》2008 年第 5 期。

能由此产生市场力量而向被许可人索取更高的专利授权许可费。

例如，通用汽车公司大陆分公司，是一家具有市场优势地位的从事检验汽车服务的服务性公司，在其向出口到比利时的轿车发放检验合格证时，收取的服务费用为2500~5000比利时法郎，而其他公司的收费为2500比利时法郎。欧共体委员会调查了这一案件，认定通用公司授权OPEL汽车在比利时市场收取超高价格服务费，是滥用了其在这一市场中的优势地位，并处以10万欧洲货币单位的罚款。但欧共体法院否定了超高定价事实，认为这一指控相当轻率，因为通用公司在委员会干预之前，已经终止了被指控的滥用行为，并退还了多收的费用。另外，欧共体法院明确指出，如果价格超过了它所提供服务的经济价值，造成了阻止进口贸易的效果或者不公平地剥削了顾客，超高定价在原则上就构成滥用。[1]

（三）搭售

专利许可中的搭售是指许可方强制被许可方购买、接受或使用其不需要的专利、产品或服务。

在Senza-Gel Corp. v. Seiffhart案[2]中，许可方拥有一项方法专利，其许可的条件是被许可方必须租赁其用于执行该方法的某一步骤的非专利的机器（该机器显然可被用于非侵权的方式），这被判为专利权滥用。在分析搭售是否构成专利权滥用时，法院形成了以下的三步分析法：第一步，决定是否有两样东西被捆绑，即是否存在两样可分离的东西；如果有，那么，第二步，决定被指称与专利捆绑的“东西”在商业意义上是否是必要的；如果是，那么，第

〔1〕 General Motors Continental NV v. Commission of the European Communities. Case 26-75. Judgment at 13 November 1975.

〔2〕 803 F. 2d 661 , 667 - 670 , 231U. S. P. Q. 363 , 198622 CCH Trade Cas. 67 , 307 (Fed. Cir. 1986).

三步，决定在事实上它们是否被捆绑。

有学者也做了类似的归纳。假定并不是非实质的贸易受到被指控的搭售协议的影响，那么还要回答下述问题：(1) 涉及单个的产品还是两种分立的产品？(2) 假如是后者，要求搭售的一方在搭售方面是否具有足够的经济力量使得搭售有害？历史上，法院倾向于，实际上某种程度上可以说继续倾向于，认为法定排他性权利，如专利、商标和版权会形成假定的这样的力量，至少引起这样的怀疑。(3) 这样的搭售能够被证明在当时是正当的吗？[1] 由相关论述可见，搭售的构成条件有：两样独立的东西被捆绑在一起；搭售方具有相当的市场支配力；有相当的贸易受到了影响；存在强迫因素；这种安排不具有商业方面的合理性。[2]

四、拒绝许可

拒绝许可是指专利权人利用自己对专利技术所享有的独占性、排他性权利，拒绝授予其竞争对手以合理条件所提出的使用许可请求，以达到排除其与自己竞争的目的，从而维持和巩固自己的垄断地位的行为。

例如，德国联邦最高法院 2004 年关于 Spundfass 一案的判决主要涉及德国化工行业的一个事实标准。案件的起因是：德国化工行业的一些大企业共同提出要研发一种新的合成材料桶，以便能通畅地倒空桶内的残留物。后来有四家企业在研发这种产品中作过努

〔1〕 See Roger M. Milgrim, *Milgrim On licensing*, Matthew Bender & Company, Inc., 2004, pp. 8 - 57 and 8 - 58.

〔2〕 有学者将专利许可中搭售分为内向型搭售与外向型搭售、设备+售后服务、专利+商标、方法专利+材料等类型。参见郭德忠：《专利许可中的搭售》，载《河北法学》2007 年第 9 期。

力，其中一家企业受专利法保护的技术被选为生产这种合成材料桶的行业标准。是故，该行业的其他企业生产的合成材料桶如果不符合这个标准，在市场上便卖不出去。根据该企业与提出订立行业标准的其他三家大企业的协议，拥有行业标准的企业有义务免费许可这三家企业使用其专利。其他企业如果要生产这种专利产品，则需要向权利人支付专利费。该案中的被告 X 也是一家生产合成材料桶的企业，它向原告提出有偿使用专利的请求被拒绝后，生产和销售了这种专利产品。在这种情况下，专利权人便起诉 X，并请求法院判决被告支付损害赔偿。被告则反诉专利权人限制竞争，违反了德国《反对限制竞争法》，请求法院强制许可其免费使用原告在事实上已成为行业标准的专利。案件最后提交到了德国联邦最高法院。[1]

本案的争议焦点是原告（专利权人）拒绝许可的行为是否具有重大合理性，法院能否强制许可被告使用原告的专利。法院指出，即便是占市场支配地位的企业，它们也有权利在授予某些企业知识产权许可的同时拒绝许可其他企业；然而，占市场支配地位的企业的这种自由权利必须受到限制，即它们的拒绝许可必须具备客观的公正性。因为德国联邦最高法院只是对案件进行法律审查，不是进行事实审查，所以这个判决没有明确指出权利人的拒绝许可行为是否具有客观的公正性。但是，法院强调指出，既然专利法的目的是推动竞争和推动创新，在这个与歧视行为相关的案件中，权利人的拒绝许可需要有极高的公正性。最终，法院认定专利权人违反了德国《反对限制竞争法》第 20 条第 1 款，即实施了歧视行为，对

---

〔1〕 BGH, Urt. v. 13. 7. 2004 – KZR 40 /02, GRUR 2004, 966 –Spundfass. 转引自王晓晔：《知识产权强制许可中的反垄断法》，载《现代法学》2007 年第 4 期。

开展同类经营活动的企业实施了差别待遇，由此使某些企业在市场竞争中处于严重不利的地位。

德国联邦最高法院对 Spundfass 一案的判决是国际上近年来涉及知识产权强制许可的一个典型案例，特别是一个与技术标准相关的典型案例。根据这个判决，认定一个拒绝许可知识产权的行为是否构成滥用，至少需要考虑两个因素：第一，知识产权是否成为进入下游市场的关键性条件；第二，权利人拒绝许可知识产权的经济动机是否公正。[1]

〔1〕 王晓晔：《知识产权强制许可中的反垄断法》，载《现代法学》2007 年第 4 期。

第三章　专利至上主义及其反思

世界范围的专利制度发展历史可谓一波三折，屡次遭受包括怀疑、反对甚至废除的诘难，原因主要来自专利制度自身，包括专利的授权程序令人费解、成本高昂而又具有不确定性等。[1] 专利制度总是在不断寻找专利权人与公众利益之间的平衡点，像钟摆一样，周期性地从一侧摆到另一侧，却似乎永远无法一劳永逸地停留在平衡点上。[2] 例如，在美国，建立在宪法基础上的专利系统为技术进步提供了基础，推动着美国在19世纪和20世纪占据了全球技术优势地位。但是，美国专利系统在美国发展的车轮中已经变成了沙子，而不是润滑剂。[3] 专利制度似乎已经成为阻碍科技行业进步的拦路石。[4]

---

〔1〕［澳］布拉德·谢尔曼、［英］莱昂内尔·本特利著：《现代知识产权法的演进》，金海军译，北京大学出版社2006年版，第96页。

〔2〕欧洲在19世纪中叶曾经掀起“反专利”运动，荷兰等国家取消专利法事件达到高潮，是一次较大幅度的回摆，但有些过犹不及。参见［美］亚当·杰夫、乔希·勒纳著：《创新及其不满：专利体系对创新与进步的危害及对策》，罗建平、兰花译，中国人民大学出版社2007年版，第79—82页。

〔3〕参见［美］亚当·杰夫、乔希·勒纳著：《创新及其不满：专利体系对创新与进步的危害及对策》，罗建平、兰花译，中国人民大学出版社2007年版，引言，第1—2页。

〔4〕例如，当前在全球移动互联网领域，以微软、苹果和谷歌为代表的三大智能手机操作系统阵营之间开展了史无前例的专利“军备竞争”和专利侵权诉讼。众多小移动应用开发者已经成为那些什么也不做的大公司法律诉讼的猎物，Novell和北电价值数十亿美元的专利拍卖引发了微软和Google前所未有的战争，微软和苹果要求Android手机制造商支付相关的专利费用。专利制度本来是为保护知识产权、刺激创新而创建的一套系统，但也经常会适得其反。

纵观专利制度的历史发展，专利至上主义理念居于主导地位，持续时间也最长。而此一专利至上主义理念，竟也泛滥于专利标准化之中。因为在某种意义上，技术标准把知识产权的私人财产权特性迅速放大，多年来一直牵动着政府和企业敏感神经的技术标准化的专利许可问题，不禁让人反思：在这个充斥着标准化的世界中，专利制度是否已经异化为专利权人挟持公众利益的工具？万能的市场是否已经失去确定专利真实价值的能力？专利权人行使合法专利权和财产霸权之间的界限究竟何在？

第一节　专利至上主义理念

一、专利至上主义的内涵及外延

“专利至上主义”（Patent Suprematism）也即“专利至上”，实质是“专利权（人）至上”，顾名思义，主要是指一国专利法律制度及司法体系各层面都倾向于保护专利权人的利益，推崇并强化专利权保护的各种情形。“专利至上主义”可以被概括为以下几点：第一，专利法的目的是谋求专利权人利益最大化，对非专利权人等相关者权益主要依靠合同法、反垄断法等外部法律加以保护；第二，专利权有效推定，即专利权一旦授予，任何非专利权人和法院都有义务尊重专利行政机关的决定，除非通过异议或无效程序证明该专利不应当被授权；第三，当发生专利权纠纷时，专利行政机关和法院优先维护专利权人的利益。专利至上主义实则是财产霸权在知识产权领域的滥用。

从外延上看，专利至上主义表现于立法、司法和执法各层面。

在立法方面，表现为扩展可专利性主题范围，延长专利期限，降低授予专利的“三性”条件等。在司法方面，表现为滥发专利禁令，严格专利无效诉讼的提起条件，放松专利实质性条件的判定标准，扩大等同原则的适用范围，提高专利侵权救济水平等。在行政执法方面，表现为专利审查不严，专利申请获授权容易，专利数量多、专利质量低，对专利联盟等垄断采取宽容态度。专利至上主义主要表现为“问题专利”“专利丛林”“专利流氓”，以及上文所述的“专利挟持”。

在技术标准化中的专利许可方面，专利至上主义主要表现为技术标准受制于知识产权的专利挟持行为，因为搭乘技术标准化便车的专利权人获得的更多的专利收入以及竞争优势都是未标准化的专利权人难以获得的。此外，在标准制定组织的专利政策方面，专利至上主义具体表现为过于强调专利权作为私权的意思自治性以及专利许可协议自由，标准制定组织的专利政策对技术标准化中的专利信息披露义务的弱约束，模糊的 RAND 专利许可条件，标准制定组织不审查专利权信息、不介入知识产权纠纷，等等。上述种种情形，导致专利权人滥用其在耦合进技术标准中的专利权，甚至利用专利权挟持整个技术标准。

二、专利至上主义的演进与发展

知识产品生产中资源配置的三种制度安排——赞助、采购、所有权即知识产权制度——与公共产品的提供方式密切相关。[1] 而专利在知识产权的三个形态中提供最强的保护。私有产权的保护需

---

〔1〕 Dasgupta, P. and David, P. A., *Priority*, *Secrecy*, *Patents and the Economic Organization of Science and Technology*, CEPR Publication No. 127, Stanford University, 1988.

要耗费防卫和实施成本，国家通过立法对私有产权予以承认和保护，可以大幅度降低这一类成本，作为创造发明的产权的专利制度当然也遵循这一逻辑。[1] 从历史渊源来看，专利制度与科学技术发展如影随形，相互影响。从专利法律制度的起源来看，作为老牌资本主义国家的英国产生了独立的、受到广泛承认的法律范畴，显现出了现代意义上的专利法制度。而美国作为现代技术强国，其专利法制度对其技术创新、社会进步的贡献有目共睹。专利法历史进程中的里程碑分别是：1474 年《威尼斯专利法》（*Venetian Patent Act*）、1624 年英国《垄断法》（*Statute of Monopolies*）、1643 年英国出版商公会（Stationers' Company）向议会提出的请愿书、1710 年英国《著作权法》（*Statue of Anne*）、1787 年美国《宪法》中的专利与著作权条款、1790 年的美国专利法和著作权法、1791 年的法国专利法。[2] 下文主要考察近现代意义的专利法在资本主义兴起与发展的过程，以及美国专利法律制度的变迁，旨在从一个制度变迁史的视角观察专利至上主要的演进过程。

（一）从原始的封建特权到资本主义的专利法权阶段

知识产权并非起源于任何一种民事权利，也并非起源于任何一种财产权，它起源于封建社会的“特权”。这种特权，或由君主个人授予，或由封建国家授予，或由代表君主的地方官授予。[3] 从专利产生的历史渊源来看，专利源于中世纪欧洲封建君王授予臣民的专有特权，其内容非常宽泛。在中世纪的欧洲，各封建君主为鼓

---

〔1〕 任何一种关于知识产品生产的制度安排都不可能是完美的、最优的。专利的授予是一种特殊产权的创造，其特殊性在于临时性和强排他性。参见王争：《专利制度的经济学研究综述》，载《北京大学学报（哲学社会科学版）》2006 年第 2 期。

〔2〕 [美] 威廉·M. 兰德斯、理查德·A. 波斯纳著：《知识产权法的经济结构》，金海军译，北京大学出版社 2005 年版，第 1—2 页。

〔3〕 郑成思著：《知识产权论》，法律出版社 2003 年版，第 2 页。

励人们进行充满风险的工商活动，往往授予个人、团队或城市以经营特权，英国、法国、德国、意大利、瑞士等国都有授予新技术/产品以垄断特权的实践，威尼斯城邦还于1474年颁行了世界上第一部专利法。[1] 此后，政府认识到新技术产生的广泛社会价值，并因此试图对重要技术的发明者提供奖励，对解决重要问题的人提供奖金或者补贴。从14世纪提洛尔（Tyrolean）领导人承认优先采矿设备生产商时起，专利授予就成为鼓励创新的重要工具。专利是一种“消极权利”，专利持有人可以防止其他人使用其发明。专利为其所有者创造了一种独占权，独占权的范围和重要性依赖于专利授予的宽度和程度。16世纪，英格兰女王伊丽莎白一世授予的50项专利都是奖赏，使那些专利获得者拥有生产和销售基础物资的专营权。许多重要工业垄断权都授予了那些受到皇室宠爱的人，这些奖励引发了广泛的不满情绪。17世纪至18世纪，英国的初期专利系统与使用“奖金”共存，奖金是对那些针对特定技术问题提出成功的创新性解决方案的人的奖励。但总体说来，奖金不能作为阐述创新的有效机制。从18世纪开始，在英国和其他地方出现了两项指导原则：专利应该只授予新的和重要的发明；专利授予的范围应该与发明的大小成比例。[2]

尽管专利制度和王室特权之间的紧密关系使得专利法的改革变成了一个缓慢而复杂的过程，但是很明显，一直到19世纪50年代，现代知识产权法才开始被人认识，并且作为一个独立的且明显

[1] Oren Bracha, Intellectual Property at A Crossroads: The Use of The Past in Intellectual Property Jurisprudence: The Commodification of Patents 1600-1836, 38 Loy. L. A. L. Rev. 177 (2004), at 183. Outline of the History of the United States Patent Office, Reprint of the July, 1936, Number of the Journal of the Patent Office Society, At 21-24.

[2] [美] 亚当·杰夫、乔希·勒纳著：《创新及其不满：专利体系对创新与进步的危害及对策》，罗建平、兰花译，中国人民大学出版社2007年版，第7、36、74—79页。

的法律部门被提出来。重要的是，在那时所形成的相关法律带有许多显著特征，这些特征形成并且继续影响着专利法。有助于将专利从知识产权其他保护形式中区别开来的第一个特征，是专利法所保护的对象，更准确地说是形成了关于专利法应当保护什么的具体描绘。尽管存在一种越来越强烈的感受，认为专利应当留给那些更重要的发明，但是，与此种感受联结在一起的是这样的信念，即专利被指望着促进引入新的行业和制造品。[1]

因此，纵观人类历史，特别是资本主义的兴起和发展史，是一个从“特权垄断”逐步走向“创新垄断”的过程。在现代社会，创新垄断成为推动经济增长的重要手段，专利垄断则是创新垄断的最主要形式。[2]

（二）专利权神圣阶段

19 世纪末至 20 世纪 30 年代，专利权的行使很少受到反托拉斯执法机构的调查。在 20 世纪之前，专利与反托拉斯之间的相互影响并没有引起法院的足够注意，法院一般不把与专利有关的行为纳入反托拉斯调查的范围，典型的原因是法院认为专利法的目标就是垄断，因此法院经常倾向于不对拥有专利的公司的行为进行反托拉斯调查，甚至包括固定价格的专利联合授权。[3]

美国专利政策的演变与反垄断紧密相连，通常被认为是美国之外的竞争政策。专利的经济影响力在 19 世纪末 20 世纪初放任政策时期达到顶峰。在 20 世纪 40 年代前，被称为专利权神圣时代，反

---

〔1〕［澳］布拉德·谢尔曼、［英］莱昂内尔·本特利著：《现代知识产权法的演进》，金海军译，北京大学出版社 2006 年版，第 130—132 页。

〔2〕吴欣望著：《知识产权——经济、规则与政策》，经济科学出版社 2007 年版，导言，第 13 页。

〔3〕宁立志、胡贞珍：《美国反托拉斯法中的专利权行使》，载《法学评论》2005 年第 5 期。

垄断主管部门和法院对专利权的基本立场，可总结为“知识产权是神圣的，不在反垄断当局的权力之内”，在很长一段时间内，反垄断主管机关通过广义的解释豁免条款，作出将专利权人从反垄断调查中豁免的裁决。基于同样观点，反垄断当局认为专利权是法定垄断，认为专利权人在专利许可方面拥有广泛的决定权。在E. Bement & Sons v. National Harrow Co. 案中，联邦最高法院甚至裁决，涉及价格固定的行为也应豁免。在这种情形下，专利权人能按照自己的意志进行专利许可，无须担心反垄断问题。〔1〕

自1790年美国建立了专利制度后，在第一次工业革命时期，这一制度刺激了国民发明创造的积极性，对当时的农业机械化和工业发展提供了经济动力。在19世纪的大部分时间里，美国是一个纯技术进口国。正如莫格斯指出的，“尽管有外国知识产权权利主张，美国仍然获得了一些技术。例如，在蒸汽发动机技术时代早期，英国禁止出口蒸汽机、其零部件以及熟练的技术人员。美国却不加理会地引进了所有这三部分。尽管对英国的权利也许会为美国带来净利润仍有些疑虑，美国仍然决定在经济发展阶段，最佳的政策是对外国知识产权放松执行”〔2〕。

19世纪后半期，当美国公司在技术上实现重要突破时，对知识产权进行弱保护的情况发生了变化。托马斯·爱迪生的二氧化碳灯丝的白炽灯就是一个典型的例子。在1883年《巴黎公约》谈判时像爱迪生公司这样的美国公司要求强有力的知识产权保护。第一

〔1〕 186 U. S. 70 (1902). 即使总和达到不带有明显技术转让或类似技术转让效果的交易价格，专利池也免于反垄断审查。转引自徐曾沧：《WTO背景下技术标准中专利并入的法律问题研究》，华东政法大学2008年博士学位论文。

〔2〕 Merges, 1990: 245. 转引自［美］苏珊·K. 塞尔著：《私权、公法——知识产权的全球化》，董刚、周超译，中国人民大学出版社2008年版，第63页。

次世界大战后，美国经济领先于世界，专利制度对技术的推动功不可没。

再如，1912年，美国最高法院在亨利诉A. B. Dick & Co. 一案的判决中提升了专利的影响力。A. B. Dick公司对其油印机享有专利。该公司出售他们的机器时带有一个附加许可，要求购买者购买A. B. Dick公司的墨水，即使墨水是不受专利保护的。这被认为是一个搭售条款，专利权人要求购买者购买一个没有专利权的物品；在反托拉斯术语中这被称为垂直限制。美国最高法院认可了这种做法，认为专利权人"可以选择任何价格或者其他优惠作为给予专利许可的对价，包括在购买享有专利的机器时一同购买不享有专利的物品"（Kastriner，1991：6）。法院的理由是，如果专利权人一旦将发明握在自己手中，"其他人就不能因为使用那些体现发明的机器而卖墨水"。[1]

（三）反垄断阶段

20世纪40年代到20世纪80年代，被称为反垄断阶段。在该时期，法院继续打击那些与促进自由竞争的公共政策不一致的搭售协议。专利权被解释为垄断，市场力量被假定，而这些权利都从属于占支配地位的反垄断政策。反垄断扩展至专利领域。这个反专利的环境，以强有力执行反垄断和对专利范围与有效性的司法攻击为特征，导致美国企业开始质疑专利保护的经济价值。通常法院假定专利是无效的，而专利权人因对公共领域已有的发明设立垄断价格而受到指责（Dreyfuss，1989：6）。20世纪40年代到20世纪80年

---

〔1〕 244 US 1 (1912) at 33, quoted in Kobak, Jr. 1995. 转引自［美］苏珊·K. 塞尔著：《私权、公法——知识产权的全球化》，董刚、周超译，中国人民大学出版社2008年版，第64页。

代初，美国专利体制的消亡对一些部门（如消费者电子设备）产生了负面影响。[1]

1969 年，美国司法部反垄断局提出了对许可证协议中 9 种限制竞争条款一揽子适用本身违法的原则，包括：（1）要求被转让人从转让人处购买与专利权无关的材料；（2）要求被转让人向转让人转让许可证协议生效后取得的所有专利；（3）限制专利产品销售中的买主；（4）限制被转让人就专利权之外的产品或者服务的交易自由；（5）未经被转让人同意，转让人不得向其他任何人授予许可；（6）要求被转让人订立一揽子许可协议；（7）要求被转让人对所有产品的销售，包括与专利权无关的产品销售支付转让费；（8）限制工序专利，限制被转让人销售由这种工序生产的产品；（9）要求被许可人按照固定价格或者最低价格销售相关产品。[2]

1977 年，"九不原则"纳入美国司法部《国际经营反垄断执法指南》（*US Department of Justice*，1977），成为正式审查标准。1977 年的指南列出了九项自身违法的做法，包括搭售协议，转让排他回授改进，对许可产品转卖的限制，限制被许可人自由地经营未含有专利的货物和服务，要求给予许可的排他性，强制捆绑许可，对被

---

〔1〕 也有美国学者认为，自 1917 年美国联邦最高法院撤销了"严重阻碍专利法发展"的 A. B. Dick 案后，《谢尔曼法》引领了长达 75 年的反托拉斯时代（Kastriner 1991：6），而且在电影专利公司诉通用电影 Mfg 公司一案（243 US 502，518 1917）中"摧垮了享有专利的电影放映机与专利权人出售的未授予专利的电影之间的搭售协议"（Kastriner 1991：6）。法院的理由是"搭售使专利所有人通过将他们的专利延伸至不享有专利主张权的物品而获得对不享有专利产品事实上的垄断"（Kobak，1995：para. 5）。20 世纪 40 年代专利滥用达到了顶峰，包括 Mercoid 案和 Morton Salt 公司诉 G. S. Suppinger 公司案。转引自［美］苏珊·K. 塞尔著：《私权、公法——知识产权的全球化》，董刚、周超译，中国人民大学出版社 2008 年版，第 64—65 页。

〔2〕 Section of antitrust Law，American Bar Association，The 1995 Federal Antitrust Guidelines for the Licensing of Intellectual Property，Commentary and Text，p. 5. 转引自王晓晔：《知识产权滥用行为的反垄断规制》，载《法学》2004 年第 3 期。

许可人同意支付不合理的相关买卖的使用费的有条件的许可，限制买卖通过有专利的流程制造出的不带专利的产品，命令被许可人对许可产品的定价。[1] 20 世纪 80 年代之前，美国司法部依据这些原则对许多涉及知识产权的限制竞争行为提出了指控。

（四）“亲专利”阶段

自 20 世纪 80 年代以来，专利至上主义所向披靡，专利得到了无以复加的重视，20 世纪 80 年代被认为是知识产权许可安排畅通无阻的时代。[2]

在越南战争和社会福利政策的双重拖累之下，美国经济竞争力急剧下滑。与此同时，各资本主义国家特别是日本经济飞速增长。虽然美国公司在一些技术上领先，如晶体管、录像机和集成电路，但日本已成功将这些美国发明商业化。到 20 世纪 60 年代末，日本开始在全球消费者电子市场上占统治地位。日本运用实用新型制度和“以小敌大战略”，以大量的外围技术专利对美国的核心技术专利进行围攻，导致美国的基础技术的专利难以发挥技术垄断作用。至 20 世纪 80 年代，日本的汽车、电子等产业竞争力已经超过美国，美国出现了对日巨额贸易逆差。

面临竞争力下滑和其他国家经济快速发展的威胁，为了恢复国家竞争力，美国结合本国科技实力的优势，决定强化专利制度，对本国的高科技进行专利保护，法院和政府对专利的态度从“反专利”转变为“亲专利”（pro-patent policies），并推出了配套的政策。“亲专利”政策为美国从科技优势向竞争优势的转化提供了制

---

〔1〕 参见 Webb and Locke（1991：note 23）。转引自［美］苏珊·K. 塞尔著：《私权、公法——知识产权的全球化》，董刚、周超译，中国人民大学出版社 2008 年版，第 71 页。

〔2〕 Yurko，引自 Hayslett，1996：382，note 33.

度保障。

“亲专利”政策主要表现为里根政府削减了司法部的反垄断部门，有意识地弱化了反垄断政策，弱化了政府对大公司垄断行为的监督，为“亲专利”政策的推出排除了制度上的障碍。当局不再假定知识产权所有者拥有必要的经济影响力而进行反托拉斯审查（Hayslett，1996：381），将大部分知识产权许可从反托拉斯审查中移走。反托拉斯执法被要求与新经济结构相适应。[1] 在里根政府时期，行政机构认为知识产权提供的经济动力是从发明中提取经济利润的合理途径。知识产权作为一个“神奇的王牌”，以前受怀疑的安排被允许继续进行而不受联邦贸易委员会和司法部的质疑。在此基础上，各项“亲专利”政策陆续推出。例如，1982 年，美国专门设立联邦巡回上诉法院，该法院成立以来最突出的特点就是执行了一条“亲专利”的路线：提升美国专利商标局的地位；1988 年美国通过的《联邦贸易和竞争法案》将知识产权保护与对外贸易建立了直接联系，修补了“特别 301 条款”和《美国关税法》“337 条款”。1988 年，美国司法部放弃了“九不原则”，提出合理原则。该九项禁止的行为被重新解释为是无害的或者是支持竞争的。美国司法部认为“反托拉斯法不应当用于阻碍一再强调的竞争”（Hoff，1986：19）。1995 年 4 月 6 日，美国司法部和联邦贸易委员

---

〔1〕 一些人主张反托拉斯应主要集中于市场结构和市场力量，而另一些人则认为在美国经济中效率比市场力量更重要，应首先关注效率。双方发生了争论。由芝加哥学派的经济学家和律师带来的新经济学知识（new economic learning）给反托拉斯制度带来了一个新的经济结构理论。这些学者主张在强调对反竞争效果抑制的同时也应强调经济效率的重要性。经过一段时间后，法院和其他机构都已经大量地接受、采纳了这种新经济结构理论。在这一阶段，反托拉斯制度与新经济相协调，更多地关注与专利有关的行为是怎样影响竞争的。这种与新经济的协调，使得竞争和专利政策之间在更大程度上相结合以及两者的平衡成为可能。参见宁立志、胡贞珍：《美国反托拉斯法中的专利权行使》，载《法学评论》2005 年第 5 期。

会联合颁布了《知识产权许可反垄断指南》，取代了《国际经营反垄断执法指南》中“知识产权许可协定”章节。

1980年，美国国内宽松的专利环境开始发生变化，最高法院以新的态度对待专利。在Dawson Chem公司诉Rohm & Haas公司一案（448 US 176 1980）中，法院认为“自由竞争政策在我们的法律里体现得很多……但是作为整个专利体制基础的鼓励发明的政策却缺乏足够的体现”（quoted in Kastriner，1991：20）。自A. B. Dick案之后，最高法院第一次将支持专利权的公共政策与支持自由竞争的公共政策放在平等的地位，而“在司法界有效地结束了反垄断法支配专利法的时代”（Kastriner，1991：20）。知识产权所有者的权利变得日益重要，因为这些权利人越来越有可能兑现美国政府重视的经济发展和竞争目标。[1]

20世纪80年代，知识产权被理解为一种基于保护与排除，而不是竞争与扩散的体制。尤其是，对前者的认识体现在TRIPs中。知识产权保护国内环境的变化源自全球资本主义体系变化引起的一系列更广阔的关注。对竞争问题的关注激发了美国许多决策和制度的重要变化。政策的变化，如以前严格的反托拉斯政策的放松，形成了一个更有利于知识产权所有者的环境。制度的变化，如CAFC的产生，为知识产权所有者推动其私人利益打下了基础。柯达案使美国法学画了一个圆圈后又回到了A. B. Dick案所确立的捍卫保护、排除和提取垄断租金的哲学。它象征着美国专利法结束了20世纪以司法怀疑为特征的时代，专利可以获得支持而且被看作是有

---

〔1〕参见［美］苏珊·K. 塞尔著：《私权、公法——知识产权的全球化》，董刚、周超译，中国人民大学出版社2008年版，第66页。

价值的经济资源。[1]

（五）美国2011年专利法案

当前，美国专利系统的病变增加了向创新投资的不确定性，损害了其设计创造出的各种激励措施。为了使专利制度更好地促进本国科技、经济的发展，美国需要对其专利制度进行改革，提高专利创造性的条件、降低专利侵权救济力度。美国从“亲专利”到“反专利”的政策拐点，应当是2003年11月美国联邦贸易委员会发布的《促进创新：竞争与专利的法律和政策的恰当平衡》的报告。该报告以解决专利丛林问题、提高专利质量为目的，提出一系列政策建议，为司法政策转向及专利法改革奠定了基础。[2] 持续讨论的《专利改革法案》也是此轮专利政策回摆的延续和深化，从总体上看，《专利改革法案》一改先前的“亲专利”政策，通过降低授权专利的有效性推定、减少侵权赔偿金等方式弱化了专利权人的权利，加重了其负担，减少了对侵权的救济。[3] 2011年9月16日，奥巴马正式签署了《美国专利改革法案》（又称《美国发明法

---

〔1〕参见［美］苏珊·K. 塞尔著：《私权、公法——知识产权的全球化》，董刚、周超译，中国人民大学出版社2008年版，第72—73页。

〔2〕Federal Trade Commission of USA, *To Promote Innovation: The Proper Balance of Competition and Patent Law and Policy*, October 2003. 在美国历史上，联邦政府通过发布关于专利法的报告从而影响国会、司法的政策导向并不鲜见。1938年4月29日，时任美国总统罗斯福在国会联席会议上提出，要对其所谓的“经济权利集中”问题进行彻底调查，国会随即成立临时国家经济委员会，来研究导致垄断和经济权力集中的政府政策，包括专利政策在内，对竞争、价格水平、失业、利润和消费的影响，导致此后20年里反垄断法对专利法的严格限制；1978年，卡特总统成立由150多位来自工业界的代表组成的咨询委员会，发布了有关专利激励在工业创新中的作用的报告，主导了美国20世纪最后20年的鼓励专利政策。参见和育东：《“专利丛林”问题与美国专利政策的转折》，载《知识产权》2008年第1期。

〔3〕陈武：《问题专利与专利权的重构——拟议中的“美国专利改革法案”思想评述》，载《环球法律评论》2009年第4期。

案》）。该法案的修改能够被通过，与美国经济形势的发展有一定关系，在经济低迷的背景下，创新与增加就业常常能获得更多关注。《美国发明法案》对专利诉讼的相关体系作了一个很大的调整，希望能够更为公平持平，尽量稳定专利的市场制度秩序，避免专利诉讼的蟑螂们从中钻漏洞、赢小利，导致市场变得非常不稳定，这次变革是为了让专利重新回归到一个鼓励创新研发的机制上来。〔1〕

其中，该法案最重要的修改内容是“先申请制”取代“先发明制”、PTO自行设立专利收费体系、有效申请提交日和现有技术范围及授权后异议，这是自1952年实施《美国专利法》六十年来对专利制度进行的最全面、最重要、最复杂的一次改革。〔2〕法案的修改有助于加快专利的转化过程，有助于发明者和企业家更快投入新的发明创造中。谷歌、苹果、微软、通用电气、国际商业机器公司等众多企业都对该法案表示支持。支持者认为，加快专利审批和转化的过程可以促进经济增长和刺激就业，有利于促进科技创新，降低专利诉讼的成本。

---

〔1〕美国亚太法学研究院执行长、知识产权专家孙远钊语。

〔2〕2005年6月9日，美国国会开始正式讨论《2005年专利改革法案》。2007年9月，美国众议院通过了《专利改革法案》（*The Patent form Act of* 2007），后被搁浅。2009年3月，作为“2009专利改革法案”被再度向参议院提出。2011年3月8日，美国参议院以95票对5票通过《美国发明法案》（参议院版，法案号S. 23）。6月23日，美国众议院以304票赞成、117票反对的绝对优势通过了备受争议的《美国发明法案》（众议院版，法案号HR－1249）。http://judiciary. house. gov/issues/issues_patentreformact2011. html，2012年1月15日访问。

第二节　专利至上主义泛滥

从产生之初，专利权由于其本身的专用性，就被视为一种合法的垄断权。专利制度极大促进了技术进步，但专利权在其发展历程中产生了各种“异化”现象，现代社会知识产权的非理性扩张，使其日益偏离“为天才之火添加利益之薪”的价值初衷，取而代之的是一种纯粹的经济理性。专利权在运用和实践中导致权利的本质发生了变化，衍生出来与权利保护日益矛盾或对立的力量。〔1〕时至今日，人们对专利权的重视程度甚至远远超过了产品和服务本身，专利权也日益从最初的鼓励创新发展向以垄断为主要功能和特征转变。在专利标准化中也存在专利至上主义的泛滥。

一、标准制定组织“超中立，弱约束”的专利政策

专利标准化中的专利至上主义表现也很明显，因为技术标准一旦受制于知识产权，就无从顾及技术标准本身的普适性和优化性。也即，一项含有众多知识产权的技术标准推广实施，不仅标准的使用者无法预见到实施标准的成本，在二次创新的应用上以及其兼容产品的开发上也要受到极大的限制，一套包含专利权和版权的技术标准将所有的相关竞争者暴露于权利人的控制之下。对于基于网络环境的基础协议和通用软件的技术标准，更容易使知识产权权利人形成绝对的市场垄断地位，其带来的不仅是标准使用成本的增

---

〔1〕 孟奇勋：《“异化”的权利与权利的“异化”——以知识产权的私权保护与公权规制之协调为视角》，载《电子知识产权》2006年第8期。

加，更多的是破坏了良性的市场竞争秩序。[1]

前文所述诸如不当披露专利信息、违反 RAND 原则、拒绝许可、超高定价、不当交叉许可和专利联营等技术标准化中的专利挟持行为无不体现了专利至上主义，从中可以看到如美国联邦巡回上诉法院（CAFC）等司法因素处处维护甚至溺爱专利权人的种种表现。除此以外，标准制定组织的专利政策也处处闪现专利至上主义的“身影”。下文主要分析标准制定组织的专利政策中专利至上主义的具体表现，主要包括过于强调专利权作为私权的意思自治性以及专利许可协议自由，专利许可政策对技术标准化中的专利信息披露义务的弱约束，模糊的 RAND 专利许可条件，标准制定组织不审查专利权信息、不介入知识产权纠纷，等等。

（一）私权自治

TRIPs 协议明确宣布知识产权为私权，同其他传统意义上的私权一样，权利人在法律上有权充分自由地利用和处置属于自己的知识产权。契约自由原则是现代民事法律的一项基本原则，权利人对订约的对象、契约的内容和形式，都拥有极大的自主决定权。契约自由奠定了私权自治的基础，是私权自治中最为重要的原则。以契约自由为原则，并在此基础上施以必要的规范和调整，最终实现管制所促成的利益大于管制成本的目标，是知识产权许可制度的全部灵魂。[2]

如前文所述，私权自治在技术标准化中的专利许可中主要体现为两个层面：一是标准制定组织制定了章程（或专利许可政策条

---

〔1〕 张平主编：《冲突与共赢：技术标准中的私权保护——信息产业技术标准的知识产权政策分析》，北京大学出版社 2011 年版，第 249 页。

〔2〕 曲三强：《知识产权许可合同中契约自由原则的适用和限制》，载《云南社会科学》2006 年第 2 期。

款)；二是专利权人在技术标准化实施过程中对他人的专利许可，以及专利权人之间有关专利交叉许可的协议内容。对于前者，在实践中，标准制定组织也存在着利用格式合同或格式条款限制竞争、维护垄断、有损公平等行为，所以国外的标准制定组织本身也要接受司法机构的反垄断审查，尤其在美国。例如，事实标准的产生主要就建立在纳入成员专利技术（成员交叉许可）的基础之上，事实标准中专利许可主要包括标准形成过程中的交叉许可，以及标准形成之后由许可机构通过格式合同进行的一揽子许可。

专利许可协议是一种知识产权许可协议，是平等主体的当事人之间根据各自的需要为实施专利技术而达成的合意。专利权人可以自由地通过合同形式，将自己的专利权许可或转让给他人去开发利用。知识产权许可合同有其相对独立的特点，包括根据权利的内容、时间或地域，分别将使用权与整个知识产权暂时分离，并以独立实施许可或非独占实施许可的方式，转让给他人使用。应当说，通过这种协议能够同时满足当事人各方的需要，达到互利互惠的目标。然而，事实并非如此简单。在许多情况下，协议当事人一方或双方为了使自己获得更加有利的市场竞争地位，往往会利用某些合法的或不合法的方式给对方当事人设定某些限制性条款。[1]也即，技术标准化中的专利权人有可能对被许可人运用该专利技术的地域范围、营销方式、技术保障等提出严格的要求或限制，而被许可人对此则没有太多的商谈余地，这些限制条款实有显失公平之嫌，但被许可人却不得依民法当中的显失公平原则对抗之。

此外，专利许可合同中经常出现的条款是：被许可人不得对许

---

〔1〕 曹新明：《专利许可协议中的有色条款功能研究》，载《法商研究》2007年第1期。

可专利的有效性提出质疑。专利的有效性通常的理解为，某个产品或某种方法的专利申请在经过国家专利行政部门的审查后获得了专利证书，该项专利为有效，或称为有效专利。按照“不得对专利的有效性提出质疑”的约定条款，被许可人在执行许可协议期限内就得认为该许可的专利是一直有效的。许可人和被许可人签署的许可协议，依照合同自由的原则，“不反驳”严格限制着这种宣告专利无效申请的行为。即使在执行协议的期限内其专利被第三人申请无效，法律也会根据合同法“禁止反悔”的原则剥夺被许可人的合法和正当的权利。在这种情况下，被许可人很可能在实施一项不存在权利的无效专利，并为此支付费用。很显然，从合同法的角度说，“不得对专利的有效性提出质疑”是合理的；但按照专利法，协议却剥夺了被许可人的权利，显然是不合理的。

所以说，信息产业标准现行的大多数知识产权政策，没有考虑到标准化活动这一特性，而是将标准化活动视为普通的民事主体之间的相互市场行为，没有考虑其对社会公众的影响；价值取向趋向于封闭，将其所涉及成员的知识产权，仍然放在传统的意思自治基础上来进行考量，很少顾及标准化这一具有较强的社会影响性活动的特性；过于重视知识产权的私权自治，忽视了知识产权保护与创新和公平竞争之间的良性互动。〔1〕

（二）专利信息披露义务的弱约束

国际、各国以及民间标准制定组织的专利政策普遍要求，知识产权所有人作为标准制定组织的参与者，有明确的披露其知识产权信息的义务。这可以被看作是标准参与者与标准制定组织之间的合

〔1〕 张平主编：《冲突与共赢：技术标准中的私权保护——信息产业技术标准的知识产权政策分析》，北京大学出版社 2011 年版，第 124—125 页。

同约定。1995 年美国联邦贸易委员诉讼 Dell 公司案对此予以确认。尽管大多数标准制定组织的专利政策都要求专利权人披露其进入标准中的专利权信息，但专利权信息披露问题在司法实践中异常复杂。例如，前文所述的 Rambus 案中，虽然联邦贸易委员会（ITC）依然从竞争的角度对知识产权所有人信息披露进行严格的要求，但是，美国联邦巡回上诉法院（CAFC）认为，信息披露只适用于标准中的核心知识产权，信息披露不涉及正在申请中的知识产权。此外，CAFC 还批评 JEDEC 的专利披露政策不够明确，致使知识产权所有人无法清楚地理解他们所承担的披露责任。CAFC 还认为，如果知识产权所有人不是标准制定的参与者，则不承担信息披露责任。再如，Unocal 案反映出，正在申请过程中的知识产权是否应该披露呢？如果不披露，要是标准制定完毕时知识产权正好也申请成功呢？如果披露，那么对知识产权所有者的商业秘密是否构成侵犯？[1]

很多标准制定组织的知识产权政策仅仅规定了权利人要进行披露，但对于违反该义务的权利人一般不设置任何惩罚措施，对披露义务的执行都依赖于权利人的诚信。

（三）模糊的 RAND 专利许可原则

国际标准制定组织通行的 RAND 原则许可条件过于模糊，给成员对其知识产权的自由行使留下了空间。例如，对于许可的条件，ITU 仅仅要求以 RAND 原则进行许可，具体的许可条件留给当事人双方去解决。

---

〔1〕 安佰生：《标准化条件下知识产权许可中的限制竞争问题初探》，http://web.cenet.org.cn/web/std/index.php3? file = detail.php3&nowdir = &id = 105809&detail = 1，2012 年 1 月 15 日访问。

但是，RAND原则并没有对“合理”的内涵及判断标准作出规定和指导，由此产生很多问题：何为公平合理？合理的标准如何判断？[1] 怎样确定专利许可价格？非歧视是否意味着所有许可条件都相同呢？专利许可谈判由专利权人进行，在信息不对称的情况下，专利权人对专利权的价格具有绝对的信息优势，因此“公平合理”并没有统一的衡量标准，甚至没有初步的指导原则。此外，获得许可的厂商与专利持有或者专利持有人集团签署的协议受到保密协定的保护，不能公开，相互之间不知道他人的合同条款，“无歧视”也无从判断。2005年中国政府向WTO技术性贸易壁垒委员会提交的《问题》的提案及背景文件中曾指出，国际标准制定组织制定的知识产权政策存在一些不合理的地方。例如，相关方对合理、非歧视（RAND）原则的解释不统一，不利于知识产权所有人和申请者之间达成一致，增加了采标效果的不确定性。

由于RAND原则除了其本身的合理和无歧视外，再也没有实质性的解释，也没有实质约束，导致该原则在实践中很难执行，实际上无助于解决争议如此之大的知识产权纠纷。相关方对该原则的解释不统一，也已经成为一些知识产权权利人试图将自己的知识产权在采标的过程中纳入标准的重要工具，因而招致很多质疑。实际上，争议双方都可以援引RAND原则为自己辩护，即一方认为自己完全按照RAND承诺进行许可谈判，而另一方则可以说对方违背了

---

〔1〕 即使看上去对专利权人来说合理、并不昂贵的许可费，但对潜在被许可人来说，通常是不合理的昂贵，“合理”许可的实际执行性将受到影响。此外，许可费是以百分比还是以总付为基础？是以最小组件价值还是以该设置作为整体进行计算？许可费能随着技术变得更成熟而增加吗？或者，随着技术商业化、边际利润减少，许可费应该减少吗？这些问题都不明确。参见徐曾沧：《WTO背景下技术标准中专利并入的法律问题研究》，华东政法大学2008年博士学位论文。

当初的 RAND 承诺。ESS. Tech.，Inc. v. PC-Tel，Inc. 案中，法院直接裁决 ITU 的 RAND 太模糊，无法支持其在具体行为中的请求。在实践中，所谓的 RAND 原则实际上是由法院裁决的，这是事后的 RAND。事后的 RAND 与没有 RAND 没有实质性的区别，因为即便没有 RAND，法院也可以根据合理、无歧视进行标准中的知识产权纠纷的判决。[1]

RAND 原则会带来这样或那样的问题[2]，主要表现为：RAND 原则使得标准的专利问题长时间不确定，标准实施时专利费无从确定；标准实施后无法不用它，用户无选择权；法院对 RAND 原则设定了高的证明标准（从高通案就可以看出）；RAND 为很多不太必要的专利打开了标准大门，一些专利权人等着从标准渠道牟取暴利或待价而沽；建立专利池越来越难，专利池定价也随之越来越难；产业界不敢采用专利许可政策不清晰的标准；等等。此外，RAND 原则门槛太低，这就使得大量并不具有技术优势的小专利出于利益驱动而涌入了标准体系，成为专利权人牟取超额利润的工具。

（四）标准制定组织过于中立的地位

2005 年中国政府向 WTO 技术性贸易壁垒委员会提交的《问题》的提案及背景文件中曾指出，国际标准制定组织制定的知识产权政策存在一些不合理的地方。例如，标准制定组织声称他们不对成为必要知识产权的技术的相关信息负责。标准制定组织对技术标

〔1〕 安佰生：《标准化条件下知识产权许可中的限制竞争问题初探》，http://web.cenet.org.cn/web/std/index.php3? file=detail.php3&nowdir=&id=105809&detail=1，2012 年 1 月 15 日访问。

〔2〕 RAND 原则条款本身存在固有缺陷，因为其只对标准化组织及其成员具有约束力，一旦出现专利权人为非组织成员的情况，该条款就没有约束力，标准制定组织其他成员就无法要求专利权人给予“公平、合理、非歧视”的许可。

准中的专利，除收集有关专利信息外，采取中立原则，即不介入专利有效性审查，不介入专利许可谈判，不介入争端解决。

标准制定组织一般不负责对并入技术标准的专利有效性进行审查。ITU 专利政策规定，电信化标准局不负责对专利或类似权利的证据、有效性以及范围提供权威或全面的信息。CEN/CENELEC 专利政策规定，不应就专利权和类似权利的范围、有效性和证据方面提供权威性或理解性信息，但是希望得到这方面的详细信息。ANSI《美国国家标准的制定和协调程序》第 1.2.11.4 条“识别专利的职责”规定，ANSI 不负责识别美国国家标准可能需要的某项专利，也不负责对那些引起关注的专利的有效性或范围进行查询。[1]

一般国际标准制定组织在其知识产权政策中允许专利纳入技术标准，但出于担心承担反垄断法责任的考虑，绝大多数标准制定组织不负责专利许可谈判。标准制定组织始终恪守“中立”地位，对标准产生和适用过程中专利权人是否履行了披露义务和 RAND 许可义务，并不承担任何责任，在对法定标准进行专利许可时，标准制定组织是置身事外的。

同时，标准制定组织拒绝介入具体的许可事务中，对于当事人之间就许可条款是否符合 RAND 原则所发生争议的，93.1%的标准制定组织都拒绝参与纠纷的解决，只有 ETSI 和 VITA 例外。ETSI

---

〔1〕 徐曾沧：《WTO 背景下技术标准中专利并入的法律问题研究》，华东政法大学 2008 年博士学位论文。

和 VITA 的知识产权政策都规定了相应的争端解决机制。[1] 而 ITU 和 ISO 这样的国际标准制定组织更加倾向于对知识产权问题采取回避态度，仅仅要求对其成员的知识产权义务进行原则性规定，对于成员不遵守这些义务的后果或者如何具体履行，没有更为明确的指引。例如，ITU 只是原则性地要求"一开始"进行专利披露；ITU-T 的知识产权指南中明确其需要坚持不介入知识产权争端原则，其第 23 条规定，ITU 不应该介入有关专利的争端中，这些争端应该留给相关方自己去解决。[2]

综上，随着知识产权问题在标准制定过程中越来越突出，仅仅依靠成员之间自行解决知识产权问题这一做法，已经越来越对标准的推行形成障碍。在缺乏具有可操作性规则的情况下，标准制定组织的知识产权政策作用非常有限，特别是当标准受制于专利时，囿于专利政策的模糊性和软约束性，事实上专利权人可以任意决定以什么条件对外进行许可，加上宏观专利法律制度背景和行政司法因素，专利至上主义在专利标准化中更加泛滥。

二、立法推手：专利法律制度的固有缺陷

如前文所述，20 世纪下半叶，美国专利立法和司法在具体制度和相关判例上的变革走向，体现了加强专利制度激励，或者称为

---

〔1〕 ETSI 知识产权政策规定，许可方面的纠纷由当事人双方协商解决，如果协商不成，可以寻求 ETSI 其他成员或 ETSI 秘书处调解。但是，ETSI 秘书处或其成员并不在纠纷处理中充当仲裁的角色。VITA 专利政策设置了独特的内部专利争端解决机制。如果任何 VITA 成员认为某一工作组成员或其代表的 VITA 成员单位未遵守专利政策规定义务，都可以通过 VITA 争端解决仲裁程序来解决该纠纷。详见马海生：《标准制定组织的 RAND 许可政策实证分析》，载《电子知识产权》2009 年第 2 期。

〔2〕 张平主编：《冲突与共赢：技术标准中的私权保护——信息产业技术标准的知识产权政策分析》，北京大学出版社 2011 年版，第 29 页。

“亲专利”的政策走向。[1] 美国的司法制度也使这些所谓的专利公司在法庭很容易获得胜利。这种情况导致许多公司寻找含糊其词的专利，以此向那些需要这种技术的公司收取价格不菲的专利使用费用。否则，他们就以侵权为理由，向他们提出指控。CAFC 对专利上诉充耳不闻，经常对专利持有人抱有偏见。近年来，微软也高举专利大旗，对那些无顾忌地侵犯专利的行为开战。非营利组织开始收购破产公司的专利，以此作为一笔财富。

专利至上主义的立法推手主要表现为专利法律制度对于专利的权利要求模糊，专利权客体范围不清晰并呈现出不断扩大的趋势，专利有效性推定制度，以及美国先前的先发明专利制度等众多方面。从立法技术上考量，立法“宜粗不宜细”，应当留给司法和行政裁量权以足够的空间。但正是在立法方面的模糊，增加了专利申请授权及司法诉讼过程中专利权的各种不确定性，产生了诸如“问题专利”“专利丛林”及“专利海盗”等特有的专利现象。

（一）专利权客体的范围不断扩大

专利法律制度的变迁与科技进步密不可分，人类历史上每一次技术革新和发展，其产业者总是呼吁将专利范围扩展覆盖该技术领域，获得回报，并刺激新一轮的技术革新。在过去的几十年中，专利保护涉及的领域不断扩大，扩大可授予专利范围的趋势日益明显。例如，信息通信技术的发展使得知识产权领域出现了许多新的权利类型，如软件、集成电路、数据库、信息网络传播权和技术措施权等。再如，随着生物技术的发展，很多原本人们认为不可能申请专利的客体也被纳入专利法的保护范围，如基因、动植物品种、

---

〔1〕 参见和育东：《“专利丛林”问题与美国专利政策的转折》，载《知识产权》2008 年第 1 期。

微生物甚至疾病的诊断和治疗方法等。[1]

从英国专利系统早期开始，人们对做生意的方法是否属于可授予专利标的物的范围就有相当大的分歧。根据对专利系统发展产生重大影响的英国 Darcy 诉 Allin 案的裁定，为国家带来新贸易的任何人或者促进先前从未使用过的贸易的任何方法都可以获得专利。但是，在 18 世纪和 19 世纪的后续裁决中，英国法官通过判例规定，这种定义只扩展到有形发明。在英美法系之外——特别是那些其法律系统源自法国法典的国家，这种排除有些模糊的法官造法的体系，通过立法的形式明确规定，禁止对数学公式和金融方法授予专利。美国对商业方法专利的处理与英国有着很多相同的模糊性。[2]

（二）专利权的模糊边界导致问题专利增多

任何权利都应具有明确、清晰而稳定的边界，财产制度的首要价值目标是界定交易主体的权利界限，从而形成属于主体的财产。[3] 由于专利权具有与其他财产权不同的特点——非物质化（无形性），其权利边界非常模糊。法律为确定专利权的财产权范围，根据发明的无形性的特点，设计了与有形财产制度完全不同的、既独特而又复杂的权利界定制度。但是专利法提供的权利界定制度无法如对实在物那样精确勘定专利权是否存在以及权利的具体

---

〔1〕 李扬著：《知识产权的合理性、危机及其未来模式》，法律出版社 2003 年版，第 229 页。

〔2〕［美］亚当·杰夫、乔希·勒纳著：《创新及其不满：专利体系对创新与进步的危害及对策》，罗建平、兰花译，中国人民大学出版社 2007 年版，第 105—107 页。

〔3〕 马俊驹、梅夏英：《财产权制度的历史评析和现实思考》，载《中国社会科学》1999 年第 1 期。

边界[1]，由此导致问题专利的产生。

“问题专利”英译为“questionable patents”，或者称之为“problem patent”[2]，也有学者采用“劣质专利”（bad patent）的术语表达。问题专利一词并非法律概念，尚未见其英文名称被使用于正式的法律中。最早对问题专利进行界定的是2003年11月美国联邦贸易委员会（FTC）的一份报告——《促进创新：竞争与专利法政策的适度平衡》，该报告对“问题专利”进行了重点关注，认为“问题专利”是指授权范围过宽或者不应当被授权的专利。该报告指出：“问题专利会阻碍创新或者增加创新的成本”；另外，“在一些产业中，如计算机硬件和软件领域，企业需要几十个、几百个甚至几千个专利才能制造一个产品”，这就导致了“专利丛林”（patent thicket）的产生和大量的没有创新价值的“防御专利”。而问题专利加剧了“专利丛林”的形成，造成了许可上的新困难（比如重重叠叠的许可费），并增加了专利前景的不确定性；利用问题专利收取高额的使用费或者以诉讼相威胁，也会挫败现有的或潜在的制造商的竞争。[3] 但也有学者对此提出质疑，认为这种划分标准可能并不科学，并推测FTC之所以在极有可能无效的专利之外又列出权利要求的范围可能过宽的专利，可能是为了强调在问题专

---

〔1〕 应该说所有的确权性的法律都存在类似的问题，但非物质化、无形性的知识产权法律制度表现得尤为突出。

〔2〕 Susan Walmsley Graf，“Improving patent quality through identification of relevant prior art：approaches to increase information flow to the patent office”，*Lewis & Clark L. Rev*，2007，11（2）：495 - 519.

〔3〕 To Promote Innovation：The Proper Balance of Competition and Patent Law and Policy，A Report by the Federal Trade Commission，Oct. 2003.

利中此类情况较为突出。[1]

对问题专利的界定，可以从以下两个层面来考虑：其一是那些不符合专利授权标准而被“错误授予专利权”的专利。其二是指不符合专利授权标准而被“不适当授予专利权”的专利，主要包括以下三个方面：(1) 将公知技术授予专利（即前文的“垃圾专利”）。专利申请人有意或无意将处于公共领域的技术向专利局提交专利申请，专利审查人员没有检索到公知技术，而对申请人授予专利权。(2) 将在专利技术基础上做出极少改进的技术授予专利，这种改进并没有超出专利法所要求的创造性标准，从本质上属于他人已有专利的等同技术。(3) 所授予的专利保护范围过大以至于超出了发明人对现有技术所做出的贡献。这主要体现在专利权利要求书中所要求的保护范围包括了社会公共领域的内容，需要对超出真实保护范围的部分予以去除。按照我国《专利法》的有关规定，对于上述的第 (1)、(2) 两种情形，任何单位或者个人可以依法向专利复审委员会提交专利权无效宣告请求书及有关文件，说明理由；而对于第 (3) 种情形，《专利法实施细则》(2002 年) 第 68 条第 1 款规定：“在无效宣告请求的审查过程中，发明或者实用新型专利的专利权人可以修改其权利要求书，但是不得扩大原专利的保护范围。”[2]

问题专利影响了自由竞争，带来高昂的社会成本，比如：(1) 许可方通过许可取得“坏”专利的使用费，必然增加产品成本，最终损害消费者利益；(2)“专利权人”的竞争对手可能因担心侵权而

---

〔1〕 徐棣枫：《问题专利探析》，载《东南大学学报（哲学社会科学版）》2007 年第 4 期。

〔2〕 黎运智、孟奇勋：《问题专利的产生及其控制》，载《科学学研究》2009 年第 5 期。

放弃研究活动，抑制了创新；（3）竞争对手本来可以直接使用该“专利”技术，现在不得不避开该专利而进行周边的设计活动，这产生了极大的浪费；（4）风险资本可能会选择投资给根据那些“坏专利”而起家的公司，这就减少了开发那些有价值的发明创新的资源；（5）由于“专利权”的存在，可能使得没有可替代的产品来与其竞争，就会产生垄断价格；（6）专利申请和审查资源的浪费，以及后续的法院裁决带来的高昂诉讼成本，等等。总之，如果不符合专利授权条件的专利大量出现，就会使得专利权人可以动辄凭借这些“问题专利”（questionable patent）或者“坏专利”（bad patent）来主张权利，威胁竞争对手，限制自由竞争，这就违背了专利制度促进创新和竞争的最终目的。[1]

（三）美国先前特有的先发明制度

在2011年专利法案修改之前，与世界上绝大多数国家不同，美国专利制度对新颖性的判断采取“先发明”原则。[2] 美国原《专利法》中的先发明原则体现在第102条第a、e、g款，这3款规定了因申请人以外的第三方的行为导致丧失新颖性的情形。[3]

第102条a款规定，在申请人做出有关发明之前，如果该发明在美国已被他人公知公用，或者在美国或外国为他人获得专利，或者见于美国或外国的出版物上，则申请人不能获得专利。

第102条e款规定，在申请人做出有关发明之前，同样的发明已经见于他人仅仅向美国专利局提出的申请案中，则申请人不能获

---

〔1〕张伟君、单晓光：《滥用专利权与滥用专利制度之辨析——从日本“专利滥用”的理论与实践谈起》，载《知识产权》2006年第6期。

〔2〕2011年9月16日，时任美国总统奥巴马正式签署美国参众两院通过的《美国发明法案》，使其成为法律，其对美国现行专利制度进行了大幅度变革，已经把专利申请从过去的发明优先制转化成申请优先制。此处主要是分析需要，引用以前的规定。

〔3〕李明德著：《美国知识产权法》，法律出版社2003年版，第36—38页。

得专利。其中，前者是指每个人仅仅向美国专利局提出的、可以公开的国际性专利申请案。即他人向美国专利局所提出的申请案，已经“预见”了在后申请人的发明，在后的发明缺乏专利法所要求的新颖性。

第102条g款规定，在申请人做出有关发明之前，如果同样的发明已经由他人做出，而且他人没有放弃或隐匿该发明，则申请人不能获得专利。即他人在先的发明“预见”了申请人在后的发明，在后的发明缺乏专利所要求的新颖性。

第102条第a、e、g款显示了“发明在先原则”，即当两个以上的申请人就同样发明申请专利时，专利权授予最先发明的人，而非最先提出申请的人。其中g款明确了在先发明的原则和方法。就该原则而言，如果在申请人完成有关发明之前，他人已经在美国完成相关发明，且没有放弃、隐瞒或隐藏该发明，则申请人不能获得专利，而由先发明者获得专利。就方法而言，不仅要考虑提出发明概念的时间，还要考虑先构想出发明后完成发明者是否致力于完成有关发明。在确定先发明的方法中，美国专利法将发明分为两个步骤，一是构想发明或提出发明概念的阶段，二是完成发明的阶段。一般来说，首先完成发明人是先发明者，但在某些特定情况下，如果某人证明其首先提出发明构想，且一直努力完成发明，尽管是在后完成发明，仍可获得专利。

“发明在先”制度是为了让真正的发明人或首先构想出发明的人获得专利，但实际操作非常困难复杂，而且明显助推了技术标准化中专利挟持问题。专利能纳入技术标准在时间上有严格要求，专利申请如过早纳入标准，在先申请专利制度下，可能丧失新颖性，无法授予专利。但是，按照美国先发明专利制度，专利申请人即使没有向标准设定组织及时披露标准议案中的专利信息，也不会因丧失新颖性而无法获得专利。这便利了标准提案人不及时披露专利申请信息，使得专利更容易被纳入标准。这也是技术标准化中专利挟持问题及限制竞争问题在美国比较典型和普遍的原因。[1]

（四）专利丛林（Patent Thicket）引发反公地悲剧

标准的制定和贯彻必须以科学、技术和经验的综合成果为依据。标准的制定受某一时期、某一领域的科学技术发展水平的限制。然而，在知识经济时代，新技术存在的状态已经较过去有了很大的改变，新技术的掌握者大多寻求以专利权保护自己的新技术。而且一项尖端技术往往包含多个技术方案，并分别为不同的专利权所有人所掌握，附有内容不同的专利权。当某一技术领域存在多项专利技术时，要将该技术推向商业化就必须获得多次授权，美国伯克利大学著名学者卡尔·夏皮罗（Karl Shapiro）将这种现象称之为“专利丛林”（patent thicket）。[2] 专利丛林的内涵是，“知识产权权利有许多重叠的地方，开发新技术的人必须在专利丛林中披荆斩棘，才能获得自己所需的全部专利技术的使用许可，由于专利被累积起来，并且它们为不同人所有，所以，一些具有基础性作用并且极其重要的专利就会给此技术的开发和产业化带来很多的负面效应，专利丛林问题使技术发展僵化，甚至阻碍技术的革新。在专利技术飞速发展的今天，越来越多的专利集聚到某一或某些特定领域，包括计算机技术、微电子半导体技术、生物医药技术、信息技术、纳米技术、芯片技术等，而专利的大量集聚就容易导致专利丛

---

〔1〕 参见徐曾沧：《WTO 背景下技术标准中专利并入的法律问题研究》，华东政法大学 2008 年博士学位论文。

〔2〕 Carl Shapiro：“Navigating the Patent Thicket：Cross Licenses，Patent Pools. And Standard-Setting”，http://repositories. Cdliborg/iber/cpr/cpc00-001，2012 年 1 月 25 日访问。

林现象”。夏皮罗指出，计算机、半导体和信息技术公司现在遇上了限制其发明创造能力的专利权“丛林”。[1] 以美国为例，美国专利丛林现象最严重的是计算机技术领域。往往一个商品的开发生产需要数十个甚至上千个专利技术的支撑，与计算机微处理器有关的专利达9万多个，而这些专利分别由1万多个权利人掌握。在这种情况下，生产企业必须分别得到这些权利人的许可，才可以对新产品进行开发，并将其投入市场，实现商业化。由此可见，专利像一把“双刃剑”，它在为上游专利权人敞开了一扇实现自身利益最大化的垄断之门的同时，又关闭了下游专利权利人利用该专利进行再开发的权利之门。[2]

专利丛林导致下游专利的开发必须经过上游专利权人的许可，如果某项专利技术的上游专利过多，要想开发这项专利就需要获得所有上游专利权人的许可，并支付大量的专利许可费，从而提高了该项产品的开发成本。但是上游专利权人人数众多，或其想利用其专利来控制厂商的研发而提出高额的许可费或使用费，则开发厂商就可能为此付出更多的专利许可费，构成了对下游专利开发的阻碍。由此，开发厂商的研发积极性将会受到打击，进而阻碍新产品的研发。专利丛林问题导致专利诉讼增多，而由专利纠纷导致的诉讼费用和诉讼风险使得一些企业惧怕走正规途径进行新产品的研发，转而去申请大量的垃圾专利，以避免在专利纠纷中的不利地位，最终导致很多资源或技术得不到充分利用甚至无法利用，阻碍新技术的研发。

〔1〕 参见李谨何：《专利制度：一种反向思考》，载《私法的理论反思与制度重构》，张玉敏主编，中国检察出版社2006年版，第93页。

〔2〕 胡宏：《“专利丛林”问题及对策研究》，载《湖南工业职业技术学院学报》2009年第3期。

标准的制定实施也会遇到类似于专利丛林的问题，对于专利丛林导致的标准制定覆盖已有专利的现象，即“专利被动加入技术标准”。这种类型的加入，特别是技术标准与专利权出现交叉的现象，早期比较普遍。技术标准无法绕开专利权而独自制定，不包括发明专利的可行性标准是难以实现的。因此，标准制定机构不得不考虑在标准制定中如何确定哪些属于必要的专利技术、如何与专利权人协商许可条件、如何实现标准实施中的专利授权，标准化机构制定一个有效的专利政策成为必然。[1]

（五）专利海盗（Patent Troll）

“专利海盗”在北美地区十分猖獗，它披着合法的外衣，将手中的知识产权发挥到极致，像虎狼般盯着随时落入圈套的猎物。何谓专利海盗？就是某个公司廉价收购一些个人、研究机构或破产公司的有效专利，当有关企业使用这些专利的时候，这个公司就会有针对性地对其提起专利侵权诉讼和索赔，从中获得大笔利润。[2]

由于专利诉讼的时间漫长，需要的资金也比较昂贵，一般单个案件就要几百万乃至上千万美元的诉讼费用，所以专利海盗公司通常采用的办法是先找一些实力薄弱的中小企业起诉。这些中小企业为了规避昂贵的抗辩费用，往往选择提前和解，支付几百万美元赔偿金以了结官司。然后，海盗公司再利用这笔意外之财，向有雄厚资金的大公司发起进攻，以取得更大的收益，而且屡战屡胜。

比如北美一家典型的专利海盗公司——圣克莱尔知识产权顾问

---

〔1〕 张平主编：《冲突与共赢：技术标准中的私权保护——信息产业技术标准的知识产权政策分析》，北京大学出版社2011年版，第3—4页。

〔2〕 http://www.ipr.gov.cn/gndtarticle/updates/otherupdates/201007/941749_1.html，2012年1月25日访问。

公司，其主要的工作就是用数万美元收购个人或者公司的专利，给予专利律师35%的提成，雇用其对苹果、东芝和富士通等一批国际知名企业提起专利侵权诉讼，索取专利使用费，而且战绩辉煌。例如，在对索尼的诉讼中，索尼公司败诉，被迫赔偿2500万美元；在对佳能的诉讼中，佳能赔偿了3400多万美元。

英特尔公司的芯片、微软公司的软件也都曾遭遇过专利海盗的侵袭。比如，一家专利海盗公司从一家破产公司手中收购了一项专利，然后用它起诉英特尔，要求每个奔腾芯片的销售收入中，应当有3%作为专利使用费支付给原告。微软公司某Office版本的软件，使用了一项汉语—英语自动切换方法的专利，某专利海盗公司起诉微软，一度使法院判决微软赔偿7500多万美元，并停止相关Office软件的销售。

为了对付专利海盗，一些国家已经开始行动起来。2010年7月，韩国知识产权部宣布，将成立一家专门对付专利海盗公司的“知识产权管理公司”，并公开招募首任CEO。美国为了防范专利海盗，成立了“专利联合防御基金”，其主要任务是抢先发现未来5年~10年统治市场的新技术，对之实施专利覆盖，并定期检索公司核心产品和技术，发现专利漏洞，及时填补。

三、行政推手：专利授权的有效推定及宽容的反垄断审查

（一）专利授权有效性推定

专利权是一种法定权利，而非自然权利，这种法定权利的鲜明

特征就在于其推定有效性。[1] 专利权被推定有效在理论上的正当性就是在审查时专利审查员有专门技术，如果审查员已决定一个发明值得保护，法官不应该怀疑专家。然而现实则是专利审查部门的专家虽有专门技术上的优势，却需要面临资金不足和外部信息不充分的劣势。专利行政机关的一个主要任务是阅读专利申请书并决定何种专利申请值得专利保护。这是一项相当艰巨的任务，审查部门面临着人员、资金、信息等制约，难免出现错误。依据“有效性推定”的原则，任何非专利权人和法院都有义务尊重专利行政机关的决定，也就是说该发明有资格获得专利保护，除非可以通过异议或无效程序证明该专利不应当被授权。在美国，被告需要出示“清晰和令人信服的”证据证明授权之错误。[2]

（二）专利授权条件门槛过低，专利审查标准不统一

专利是政府机构发放的法律文件，专利描述一种创新，并且列出一项或多项权利请求。在美国，专利由美国专利商标局（PTO）公布。为了提供专利授权，PTO 审查人员必须确定该发明满足可享专利性的各项标准。发明的标的物必须是适当的。根据美国专利法第35 部分的第 101 节规定，允许向下列对象授予专利：（1）工艺，如酿造啤酒或在硅片上放置电路的新方法；（2）生产设备，如识别传染病的工具或机器，新的机器工具以及汽车化油器；（3）合成物，如新型混凝土或新分子；（4）上述物质新的和有用的改进；（5）任何与众不同的和新类型的无性繁殖植物；（6）生产设备的

---

〔1〕《美国专利法》第 228 条规定，专利权应被推定为有效，每一项权利要求均应推定为独立有效，而不受其他权利要求之影响；主张专利权全部或其中任何部分权利要求无效之举证责任，应由主张者负担之。

〔2〕陈武：《问题专利与专利权的重构——拟议中的“美国专利改革法案”思想评述》，载《环球法律评论》2009 年第 4 期。

任何新的、原创的装饰设计。

目前，各国普遍采用的专利授权实质条件为新颖性、创造性(非显而易见性)、实用性。[1] 因此，除了确保申请事宜拥有适当的标的物外，专利申请必须通过三种其他检验：(1) 实用性。该发明确实有用吗？如果有用，该发明能够解决它所列出的可以解决的问题吗？实际上，要求该发明有用并不是极其重要的，因为几乎任何东西都有潜在的用途。[2] (2) 新颖性。所声称的发明确实是原创的吗？(3) 非显而易见性。即使发明是新的，但对该领域的一般专业人员来说，所声称的发明在发明之时在技术方面是显而易见的吗？“非显而易见性”要求可能被认为是对新颖性要求的补充，以防止申请人在尚未出现但可轻易出现的东西上获得专利。[3] 但是，就新颖性而言，由于现有技术范围包括使用方式或者其他方式的非文献公开的内容，在这种情况下，专利审查人员根本不可能对非文献公开的现有技术进行检索和审查，即使有部分申请可能在异议程序或者撤销程序中因为他人提出相关申请而涉及非文献公开的技术。这就客观上造成部分授权专利难以满足专利授权的新颖性条件。就创造性而言，当前各国判断专利申请是否满足创造性的主体

---

〔1〕 我国《专利法》对发明、实用新型专利采取了完全不同的审查办法，发明专利申请需要经过比较严格的实质审查程序，而实用新型则在满足初步审查要求之后（不需要经过实质审查程序）即可被专利局授予专利权，对实用新型专利的有效性问题留待以后的专利无效程序予以解决，往往是在发生了专利侵权案件之后由被控侵权人来提出，这种专利审查制度容易导致大量不符合专利授权条件的实用新型问题专利的出现。

〔2〕 专利所包含的是诸如机械的动作、原理、设计或者应用，以及特定产品的利用、目的或者结果之类的东西，专利包含的定义性特征就是发明的实用性问题，专利法保护的是对制造品的利用，简言之，专利的定义性特征与实用性是同一概念。[澳] 布拉德·谢尔曼、[英] 莱昂内尔·本特利著：《现代知识产权法的演进》，金海军译，北京大学出版社2006年版。

〔3〕 [美] 亚当·杰夫、乔希·勒纳著：《创新及其不满：专利体系对创新与进步的危害及对策》，罗建平、兰花译，中国人民大学出版社2007年版，第24—28页。

为“普通技术人员”，该“普通技术人员”实质上是虚拟的人，其通晓申请专利的技术领域的一般技术，但是不具备创造能力。这一标准存在很大的主观性，最终往往演变为审查员的个人标准。而一旦进入复审程序或者无效程序，则该标准往往就演变为相关领域技术专家的个人标准。在此种情况下，根本就不可能确立统一的创造性标准。〔1〕专利授权条件过低会阻碍竞争，会侵害消费者的利益，造成对公共领域的侵占。〔2〕

目前的研究已揭示了一个客观事实：现行专利审查制度确实存在缺陷，专利不当授权的发生机会较大，在专利审查程序中审查员的业务素质对于专利质量的控制极为重要。审查员除具备相关技术领域的基本知识外，还必须有足够的能力和经验从现有专利文献数据库中熟练地找出与所涉申请关联最为紧密的对比文件，一方面能够有效加快检索和审查进度，另一方面能够有效提升专利审查质量，从而保证其审查通过的专利效力的稳定性。这就导致审查人员时常面临着两难选择的处境：审查质量与审查效率难以兼顾。为了提高审查效率，可能会使更多不符合要求的申请被授予专利。为了应付日益增加的审查压力，各国专利局不得不大量补充专利审查员，新审查员的经验及能力显然不能和工作多年经验丰富的审查员相比。随着专利申请的日益增多，专利审查工作逐渐陷入“专利申请增加—增加审查员—专利申请再增加—再增加审查员”的循环之中。更为严重的是，在日益繁重的专利审查压力下，审查员往往倾向于授予专利权，而不愿意多费功夫进行深入仔细的技术检索工

〔1〕黎运智、孟奇勋：《问题专利的产生及其控制》，载《科学学研究》2009年第5期。

〔2〕李扬等著：《知识产权基础理论和前沿问题》，法律出版社2004年版，第224—226页。

作。同时，由于技术更新换代的速度过快，很多审查人员的知识储备可能已经老化，需要及时更新才能应付基于新技术而产生的专利申请。此外，专利审查的道德风险存在的可能性也很大，对审查人员而言，处理一份专利申请最省事的办法就是对其授予专利权，如果拒绝授权，则可能要花费更长的时间[1]。在一定的情况下，还不能排除专利审查人员与专利申请人之间的“内幕交易”。[2]

（三）相对宽容的反垄断审查

以专利池的反垄断审查为例，美国对于专利池的反垄断政策由最初的自由放任到20世纪初开始的严格限制，再转变为20世纪90年代开始的相对宽松。近年来又有了新的发展，有从相对宽松走向更为宽容甚至是纵容之势。

2007年2月，美国国际贸易委员会（ITC）对备受全球关注的历时5年的飞利浦CD-R专利池一案作出了最终裁决，显示出从ITC、美国联邦巡回上诉法院（CAFC）直至美国最高法院在专利池反垄断审查的态度上已发生变化，更加倾向于专利池而不利于被许可人。因美国是判例法国家，此案的结果成为此后类似案件的裁判依据。此外，美国司法部和联邦贸易委员会于2007年4月联合发布了《反垄断执法与知识产权：促进创新与竞争》报告（以下简称《报告》），它是继美国这两大反垄断机构1995年4月联合发布《知识产权许可反托拉斯指南》（以下简称《指南》）之后关于知识产权保护与反垄断政策的最新阐释。《报告》显示出美国司法部和

---

〔1〕有经济学家引用匿名审查员的话：为了处理不断积累的专利申请，专利审查人员有强烈的动机不对专利审查付诸全部的努力，即存在着专利审查的道德风险。转引自SUEPO Working Paper，A Quality Strategy for the EPO，http：//www. suepo. org/public /docs/2002 /quali2ty. pdf，2012年1月28日访问。

〔2〕黎运智、孟奇勋：《问题专利的产生及其控制》，载《科学学研究》2009年第5期。

联邦贸易委员会对专利池的态度也开始变得更为宽容，对于此前公认的一些专利池垄断行为，如强制性一揽子许可、收取过高的专利费等不再加以限制。

第一，排除适用当然违法原则。《指南》曾针对专利池和交叉许可明确提出：“当进行联合定价或产量限制而又不能有效地增进参与者经济活动的结合时，特别是在交叉许可和专利池协议成为裸裸的固定价格或划分市场的工具时，它们将适用当然违法原则。”然而新《报告》则在其结论中明确表示，美国司法部和联邦贸易委员会将通常以合理原则来审查专利池是否构成垄断，这意味着新《报告》在审查原则的适用上比《指南》进一步放宽。

第二，不再审查专利池的专利费率问题。《报告》对专利池收取专利费的高低采取放任的态度，明确表示：美国司法部和联邦贸易委员会一般不会审查专利池设定的专利许可费的“合理性”，虽然专利费成本是下游产品价格的重要组成部分，但不会必然引起反竞争问题。《报告》进一步指出，美国司法部和联邦贸易委员会也“不认为针对不同的被许可人收取差别性的专利许可费就是反竞争的”，而是会根据具体情况进行个案分析。这意味着美国反垄断机关允许专利池针对不同对象采取歧视性定价，突破了被各国反垄断机关和众多国际标准制定组织广泛认可的“公平、合理和非歧视”原则。

第三，允许专利池进行强制性一揽子许可。《报告》认为专利池仅提供一揽子许可而拒绝个别许可的行为并不违法。《报告》指出：“一般情况下，如果专利权人保留单独对外许可的能力并且专利池的设计是促进竞争的，那么专利池拒绝许可专利池中部分专利的行为不会引起反竞争的问题。”《报告》认为，尽管让专利池提供部分专利许可可以剔除那些随着时间推移由“必要”变成“非必要”的专利，但是这一做法却会降低专利池“一站式”许可所带来的效率性。此时，可以采取其他更有效的办法来排除“非必要”专利，如不断地对专利池中的专利展开审查。《报告》在允许专利池进行强制性一揽子许可时设置的前提条件之一是“专利权人保留对外单独许可的能力”，表面上似乎为专利池一揽子许可之外的个别许可提供了通道，但是实际上这一规定形同虚设。其原因在于，由于《报告》不再对专利池的专利费率进行任何限制，如果专利权人就部分专利个别许可的专利费率和一揽子许可的专利费率相同的话（这在飞利浦 CD-R 专利池一案中已获得美国联邦巡回上诉法院认可），此时被许可人实际上唯一能做的选择就是放弃寻求部分专利个别许可，而不得不接受一揽子许可。[1]

四、司法推手：CAFC“亲专利”倾向

CAFC 是影响美国专利系统乃至整个创新过程的非常重要的推手，其“亲专利”倾向对技术标准化中的专利许可产生了重大深远的影响。

自 1789 年《美国联邦宪法》正式生效以来，几乎所有涉及专利的正式争端都在联邦司法系统中审理。初始诉讼必须在一个联邦地区法院进行，一旦案件在地区级别法院被判决，一方或多方可以对地区法院的判决结果提出上诉，由上诉法院审理。1982 年以前，专利案件的上诉由 12 个巡回上诉法院中的某一家法院审理。这些地区巡回法院在对专利法的解释方面存在相当大的差异，其中

〔1〕詹映、朱雪忠：《标准和专利战的主角——专利池解析》，载《研究与发展管理》2007 年第 1 期。

一些巡回法院比其他巡回法院对专利权请求的支持力度更大。各个联邦地方法院的专利倾向不同，同样的案件在不同的法院审理会得到不同的判决，专利诉讼当事人的主要任务就是选择一个对自己有利的法院，当事人称之为“法院选购”（forum shopping）。[1] 不同巡回法院间相互冲突的解释或政策是联邦最高法院裁决是否审理特定案件时使用的一个标准。但联邦最高法院很少审理与专利有关的案件，法官不愿意将他们的时间用到他们认为无聊的商业争端上。[2] 根据1982年《联邦法院改进法》，美国国会决定“一劳永逸”地解决这一混乱，为专利案件建立了一个集中式受理上诉的法院：联邦巡回上诉法院。[3] 此后，美国联邦法院体系主要包括联邦最高法院、12个巡回区的上诉法院和94个地区法院。

不同于原有的12个区域性巡回法院，新的CAFC是全国性巡回法院，其管辖权包括：（1）对94个地区法院的专利诉讼案的上诉有排他性管辖权；（2）受理直接来自PTO或者通过哥伦比亚特

〔1〕 Cohen W. M.，“Patent and Appropriation：Concerns and Evidencel”，*Journal of Technology Transfer*，2005，30（1/2）：57-71.

〔2〕［美］亚当·杰夫、乔希·勒纳著：《创新及其不满：专利体系对创新与进步的危害及对策》，罗建平、兰花译，中国人民大学出版社2007年版，第90—92页。

〔3〕 经第九十七届国会修改通过（1982年3月），时任美国总统里根签署了《联邦法院改进法》（1982年4月2日），1982年10月1日，根据正式生效的该法，由十二位法官组成的联邦巡回上诉法院（U. S. Court of Appeals for tile Federal Circuit，简称CAFC）诞生。但是，一家专业性法院甚至半专业性法院，比一家普通法院更倾向于在赞同还是反对专利这样的基本问题上偏袒其中一方，尤其是因为利益集团在此类法院的法官任命上所起的作用，必然远远大于他们在普通联邦法院法官任命上的作用，存在管制捕获的情况。参见［美］亚当·杰夫、乔希·勒纳著：《创新及其不满：专利体系对创新与进步的危害及对策》，罗建平、兰花译，中国人民大学出版社2007年版，第146页。一家专门法院比一家普通法院更可能具有一种“使命”导向，这已经成为CAFC的经历，它将自己的使命确定为通过扩大专利的权利而促使技术进步。参见［美］威廉·M. 兰德斯、理查德·A. 波斯纳著：《知识产权法的经济结构》，金海军译，北京大学出版社2005年版，第426—427、528页。

区联邦地区法院的一审和间接来自该局的专利申请争议的上诉案；(3) 受理美国权利要求法院、国际贸易法院的上诉案；(4) 受理来自联邦雇员工作保障委员会、政府合同上诉委员会等行政机构的上诉案。显然，第一项管辖权是以前任何联邦上诉法院所没有的。这正是该法院的宗旨所在：维护统一的联邦专利制度，减少联邦最高法院的积案。尽管《联邦法院改进法》明确这个法院是非专门的中级上诉法院，但是人们一般认为它是美国的专利“最高法院”。1982 年 10 月 1 日后，联邦最高法院基本上不审理专利案的事实也加强了这一似是而非的看法。[1]

CAFC 的建立产生了预料之外的结果——促进了专利持有者的利益而且对美国知识产权政策的剧烈变化有着深远的影响。CAFC 对专利的经济影响力显著增强。关于 CAFC 支持专利的导向，自其建立之日起即有。国家竞争政策重新定位和高技术在国家经济中的作用日益受到重视。这些变化体现在反垄断政策和联邦最高法院支持知识产权的新趋势中。尽管在那时专利法没有发生剧烈的变化，但是 CAFC 已经调整对专利法的解释以适应当时的氛围，这是不应该惊奇的（Dreyfuss，1989：27）。[2]

通过实证研究，CAFC 的设立看来对于专利申请数量、被授予专利的数量、专利申请的成功率、专利诉讼的数量，并且可能对于

〔1〕 张乃根等著：《美国专利法：判例与分析》，上海交通大学出版社 2010 年版，第 17 页。

〔2〕 参见［美］苏珊·K. 塞尔著：《私权、公法——知识产权的全球化》，董刚、周超译，中国人民大学出版社 2008 年版，第 66、70 页。

R&D 的支出水平都具有一种显著的正效应。〔1〕最为重要的是，作为专门的专利上诉法院，CAFC 在有关案件的审理中发挥其特有的专长，积极探讨和解释专利法的含义，为有关条文的实施注入了新的活力。〔2〕例如，CAFC 作出的判决极大地加强了在异议案件中对专利有效性和更大范围的推定，并且增加了在侵权行为得到证实时判决损害赔偿额突破 10 亿美元大关的可能性。〔3〕总体上看，“亲专利”倾向几乎是建立特别法院不可避免的后果，CAFC 显著扩大了专利持有人的权利，不仅使专利诉讼标准化，而且使专利诉讼比此前数十年中任何地方的专利诉讼都更“亲专利”。〔4〕

事实上，CAFC 指导（或是领导）了 PTO 的专利审查和授权工作。〔5〕CAFC 通过其公布的司法先例，直接影响到专利申请数量、

---

〔1〕一家支持专利的 CAFC 最初通过强化在发明上的财产权利，可能刺激 R&D 的支出，但是从长远角度看，这种作用将完全消散。加强对专利的保护将由于减少了可以从中借用的专利成果数量，从而增加了 R&D 的成本。参见［美］威廉·M. 兰德斯、理查德·A. 波斯纳著：《知识产权法的经济结构》，金海军译，北京大学出版社 2005 年版，第 438、446 页。

〔2〕李明德著：《美国知识产权法》，法律出版社 2003 年版，第 30 页。

〔3〕F. M. Scherer. New Perspectives on Economic Growth and Technological Innovation [J]. 87 (1999).

〔4〕CAFC 裁决的标准汇编成《专利和联邦巡回法院》有 1200 页，参见［美］亚当·杰夫、乔希·勒纳著：《创新及其不满：专利体系对创新与进步的危害及对策》，罗建平、兰花译，中国人民大学出版社 2007 年版，第 96—98 页。

〔5〕按照规定，对专利复审委员会决定不服的当事人，可以向 CAFC 上诉。为了使自己的决定不被推翻，专利复审委员会在作出有关决定时，总是大量引证 CAFC 判决，使自己的决定与之一致起来。这样，PTO 授予专利的标准与 CAFC 判定专利无效的标准，以及判定侵权的标准就较为接近或一致了。参见李明德著：《美国知识产权法》，法律出版社 2003 年版，第 102 页。

专利授权数量和专利诉讼数量。[1] PTO 倾向于对专利申请予以授权的制度性偏向趋势又由于 CAFC 自身倾向于支持专利有效的倾向而得到加强。[2]而且实质上，专利审查过程在很大程度上是申请者（实际上，一般是申请者的律师）和审查员之间的一种谈判。而且，这个专利申请过程的一个关键特点是它只涉及申请者与 PTO，其他相关方不允许参与其中。PTO 的机构定位从先前的财政拨款改为由其收取费用提供资金后，PTO 将资金看作为专利申请人服务的对价，使得 PTO 有很强的动力尽快以最低成本处理申请。因此，在审查专利申请过程中，审查专利所适用的"新颖性"和"非显而易见性"的严格程度显著下降，进而鼓励了更多的人申请似是而非的专利。此外，CAFC 一方面在确定真正可取得专利的标的物方面已经逐渐变得更加慷慨，可申请专利的标的物范围包括诸如软件、商业方法之类的技术和某些迄今为止某些人认为无法申请专利的生物技术；另一方面，CAFC 对"新颖性"和"非显而易见性"判定标准的降低使申请人更容易申请专利。[3]

（一）扩大可授予专利范围的趋势

上文在专利法律制度方面已阐述了专利保护的课题范围呈扩大趋势，此处主要论述 CAFC 在具体判例中扩大可授予专利范围的趋

〔1〕 CAPC 强化专利系统实施的举措产生的结果严重扩大，已经导致登记的专利申请数量和成功授予专利所占的比例都显著增加。参见［美］亚当·杰夫、乔希·勒纳著：《创新及其不满：专利体系对创新与进步的危害及对策》，罗建平、兰花译，中国人民大学出版社 2007 年版，第 10 页。

〔2〕［美］威廉·M. 兰德斯、理查德·A. 波斯纳著：《知识产权法的经济结构》，金海军译，北京大学出版社 2005 年版，第 429、446—447 页。

〔3〕［美］亚当·杰夫、乔希·勒纳著：《创新及其不满：专利体系对创新与进步的危害及对策》，罗建平、兰花译，中国人民大学出版社 2007 年版，第 10、25、27—28 页。

势。实际上，扩大可授予专利范围的趋势在 CAFC 之前就出现了[1]，但是无疑，CAFC 在扩大能够得到保护的事物的范围方面发挥了不可替代的重要作用。例如，CAFC 非常直接地表现出它对软件专利的热情，阿拉帕特案（In re Alappat）涉及处理来自数字示波器的数据专利，CAFC 裁决该专利成立，打开了向计算机软件广泛授予专利的大门。[2] CAFC 不愿意限制能够授予专利的事物最明确的例子是与商业方法专利有关。1908 年美国法院在“酒店安全检查公司诉洛林公司案”中判决，商业方法不能被授予专利。但 PTO 至少从 1971 年开始就已经授予了财务和其他商业方法专利，如 1983 年和 1986 年向美林银行的现金管理会计授予专利在公布时受到广泛讨论。很多专利从业人员推断，根据美国法律，商业方法不属于四类可授予专利标的物的范围，即“任何新的和有用的过程、机器、制造或物质的构成因素”，这些专利的有效性存在问题。由于存在对这些专利的怀疑，许多金融机构依赖商业秘密保护。有关商业方法专利的关键变化是 1998 年 7 月 CAFC 在道富银行和信托公司诉某金融集团公司案中的判决。金融集团公司 1993 年获得专利，与很多共同基金公司签订了专利许可证协议，但与道富

---

〔1〕 美国最高法院在 1980 年 Diamond v. Chakrabarty 案中表示“由人类制造的在太阳底下的任何事物”都值得获得专利保护，这种变化开启了对生物工程产品申请专利的防洪闸门。参见［美］亚当·杰夫、乔希·勒纳著：《创新及其不满：专利体系对创新与进步的危害及对策》，罗建平、兰花译，中国人民大学出版社 2007 年版，第 106 页。

〔2〕 在 CAFC 的明确指导下，PTO 似乎已经减少或取消了专利申请要用充分的详细信息描述新发明以使相关技术的人能够复制这些方面的要求。这种对“实现”要求的显著弱化看起来已经导致这样的情形，即可以凭借能够用软件执行的思想获得专利，而专利申请人不需要做任何事情来实现这样的思想。结果是在许多不同的软件思想上出现了大量的专利申请。参见［美］亚当·杰夫、乔希·勒纳著：《创新及其不满：专利体系对创新与进步的危害及对策》，罗建平、兰花译，中国人民大学出版社 2007 年版，第 184 页。

银行的许可谈判没有达成协议，道富银行于1996年提起诉讼，认为该专利无效，因为它覆盖的商业方法不应被授予专利。该案在马萨诸塞州联邦地区法院中胜诉，法官颁布“即席判决”裁决，该案不需要进入审判阶段，因为该专利不能被裁决有效，“商业方法例外”。但是，在上诉过程中，CAFC推翻了即席判决，明确拒绝这样的概念——存在“商业方法例外”，其仅代表一些一般性的应用，不再是可适用的法律原则。道富银行向联邦最高法院提交诉状请求对这一裁决进行司法审查。但是，1999年1月，联邦最高法院在没有作出任何评论的情况下就拒绝了道富银行。CAFC的裁决并没有证明专利的有效性，只是坚持商业方法可以被授予专利。此后大量论文都将本案解释为确立了商业方法的可授予专利性，由此导致商业方法专利申请的数量呈爆炸性增长。[1]

（二）审查标准的灾难性变质：限制对专利有效性的挑战

CAFC激发了专利有效的推定，“使得质疑者很难站住脚”（Dreyfuss，1989：26）。质疑专利有效性的当事人现在“有责任通过清楚而令人信服的证据来证明专利无效”（Kastriner，1991：11）。在CAFC下，认为专利是“垄断”的说法差不多完全消失了（Kastriner，1991：9）。[2]

一项专利是否可被授予专利，关键的衡量标准为是否“显而易见”，通常使用的标准是拥有“工艺技能”的个人是否会认为该发明显而易见。CAFC已经表现出愿意将专利看作是非显而易见的，甚至当存在大量的先有技术时都是这样。美国最高法院已在

〔1〕［美］亚当·杰夫、乔希·勒纳著：《创新及其不满：专利体系对创新与进步的危害及对策》，罗建平、兰花译，中国人民大学出版社2007年版，第105—109页。

〔2〕［美］苏珊·K. 塞尔著：《私权、公法——知识产权的全球化》，董刚、周超译，中国人民大学出版社2008年版，第68页。

1966年裁决，在确定一项发明是否显而易见的过程中有三个考虑事项“最重要”：先有技术的范围和内容、先有技术和专利权利请求之间的差别、所考虑的领域中一个普通从业者拥有的技能数量。其他间接的考虑事项被认为是“次要的”，如发明在商业上是否很成功，其他人是否已经尝试过和无法进行类似的发明，被授予专利的发明是否满足一种未被满足的需求。此前，各巡回法院在如何确切解决这些指导方面差别很大，但在CAFC的裁决中开始对这些“次要”考虑的事项给予更大的关注。事实上走得更远。CAFC认为，这样的考虑事项通常“是记录中最具试验性和强有力的证据”，而且“在当前必须始终得到考虑”。CAFC逻辑的扩展——商业成功证明非显而易见性——将使任何专利都不会由于显而易见性而被取消，因为专利持有人不怕麻烦的意愿和为申请和提出诉讼而支付法律费用的意愿表明，该专利拥有商业重要性。创造出新途径来证明假定的非显而易见性，已经导致被控侵权人证明他们被指控侵犯的权利由于显而易见而无效的能力不断下降。[1] CAFC不仅不愿意为任何原因取消专利，而且尤其不愿意因专利的无效性而取消专利。关于很难证明一项发明“显而易见”的例子，是2002年的In re Lee的围绕电视遥控的判决。专利审查员根据显而易见性拒绝了该专利，但CAFC拒绝了这个理由，坚持认为，当根据显而易见性拒绝一项专利时，“所有决定性事实必须有文献记载，以免所谓的技术迷雾与责任关系隔离”。在In re Dembiczak案中，专利审查员和上诉官员拒绝了该专利，CAFC再一次推翻了这一决定，认为

〔1〕 例如，1975—1976年，在判决专利有效性的上诉判决中，有45%的案件被裁决由于显而易见而无效。1994—1995年，这个比例下降到5%。参见［美］亚当·杰夫、乔希·勒纳著：《创新及其不满：专利体系对创新与进步的危害及对策》，罗建平、兰花译，中国人民大学出版社2007年版，第110—111页。

将这些项目组合起来绝对不是显而易见的。[1]

此外，如果重新审查导致已授予的专利被撤销，那么申请人可以在法庭上对该决定提出上诉，但是质疑一方却不能对不撤销已授予专利的决定提出上诉。此外，如果存在对专利的后续诉讼——如因为专利权人起诉挑战专利的一方对专利侵权，那么挑战方在法律上被禁止提出他们本可以在重新审查中提出的有关专利有效性的任何证据，即使 PTO 从未考虑过这样的证据。第三方可以提出的试图证明专利无效的证据类型被限制在两个重要方面：一是证据必须是专利和其他印刷出版物。对很多容易引发争议的特别是软件和商业方法领域中的专利来说，理应证明专利无效的有关“先有技术”存在的证据可能不是专利或其他印刷出版物。二是这部分法律在 2003 年被修改之前，对专利有效性的挑战者被禁止展示审查员在初始审查过程中考虑过的重新审查证据，其意味着当审查员看到一件先有技术，但没有理解其重要性时，重新审查过程是无用的。[2]

（三）对专利持有人更强大的补偿措施，加强禁令救济

自 1982 年 CAFC 建立以来，法院的判决不仅巩固了确定专利侵权的技术和法律标准，而且大幅度提高了损害赔偿和对胜诉的专利权人的特许权的赔偿水平。CAFC 的审判活动开创了一个执行专利持有人权利的更强有力的方法。CAFC 的判决反映了一个更支持专利的方法，比以前上诉法院的判决支持更高的赔偿。CAFC 实质性地提高了侵权的成本，通过采用新的方法计算损失利润或合理的

〔1〕［美］亚当·杰夫、乔希·勒纳著：《创新及其不满：专利体系对创新与进步的危害及对策》，罗建平、兰花译，中国人民大学出版社 2007 年版，第 109—112 页。

〔2〕［美］亚当·杰夫、乔希·勒纳著：《创新及其不满：专利体系对创新与进步的危害及对策》，罗建平、兰花译，中国人民大学出版社 2007 年版，第 172 页。

使用费，使专利权人可以得到更高的损害赔偿；它从相关货物的销售中给予专利权人损失利润的赔偿，并包括计算损失利润所耗费的人力和财力。一旦专利权人在审判中确立了专利有效性及侵权，就会对侵权者颁布正式的禁令（Kastriner，1991：12）。[1]

如果专利持有人能够证明侵权行为，就可以要求两种类型的补偿措施：侵权之后的赔偿金和禁止未来对专利侵权的禁令。针对专利侵权行为，美国法院可以核发两种禁令，即临时禁令（preliminary injunction）和永久禁令（permanent injunction）。当专利权遭到侵害，权利人在向法院提起侵权之诉后，可向法院请求核发临时禁令，以命令涉嫌侵权人立即停止涉嫌的侵权行为。在案件审理过程中，法官初步审理认为应当核发临时禁令的，法院会要求申请人提供担保金并核发临时禁令，临时禁令的效力到本案诉讼终结时为止。永久禁令则是经过完整的审理程序，法院判决原告胜诉后才予以核发，其效力是永久性的。长期以来，美国专利审判的一大特点就是法院作出专利侵权认定后即签发永久禁令，而这正是许多公司最担心的事项，所以许多涉嫌侵权人在接到专利权人的警告函之后，为了避免败诉的风险，只好采取妥协的策略，不得不支付高额的费用。

CAFC 增强了专利持有人在专利侵权案件中获得高额赔偿金的能力。根据美国最高法院的一些鼓励措施，声称被侵权而要求获得赔偿的人更容易按照利息增加他们的赔偿金。这些措施鼓励使用利润损失计算方法，而不是使用更恰当、更合理的专利使用费计算方法。CAFC 增强了专利持有人向潜在侵权人索要更巨额的赔偿金的

---

〔1〕［美］苏珊·K. 塞尔著：《私权、公法——知识产权的全球化》，董刚、周超译，中国人民大学出版社 2008 年版，第 68—69 页。

能力。CAFC 允许在有争议的专利案件中使用初始禁令，使专利权人可以终止竞争对手的业务，甚至在专利被证明有效之前，只要申请人能证明理论上由于侵权行为本质上的不可逆转，赔偿金的后续计算或支付的不确定足以造成伤害。CAFC 已经显示出更大的意愿使专利持有人能够在审理之后，永久性终止侵权人业务，而不顾人们对这样的举措所导致的社会伤害的关注。[1]

（四）在专利审理中日益增强对陪审团的依赖

历史上，在专利案件中使用陪审团的情况非常罕见。[2] 但 CAFC 已经变得相对赞同陪审团，其在一系列判决中声明，专利权人有绝对的权利通过陪审团审理专利有效性问题，虽然法官有权自己保留裁量权确定专利请求的范围有多大。CAFC 也倾向于接受陪审团的裁决，即使判决理由存在严重的问题。CAFC 不允许向陪审团提供有关专利审查过程的弱点和限制的信息。事实上，陪审团更同情专利持有人而不是法官。[3]

当然，并不是 CAFC 的所有裁决都会增加专利持有人的权利。在与专利法同样复杂的领域中，始终存在一些判决背道而驰，主要

---

〔1〕［美］亚当·杰夫、乔希·勒纳著：《创新及其不满：专利体系对创新与进步的危害及对策》，罗建平、兰花译，中国人民大学出版社 2007 年版，第 100—105 页。

〔2〕在 1940—1995 年间，陪审团只审理了 3%的进入审理过程的专利案件。参见［美］亚当·杰夫、乔希·勒纳著：《创新及其不满：专利体系对创新与进步的危害及对策》，罗建平、兰花译，中国人民大学出版社 2007 年版，第 112—113 页。

〔3〕在对 1989—1996 年间判决的 299 个专利诉讼的分析中，Allison 和 Lemley 发现，陪审团对这个时期的三分之二的案件裁决专利有效。参见［美］亚当·杰夫、乔希·勒纳著：《创新及其不满：专利体系对创新与进步的危害及对策》，罗建平、兰花译，中国人民大学出版社 2007 年版，第 114 页。

的例子就是通过所谓“等同原则”对侵权案件进行处理。[1] 但总体来说，法律评论人员——无论是同情法院判决还是不同情法院判决的人——一致认为，变化主要是朝着加强专利持有人的权利方向发展。[2] 对于专利权人，CAFC 是一个好的法院（Dreyfuss，1989：26）。

第三节　专利至上主义的反思

虽然专利法律制度通过保护专利权人的利益来推动创新，但是在专利至上主义下，专利法律制度的首要功能不再是为创新服务，而是服务专利权人的利益，割裂了专利法律制度的创新促进功能。

专利至上主义是一个历史产物，其存在就一定有其特定历史背景。就美国而言，专利至上主义顺应了美国经济发展和技术进步的历史阶段，为美国的科技优势向竞争优势的转化提供了制度保障，具有非常大的积极意义。但是，毋庸置疑的是，当前，专利至上主义的理念正日益成为创新的障碍，对技术标准化中专利许可造成了极大的不确定性，值得深刻反思。

---

〔1〕 Allen R. Jensen，“Festo Schmesto：Will the Federal Circuit Listen to the Supreme Court”，*Intellectual Property Today*，10（August 2002），6ff. 在专利侵权案件中适用“等同理论”，尽力扩大权利要求及其等同物的范围，只要被指控的产品使用的基本技术与专利技术相同，即使对专利技术进行了某些改进，也被认为构成侵权。参见管煜武、单晓光：《美国亲专利政策与高科技产业竞争力》，载《科学学研究》2007 年第 4 期。

〔2〕 ［美］亚当·杰夫、乔希·勒纳著：《创新及其不满：专利体系对创新与进步的危害及对策》，罗建平、兰花译，中国人民大学出版社 2007 年版，第 114 页。

一、原因分析

（一）所有权神圣乃至财产霸权观念

在初始所有权结构下，个人被认为对财产享有完全所有权，这种所有权不受任何限制。根据布莱克斯通的观点，财产权是“一个完全排他的对外界物品的单一的、专制的统治”。所有权的诞生创制了一个不受国家控制的领域。私有制成为不受国家强制的客观基础，成为自由、个人自治赖以植根和获取养料的土壤。但是，私有制的滥行又造成了主体的新的不自由，成为取代封建国家强制的新的强制力量。

传统民法上的所有权是人对财产的所有，具有排他性和独占性。知识产权具有类似于物权的财产权属性，能在一定时空内对无形物占有、使用、收益、处分，包括积极地自我行使与消极地禁止他人使用的法定独占权利。在所有权神圣的观念下，特别是在标准的锁定和放大效应下，耦合进入技术标准化中的专利权将使得个人财产权逐渐膨胀，甚至垄断成为一种财产霸权，从而突破财产权原有的合法界限。

（二）经济学理论的支撑

1. 科斯定理

古典经济学和当代经济学均对法学研究产生了深远影响，然而，经济学研究在很大程度上提供了一种分析框架，这种分析框架来源于实践但较之于实践更为抽象，它忽略了实践中各种因素对分析框架及依据分析框架所得出的结论的影响。经济学侧重于“成本—效益”的经济分析方法，忽视了社会公正甚至社会伦理。

一般认为，科斯定理因由美国芝加哥大学法学院教授科斯创立而得名，是法律经济学的基石。该理论通常表述为以下三个定律：科斯定理第一律认为，如果存在“零交易成本”（Zero Transaction-cost），不管怎样选择法律规则，有效益的结果都会出现。换言之，当交换是无代价的，并且个人是合作行动时，法律权利的任何分配都是有效益的。科斯定理第二律认为，如果存在着“实在交易成本”（Postivetransactioncost），有效益的结果就不可能在每个法律规则下发生。即不同的权利界定，会带来不同效益的资源配置。科斯定理第三律认为，产权的界定、安排和重新安排都存在交易成本，并且都有可能被过高的交易成本所妨碍。

科斯定理认为，在零交易成本的世界里，只要权利界定明确，权利可以自由交换，主体积极合作，则无论权利属于谁，权利的配置都会发生有效益的结果。但是零交易成本只是一种假定，现实交易中存在着“实在交易成本”，这种交易成本包括获得准确市场信息所需的成本，讨价还价与签订合同所需的成本，监督合同履行所需的成本。在上述实在交换代价的情况下，有效益的结果就不可能在每个法律规则下都发生。此时，合意的法律规则是使交换代价的效应减至最低的规则。上述理论为我们提供了根据效益原理认识与评价合理使用制度的途径。一般说来，法律应在权利界定上使社会成本最低化，这就要求法律能选择一种成本较低的权利配置形式和实施程序。因此，专利法及其强制许可制度，应遵循交易成本最低化的原则，调整专利权人、使用者的权利配置关系，以实现促进文化发展和推动社会进步的最优效益。

马歇尔在他的《工业与贸易》一书中曾对美国的标准化生产给予高度评价，认为标准化生产在美国取得了成功并因此对现代工业做出了重大的贡献。美国民间标准化机构和公众对这种标准化私人投资的做法给予了肯定和认可。19 世纪末期，民间标准化机构在没有任何政府支持的情况下，在铁路标准化上取得的成功，在美国社会引起了轰动，使美国社会对非公共标准化机构的作用充满了信心。美国民间标准化机构作为标准这一公共物品的主要生产机构，之所以能得到足够的激励为经济社会发展提供相对充分的公共产品，主要原因在于标准产权的清晰界定。

根据科斯定理，“只要产权界定清晰，谈判可以实现资源的有效配置”并不一定要政府干预。当然，科斯也承认，“如果这种谈判或者交易的成本很高，将导致上述定理只能停留在理论上”而没有现实意义。

2. 芝加哥学派

在美国专利法与反垄断法相互博弈的历史变迁背后，有着深层次的经济学理论支撑，专利法与反垄断法都需要与其不断发展的经济结构（an updated economic framework）相协调。例如，在 20 世纪 70 年代，反托拉斯法也发生了变化。一些人主张反托拉斯应主要集中于市场结构和市场力量，而另一些人则认为在美国经济中效率比市场力量更重要，应首先关注效率。双方发生了争论。由芝加哥学派的经济学家和律师带来的新经济学知识（new economic learning）给反托拉斯制度带来了一个新的经济结构理论。芝加哥学派以新古典经济学的价格理论为基础，通过微观经济学的模型分析指出，竞争是市场经济的常态，而垄断只是暂时的现象，通过市场机制的自我调节，最终能够实现完全竞争的市场经济。通过价格理论的推理，芝加哥学派提出了经济自由主义和社会达尔文主义的反垄断思想。在这种反垄断思想指导下，联邦法院大大缩小了本身违法原则的使用范围，对其他厂商行为的垄断指控只能采取合理原则进行审理。这无疑大大放宽了对厂商行为的限制。这些学者主张在强调对反竞争效果抑制的同时也应强调经济效率的重要性。经过一段时间后，法院和其他机构都已经大量地接受、采纳了这种新经济结构理论。这种与新经济的协调，使得竞争和专利政策之间在更大程度上相结合以及两者的平衡成为可能。[1]

（三）一国经济发展与利益最大化的需要

国际知识产权委员会的研究报告曾指出："知识产权的规则是政治经济的产物。发展中国家，特别是受知识产权保护产品的贫穷进口国，只能从相对较弱的位置进行谈判。在发达国家和发展中国家之间的关系中存在着根本的不对称性，这种不对称性最终是由相对经济实力来决定的。""知识产权最好被当作能帮助国家和社会实现人的经济和社会权利的工具。"《纽约时报》曾发表题为《知识产权争论》的文章，指出：实际上，全球迄今为止所有经济发展的成功故事，从 19 世纪的美国，到 20 世纪的日本和韩国，都是在很宽松的知识产权保护措施下才得以起飞的。以宽松的措施实现非常容易和低成本的技术转移，直到本国的技能和本地产业发展到发达水平，这时才采取较为严格的知识产权保护，有利于自身利益。但是，根据最近的报告，同样的经济发展战略（即以模仿实现产业跨越式发展）由于美国在全世界推行知识产权的强有力保护，而濒临绝境。美国斯坦福大学法学院教授、知识产权委员会（CIPR）主席 John H. Barton 说："如果我们杜绝发展中国家的模仿战略，那么我们将彻底缩窄他们实现经济起飞的选择权。"[2]

---

〔1〕 宁立志、胡贞珍：《美国反托拉斯法中的专利权行使》，载《法学评论》2005 年第 5 期。

〔2〕 胡丽芹：《思科 VS. 华为案后的冷思考》，载《电子知识产权》2003 年第 4 期。

同样，美国专利制度是为实现其本国经济的发展与利益的最大化，并处于不断发展变化当中。长期以来，美国企业拥有数量最多的本国专利申请权与专利权，遇到侵权纠纷时，他们大多数情况下是作为被侵权人提起诉讼，因此，美国专利制度倾向于保护专利权人的利益，实则就是保护其本国专利权人的利益。[1] 美国知识产权法的发展常常受广泛的经济和政治氛围的影响。无论是法院为支持反垄断法的目标而摧垮专利权，还是国会为抚慰印刷工人联盟而在美国著作权法中保留重商主义因素，美国知识产权保护的历史既来源于又体现了这个主流氛围。[2] 美国“亲专利”政策是与美国的经济发展及法律体制相适应的，并产生了巨大的经济效应和社会效应，成功恢复了高科技产业的竞争力，有其深刻的历史原因。

二、反思

（一）知识产权合法性危机

在人们的观念和制度当中，专利是通过为发明创造者提供一种受限制的合法垄断权作为回报来刺激创新。正如美国法学家所言：“没有合法的垄断，就不会有足够的信息产生；有了合法的垄断，又不会有太多的信息被使用。”[3] 但是，知识产权的产生源于社会实践，而非源于理论指导。随着知识产权以牺牲公共领域为代价的扩张，随着各国将扩张的知识产权制度化，知识产权的体系已

〔1〕何刚、黄良才：《美国专利侵权判定标准的新动向》，载《电子知识产权》2008 年第 3 期。

〔2〕［美］苏珊·K. 塞尔著：《私权、公法——知识产权的全球化》，董刚、周超译，中国人民大学出版社 2008 年版，第 70 页。

〔3〕［美］罗伯特·考特、托马斯·尤伦著：《法与经济学》，张军等译，上海三联书店、上海人民出版社 1994 年版，第 185 页。

经被破坏。同时，社会的分配已经发生了严重的不公，而分配不公的原因就是以财产制度来作为分配标准。现代的知识产权内在逻辑已经失败。[1] 知识产权的制度缺陷随着科技进步越来越突出地证实了功利主义的失败。[2]

知识产权的创设是为了促进创新和保护公共利益，但知识产权的保护受到愈来愈多的批评，特别是来自经济学者们的批评。以往，经济学者主要是在实证研究的基础上认为专利保护会引起过多的重复研究和研发费用增加，从而对其在创新上的积极效果表示怀疑，而现在，经济学家担心的更多是专利权保护实际上阻碍了创新。

对于知识产权是否能够起到创新作用，从来没有被验证过，人们对于这个功能能否实现也从来没有停止过怀疑。英国著名物理学家贝尔纳在《科学的社会功能》一书中写道："专利对发明的进展妨碍多而帮助少。"他认为，经济专利不能奖赏原来的发明家，而且妨碍了而不是促进了发明的发展。[3] 通常个人的专利最终都归属企业，企业成为专利的受益者，个人是否获益要看企业主的恩赐。虽然在那个年代，作者不可能预料到今天技术的变化，但这一结论在当今仍然适用。在现代企业发展模式下，虽然发明者也能获得一定的利益，但和企业相比却是微不足道的，知识产权（尤其是专利）更多的是成为企业提高竞争力，以期获得垄断地位、得到巨额垄断利益的基本保障，知识产权从保护发明人走向了保护投资人

---

〔1〕 李扬：《知识产权的合理性、危机及其未来模式》，法律出版社2003年版，第231—232页。

〔2〕 Op. Cit. Boyle. P. 142.

〔3〕［英］贝尔纳著：《科学的社会功能》，陈体芳译，商务印书馆1982年版，第219页。

的利益。同时，为了避免技术更新对设备投资的浪费，并防止其他企业的竞争，大的企业会收购知识产权（主要是专利），但搁置起来不用，这就妨碍了科技的发展。事实上也有很多这样的例子。在1875年年初，美国电报电话公司（AT&T公司）为了保证对电话的垄断而收集专利，这导致了无线电通信的出现晚了20年。同样，通用电器也利用对专利的控制拖延引入荧光技术。[1]

有一些经济学家就认为，知识产权的保护并不是一定会推进产品革新。麻省理工学院的一项调查显示，自20世纪80年代新的保护措施完善以来，软件行业的研究和开发实际上已经放慢了，报告人指出，以信息为基础的特定行业更能从信息的公开分享和公开竞争中获益。[2]

知识产权保护立法明确指出，知识产权保护有利于技术创新和经济增长。同时，有经济学者则表示现有的研究无法为专利制度这一巨大的试验提供充分的理论依据。[3] 因此，专利保护制度与其说是经济理论支持法律论断，不如说是法律创设了经济理论。[4] 除理论分析以外，经济学家还试图通过实践证据来分析知识产权保护制度的合理性，但相关的结论并不能与知识产权保护立法的论断完全一致。

---

〔1〕 Richard Dunford, "The Suppression of Technology as a Strategy for Controlling Resource Dependence", *Administrative Science Quarterly*, Vol. 32, 1987. 转引自李扬：《知识产权的合理性、危机及其未来模式》，法律出版社2003年版，第232页。

〔2〕《新经济中的产权问题》，转引自李扬：《知识产权的合理性、危机及其未来模式》，法律出版社2003年版，第232—233页。

〔3〕 Arnold Plant, "The Economics Theory Concerning Patents for Innovation", *Economica*, Vo. 1, No. 1, Feb. 1934.

〔4〕 Alfred E. Kahn, "Fundamental Deficiencies of the American Patent Law", *The American Economic Review*, Vol. 30, No. 3, Sep. 1940.

麻省理工学院学者 Petra Moser 对 19 世纪中期伦敦和波士顿两次世界博览会的数据进行研究后发现，没有知识产权保护制度的瑞士和废除知识产权制度的荷兰在技术进步方面的成绩，并不逊于有知识产权保护制度的国家。另外，她发现，瑞士和荷兰分别在仪器、钟表和食品加工等倚重商业秘密的技术领域方面领先，而有知识产权保护法的国家则在机械制造等方面有优势。因此，她认为，知识产权保护制度的确能够影响技术创新的方向，但不能说知识产权保护制度能促进总体的技术进步。[1] 耶鲁大学校长、经济学教授 Richard Levin 等人的调查问卷研究发现，"专利在实践中的效果并不像理论上说的那样"。产品专利仅在药品、生化、杀虫剂等 5 个领域被认为是非常有效（highly effective）的独占方式；在以生产化学产品和相对简单的机械设备为主的 20 个领域被认为比较有效（moderately effective）。飞机和半导体行业实际上主要依靠领先优势和快速在学习曲线上移动来实现其创新收益。[2] 曼斯菲尔德教授对美国 100 个公司首席执行官调查研究后也认为，总体上说，1981—1983 年间 86%的发明即便在没有专利保护的情况下也会被发明出来。如没有专利保护，制药业领域发明将减少 60%，办公室设备、摩托车、橡胶制品及纺织领域发明则不会因此减少。[3]

---

〔1〕 Petra Moser, "How Do Patent Laws Influence Innovation? Evidence from Nineteeth-Centrury Wolrd Fairs", *NBER Working Papers*, No. 9909, August 2003.

〔2〕 Richard C. Levin, Alvin K. Klevorick, Richard R. Nelson and Sydney G. Winter, "Appropriating the Returns from Industrial Research and Development", *Brookings Papers on Economic Activity*, 1987, (3): 783-820.

〔3〕 Edwin Mansfield, "Patents and Innovation: An Empirical Study", *Management Science*, 173, 1986.

英国伦敦大学教授 Plant 认为，专利保护是与自由竞争的一般理念背道而驰的。[1] 美国威斯康星大学教授 Stedman 认为，专利制度将导致技术集中在少数企业手中，这对那些国营垄断的国家是有好处的，但却与我们平衡、自由的企业竞争的民主理念是不相容的。[2] 哈耶克也明确反对知识产权保护制度："第一，在这些领域中，盲目地套用那种针对有形物而发展起来的财产权概念，已然在很大程度上助长了垄断的发展；因此第二，如果我们想使竞争在这些领域中发挥作用，那么我们就必须进行彻底的改革，尤其在工业专利权领域中，我们还必须对这样一个问题进行认真的探究：授予垄断专有权的做法，对于科研投资所具有的那种风险来说，是否真的是最恰当和最有效的奖励方式？"[3]

哈佛大学教授 Scherer 在向美国联邦贸易委员会提供的证词中指出，根据哈佛大学商学院 1959 年及 1977 年的问卷调查和研究，91 个被调查者中只有 7 个认为专利保护是研发活动五个要素中第一或第二重要的，其他的被调查者则更强调竞争的作用。[4] Scherer 明确表示，统览所有的文献，可以得到这样的结论：对于很多行业来说，研发的根本激励不是专利保护，而是竞争。[5]

---

〔1〕 Arnold Plant, "The Economics Theory Concerning Patents for Innovation", *Economica*, Vo. 1, No. 1, Feb. 1934.

〔2〕 John Stedman, "Invention and Public Policy", *Law and Contemprary Problems*. Vol. 12, No. 4, Autumn 1947.

〔3〕［英］哈耶克著：《个人主义与经济秩序》，邓正来译，三联书店 2003 年版，第 167 页。

〔4〕 F. M. Scherer, *Outline of FTC Testimony*, November 29, 1995.

〔5〕 Report of the 1995 hearing on. Hearings on Global and Innovations Based Competition. http://www.ftc.gov/opp/global/gc120195.pdf，2012 年 2 月 3 日访问。

（二）技术标准化的反思

1. 公地悲剧与反公地悲剧

标准中的知识产权问题的实质在于：知识产权（主要是专利）被纳入技术标准，实际上是将作为私权的知识产权纳入到具有公共产品性质的标准之中，因此，标准中的知识产权问题，其本质就是作为私权的知识产权和作为公共产品的标准之间的关系问题。专利和标准的结合是“公共领域的悲剧”。[1]

英国学者 Hardin 在《公地悲剧》一文中指出，“在公共品产权状态下，众多的个体被赋予对某种物品的使用权，但却无法阻止他人也使用该物品，即拥有使用权却无排他权”。在这种情况下，任何人都可以利用该特定资源，却没有人可以排除他人使用该资源，最终导致资源的过度开发而枯竭，这就是“公地悲剧”。与此相反，“反公地悲剧”是指，众多所有者同时拥有对利用一种稀缺资源的有效的排他性权利。由于某一种资源被众多所有者分割，而各个所有者均拥有排他的使用权，从而导致该特定资源得不到有效利用甚至出现资源闲置的状态。该理论在专利权方面则是指，某主体要进行技术革新或者产品的开发，就要碰到许多专利的阻碍，上游的专利设置一些专利障碍，借此收取高额的专利使用费或者转让费。这就使得下游产品的开发或者技术革新成本高昂，从而阻碍专利技术的产业化和革新。

反公地悲剧是 1997 年美国密执根大学教授黑勒（Michael A. Heller）在《反公地悲剧：从马克思到市场转变中的产权》一文中首次提出的。当时，他使用反公地悲剧的概念描述了 20 世纪 90

〔1〕 王炳银、王剑峰：《专利制度的发展沿革：技术的垄断与反垄断》，载《广西社会科学》2004 年第 3 期。

年代早期他在莫斯科观察到的一种奇怪现象：莫斯科的许多街道上搭建了成千上万的铁皮棚摊用以买卖商品，但是棚摊后面的沿街店铺却大量空置无人使用。是什么原因导致俄罗斯在市场化转型以后商店里仍然空空如也，而沿街叫卖的铁皮小屋里的货物却多得都快堆到大街上了呢？通过调研，黑勒发现造成这一现象的根源在于转型中的俄罗斯政府没有把这些店铺的完整产权赋予某个权利所有者，而是肢解给了在计划经济时期利益相关的不同机构和单位。例如，6 个单位享有出售权，3 个单位拥有出租权，5 个单位拥有收取售款权，5 个单位拥有收取租金权，1 个单位拥有占有权。在没有得到其他任何一个权利所有者的许可下，每个权利所有人都无法单独使用或出租商店。这样，支离破碎的产权结构就像是篓中的一堆螃蟹，你夹住我的前腿，我夹住你的后腿，谁也动弹不得，从而导致大量沿街店铺谁也无法使用只得空置的反公地悲剧现象。〔1〕

2. 技术标准化的市场失灵导致政府干预

目前关于市场机制下标准化效果的讨论普遍认为，市场力量自身难以保证从经济和社会角度看最佳标准的胜出，市场机制在标准制定方面存在缺陷，导致标准生产的市场失灵。这也是政府干预标准化的主要依据。标准制定市场失灵的原因之一是信息不全面，就目前的总体情况来说，标准化机构主要是一个技术专家的论坛。技术专家成为标准制定的主导力量，难以及时反映市场的信息，“割裂了市场的信息传导机制”，导致标准的市场不适用。此外，还包括来自用户的信息未能在标准中得到充分体现。标准制定市场失灵的另一个原因来自厂商对标准化的战略渗透。标准化与知识产权的

---

〔1〕 高洁、陆健华：《专利权滥用与反公地悲剧》，载《湖北经济学院学报》2007 年第 1 期。

捆绑更是加剧了厂商对标准化的战略渗透。由于认识到标准化的市场战略意义，越来越多的公司开始派管理人员参与或影响标准化活动，将公司的战略部署渗透到标准化中，对标准化的市场机制造成很大影响，国际标准化领域内政府的干预则加剧了这种影响。私人对公共物品的投资不足要求政府对公共物品进行投资或者进行其他形式的干预。

总的说来，标准化具有公共物品的性质，但从对标准化的深入分析可以看出，标准化又与纯公共物品有一些不同之处。因此，标准化可以称为一种准公共物品（quasi-public goods）或非纯粹公共物品（non-public goods）。标准化的准公共物品性质既要求政府进行干预，同时也要求在政府干预的范围和程度上，根据标准的不同特征分别对待。在市场机制能够实现公共物品生产和消费均衡的情况下，政府干预就应该减少或进行相应调整。[1]

---

〔1〕 安佰生：《标准化的准公共物品性与政府干预》，载《中国标准化》2004年第7期。

第四章　专利标准化的法律规制

前述技术标准化中专利许可的典型判例都反映出标准制度与专利制度具有对立统一性。一方面，标准和专利的根本目标是统一的，都是鼓励创新、扩散技术和提高社会福利。另一方面，标准和专利的权利属性不同，标准是为了使技术和产品有更好的兼容性，便于产品和服务在国家或地域之间更广泛地流通；而专利是为了积极鼓励创新，并且保护创新者能够收回创新成本，再持续进行创新。因此，标准机构和专利权人需要不断地在公权和私权之间的博弈中寻求答案。

当前，很多标准与知识产权问题的研究重心都放在反垄断法规制方面。毋庸置疑，反垄断法规制是其中重要的环节，但单靠反垄断法并不足以解决专利标准化问题。[1] 因为行使知识产权的行为限制了相关市场竞争，所以要受到反垄断法的规制，而不论其是否滥用知识产权。即使存在滥用知识产权，但如果没有对相关市场竞争造成负面影响，也不适用反垄断法，对其应以知识产权法、民法等民事法律加以规制。所以说，解决专利标准化问题是一项复杂的系统工程，需要从不同视角积极探索解决之道，实现标准与知识产

---

〔1〕 Jore L. Contreras："Equity，Antitrust，and the Reemergence of the Patent Unenforceability Remedy"，October 2011，http://ssrn.com/abstract=1952709，2012 年 2 月 13 日访问；Mark Lemley，"Ten Things to do about Patent Holdup of Standards（and One Not To）"，*Boston College Law*，Vol. 48，2007.

权的高度融合，既方便实行标准，又推广专利技术，保持标准化过程中的利益均衡。因此，最重要的是考虑专利法自身的完善，即专利法应寻求重新调整激励机制，使专利权人所获得的回报与其发明所创造的价值之间保持合理的平衡关系，减少日益威胁整个创新系统的不确定性和专利挟持、专利欺诈；完善标准制定组织的专利政策，辅以合同法、侵权法及反垄断法，系统解决专利标准化问题。首先应当进行理念更张，将先前的“专利至上主义”理念转变为“创新至上主义”理念，以“创新至上主义”理念作为衡量具体法律制度有效性的尺度，专利标准化的法律规制措施的构建也是在此理念下的合理展开。其次应当借鉴衡平法的禁止反悔原则和民法上的诚实信用原则，建立由民法、知识产权法和反垄断法共同适用的规制体系，在法律法规中明确规定知识产权标准化的总体策略与规制原则，规定“禁止反言”原则、“默示许可”原则及共同侵权责任。

在具体措施上，首先，需要完善标准制定程序和标准制定组织的专利政策，如采取事先披露原则、相对确定 RAND 原则等，以提高标准化中专利技术的透明度和可获得性。违反披露和许可义务的惩戒措施。在法律诉讼程序之外建立可选择的 ADR 纠纷解决机制。在市场上寻求有实效的解决途径，如构建一个专利池来降低许可协议所确定的交易费用，以及开放授权运动，保证专利标准化过程中对所有标准的参与者做到公平、合理、不歧视。其次，在专利限制措施方面，采取知识产权法定原则下的专利客体范围限制，提供并严格适用专利授权条件、统一审查标准，禁止权利滥用原则。再次，运用反垄断法来规制标准化中的专利权滥用，即运用反垄断法规制不当披露专利信息、不公平许可、拒绝许可、搭售等滥用市场支配地位的专利标准化许可行为，专利联营和交叉许可等垄断性协议的专利标准化行为，以及经营者集中、行政垄断等其他违反反垄断法的专利标准化行为。最后，在司法救济方面，可以提高永久禁令的核发难度，采用合理的专利授权费率和损害计算方法，放宽专利无效诉讼的提起条件，提高专利的“非显而易见性”标准等。

第一节　理念更张：从专利至上主义到创新至上主义

2011 年，在移动设备领域，专利保护法与反托拉斯法这两大法律体系之间的角力越发胶着，法律学者早已将此现象看在眼中，而科技界对此现象的关注却刚刚开始。任何智能手机、电子书阅读器或是平板电脑都涉及数以百计甚至千计的专利，各科技公司也早就发动了一场暴风雨般的专利侵权诉讼大战，其目的或是打击竞争对手的产品，或是想赢取高额赔偿费。法律诉讼自由提出了一个很基本的问题：在一个非常容易受到垄断指控的行业里，各公司滥用专利权的举措是否正在扼杀良性的行业竞争？“专利法系统内目前被搞得乌烟瘴气”，计算机和通信产业协会（Computer & Communications Industry Association）主席埃德·布莱克（Ed Black）说道：“滥用专利保护法的情况很严重，公司都在大显神通，且各怀心思。”科技公司纷纷诉求到美国司法部，指控竞争对手违反了反托拉斯法。美国司法部已经显示出一些研究此问题的兴趣，他们正在调查谷歌一贯的竞争对手，包括苹果、微软和黑莓制造商 RIM 在内的一些公司是否在滥用此前他们联合起来从加拿大电信设备制造商北电公司那里购买的 6000 项专利。2011 年 4 月，美国司法部迫使微软、苹果、甲骨文等公司承诺，他们不得使用从北电收购的

882项专利去打击竞争对手。专利保护法是在美国宪法中规定的，但法院对该法案的使用却有着颇多限制。正如2001年，华盛顿州联邦法院在那次具有里程碑意义的微软反垄断案中的裁决显示：仅仅因为你自己拥有大棒，也并不意味着你就可以逃避责任，如果你挥舞着大棒伤害到别人的话。[1]

当今知识产权已经越来越处于国际贸易的前沿，成为发达国家获得垄断利益的重要手段和处理国际经济、科技、贸易问题的重要策略。移动互联网25万的专利，再加上版权和其他的知识产权，移动通信产业的知识产权重叠保护，以及互联网的极速发展，需要对开放的知识产权体系建立起必要的限制机制，保障公共利益。[2] 正如Google专利律师Tim Porter所言，长久以来，美国专利商标局给广泛、含糊其词或喧宾夺主的想法授予专利，并加以保护，直接导致了现在如电视剧般不断的专利战，如今专利系统已经被破坏了。专利授予通常是比较模糊和过于宽泛的，其中很多专利都是某个公司在申明他们的某个想法（idea)，而这些东西其实是不应该被授予专利的，但他们还是获得了专利。这些所谓的专利其实是在阻碍创新，或者被用来从一个成功的产品上面获得收入。当前软件专利授权过于松懈，纵观软件产业发展史，会发现软件业还不注重专利的时期恰好也是创新最繁荣的时期。微软等针对An-

〔1〕 漆犇：《专利保护与反垄断冰火对决：或致科技行业洗牌》，http://tech.sina.com.cn/it/2011-11-14/13526316938.shtml，2012年2月3日访问。

〔2〕 李扬主编：《知识产权的合理性、危机及其未来模式》，法律出版社2003年版，第233—234页。

droid 的诉讼和专利战已成为创新的威胁。[1]

如上文所述，专利至上主义是一国专利法律制度及司法体系各层面都倾向于保护专利权人的利益，推崇并强化专利权保护的各种情形。而专利权是国家通过法定形式赋予发明人的排他性权利。国家授予权利人以专利权主要有两方面目的：一是通过保护权利人的专利，从而鼓励和促进创新；二是期望专利权人会把生产或使用专利产品、专利方法的权利向他人授予许可。但在专利许可中专利权人时常会基于专利权的排他性而设置或实施限制竞争的条款或行为。由此观之，专利法律制度本质上是通过授予专利权来鼓励和促进创新，如果机械地、盲目地推崇专利至上，在实践中很有可能滥用这种排他性的权利而阻碍甚至扼杀创新，从而背离专利法律制度创制的本意。

“小企业通过创新、通过颠覆大企业的商业模式，才是这个社会真正前进的动力。”[2] 美国软实力就在于其有一个持续创新的机制，并有相应的法律制度予以体现和保障。从 1789 年《美国联邦宪法》正式生效以来，专利制度就在系统化地开发和利用技术解决经济问题的演变过程中发挥着关键的作用。半个世纪的经济和历史研究得出的压倒性的结论是：从长期来看，决定一个社会改善其满足这些需要和需求的能力的速度的一个最主要的因素是技术创新。专利系统在创新机器中是一个至关重要的齿轮。专利制度提供了经济奖励来刺激发明，创造出一个在某种程度上受到保护的经济环

---

〔1〕 Tim Porter 认为，1988 年以前，微软还没有软件专利，但那时候他们已经制作出了 Word，更别说是 DOS 了。当你往回看，会发现创新不依赖于任何专利是毫无疑问的。如果没有专利，就不会有软件专利限制。参见 Pasiwang：《Google 律师：为什么说专利系统已被破坏?》，http://our4. org/409. html，2011 年 11 月 14 日访问。

〔2〕 美国斯坦福大学商学院名言。

境。1836年，专利系统初步建立，并在之后逐步发展完善成它的现代模式。[1]

和其他财产权一样，知识产权作为一种财产权，会产生限制竞争的效果，因此它和其他财产权一样，应该受到反垄断法的制约。[2] 现代反垄断法的一个趋势是，如果当前的垄断地位有利于创新，那么就可以对其垄断地位采取宽容态度。从20世纪80年代开始，越来越多的是要防止知识产权的行使所导致的社会整体效率的低下。创新是社会发展的根本动力。但是，自由放任的创新最终可能会导致产业的高度集中，而这种集中有着不利于进一步创新的一面。专利垄断是创新垄断的最主要形式。熊彼特认为，创新垄断是激励创新、推动经济发展的主要动力。但是过度的专利垄断会对后来的创新活动形成障碍。因此，必须运用反垄断制度，对专利的过度垄断进行适当的限制，以免妨碍产业界的整体创新活力。好比是，专利制度是通过赋予经济系统中每个"创新种"以成长的动力来推动创新，但专利垄断极易使得某个"种子"过度膨胀而导致其他"种子"大量牺牲，需要创新垄断来避免整个生态系统的失衡和停滞。[3]

法律制度是基础，法律理念是内核。如果法律理念不转变，不

〔1〕 1787年9月制定的《美利坚合众国宪法》第1条第8款第8项即明确规定："为发展科学和实用技术，国会有权保障作者和发明人在有限的时间内对其作品和发明享有独占权"，这也是《美国专利法》的立法依据。第一部《美国专利法》于1790年4月10日由美国总统签署。现行《美国专利法》于1952年制定，之后于1984年和1994年做过两次重大修订。1999年11月29日，时任美国总统克林顿签署了《美国发明人保护法》，其中多项重要条款直接列入《专利法》，包括将完全审查制度改为早期公开延迟审查制等。参见李明德著：《美国知识产权法》，法律出版社2003年，第28—30页。

〔2〕 王晓晔：《知识产权滥用行为的反垄断规制》，载《法学》2004年第3期。

〔3〕 吴欣望著：《知识产权——经济、规则与政策》，经济科学出版社2007年版，第31、116—117页。

能将法律理念整合到具体的法律制度当中去，就容易导致法律制度的僵化，变成了“形而上”。因此，必须在具体法律制度中融入法律理念，在法律制度中体现和实践法律理念。就技术标准化中的专利许可而言，应当将以前的“专利至上主义”的理念转变为“创新至上主义”。以“创新至上主义”理念作为衡量具体法律制度有效性的尺度，技术标准化中专利许可的法律规制措施的构建也是在此理念下的合理展开。

“创新”有很多种定义，但比较经典的是熊彼特给创新下的定义。〔1〕从法律制度意义上说，“创新至上主义”理念的内核主要是指专利法律制度设计及司法体系各层面主要着眼于保障和促进科技创新的各种情形。“创新至上主义”的主要内涵概括起来包括：总体上，专利法律制度的首要功能和目标是谋求促进科技创新，推动科技进步、经济繁荣和社会发展；通过赋予专利权人排他性的专有权来鼓励和促进创新，从而实现动态效率，以利益驱动机制刺激智力创造活动持续地进行。同时，专利法律制度必须对专利权的滥用

〔1〕按照熊彼特的观点，所谓“创新”，就是“建立一种新的生产函数”，也就是说，把一种从来没有过的关于生产要素和生产条件的“新组合”引入生产体系；具体来说，熊彼特所说的“创新”包括以下五种情况：(1) 引入新产品；(2) 引用新技术，即新的生产方法；(3) 开辟新市场；(4) 控制原材料的新供应来源；(5) 实现企业的新组织。按照熊彼特的看法，“创新”是一个内在的因素，“经济发展”也是“来自内部自身创造性的关于经济生活的一种变动”。参见［美］约瑟夫·熊彼特著：《经济发展理论》，何畏、易家详等译，商务印书馆1990年版，中译本序言。熊彼特创新理论的最大贡献就在于把发明、创新和创新的扩散区别开来，指出企业设计、开发、生产和销售一种新产品的能力与发明活动并不一致，发明主要是科学家的任务，而创新才是企业家的任务，创新的扩散实效取决于企业间的联系程度。具体来说，发明实质就是技术原理的发现或基于原理性的技术变革；而技术创新一般是基于适应市场需求，为获得一定的收益而进行的技术开发活动，它既包括研制新元件、新产品、新工艺、新设备这样的应用性研究，也包括对原有元件产品、工艺设备进行革新和改造这样的发展性技术研究。技术创新活动并非一定要建立在技术发明的基础上，因为有时技术创新只要对生产要素进行重组即可。

加以控制和约束，以实现专利权人合法权益与非专利权人及社会公共利益的动态平衡。此外，还需要借助合同法、反垄断法等外部法律加以规制和纠正。

“创新至上主义”的表现形式主要包括以下几个方面：第一，立法方面要坚持专利法定原则，即专利权内涵和类型法定，当事人不得自行约定专利权内涵，也不得自行创设专利权类型；第二，行政方面要严格专利授权条件，提高专利质量，建立专利授权前的异议机制以及专利授权后的复审制度；第三，司法方面要提高永久禁令的核发难度，限制标准中专利的禁止令，降低专利有效性质疑成本，放宽专利无效诉讼提起条件；第四，严格反垄断审查，适当限制合同自由原则，采取衡平法措施，加强合同法和反垄断法等外部法律的规制作用。

第二节　完善标准制定组织专利政策

一个“一了百了”的全球性知识产权政策并不是解决办法，但是各企业必须高度注意理解其参与标准制定活动的标准制定组织中知识产权政策的影响。必要专利的披露和许可是标准化中知识产权问题的两项核心命题。可以毫不夸张地说，某一技术标准化过程的成功与否，主要取决于该标准制定机构的知识产权政策是否适当。因此，要妥善解决专利标准化问题，首先是完善标准制定机构的专利政策，提升专利政策和必要专利信息的透明度、清晰度和确定性。标准制定机构的专利政策应鼓励对必要专利信息事先披露，并且进行授权承诺，为专利权人寻求保障。具体来说，标准制定组织的专利政策应当适当限制合同自由的原则，鼓励要求事先披露专利信息，实行相对确定的 RAND 原则授权许可等；从市场化角度来讲，应构建起市场化的专利池，采取开放授权等。

一、事先披露原则（Ex Ante）

相对于传统的 RAND 许可原则而言，事先披露原则有三方面的优势：一是保证了在标准制定之前建立透明的技术竞争市场，保证了标准制定组织对技术方案从技术和使用成本两个方面进行评估；二是使得标准使用者能够在使用标准之前对标准使用成本有个估量，减少了标准推行的阻力和可能带来的诉讼纠纷；三是也可能为标准的使用者争取一个较为合理的成本。[1] 当然，这里也存在一个问题，专利权何时披露为宜，“事先”到何时？披露太早了，容易被标准制定组织绕开，造成专利权人的损失；若披露过迟，则标准组织会受专利权人的牵制，容易造成标准化活动的被动。

美国联邦贸易委员会（FTC）在 Rambus 案的处理中就指出，事先披露原则可能是解决问题的有效方法。该原则要求在标准制定之前，厂商不仅必须披露专利权和专利申请信息，还应披露专利许可授权的条件，其许可条件可以具体表现为对最高许可价格的承诺或者对许可标准文本的提供以及对许可限制条款的事先承诺。很多标准制定组织也在积极尝试通过这一新政策解决长期以来一直存在的问题，其中包括本政策的积极推动者和强制性“事前披露”的积极倡导者 VITA（VEMbus，国际贸易协会），以及正在尝试采用本政策的 IEEE 和 ETSI。[2]

---

〔1〕 赵启杉、黄良才：《技术标准中的事先披露原则——VITA 新专利政策介评》，载《电子知识产权》2007 年第 6 期。

〔2〕 丁蔚：《标准化中知识产权的“事前披露”政策》，载《电子知识产权》2007 年第 10 期。

因此，在标准化过程中，标准制定机构的相关披露政策需要明确规定时间、披露程序以及哪些相关的信息需要披露。排除信息披露隐患的方法是在合同法的框架内进行特别的规定。[1] 总之，事先披露是关键，随时披露是保证[2]。同时，应建立对违反事先披露义务的制约措施，也即如果在标准制定过程中没有履行事先披露义务，则可以根据衡平法的禁止反悔原则进行处理。此原则的基本要素是：某一方误导性的行为被禁止反悔；主张禁止反悔的一方应提出误导行为与合理损害间的联系。[3] 例如高通案等判决也肯定了禁止反悔的可适用性。

二、相对确定的 RAND 原则

根据马克·莱姆利的观点，合理、无歧视的 RAND 原则应该是知识产权许可的一个普遍原则。[4] 不过在标准化条件下 RAND 的意义尤其明显。许多标准化机构在制定、颁布或者认可标准时，都要求专利权人采取“公平、合理、无歧视”许可原则（RAND）。一般来说，RAND 承诺会作为基本的平衡手段，一些标准制定组织（SDOs）会对潜在的必要专利权的持有人适用合理规则：要求其在合理、非歧视条件下提供许可。这样可以解决一些 SDOs 关心的许

---

〔1〕［美］马克·莱姆利：《标准制订机构知识产权规则的反垄断分析》，载《经济法研究（第三卷）》，杨紫煊主编，北京大学出版社 2003 年版。

〔2〕例如，ETSI 就有随时披露必要专利信息的要求，当必要知识产权被 ETSI 发现，ETSI 总干事会立刻要求专利权人在三个月内进行承诺并按照 FRAND 原则签订不可撤销授权协议，至少允许该知识产权被制造、销售、租赁，或者转让如此制造的技术。这项承诺的条件是专利权人按照互惠的条件进行授权。

〔3〕张平、马骁：《技术标准与知识产权战略的结合（下）》，载《电子知识产权》2003 年第 2 期。

〔4〕Fritz Machlup, *An Economic Review of the Patent System*, United States Government Printing Office, Washington, 1958.

可问题（尤其是当标准开发者同时也是被许可人时），使开发者把精力集中在技术价值上。RAND 原则已被广泛接受，成为解决标准化中知识产权问题的“宪法性原则”。但是，如前文所述，RAND 原则仅仅是一个政策框架，对于其核心内容——合理和非歧视，何为公平合理？怎样确定专利许可价格？非歧视是否意味着所有许可条件都相同呢？专利许可谈判还是由专利权人进行，在信息的不对称下专利权人对专利权的价格具有绝对的信息优势，因此“公平合理”并没有统一的衡量标准，甚至没有初步的指导原则。此外，获得许可的厂商与专利持有人或者专利持有人集团签署的协议受到保密协定的保护，不能公开。相互之间不知道他人的合同条款，“无歧视”也无从判断。

尽管如此，RAND 原则作为标准中知识产权反垄断的基本手段，仍不失为一个绝好的妥协之策。[1] 可以考虑从以下方面来修正完善 RAND 原则内容：第一，承诺允许任何公司实施标准，不能以专利为手段阻止新的公司进入该标准。拥有专利的公司必须对外给予专利许可，不得拒绝许可。第二，专利许可及专利费对所有主体一视同仁，在给予许可时，专利权人应当在全世界范围内平等对待所有的公司，不得歧视某国或某个公司。专利费不能因主体不同而不同[2]，或专利权人遭起诉而对起诉方收取更高的费用。第三，许可的条款，尤其是提成率，应当合理。专利费应与专利纳入标准之前的水平保持一致，保持合理水平。合理的标准是业界广泛

---

〔1〕 RAND 承诺是基础，辅以 RF-RAND 允诺。免费许可对许多专利权人来说，在某些情形下是可接受的，因为可以通过除专利许可费用之外的方式获得利益。这样做，可以使开发者把精力完全集中在技术价值上。W3C 使用的就是该方式。但是这个规则由于比较极端，只在一些场合下有效，一些主要的创新性的专利权利人可能不会接受。

〔2〕 但专利费因数量不同而不同并非一概构成歧视，因为有时候是基于数量规模而进行的商业经营过程。

接受的标准，或者更具体地讲，与业内大多数公司的许可实践相比，应当是合理的。[1] 第四，设置专利累积费率和按比例分配规则内容。[2] 基于终端产品中通信标准技术带来的价值的合理的最大累积费率（承认按照模块收费），以及基于许可者拥有的相关标准的基本 IPR 的比例进行灵活的双边许可谈判（比例原则）。这样会规避过高的专利许可费用对其他公司创新的遏制，促进整个通信业的发展。

如果标准制定机构的知识产权政策没有规定违反标准制定组织专利政策的法律后果，其相关专利政策就可能因为缺乏法律约束力而实际成为一纸空文。因此，标准制定机构的知识产权政策应规定违反 RAND 承诺的相关法律后果，借鉴民法上的诚实信用原则，违反 RAND 承诺构成民法上的法律责任。

---

〔1〕 根据专利法默认损害规则，即专利权损害无论如何不能低于侵权人正常使用发明的许可费，已产生了大量案例，法庭能用于决定在标准设定情形下的合理许可费。如美国 Georgia-Pacific Corp. v. United States Plywood Corp. 案，法院列出了合理许可费的 15 个考虑因素，分别是：(1) 专利权人主张专利许可所得的许可费；(2) 被许可人使用其他专利权所支付的许可费比例；(3) 许可的种类和范围；(4) 许可人关于排除竞争与取得许可费的既定政策与市场计划；(5) 许可人与被许可人的市场关系；(6) 专利产品对于被许可人其他产品的促销作用；(7) 专利权期限和许可期间；(8) 专利产品获利率、商业成功及普及率；(9) 专利产品相对于先前技术的实用性和优点；(10) 被许可人使用专利的商业利用和利润；(11) 侵权范围及价值；(12) 相关产业使用专利的利润；(13) 使用专利与否对于利润、制造程序、企业风险造成的差异；(14) 合格专家证人的证言；(15) 许可人与被许可人所同意的许可数量。上列因素并不排除其他因素。但通过诉讼解决合理许可费问题，成本高，耗时长，影响标准采用效率。参见徐曾沧：《WTO 背景下技术标准中专利并入的法律问题研究》，华东政法大学 2008 年博士论文，第 94—95 页。

〔2〕 2009 年 2 月 16-20 日，在 3GPP 的 GERAN 全会上，诺基亚和诺西再次发布了 LTE 的许可声明，强调基于互惠的 FRAND 包括设置专利累积费率和按比例分配内容。爱立信也进行了声明，支持诺基亚和诺西的许可方式。但高通在 2008 年和 2009 年的 LTE 许可声明中，都对设置专利累积费率和按比例分配进行了批驳，认为应坚持双边协商的原则。

三、违反信息披露和专利许可的惩罚机制

很多标准制定组织的知识产权政策仅仅规定了权利人要进行披露及 RAND 许可原则，但对于违反该义务的权利人一般不设置任何惩罚措施，对披露和许可义务的执行都依赖于权利人的诚信，导致了在标准制定和应用推广过程中参与实施标准的企业无法尽早了解标准的实施成本。而标准实施者在与专利持有人进行授权费用谈判时，由于标准的市场锁定效应以及在谈判时处于劣势地位，无法争取到合理的授权费用，影响了企业参与标准实施的积极性，严重阻碍了产业的发展，增加了社会成本。因此，必须明确规定违反专利信息披露和专利许可政策的惩罚机制。

一旦专利技术并入了标准，没有向标准设定组织披露专利的公司，随后可能被禁止针对成员的反言，而且有理由相信，在专利权人作出了重大遗漏或对标准设定组织进行误述时，法庭倾向于采用禁止反言原则。对于参与标准制定的专利权人，违反专利信息披露政策不履行披露义务或者不当披露的，可以规定因其故意隐瞒专利信息而给标准制定或者实施造成损失的，应承担相应的法律责任。或可规定对延迟的专利披露限制经济回报的方法。或可规定，没有披露专利信息或专利许可条件的，视为其同意降低许可实施条件和许可费用实施专利；不同意降低许可实施条件的，视为免费许可；对免费许可有异议的，因其事后的不许可导致标准无效的，专利权人应补偿制定组织的损失，包括技术标准制定过程中的实际损失和既得利益的损失；专利权人也应补偿标准实施者的损失，主要是为取得实施标准和实施标准准备所支出的费用。如果是国家强制性技术标准，专利权人故意隐瞒专利信息的，还应承担一定的刑事

责任。

标准披露了专利及其许可实施条件的，标准的专利权人及实施者应该按照披露的条件实施该专利。若标准专利权人违反披露的许可条件使用专利，则标准制定组织和标准实施者可以要求其按照披露的许可实施条件实施专利。若标准实施者违反披露的许可条件使用专利，则专利权人可以要求其按照披露的许可实施条件实施专利。

四、在法律诉讼程序之外建立可选择的 ADR 纠纷解决机制

当标准化过程出现相关专利纠纷时，一种解决方案就是法律程序，将案件递交给管辖法院，如上文论及，美国就已发生许多此方面的判例。但是，与标准化相关的专利法律诉讼，特别是信息通信领域标准多为国际标准，这些全球层面的诉讼由于司法程序的不同，会牵涉到大量的程序，而且也会有产生不同结果的风险。调停、仲裁，或者其他可选择的纠纷解决方案——ADR（Alternative Dispute Resolution）等，其中，ADR 尤其适合知识产权纠纷，特别是不同司法制度下的知识产权纠纷。

ADR 的优势包括：实体间能够以简单的程序对解决纠纷达成共识；实体对于控制纠纷的进度有较强的主控权，如选择调停员和仲裁员；避免任意一方在地方法庭中具有语言或者法律的优势；实体间能够保证过程和结果的保密性。[1] WIPO（世界知识产权组织）的仲裁和调停中心为解决实体间商业纠纷提供了 ADR 选择方

---

〔1〕 *Standing Committee On The Law Of Patents, Standards And Patents*, Document prepared by the Secretariat, Thirteenth Session Geneva, March 23 to 27, 2009, http://www.wipo.int/edocs/mdocs/scp/en/scp_13/scp_13_2.pdf, 2012 年 2 月 6 日访问。

案，由该中心提供的仲裁、调停和专家决定程序特别适合跨边界的专利纠纷。因此，在信息通信领域国际标准化过程中，标准制定机构可以考虑自己建立内部专利争端解决机制，或将标准化过程中的专利许可纠纷提交 WIPO 仲裁和调停中心予以解决。

五、构建市场化的专利池

要解决标准化中的专利挟持问题，还应在市场中寻求解决对策，专利池就是一个可行的方法。

虽然专利池存在一些问题，但这种通过专利权人达成许可协议将众多专利结合在一起的方式是一个市场驱动的机制，在技术中涉及其他专利权人的专利时，通过交叉专利许可，可以优势互补，进而降低成本，在一定程度上增强了执行技术标准的有效性。例如，美国《知识产权许可反托拉斯指南》规定[1]，交叉许可和联营安排可以通过互补性技术的一体化、减少交易成本、消除技术封锁以及避免高成本的侵权诉讼等因素，促进市场竞争。如在交叉许可或者联营安排的参与者相互拥有遏制对方专利的能力的情况下，他们之间的合作显然有利于提高经济效益。另外，联营安排和交叉许可也有利于被许可人的利益。因为在技术互补的情况下，一次性地采购技术很可能是被许可人所期望的。

---

〔1〕 从专利池的发展历史来看，美国对专利池是否导致反垄断和不正当竞争有一个认识过程。1856 年，美国出现了第一个专利池——缝纫机联盟。到 20 世纪 70 年代，专利池进入低谷，《谢尔曼法》认为专利池成员常常互相勾结排斥竞争对手，控制市场价格，以非必要专利甚至无效专利进行不合理的收费等。到 19 世纪末，专利池在美国已经十分普遍。1917 年，美国因一战急需大批飞机，但 Wight 公司和 Curtiss 公司通过专利有效地限制了飞机生产，使得美国政府出面促成各飞机生产厂商组成专利池，以减少专利阻碍，扩大飞机生产。20 世纪 90 年代以来，专利池重新兴起。到了 90 年代中后期，绝大多数专利池的建立都和行业标准紧密相关。美国《知识产权许可反托拉斯指南》也认可了专利池可能有提高经济效率的作用。

目前，能够通过美国司法部审核的专利池往往必须满足如下条件：(1) 相关专利共同定义了一种技术标准；(2) 有独立专家或者评估师判定哪些专利对于实施上述技术标准必不可缺，从而确定必要专利持有人的集合；(3) 必要专利持有人得起草并通过一份合理地、非歧视性地对相关专利签发许可的协议书；(4) 必要专利持有人需要任命专利池管理人员执行管理任务，如签发许可，收集专利许可费，对必要专利持有人分派专利许可费；(5) 必要专利持有人保有向专利池之外的当事人签发许可的权利；(6) 专利池中的许可人对专利池内部成员签发的许可是非排他许可；(7) 全部回授规定限定于被许可人获得的必要专利，并且包含非独占许可条款，以及其他公正、合理的条款。[1]

六、开放授权

技术标准这类公共领域的知识产权使用问题广泛涉及公共利益，必须要有社会多方主体的参与，在标准化制定中充分体现“开放”精神，才能保证对所有标准的参与者做到公平合理不歧视。近年来一系列“开放”运动（如开放源代码、开放文档、开放专利、开放标准等）的兴起，显示出知识产权传统许可模式“私权自治”的属性，在信息社会中正受到公共利益的必要限制与修正，知识产权保护创新和公平竞争的良性互动越来越受到关注。因此，在“ICT 标准之知识产权开放授权框架”下的知识产权政策应当具有以下属性：技术标准设计的技术信息开放，技术标准涉及的知识产权信息开放，技术标准设计的知识产权许可政策开放，技术标准的

〔1〕 杨帆：《技术标准中的专利问题研究》，中国政法大学 2006 年博士学位论文。

知识产权使用成本可以预见。[1]

技术标准中的知识产权授权条件越开放，越能促进技术标准的有效实现，促进市场进入和渗透，促进后续创新活动，促进产业生态的良性发展以及社会整体福利增长。“技术标准的知识产权使用成本可以预见”，是ICT标准之知识产权开放授权模式的核心，技术标准的技术信息开放、知识产权信息开放以及知识产权许可政策的清晰化，是成本可预见的前提条件和保障方式。[2] 例如，移动通信领域谷歌的Android就是采用了开放源代码的手机操作系统，使得Android操作系统的智能手机的市场占有率全球领先。

Google Android开源操作系统平台本身是一套软件堆叠（Software Stack），或称为“软件叠层架构”，叠层主要分成三层：底层的操作系统内核、中间件、应用程序。底层以开源Linux内核为基础，并提供系统基本功能；中间层包括函数库和虚拟机；上层是移动终端的各种应用软件程序，包括短信应用程序、通话应用程序和移动互联网应用程序等。[3]

Android操作系统本身是开源，基于Linux的内核部分采用严格的GPL2.0许可证进行授权，允许任何使用者进行合法修改衍生新的软件并在许可证规定下继续分发，不收取任何版权和专利费用，但要求保留原作品中的各种声明等，同时衍生的软件必须同样遵守GPL协议向全球免费开源；Android大部分功能组件采用BSD及Apache2.0许可证授权，允许任何使用者进行合法修改衍生新的

---

〔1〕 张平：《ICT标准之知识产权“开放授权”模式探讨》，载《科技与法律》2008年第3期。

〔2〕 张平主编：《冲突与共赢：技术标准中的私权保护——信息产业技术标准的知识产权政策分析》，北京大学出版社2011年版，第348页。

〔3〕 参见工业和信息化部电信研究院：《移动互联网白皮书》(2011年)。

软件并在许可证规定下继续分发，不收取任何版权和专利费用，但需保留原作品中的各种声明等，同时不可侵犯 Android 等商标使用权。

第三节　专利法限制

知识产权法主要与经济发展联系在一起。分享社会文明的成果是知识产权法的本意，只有在社会文明共享的情况下，文明才能得到进一步发展，新的文明成果才有可能得到进一步开发。知识产权法希望通过这样一种考虑实现推动社会文明的目标："一个通常的考虑是将知识产权的垄断地位定位于：适当减少消费者福利以作为革新获得报酬的代价，而这在将来又增加了消费者的福利。"〔1〕专利制度的设计本身就是平衡个人利益与社会公共利益的产物，是一个"衡平对价"的法律制度，其本身就有专利权限制制度。〔2〕

由于专利至上主义理念的泛滥，专利权滥用的情形屡见不鲜。美国专利司法判例发展运用了专利权滥用抗辩原则，作为被诉侵权人对抗专利权人的一种利益平衡机制，并以成文法形式对专利权滥用作出了明确规定，是世界上少有的在司法实践和成文立法中对专利权滥用作出具体澄清的国家。从专利权限制角度看，专利权滥用抗辩并不足以遏制专利至上主义大潮的侵袭，但却也显现出专利司法制度的一种自我纠偏的态势。限制知识产权已成为当前知识产权学界的一个重要议题，目前对知识产权的限制的认识更多的是局限

---

〔1〕冯晓青、杨利华著：《知识产权法热点问题研究》，中国人民公安大学出版社2004年版，第131页。

〔2〕参见徐瑄：《专利权垄断性的法哲学分析》，载《中国法学》2002年第4期；徐瑄：《知识产权的正当性》，载《中国社会科学》2003年第4期。

在一个积极的角度，即在构建知识产权的权利构成之时，就已经将知识产权的限制考虑进去。有学者将这种限制称为“内在限制”，知识产权的限制必须以明确的法律规定为前提，而将知识产权法之外的法律对知识产权的限制称为“外在限制”。〔1〕总之，专利法应寻求重新调整激励机制，使专利权人所获得的回报与其发明所创造的价值之间保持合理的平衡关系。

一、知识产权法定原则下的专利权客体范围限制

知识产权是私权，是民事权利的新类型之一。与传统的民事权利相比，知识产权属于新的民事权利类型，它具有不同于传统物权、债权、继承权、人身权的特征。相对于以保护物质（能量）的归属和流转为主干的传统民事权利原则理念、规范体系而言，知识产权有着太多的特殊性。〔2〕

知识产权的确认和产生有赖于知识产权的立法活动。知识产权法定原则贯穿于知识产权立法的全过程和各个方面，已成为知识产权立法的特点之一，并通过知识产权规范及其制度得到深刻的体现。国内立法和国际立法都对知识产权的内涵和类型予以规定，以此表现一个国家对本国保护知识产权所持的态度以及所确定的不同保护范围，或者用以表现参与缔结知识产权保护的国际公约、国际条约的不同国家对知识产权保护所持的共同态度或者确认的共同标准，由此形成了知识产权的内涵和类型法定原则，即一国国内或者国际上的知识产权内涵和类型都由知识产权立法予以直接规定，当

---

〔1〕冯晓青、杨利华著：《知识产权法热点问题研究》，中国人民公安大学出版社2004年版，第134—161页。

〔2〕郑成思著：《知识产权——应用法学与基本理论》，人民出版社2005年版，第90—91页。

事人不得自行约定知识产权的内涵，也不得自行创设知识产权的类型。[1]

知识产权属于私权，是一种法定的财产权，是法律对知识产品确认和确权的结果。知识产权对新型知识产品的确认，就意味着知识产权新权利类型的增加和更新。根据物权法定主义原则，知识产权这一法定物权的种类和范围都是由法律明确规定的。但是，随着科学技术的日新月异及促进创新的需要，知识产权的种类和范围又一直处于不断变化的过程当中，基本呈现出一种扩大的趋势。例如，先前的传统知识产权主要包括商标和专利的工业产权及版权，后来扩张至商业秘密、植物新品种、非物质文化保护等，即使就可申请专利的范围来看，也扩大了许多。为了更好地发挥知识产品在知识经济中的作用，我国知识产权立法在扩大知识产权的保护范围、确认和增加知识产权的新权利类型的同时，需要在知识产权法定原则下对专利权客体范围予以必要限制，遵循法定的内容，而不得随意增加专利权的客体范围。

二、严格并提高专利授权条件，统一专利审查标准

专利保护的严格性要求必须保证公有领域的思想为公众所利用。[2] 因此，需要专利行政机关严格专利授权条件，统一专利审查标准，提高专利质量。在概念层次上，确保专利行政机关审查过程的质量有两个关键组成部分：一是立法机关和司法机关必须向专利行政机关提供授予专利的适当的定义标准，特别是“不具有显著

---

〔1〕 李建华：《论知识产权法定原则——兼论我国知识产权制度的创新》，载《吉林大学社会科学学报》2006年第4期。

〔2〕 Aronson v. Quick Point Pencil Co., 440 U. S. 257, 262 (1979).

性”这一定义；二是专利行政机关必须有适当的程序来执行这样的标准。

严格并提高专利授权条件，使获得专利的难度更大一些，提高专利的质量。专利行政机关应当向审查过程投入更多的资源，建立专利授予前的异议机制及对已授予专利有效性重新审查的机制，为专利申请提供多种级别审查的可能性。〔1〕提高专利质量的目标不仅仅是确保不授予“问题专利”或“坏专利”，还必须包括确保发明者在拥有真正具有创新性、非显而易见的发明时，能够被授予专利。

三、禁止专利权滥用

对于专利权滥用问题，大陆法系民法理论与普通法系衡平法有着不同的解释和规制路径，大陆法系主要适用禁止权利滥用原则，主要包括合理适用、强制许可、专利权穷竭和先用权等方面。而普通法系衡平法以“不洁之手”原则对专利权滥用行为予以抗辩。无论是大陆法系民法理论的“禁止权利滥用原则”，还是普通法系衡平法的“不洁之手”原则，在法律效果方面大致相同，即都不支持滥用专利权的专利权人请求执行专利和禁令的救济请求。

（一）禁止权利滥用原则

美国学者埃尔曼指出，“一项权利，即使是被合法地取得，也不能够用来满足与其原始目的相悖的目的”〔2〕，这就是“禁止权利

〔1〕［美］亚当·杰夫、乔希·勒纳著：《创新及其不满：专利体系对创新与进步的危害及对策》，罗建平、兰花译，中国人民大学出版社2007年版，第164—165、189页。

〔2〕［美］埃尔曼著：《比较法律文化》，贺卫方、高鸿钧译，三联书店1990年版，第76页。

滥用”。禁止权利滥用既是现代社会一种普遍的、基本的法律观念，也是现代各国法律乃至宪法所普遍规定的基本法律原则。而“权利滥用”的实质在于权利人以不公平、不适当的方式行使其权利，不适当地扩张了其所享有的权利。关于构成权利滥用的标准，各国先后一共确立过故意损害、缺乏正当利益、选择有害的方式行使权利、损害大于所取得的利益、不顾权利存在的目的、违反侵权法的一般原则等 6 个标准，并且呈现由主观化向客观化发展（以解决主观恶意难以证明的问题）和严格化的趋势（故意的和过失的、损害已经造成和可能造成）。〔1〕民法中的禁止权利滥用，是一切民事权利主体的行为标准；禁止知识产权滥用是诚信原则在知识产权行使领域的适用，属于民事行为的约束规则，也是一项市场自治规则。权利滥用不是市场失灵的体现，只要诚信的市场规则得到遵守，滥用就不会发生。〔2〕上述关于权利滥用的分析也完全适用于知识产权的滥用。知识产权是民事权利，是私权，像其他民事权利一样也有可能被滥用。

知识产权滥用是权利滥用的一种类型，禁止权利滥用是一个可追溯至罗马法的古老的民法原则。知识产权的滥用，是相对于知识产权的正当行使而言的，它是指知识产权的权利人在行使其权利时超出了法律所允许的范围或者正当的界限，导致对该权利的不正当利用，损害他人利益和社会公共利益的情形。〔3〕知识产权滥用的本质是知识产权的行使违反了权利设置的目的，是以违反权利设置

---

〔1〕 徐国栋著：《民法基本原则解释——成文法局限性之克服》，中国政法大学出版社 1992 年版，第 94—97 页。

〔2〕 李琛：《禁止知识产权滥用的若干基本问题研究》，载《电子知识产权》2007 年第 12 期。

〔3〕 王先林：《知识产权滥用及其法律规制》，载《法学》2004 年第 3 期。

目的的方式行使知识产权、损害他人正当利益或社会公共利益的行为。任何权利规则都存在“言不尽意”的危险，导致任何权利的行使都可能出现“徒具其形，背离其神”的形神分离现象，知识产权也不例外。因此，知识产权滥用乃是基于人的认识能力有限、立法预见力不足这一普遍事实而产生的必然结果，只要人们还通过设定外观要件的立法技术来保护权利，就会存在权利滥用，知识产权滥用不是一个特殊问题，也不是一个新问题。[1]

为防止知识产权的滥用，知识产权的行使就要受到一定的限制。一般认为，对权利的限制有内部限制和外部限制两种，前者认为权利本身包含义务，权利应为社会目的而行使；后者则是在承认并保障权利的不可侵犯性、权利行使的自由性的前提下，以公法的措施适当限制权利的不可侵犯性，以民法上的诚实信用原则、权利滥用之禁止原则及公序良俗原则限制权利行使的自由权。[2] 这同样适用于对知识产权滥用的法律限制。“个体知识产权的行使，不仅与有效竞争的理念存在冲突，而且也极易与民法上的公平、诚信和公序良俗等基本原则发生背离，与知识产权法自身维持社会整体效益的目标之间也有抵触。”[3] 相应的，知识产权的滥用要受到知识产权法自身规范的限制，同时还要受到民法的基本原则的限制和主要作为公法的反垄断法的限制。它们从各自特有的角度出发，确保知识产权这一合法垄断权的行使不背离法律设定它的基本宗旨。

大陆法系专利法规制的“专有权利限制”主要包括强制许可、专利权的穷竭、合理使用、先用人的权利等。

---

〔1〕 李琛：《禁止知识产权滥用的若干基本问题研究》，载《电子知识产权》2007年第12期。

〔2〕 梁慧星著：《民法总论》，《法律出版社》1996年版，第251—252期。

〔3〕 缪剑文等：《知识产权与竞争法》，载《法学》1999年第6期。

1. 强制许可

所谓强制许可使用，是指在符合法律规定的条件下，特定的民事主体可以向知识产权主管机关申请（或由该主管机关根据情况主动进行），授予其在确定的范围内，在支付费用的条件下使用知识产权的法律制度。通过强制许可获得的许可是普通许可，获得强制许可后，必须向专利权人支付许可费，并且不能再许可他人实施专利权。

根据我国专利法律的规定，强制许可的类型包括以下几种：

（1）不实施专利时的强制许可

具备专利实施条件的人，向专利权人提出以合理的条件实施专利许可的申请，在合理的期限没有获得许可，该申请人就可以向国务院专利许可行政主管部门提出强制申请。获得此种强制许可必须符合下述条件：①必须是申请人以合理的条件请求发明或者实用新型专利权人许可实施其专利；②专利权人自专利权被授予之日起满三年，且自提出专利申请之日起满四年，无正当理由未实施或者未充分实施其专利的；③必须是未能在合理的时间内获得这种许可。

（2）反垄断性的强制许可

如果专利权人行使专利权的行为被依法认定为垄断行为，为消除或者减少该行为对竞争产生的不利影响，可以强制授权其他人实施该专利。是否构成垄断行为要依据《反垄断法》判断。

（3）根据公共利益需要的强制许可

在国家出现紧急状态或者非常情况（如出口的需要）时，或者为了公共利益的目的，国务院专利行政部门可以给予实施发明专利或者实用新型专利的强制许可。

（4）针对药品的强制许可（2008 年《专利法》增加的规定）

为了公共健康目的，对取得专利权的药品，国务院专利行政部门可以给予制造并将其出口到符合中华人民共和国参加的有关国际条约规定的国家或者地区的强制许可。

（5）从属专利的强制许可

获得此种强制许可必须符合下述条件：①一项取得专利权的发明或者实用新型比之前已经取得专利权的发明或者实用新型具有显著的经济意义的重大技术进步；②该项专利的实施有赖于前一发明或者实用新型的实施的，在后一专利权人获得强制许可的前提下，前一专利权人也可以申请对后一专利的强制许可。

2. 专利权的穷竭

权利穷竭原则，又称为权利用尽，是指知识产权所有人或经其授权的人制造的知识产权产品，在第一次投放到市场后，权利人即丧失了对它的进一步的控制权，权利人的权利即被认为用尽、穷竭了。对于任何人使用或销售该产品，知识产权人无权禁止或限制。即凡是合法地取得该知识产权产品的人，均可以对该知识产品自由处分，只要不侵犯知识产权人的独占权。权利穷竭制度将知识产权的效力限制于商品的首次销售，当含有知识产权的商品再次销售或以其他方式分发时，权利人无权控制。这一独具匠心的设计，既维护了知识产权人对知识产品的收益权，又维护了含有知识产权的商品的购买人的利益，使知识产权与物之所有权处于平衡状态，从而均衡了知识产权人的利益和社会公共利益，避免了对贸易自由的阻碍。

在专利权领域，专利权人自己制造、进口的专利产品或者专利权人授权他人制造、进口的专利产品或者依照专利方法直接获得的产品，一旦投放到市场上之后，专利权人对其专利产品即失去了控制。产品的受让人或其他人使用、销售或许诺销售该专利产品的，不视为侵权。从所有权的角度说，权利穷竭原则是合情合理的。专利产品的受让人在支付了产品的价金后取得了产品的所有权，作为所有权人，专利产品的受让人当然可以自由处分其产品。在此，专利产品和一般产品并无区别。只不过在专利产品上同时存在着两种不同的权利，即专利权和所有权，但这两种权利分属于不同的权利人——专利权人和专利产品的受让人。专利产品的受让人取得的仅仅是专利产品的所有权，专利权仍属于专利权人（知识产权与载体物权相分离）——适用专利权穷竭原则，体现在该产品上的使用权和销售权应该穷竭，否则专利产品的受让人购买该产品就失去了意义。

3. 合理使用

知识产权的使用还可以依据法律的规定在不经权利人许可的情况下进行，即合法使用。

专利的合理使用是在法律规定的条件下无须经专利权人的许可，也不用经过任何机构批准，任何人都可以制造、使用、许诺销售或者销售专利产品以及使用、许诺销售或者销售专利方法的情况，这是对知识产权最为严苛的一种限制。例如，为科学研究和实验而使用专利技术，在临时过境的交通工具上使用专利产品，以及植物新品种权领域中农民自繁自用授权品种的繁殖材料等，都属于此类限制。由于合理使用是对知识产权的一种最为严格的限制，稍有不当就会造成知识产权人的重大损失，使知识产品创造者与社会公众之间的利益失去平衡，因此，法律对合理使用行为规定了严格的前提条件，包括：必须有法律明确的规定；使用需出于学习与研究、教育、科研、评论等非营利目的；使用有一定的数量限制；使用不应对知识产品的市场销售造成潜在的威胁等。

4. 先用权

知识产权制度是平衡权利人的私权利和社会公共利益的结果，因此，知识产权人不应损害在他获取专有权利之前他人已经享有的权益。在专利制度中，先用权用于保护在专利权授予之前已经使用该项技术的人的利益。我国《专利法》第 69 条第 2 项规定，“在专利申请日前已经制造相同产品、使用相同方法或者已经作好制造、使用的必要准备，并且仅在原有范围内继续制造、使用的”，不视为侵权。先用权作为对专利权的一种限制，除了有利于保护在先发明人的利益之外，还能够消除先申请原则存在的某些弊端。

（二）专利权滥用抗辩原则

专利权滥用是由英美法系的独特历史演变而来的一项抗辩原则，它是“不洁之手”这一衡平法原则在专利领域的延伸。根据这一原则，衡平法院不会给因不公平、不正当的行为而有着“不洁之手”的专利权人予以救济，而被控侵权方则可以据此进行抗辩。[1]滥用专利权就要受到暂时失去专利权的惩罚。专利权人在未“洗清”自己滥用专利权的过失之前不能行使其专利权。滥用权利虽不能使侵权不成立，但可使侵权人免除侵权责任。[2]

英国专利法中最先出现滥用专利权的概念，滥用专利权是指不

〔1〕 Keystone Driller Co. v. General Excavator Co., 290 U. S. 240, 244, (1933)，转引自［美］Jay Dratler, Jr 著：《知识产权许可》，王春燕等译，清华大学出版社 2003 年版，第 472 页。

〔2〕［美］阿瑟·R. 米勒、迈克尔·H. 戴维斯著：《知识产权法概要》，周林、孙建红、张灏译，中国社会科学出版社 1998 年版，第 90 页。

实施专利的行为，颁发强制的专利许可是相应的制裁措施，这也是《巴黎公约》第5A条的渊源。知识产权滥用（特别是专利权滥用）是美国独有的侵权抗辩理由，知识产权滥用的抗辩与反托拉斯的救济完全不同，不能混为一谈。欧盟、美国、日本等国家和地区的反垄断法中并不存在滥用知识产权的概念，因为滥用知识产权是违反反垄断法的结果，并不是适用反垄断法的前提。知识产权保护不应该只有独占权这一个模式，无条件的强制许可或者法定许可制度是优化知识产权制度的一个合理选择，有偿的法定许可既可以维持知识产权的激励作用，又可以限制权利人对知识产权的独占使用，降低知识产权滥用的可能。[1]

在标准化中知识产权人不正当行使其权利的问题上，美国联邦法院分别在1917年和1948年发展出“专利权滥用”和“著作权滥用”的原则，“滥用专利”在专利侵权诉讼中成为被告重要的辩护理由之一。对于专利权滥用原则，通常理解为独立于反垄断法的一种限制专利权滥用的方法。从程序上说，专利权滥用是针对专利侵权提出的确定性抗辩。根据专利权滥用抗辩原则，如果专利权人行使权利违反公共利益，就不能要求法院保护其权利。美国通过司法判例发展出较为成熟、合理的“专利权滥用抗辩”（Defense of Patent Misuse）原则，以平衡专利权人利益与社会公共利益。美国最高法院在Morton Salt Co. v. G. S. Suppiger Co. 案中指出，如果法院发现专利权人滥用专利权，损害了公共利益，专利权人的侵权诉讼救济将不会得到法院支持。美国专利权滥用原则最初从几个关于

---

〔1〕 民法中的禁止权利滥用原则适用于知识产权滥用的立法和判例并不存在，知识产权滥用和禁止权利滥用原则不存在什么关联。参见张伟君著：《规制知识产权滥用法律制度研究》，知识产权出版社2008年版，前言第3—4页。

专利搭售的判例发展而来。[1] 美国最高法院判例表明，对于专利权滥用行为理论，美国司法走过了由完全否认到全面承认，再到加以适当限制地承认这样一个演变发展的历程。与此同时，美国国会也就相关方面进行了立法，如 1952 年制定的《专利法》第 271 条，以及 1988 年通过的《专利权滥用修正法》。该法的规定修改了《专利法》第 271 条的规定，在其中增加了（d）款（4）、（5）二项。

1952 年美国国会制定的《专利法》第 271 条（d）款明确规定，三种行为不属于滥用专利权：

（1）专利权人自己销售主要具有侵权用途而又不为专利权所覆盖的重要成分（但如果他人未经专利权人许可而行为，则构成帮助侵权）；

（2）专利权人授权他人销售主要具有侵权用途而又不为专利权所覆盖的重要成分（但如果他人未经专利权人同意而行为，则构成共同侵权）；

（3）以提起侵权或者帮助侵权之诉实施自己的专利权。

1988 年美国国会通过了《专利权滥用修正法》，修改了 1952 年《专利法》第 271 条（d）款，在上述三种行为的基础上增加了两种不属于滥用专利权的行为：

（4）拒绝使用或拒绝许可使用专利权中的任何权利；

（5）以获得其他专利权的许可或者授权为前提条件，许可专利权或者销售专利产品（即通常所说的捆绑许可）。但是，如果专利权人已经就有关专利权或专利产品占有相对的市场优势，不得如此行为。[2]

---

〔1〕 Morton Salt Co. v. G. S. Suppiger Co., 314 U. S. 488, 52 USPQ 30 (1942). Morton Salt, 314 U. S. at 493. 转引自徐曾沧：《WTO 背景下技术标准中专利并入的法律问题研究》，华东政法大学 2008 年博士学位论文。

〔2〕 李明德著：《美国知识产权法》，法律出版社 2003 年版，第 65 页。

我国《专利法》第48条规定："有下列情形之一的，国务院专利行政部门根据具备实施条件的单位或者个人的申请，可以给予实施发明专利或者实用新型专利的强制许可：（一）专利权人自专利权被授予之日起满三年，且自提出专利申请之日起满四年，无正当理由未实施或者未充分实施其专利的；（二）专利权人行使专利权的行为被依法认定为垄断行为，为消除或者减少该行为对竞争产生的不利影响的。"第51条规定："一项取得专利权的发明或者实用新型比前已经取得专利权的发明或者实用新型具有显著经济意义的重大技术进步，其实施又有赖于前一发明或者实用新型的实施的，国务院专利行政部门根据后一专利权人的申请，可以给予实施前一发明或者实用新型的强制许可。在依照前款规定给予实施强制许可的情形下，国务院专利行政部门根据前一专利权人的申请，也可以给予实施后一发明或者实用新型的强制许可。"

上述法律条文涉及的内容主要是关于专利的强制许可制度，包括强制许可制度适用的条件和情况。专利法中之所以设置强制许可制度，主要是为了防止专利权人利用手中的专利权以保护知识产权为名，采取反竞争的手段独占市场，形成垄断，这就超出了专利权制度的保护范围。

（三）专利标准化的专利法限制措施

知识产权本身的滥用，如滥用问题专利（过期专利或专利保护范围过宽的），均不构成反垄断，而直接由知识产权法律制度解决。如前文所述，在技术标准化中专利滥用的情形主要表现为不当披露专利信息、违反RAND原则和超高定价、拒绝许可等方面。

1. 不当披露专利信息

如前文所述，不当披露专利信息主要是在技术标准化过程（包括技术标准的设定和许可）中，专利权人故意隐藏不披露或不当披露专利信息，等到标准被采用后，再以专利权人的身份向标准使用者索取许可费，迫使标准使用者“无意识”地侵犯其专利权，从而获利的情形。

在标准制定之前或标准引入专利过程中，标准采用人可以专利权滥用进行抗辩；在标准采用后，专利权人不按 RAND 原则许可专利的，标准采用人也可以专利权滥用进行抗辩。因为专利权人未按要求披露专利信息，是标准设定过程中的“不洁之手”的人，其本身行为不当，就不能对技术标准采用人主张专利侵权行为的不当。例如，前文的 Dell 案和 Rambus 案[1]都是运用专利权滥用原则进行的抗辩，但两案也存有一定差异。

2. 违反 RAND 原则及超高定价

实际上，违反 RAND 原则和超高定价是“一块硬币的两面”，但凡违反 RAND 原则的都或多或少存在超高定价的情形。也即，当专利技术标准化后，由于标准的锁定和扩散效应，专利权人可能由此产生市场力量，而由于 RAND 原则没有实质内容，也没有实质约束，相关方对该原则的解释也不统一，使专利权人可以就违反先前承诺的 RAND 许可原则，向被许可人索取更高的专利授权许可费。

如前文所述，在通用公司案中，欧共体的法院明确指出，如果价格超过了它所提供服务的经济价值，造成了阻止进口贸易的效果

---

〔1〕 2012 年 1 月，BSO 等多家国外媒体报道，USPTO 废除了 Rambus 重要的三项专利。此前，这三项专利被 Rambus 用来起诉 NVIDIA、海力士（Hynix）、惠普（HP）及其他一些使用 DDR 技术的中小公司，其中两项已经被 USPTO 宣布为无效。这些专利在 2011 年 Rambus 对意法半导体、联发科和博通（Broadcom）进行的诉讼中发挥了重要作用，其中博通已经和 Rambus 签署了专利授权协议，这一协议成为该公司重要的收入来源。Rambus 称“预计”该公司将会对这一决定进行上诉，但具体前景不明。参见 http://www.cnbeta.com/articles/170788.htm，2012 年 6 月 15 日访问。

或者不公平地剥削了顾客，超高定价在原则上就构成滥用。

3. 拒绝许可

如上文所述，拒绝许可是指专利权人利用自己对专利技术所享有的独占性、排他性权利，拒绝以合理条件授予其竞争对手提出的使用许可请求，以达到排除其与自己竞争的目的，从而维持和巩固自己的垄断地位的行为。因此，占市场支配地位企业的这种自由权利必须受到限制，即它们的拒绝许可必须具备客观的公正性。

如 Spundfass 案就是拒绝许可的典型案件，德国法院对于拒绝许可建立了一个规则，即认定一个拒绝许可知识产权的行为是否构成滥用，至少需要考虑两个因素：第一，知识产权是否成为进入下游市场的关键性条件；第二，权利人拒绝许可知识产权的经济动机是否公正。[1] 而美国《专利法》第 271 条（d）款明确规定，拒绝许可不构成专利滥用。当技术标准采用人请求专利权人专利许可，而专利权人拒绝许可时，不能适用专利权滥用原则，但可能构成违反反垄断法。

第四节　反垄断法规制

澳大利亚麦道大学亚太知识产权发展研究所副主任迈克尔·彭德尔顿在考察我国香港特别行政区的知识产权法律之时曾经指出，香港的知识产权法律制度要比英国和美国的力度强，保护的范围广，但是由于没有很好地控制垄断地位的滥用和不正当竞争性的法律，结果对创新者的保护反而减弱了。[2] 但是，在美国，在对

---

〔1〕 王晓晔：《知识产权强制许可中的反垄断法》，载《现代法学》2007 年第 4 期。

〔2〕 李扬主编：《知识产权的合理性、危机及其未来模式》，法律出版社 2003 年版，第 261 页。

待专利权滥用与反垄断法的关系上，有两种对立观点。一种观点认为，专利权滥用与专利反垄断行为没有必然联系，无须通过反垄断分析专利权滥用。如美国学者罗宾·弗莱德曼认为，反垄断法的设计只是针对特定类型的损害，不能表达专利法的全部内容。适用反垄断法对专利滥用进行审查会忽略专利法的重要内容。专利滥用的审查只应依据专利法，而不能依据反垄断法规则。〔1〕而另一种观点则认为，专利权滥用与反垄断法密不可分，必须以限制竞争效果审查专利权滥用。如美国联邦巡回上诉法院法官波斯纳认为，在反垄断法之外，再也找不到惩罚专利滥用行为的可靠依据。“如果不以传统的反垄断原则审查滥用诉求，又以什么原则进行审查呢？我们的法律中并没有丰富的可替代‘垄断性滥用’的概念，试图发展一个此类概念，又能保证专利权人在此过程中免受权利的不确定性之苦，为时已晚。”〔2〕

一般来说，正常行使专利权享有反垄断法上的一般豁免，即专利权的行使不能超出权利自身的范围，如在专利权有效期内，专利权人实施其专利并阻止他人实施，将专利权转让给他人或许可他人使用等。但一旦专利权超出其自身范围构成专利权滥用，就可能面临专利法和反垄断法的规制。如果说专利法对专利权滥用的限制只是一种民事限制措施的话，那么，反垄断法对专利权滥用加以禁止就是一种对违法行为的行政惩罚手段。〔3〕当专利权人行使其专利权时超出其权利的范围，并且不合理地限制了竞争，那么，就可以

---

〔1〕 Robin C. Feldman, *The Insufficiency Of Antitrust Analysis for Patent Misuse*, 55 Hastings L. J. 399.

〔2〕 USM Corp. v. SPS Technologies, Inc., 694 F. 2d 505 (7th Cir. 1982). 转引自徐曾沧：《WTO背景下技术标准中专利并入的法律问题研究》，华东政法大学2008年博士学位论文。

〔3〕 打个不恰当的比方，针对专利权滥用，专利法的限制好比是第一道防线，相对松弛，而反垄断法规制就属于第二道防线了，比较厚重。

依据反垄断法来对其加以禁止。即使专利权人行使专利权的行为没有超出权利自身的范围，如果对市场竞争带来不应有的限制，那么该行为仍应受到反垄断法的禁止。

一、知识产权法与反垄断法的关系

由于知识产权的基本特点是独占性或垄断性，而反垄断法的基本使命就是反对垄断，保护自由公平的竞争。因此，知识产权法与反垄断法之间的关系较为复杂，既具有某些方面的一致性，又可能存在潜在的冲突。

理论上，两种制度在促进竞争、推动创新上具有一致性。知识产权保护和反垄断法的目的都是激发人们的竞争性活动，提高资源的配置效率。知识产权制度向创新者授予专有权，以此来减少其竞争者的数量，使其可以从市场上因创新投入获得充分回报。反垄断法则提供自由竞争的环境，在这种环境中，企业追求利润最大化的方式不是提高价格，而是扩大产出，或开发新产品从而开辟新市场。在竞争性条件下，扩大产出的基本手段是降低价格，而降低价格又须以降低成本为条件。无论是扩大产出还是开发新产品，都需要技术创新予以支撑。因此，创新是取得竞争优势的根本手段。反垄断法通过维护竞争来迫使企业创新，从而推动竞争向更高的层次发展；知识产权则通过对竞争施加一定的限制来保护创新，如果没有这种保护，则无法激励出更多的创新，竞争也是不可持续的。在对具体行为进行反垄断法分析时，应以这一关系为基本评价标准，究竟是竞争向知识产权让步，还是限制知识产权以维护竞争，取决于个案中何者更有利于创新。〔1〕 因此，1995 年的美国

---

〔1〕 许光耀：《知识产权因素在反垄断法上的特殊性》，载《电子知识产权》2011 年第 3 期。

《知识产权许可反托拉斯指南》在阐述知识产权法与反托拉斯法之间的关系时，指出知识产权法与反托拉斯法为推动技术发展与增进消费者福利的目的而作出共同努力。“专利法与反托拉斯法的目的乍一看是截然不同的。然而，两类法律实际却是互补的，两者都意在鼓励技术革新、产业发展与活跃竞争。”[1]

不过，知识产权法与反垄断法这两个部门法在推动市场竞争的方式上有所不同：知识产权保护通过授予权利人排他性权利激励发明创新，从而推动竞争；而反垄断法则是通过禁止限制竞争行为来推动竞争。从效率的观点来看，知识产权法和反垄断法是互为补充的，两者必须予以平衡。知识产权法通过给予发明创造排他性的专有权来鼓励创新，从而实现动态效率。而反垄断法则着重于通过消除垄断造成的不必要的消费者剩余损失来取得静态的效率。一个过于保护知识产权法而忽视反垄断法的法律制度会危及竞争并且最终阻碍技术创新，同样，忽视知识产权保护而过于强调反垄断也同样会损害创新的积极性。[2]

---

〔1〕 See Atari Games Corp. v. Nintendo of America, Inc., 897F. 2D 1572. 1576 (Fed. Cir. 1990).

〔2〕 这两个部门法都力图在短期的福利损失和长期的福利增加方面进行平衡。一方面，知识产权法通过给予发明创造排他性的专有权来鼓励创新，从而实现动态效率；另一方面，它通过限制知识产权的保护期限提供静态的效率。而反垄断法着重通过消除垄断造成的不必要的消费者剩余（consumer surplus）损失为消费者提供低价格和高质量的产品市场来取得静态的效率，当然，它也追求动态效率和静态效率的平衡，但不如知识产权法那么明显，因为在长期和短期效果上法律并不设定分界点。比如说，在兼并案件中，兼并方需要说服反垄断当局，否则兼并方案可能由于产生反竞争的效果和损害消费者利益而无法得到批准。反垄断当局考虑的是诸如规模经济产生的成本降低以及更好地生产组织或研发融资。美国的反垄断法就兼顾了兼并的短期和长期效益，但长期效益在评估中由于比较难以确定而显得不是那么重要。显然，知识产权法更偏重于动态的效率，而反垄断法则更强调静态的效率。参见江清云、单晓光：《专利许可、专利联盟中的反垄断诉讼及其经济分析——兼从欧美的司法实践谈我国目前的对策》，载《制度经济学研究》2007年第3期。

知识产权法和反垄断法在推动科技创新和促进经济发展上是一致的，但作为私权利的知识产权和为保护社会公共利益而设的反垄断法之间是存在冲突的，知识产权被滥用也会阻碍社会竞争，因此有必要对知识产权的滥用加以控制和约束。知识产权本身作为一种合法的垄断权，是近现代社会为推动科技进步、经济繁荣和社会发展而作出的一项重要的制度设计，它一般是作为反垄断法的适用除外而存在的。由于智力成果或知识产品在科技进步、经济繁荣和社会发展中起着重要的作用，而它的创造需要巨大的智力和物力投入，并伴随着巨大的风险，尤其是现代高技术的开发需要付出更高的代价，如果人们可以任意地、无偿地利用他人的智力创造成果，那么知识创造者的利益就得不到保护，其继续创造的积极性就会受到抑制，最终会阻碍科技的进步、经济的繁荣和社会的发展。知识产权法正是为鼓励知识产品的生产而授予知识产品生产者一定程度的垄断权，以利益驱动机制刺激智力创造活动持续地进行。由于知识产权的基本特点是独占性或垄断性，它在本质上是法律赋予的一种合法垄断；而反垄断法的基本使命就是反对垄断，保护自由公平的竞争，但同时它又有例外，而且，一般说来，知识产权就是这种例外中的一种情况，因此两者之间必然存在着复杂的关系，既具有某些方面的一致性，又可能存在潜在的冲突。[1]

在此，还需要厘清专利与垄断之间的关系。专利是国家通过法定形式赋予发明人的排他性权利。国家授予权利人以专利权主要有两方面目的：一是通过保护权利人的专利，从而鼓励和促进创新；二是期望专利权人会把生产或使用专利产品、专利方法的权利向他

〔1〕 张平、马骁：《技术标准与知识产权战略的结合（下）》，载《电子知识产权》2003年第2期。

人授予许可。当然，依法获得专利的所有人通常没有义务将其专利许可他人使用。但专利许可中专利权人时常会基于专利权的排他性而设置或实施限制竞争的条款或行为，此时专利并不能使此类行为必然得到反垄断法豁免。专利垄断或者由可执行的专利所产生的“垄断”，与反垄断法所规制的作为“非垄断行为”构成要件的“垄断”不同。专利法之所以赋予专利权人排他性权利，其目的在于保障权利人收回创新投资、获取额外利益，以激励权利人进行创新，防止其他竞争者非法利用创新成果，促进权利人对成果进行商业化推广和公开。[1]

二、国际反垄断法规制立法例

反垄断法对知识产权滥用进行规制的基本前提和特点在于维护有效竞争，即反垄断法通过维护有效竞争来使得社会个体行使知识产权的行为不致破坏了社会整体利益——实质公正和社会整体效率。加强对知识产权滥用的反垄断控制是许多国家和地区反垄断法律制度中的一个重要问题，许多国家和地区已有相应的法律制度对这种滥用行为予以制裁。例如，一些国家或地区不仅适用其反垄断法中的有关规范对知识产权滥用行为进行规制，而且还在具体的行政执法和司法实践中形成了一些操作性较强的专门性规范，如1995年美国司法部和联邦贸易委员会联合发布的《知识产权许可反托拉斯指南》，1996年欧共体委员会《技术转让规章》（EC No. 240/96），1999年日本公正交易委员会重新颁布的《专利和技术秘密许可协议中的反垄断法指导方针》，以及2001年我国台湾地区“行政

〔1〕 金善明：《结合知识产权战略 完善专利许可中的垄断规制》，载《中国社会科学报》，2011年7月12日第11版。

院公平交易委员会”的“审理技术授权协议案件处理原则”等。同时，TRIPs 协议第 40 条第 2 款也规定，各成员可以在与该协议的其他规定相一致的前提下，根据该成员的有关法律和规章，采取适当的措施制止或者控制那些可能构成对知识产权的滥用、在市场上对竞争产生不利影响的订立许可合同的做法或者条件，如独占性回授条件、禁止对知识产权有效性提出质疑的条件、强迫一揽子许可。这为目前国际上规制在知识产权领域的垄断行为提供了最重要的法律依据。从 TRIPs 协议第二部分第八节的标题以及第 40 条的内容来看，协议所涉及的仅仅是对竞争产生限制作用的行为，这就明确了其较窄的适用范围，将它更直接地与反垄断法联系起来。至于具体的规制方式，则由各成员自己决定。[1]

（一）美国

如前文所作历史考察，美国专利政策的演变与反垄断紧密相连，通常被认为是美国之外的竞争政策。专利的经济影响力在 19 世纪末 20 世纪初放任政策时期达到顶峰。19 世纪末至 20 世纪 30 年代期间，专利权的行使很少受到反托拉斯执法机构的调查。在 20 世纪之前，专利与反托拉斯之间的相互影响并没有引起法院的足够注意，法院一般不把与专利有关的行为纳入反托拉斯调查的范围。20 世纪 40 年代到 80 年代，被称为反垄断阶段。1969 年，美国司法部反垄断局提出了对许可证协议中 9 种限制竞争条款一揽子适用本身违法的原则。1977 年，“九不原则”（the “Nine No-Nos”）纳入美国司法部《国际经营反托拉斯执法指南》（*US Department of Justice*，1977），成为正式审查标准。1977 年指南列出了九项自身违法的做法，美国司法部依据这些原则对许多涉及知识产权的限制竞争

---

〔1〕 王先林：《知识产权滥用及其法律规制》，载《法学》2004 年第 3 期。

行为提出了指控。1988年，美国司法部放弃了“九不原则”，提出合理原则。该九项禁止的行为被重新解释为或者是无害的或者是支持竞争的。1995年4月，美国司法部和FTC联合颁布了《知识产权许可反托拉斯指南》，取代了《国际经营反托拉斯执法指南》中“知识产权许可协定”专节。2011年，美国通过新的专利法案。

总体上，旨在反对非法垄断、保护自由公平竞争的反垄断法在美国通常被称为反托拉斯法，具体包括1890年的《谢尔曼法》（*Sherman Antitrust Act*）、1914年的《克莱顿法》（Clayton Act）、《联邦贸易委员会法》（*Federal Trade Commission Act*）和1936年的《罗宾逊—帕特曼法》（*Robinson Patman Act*）等。此外，作为判例法国家，法院的有关判例也是美国反托拉斯法的重要组成部分。经过多年的立法和判例的发展，美国反托拉斯法的核心内容主要包括以下三项：禁止反竞争的合同、协议、决议或者协同行为（联合或者共谋）；禁止以不正当方式获得或者维持独占（垄断）地位，或者滥用独占（垄断）地位；禁止反竞争的企业合并以及对企业合并申报的控制。[1] 美国在技术标准化中专利许可的反垄断立法现状主要表现为以下方面：[2]

1.《谢尔曼法》《克莱顿法》和《联邦贸易委员会法》

《谢尔曼法》和《克莱顿法》构成了美国反垄断法的主题。《谢尔曼法》本身没有提交知识产权问题，但是由于知识产权滥用行为，特别是技术标准中的知识产权滥用行为常常出现其所规定的

---

〔1〕王先林著：《知识产权与反垄断法——知识产权滥用的反垄断问题研究》，法律出版社2001年版，第106页。

〔2〕详见张平主编：《冲突与共赢：技术标准中的私权保护——信息产业技术标准的知识产权政策分析》，北京大学出版社2011年版，第175—178页。另见张冬：《解析美国滥用专利权认定的发展原则》，载《知识产权》2008年第4期。

行为特征，所以该法在相关判例中经常被引用。

19 世纪 80 年代初，美国历史上开始了第一次企业兼并高潮，过度的经济力量集中使市场普遍失去活力，导致了 1890 年《谢尔曼法》的颁布。该法第 1 条规定：“任何旨在在若干州内限制贸易或者其他类似形式的契约、共谋都是非法。”第 2 条规定：“对贸易或商业的任何部分进行垄断、企图垄断或共谋为非法。”

《克莱顿法》于 1914 年 5 月 6 日生效，它正是对《谢尔曼法》的补充。该法的 4 个条文规定了可能构成违法的行为：价格歧视、捆绑销售和独占交易、合并收购以及连锁董事会。其中与知识产权滥用特别是技术标准中知识产权滥用相关的主要是第 2、3 条规定的价格歧视、捆绑销售和独占交易。该法第 7 条还对控制企业并购作了详细的规定，其第 1 款规定：“从事商业之公司不得以直接或间接方式，取得另一从事商业公司之股票或其他股份资金的全部或一部分，致使取得之结果可能实质地减少取得公司与被取得公司之竞争，或在任何区域或社区内限制商业，或形成独占之倾向。”与《谢尔曼法》相比，《克莱顿法》主要起到一种预防垄断的作用，即凡是那些可以合理地预见可能会对竞争产生损害的行为，虽然其实际未产生损害，但都是违法的。《克莱顿法》所确定的“早期原则”显然比《谢尔曼法》更有利于打击垄断行为。但是由于《克莱顿法》第 7 条只涉及获得竞争对手股票的并购，对资产并购未作任何规定，使得资产收购处于反托拉斯法的管制之外。为了弥补不足，美国国会又相继通过了若干修正案。

美国国会于 1950 年通过了《塞勒—凯弗维尔反兼并法》(*Celler-Kefauver Antimerger Act*)，对《克莱顿法》的第 7 条进行了修正，增加了关于取得财产的规定。该规定禁止任何公司购买其他公司的股票或资产，如果这种购买有可能导致竞争的大幅度削弱或产生垄断。1976年，美国国会又通过了《哈特—斯科特—罗迪诺反托拉斯改进法》（*Hart-Scott-Rodino Antitrust Improvement Act*），该法规定：大型企业在合并之前必须向联邦委员会或司法部反垄断局申报批准。1980年《反托拉斯程序修订法》（*Antitrust Procedural Improvements Act of* 1980）把反垄断的对象从公司的并购行为扩展到一些未经注册的社团，如总销售额超过5亿美元的合伙或一些出于企业责任方面的考虑没有进行注册登记的"合营企业"。

1914年的《联邦贸易委员会法》是国会为了确保其竞争政策能准确实现的产物。其授权建立联邦贸易委员会，作为负责执行各项反托拉斯法律的行政机构。其职责范围包括：搜集和编纂情报资料、对商业组织和商业活动进行调查、针对不正当的商业活动发布命令以阻止不公平竞争。

《联邦贸易委员会法》核心条款为第5条，即商业中或影响商业的不公平的竞争方法是非法的；商业中或影响商业的不公平或欺骗性行为及惯例，是非法的。美国法院已普遍认同，第5条不仅包括违反《谢尔曼法》和《克莱顿法》的经营行为，还包括违反这些法律禁止性规定的精神行为。

2.《知识产权许可反托拉斯指南》

在20世纪70年代初期，美国联邦司法部对于知识产权授权行为的审查是以著名的"九不原则"为基础的。这种原则在其后被正式纳入行政规则（1977年的《国际经营活动中的反托拉斯实施指南》）之中，成为正式的审查标准。但到了20世纪80年代，受芝加哥学派的影响，司法部便逐步放弃了"九不原则"。在司法部1988年的《国际经营活动中的反托拉斯实施指南》中就专门有

“知识产权许可协议”的内容，其中便已放弃了“九不原则”。

集中反映美国反托拉斯法在这一领域的丰富经验的是美国司法部和联邦贸易委员会于 1995 年 4 月 6 日联合发布的《知识产权许可反托拉斯指南》（*Antitrust Guidelines for the Licensing of Intellectual Property*）（以下简称《指南》）。结合新经济条件的特点，该《指南》就知识产权许可行为可能引起的反托拉斯法问题，系统地说明了其在执法中将采取的一般态度、分析方法和法律适用原则。虽然该《指南》只是执法部门的咨询性政策说明文件，既不能约束当事人提起自诉，也不能约束法官审判，但它较好地总结了执法部门和判例中在这一领域积累的丰富经验，简明地阐释了两机关对知识产权许可合同方面的反托拉斯法违法行为的追究原则，使以往有关认识上的分歧和实践中的不同做法渐趋统一，也为公众判断其许可合同行为是否会触犯反托拉斯法提供了指导。

《指南》从强调功能互补性的角度出发，首先分析了知识产权法和反托拉斯法的关系，指出它们有共同的目的，即促进创新、增进消费者福利。《指南》包含三个一般原则：第一，在确认是否触犯反托拉斯法时，反托拉斯部门将知识产权与其他财产同样对待；第二，反托拉斯部门并不假定知识产权产生反托拉斯意义上的市场支配力，即知识产权作为垄断权本身并不能导致其权利所有人具有市场支配力；第三，反托拉斯部门承认知识产权许可行为让企业将各种生产要素结合起来，因而一般是有利于竞争的。[1] 针对第一个原则，《指南》提出“主管机构将其用于涉及任何其他形式的有形与无形资产的行为的原则都适用于知识产权的相关行为。这并非

---

〔1〕 See Antitrust Guidelines for the Licensing of Intellectual Property § 2. 0 , Issued by the U. S. DOJ and the FTC in April 1995.

说知识产权在所有的方面都与其他的财产一样。知识产权有一个非常重要的特征，诸如易于滥用等。这使得其与许多其他形式的财产能够区别开来。标准的反托拉斯分析方法应当考虑这些特征，但是，这并不意味着要求运用完全不同的原则”〔1〕。第二个原则解除了专利与反托拉斯的“固有矛盾”，因为法院曾经将拥有专利视为具有垄断力。在第三个原则中，《指南》确认了公司通过知识产权授权协议来提高经济效率，“知识产权许可使用领域、地域性以及其他限制可以使得许可以尽可能高的效率有效利用其财产，从而促进竞争的发展”。“各种形式排他性的发展可以用来刺激被许可人对包含有被许可知识产权的产品的商业推广进行投资，并推动对被许可的知识产权在其他领域的应用。”〔2〕

《指南》指出，如果一项许可合同有可能对现有的或者潜在的商品或者服务的价格、质量、数量、多样性产生不利影响，就存在是否触犯反托拉斯法的问题，会受到美国反托拉斯部门的关注。在判断知识产权许可合同是否违反反托拉斯法的规定时，美国反托拉斯部门一般要进行如下的分析、评估：第一，分析、评估许可合同可能影响的市场领域；第二，分析、评估许可合同当事人之间关系的性质；第三，分析、评估许可合同限制条款的原则架构。

《指南》还指明了反托拉斯部门在运用合理性原则对知识产权许可合同进行分析、评估时的一般原则，〔3〕包括市场的结构状况、

〔1〕 See Antitrust Guidelines for the Licensing of Intellectual Property §2. 1, Issued by the U. S. DOJ and the FTC in April 1995.

〔2〕 See Antitrust Guidelines for the Licensing of Intellectual Property §2. 3, Issued by the U. S. DOJ and the FTC in April 1995.

〔3〕 20世纪80年代以来，受新技术革命和产业革命的影响，美国司法界在平衡竞争法和专利法的冲突方面更倾向于对专利权人的保护，根据“合理性原则”对专利许可合同进行判断的基本思想得到进一步强调。

协调和排斥，涉及排他性的许可合同，效率与正当理由，反托拉斯的“安全区”。同时，《指南》对许可合同中常会遇到的一些限制性条款进行了具体分析与说明，主要涉及横向限制、维持转售价格、搭售协议、排他性交易、交叉许可与联营协议、回授以及知识产权的取得等。

总之，与1988年的执行指南一样，1995年《指南》发出了这样的信号：反托拉斯政策对专利的态度比以前更积极、更宽容。基于同样的理念，美国司法部从1997年开始陆续在1997年、1998年、1999年、2002年发布了四份商业评论函（four Business Review Letters）。[1] 这些函分析了由专利联合授权（patent pools）所带来的反托拉斯问题，讨论了这些联合授权可能减少竞争的特性。每一份函都清晰地显示出这样的观点，即联合授权能通过促进技术的传播给竞争带来益处。[2]

3.《反托拉斯执法与知识产权：促进创新和竞争》报告

2007年4月17日，美国司法部与联邦贸易委员会又联合发布了《反托拉斯执法与知识产权：促进创新和竞争》报告（以下简称《报告》），《报告》是继1995年《指南》公布12年后由相同执法机构公布的，其目的是更好地解决在知识经济时代如何在知识产权保护和反托拉斯执法之间求得平衡的问题，以保证知识产权制度和反托拉斯能达到“鼓励创新、勤勉和竞争”的共同目标。但从二者的关系来说，《报告》不是完全取代1995年《指南》，而是在

〔1〕 http：//www. usdoj. gov/atr/public/busreview/1170. htm，http：///www. us2doj. gov/atr/public/busreview/2121. htm，http：//www. usdoj. gov/atr/public/busreview/2485. htm，http：//www. usdoj. gov/atr/public/busreview/200455. htm，2012年6月30日访问。

〔2〕 宁立志、胡贞珍：《美国反托拉斯法中的专利权行使》，载《法学评论》2005年第5期。

体现其指导思想和主要内容的基础上进一步发展和完善。

《报告》重申了指南的基本立场，即知识产权法和反托拉斯法的共同目标是促进创新和改善消费者福利。同时，《报告》进一步阐释，知识产权保护和反托拉斯法对于创新和竞争的保护具有互补性，二者协同作用，以更低的价格给消费者带来新的和更好的技术、产品和服务。在对知识产权权利人的排除限制行为进行反托拉斯分析时，需要针对知识产权自身的特点以及其对创新的影响进行合理分析。

4.《FRAND 原则的标准必要专利救济方式的政策声明》

2013 年 1 月 8 日，美国司法部（DOJ）与专利商标局（USPTO）联合发布《关于 FRAND 原则的标准必要专利救济方式的政策声明》（*Policy Statement on Remedies for Standards - Essential Patents Subject to Voluntary FRAND Commitments*）[1]。该声明分析了标准必要专利权人的专利挟持行为对竞争可能造成的影响，以及权利人能否通过申请禁令的方式来获取救济，从中可看出美国反垄断法执行机构对标准必要专利禁令发放的谨慎审查原则。[2]

该声明指出，在 SEPs 权利人基于 FRAND 原则许可、申请禁令的案件中，应当考虑美国的公共利益，此种情形下的禁令救济可能会损害市场竞争和消费者利益，纵容 SEPs 权利人基于 FRAND 的专利挟持行为。声明还明确了 FRAND 原则项下基于 SEPs 授予禁令救济的条件：（1）潜在的被许可人没有能力或者拒绝接受 FARND 条款，或在 FRAND 原则外坚持某些条款，逃避对 SEPs 权利人的合理

〔1〕 http://www.uspto.gov/about/offices/ogc/Final_DOJ-PTO_Policy_Statement_on_FRAND_SEPs_1-8-13.pdf，2012 年 7 月 5 日访问。

〔2〕 仲春：《标准必要专利禁令滥用的规制：安全港原则及其他》，载《电子知识产权》2014 年第 9 期。

补偿义务；（2）如果潜在的被许可人不遵守法院的损害赔偿判决，那么申请禁令也是适当的。申请禁令的情况远不止这些，当公共利益成为阻碍禁令救济的原因时，还可能需要考虑其他更多的因素，如禁令对公共健康和福利、经济竞争环境、直接竞争的产品和美国消费者的影响等。[1]

2013年6月4日，美国国际贸易委员会（ITC）曾向苹果公司发布禁令，禁止其向美国进口某些产品，理由是侵犯了三星公司的标准必要专利。但在2013年8月3日，代表奥巴马政府的美国贸易代表否决了该禁令。否决书指出，“美国国际贸易委员会（ITC）凡在今后处理涉及标准必要专利的案件时应当认真考虑社会公共利益，发布禁令不得扭曲竞争，不得损害消费者的利益”[2]。

（二）欧盟

欧共体没有统一的知识产权法，以往欧共体委员会认为知识产权是各国自己的制度，但随着知识产权限制竞争的问题越来越多，委员会逐步改变了以往的宽容态度，重点关注对知识产权的“存在”和“使用”的区分，发展确立了权利存在和权利使用原则、权利耗尽原则、同源原则。[3] 在1995年的迈吉尔（Magill）

---

〔1〕 US Issues Statement On Injunctions In Cases Of Standards Essential Patent. http://www.ip-watch.org/2013/01/09/us-issues-statement-on-injunctions-in-cases-of-standards-essential-patents. 转引自王丽慧：《公私权博弈还是融合：标准必要专利与反垄断法的互动》，载《电子知识产权》2014年第9期。

〔2〕 T. Vann Pearce, Jr., et al, White House Reins in ITC on Standard-Essential Patents, http://www.jdsupra.com/legalnews/white-house-reins-in-itc-on-standard-ess-06171, 2012年7月6日访问。

〔3〕 Ilkka Rahnasto, *Theory based on the scope of exclusive rights. Intellectual Rights, External Effect, and Anti-trust Laws*, Oxford University Press, first published 2003. 转引自郑友德、胡章怡：《欧盟知识产权滥用的反垄断问题研究——以欧盟新修订的〈技术许可协议集体豁免条例〉为中心》，载《法学评论》2006年第6期。

案中，欧洲法院确认欧盟委员会有权通过实施强制性许可来处理滥用拒绝许可的行为。[1]

欧洲各国通常将反对垄断、维护自由公平竞争的反垄断法称为竞争法。欧共体对限制竞争的的规定，主要是体现在《罗马条约》第 81 条以及一系列的成批豁免条例和适用指南上。

1.《建立欧洲共同体条约》（即《罗马条约》）[2]

欧盟竞争法的实体规范最集中的体现是在其《欧盟条约》（即 1992 年通过的《马斯特里赫特条约》）基础上修改的《建立欧洲共同体条约》的第 3 条、第 81 条和第 82 条。[3] 其中，第 3 条是关于建立竞争保护机制的原则规定；第 81 条是关于禁止和在一定条件下豁免反竞争协议的规定；第 82 条是关于禁止滥用市场支配地位的具体规定。同时，欧盟委员会也制定了一系列规则、指令和决定与一般原则相配套。

《罗马条约》第 81 条第（1）项规定，所有可能影响成员国间的贸易，并以阻碍、限制或扭曲共同市场内的竞争为目的或有此效果的企业间协议、企业协会的决议和一致行动，均被视为与共同市场不相容而被禁止，尤其是下列行为：（1）直接或间接地固定购买、销售价格，或其他交易条件；（2）对生产、销售（markets）、技术开发和投资进行限制或控制；（3）划分市场或供应来源；（4）对同等交易的其他贸易伙伴适用不同的条件，从而使其处于不利的竞争地位；（5）使合同的缔结取决于贸易伙伴对额外义务的接受，而无论

〔1〕 王先林：《若干国家和地区对知识产权滥用的反垄断控制》，载《武汉大学学报（社会科学版）》2003 年第 2 期。

〔2〕《建立欧洲共同体条约》原为《建立欧洲经济共同体条约》，1957 年 3 月 25 日，《欧洲经济共同体条约》与《欧洲原子能共同体条约》统称为《罗马条约》。

〔3〕 原《罗马条约》规定在第 85、86 条，但在 1999 年《阿姆斯特丹条约》生效后，该两条被修改为第 81、82 条。

是依其性质或依照商业惯例，该项额外义务均与合同的标的无关。

《罗马条约》第81条第（2）项规定，第81条第（1）项所禁止的协议和决定是无效的。但第81条第（3）项又规定，符合以下四个条件的行为，经过欧洲委员会的公告可以获得豁免：（1）有利于改善商品的生产或者销售，或者有利于促进技术或经济的发展；（2）使消费者能够从由此获得的利益中分享公平的份额；（3）不对有关企业施加并非为达到上述目的所必不可少的限制；（4）不向有关企业提供在所涉及的产品的相当范围领域内消除竞争的机会。《罗马条约》关于行政性豁免的规定是欧盟法与美国反托拉斯法最大的区别，也成为欧盟竞争法的特色之一。

《罗马条约》第82条规定，禁止任何一个或多个企业在共同体市场内或其他重要组成部分中对其支配地位进行与共同体市场不相容的或可能影响成员国之间贸易的滥用。第82条进一步列举了处于支配地位的公司的数种不正当行为，包括限制“不公平”的价格或者条件；侵害消费者利益的限制生产、市场、技术开发；歧视；搭售或夸大解释。认定这些行为需要具备三个构成要件，即有支配地位、有滥用支配地位的行为以及对成员国之间贸易有影响。[1]

2.《技术转让协议集体豁免条例》

专利权人及专利使用人为了更好地实施专利，往往会签订一些具有限制竞争条款的协议。欧共体委员会为了解决这个问题，除了在《欧盟条约》第81条第（1）项确立一般性禁止规则外，还根据《欧盟条约》第81条第（3）项的规定，于1996年1月31日颁布了关于对若干类型的技术转让协议适用的《罗马条约》第81条

---

〔1〕 张平主编：《冲突与共赢：技术标准中的私权保护——信息产业技术标准的知识产权政策分析》，北京大学出版社2011年版，第179—180页。

第（3）项的第240号条例（EC No. 240/96，一般称为《技术转让协议集体豁免条例》，*The Technology Transfer Regulation*，下文简称欧共体《240/96号条例》），自1996年4月1日起施行，至2006年3月31日止。

欧共体《240/96号条例》采取一般禁止与豁免程序相结合、单独豁免和集体豁免相结合的体制，控制专利、商业秘密和其他知识产权许可协议中的反竞争行为。该条例正文共13条，将技术许可合同中的有关限制性条款分为几种清单，即“集体豁免”条款、“白色清单”条款、“黑色清单”条款及“灰色清单”条款。第1条为基本豁免条款，规定集体豁免适用的条件和基本范围，“集体豁免”条款是指技术许可合同中不受《欧盟条约》[1]第81条第（1）项禁止的限制性条款，这类条款可受一定期限的豁免；第2条列举了18种“白色清单”条款，即一般不影响竞争、不妨碍获得豁免的许可合同条款，符合这些条款的协议可以毫无争议地享受豁免待遇；第3条规定了7种“黑色清单”条款，即不可豁免而且不适用合同无效的可分性规则的条款；第4条为“灰色清单”及其通知异议程序，即对于既不在基本豁免和白色清单之内，又不在黑色清单之内的限制性许可合同条款，当事人可将许可合同事项通知欧共体委员会，如后者在四个月以内未提出异议的，即视为已获豁免。

欧共体《240/96号条例》是欧盟委员会和欧盟法院在司法实践中就技术转让协议确立的具体适用规范。其最大特征是采用了穷尽列举式方法，列举协议条款的三种不同类型[2]，便于专利许可协

---

〔1〕《欧盟条约》是对《罗马条约》的修订。

〔2〕“黑色条款”列举了违反第81条第（1）项的禁止性规定、不能得到集体豁免的限制竞争行为；“白色条款”列举了未违反第81条第（1）项禁止性规定的不视为限制竞争的行为；“灰色条款”针对既没有豁免，也没有明确排除豁免而需个案评估的行为。

议当事人操作。该条例在实施后的近10年内发挥了重要作用，为专利权行使提供了稳定的法律保障，有效地平衡和协调了专利法与竞争法的冲突。但是随着欧盟成员国数量的增多、欧盟竞争法的不断更新，该条例已经不能满足市场的现状和专利权转让的新形式。

3.《技术转让协议集体豁免的772/2004号条例》以及配套指南

21世纪初，欧共体通过了《1/2003号条例》，对竞争法执行机制进行了重大的修改。2001年年底，欧盟委员会发布了一个关于《240/96号条例》实施情况的调查报告。报告认为欧共体《240/96号条例》应在未到期前就被废除，因为它过于复杂和拘于形式，没有更好地考虑到市场的实际。于是欧盟在竞争法的现代化进程中，对技术转让集体豁免条例进行了重新修订和创新，并于2004年4月27日通过了《技术转让协议集体适用欧共体条约第81条第（3）项的772/2004号条例》（*EC Technology Transfer Block Exemption Regulation*，以下简称欧共体《772/2004号条例》）以及配套指南。该条例于2004年5月1日正式开始实施，有效期为10年。欧共体《240/96号条例》随之被废除。欧共体《772/2004号条例》的突出特点是，与美国在知识产权领域的反托拉斯法执法指南进一步融合，同时采用了“安全港原则”。其不仅能进一步促进技术的研发和传播，达到竞争与技术创新的平衡，而且也使美国和欧盟在技术创新政策和竞争政策上力求统一，此举有利于技术在国际范围内的传播。[1]

在该条例之后，欧盟委员会又相继制定了纵向协议条例、专业

---

〔1〕 张平主编：《冲突与共赢：技术标准中的私权保护——信息产业技术标准的知识产权政策分析》，北京大学出版社2011年版，第180页。

化协议条例和研发协议条例，以及纵向协议准则和横向合作协议准则。这些条例或准则都或多或少地涉及知识产权问题，同时在一定程度上修正了欧盟委员会对待知识产权问题的方法。[1] 2004 年欧盟委员会发布了《关于对技术转让协议适用欧共体条约第 81 条的指南（2004/C101/02）》（*Guidelines on the Application of Article* 81 *of the EC Treaty to Technology Transfer Agreemen*，以下简称欧共体《指南》），主要采纳了经济分析的方法，其详尽程度超过美国，可操作性非常强。欧共体《指南》不但详细讨论了《772/2004 号条例》的适用领域内的问题，而且还分析了如何将《772/ 2004 号条例》在其适用领域外类比适用的问题。

欧共体《772/2004 号条例》采取的是一般禁止与豁免程序相结合、集体豁免与个别豁免相结合的机制。而在具体指导法律实施方面，该条例对豁免与否的情况进行了清单性列举。例如，第 2 条列举了不被视为限制竞争即未违背《欧共体条约》第 81 条第（1）项之禁止规定的条款，称为白色条款；第 3 条列举了不能得到集体豁免的限制竞争条款即违背了第 81 条第（1）项之禁止规定的条款，称为黑色条款；第 4 条是介于两者之间的灰色条款，针对的是既没被豁免也没有明确排除豁免，需要个案评估后决定的条款。条例非常清晰地列举了协议中可能出现的各种限制性做法，为当事人和执法者提供了较明确的豁免依据。但同时这种做法也遭到了很多非难，被认为过于形式化。欧共体《772/2004 号条例》只强调协议中不应包含的限制性条款，而不就豁免列举，即不再包含白色条款，取而代之以制定豁免与否的两大评估标准——协议方的竞争关系和市场份额。此外，欧共体《772/2004 号条例》的修订主要包

---

〔1〕 韩立余：《欧盟反托拉斯法的现代化》，载《法学家》2004 年第 5 期。

括如下变化：（1）拓宽了适用类型，在第1条中明确规定包含软件版权许可以及软件版权与专利、技术秘密的混合许可。另外还包括一些附属许可，比如商标权、数据库特别权利的许可等。（2）适用范围拓宽，主体增多，即适用于除专利联营外的多方协议，并开始对非竞争者间的协议即纵向限制协议进行豁免。（3）适用期更长，原来对技术秘密限制的豁免期限最长10年，新TTBER规定只要被许可技术所包含的知识产权未过期、丧失或被宣告无效，以及处于保密状态，便可持续享受豁免。（4）允许设立竞业禁止条款，在竞争者许可协议中和达到一定市场份额的非竞争者许可协议中，可要求被许可人履行不得利用第三方技术的义务。（5）允许对超出知识产权权利要求或过期的知识产权许可要求交纳使用费，该使用费是以被许可技术的最终产品价格为基础计算的。（6）回授许可更加宽松。（7）对竞争企业之间的互惠交叉许可协议没有规定往常要求登记的类似限制。〔1〕

欧共体《772/2004号条例》区分竞争者（competitors）之间的协议和非竞争者（non-competitors）之间的协议，引入竞争者与非竞争者的概念，给予区别对待。与竞争者之间的许可协议相比，非竞争者之间的协议将获得更多的豁免。该条例对协议的种类也作了区分，分为互惠协议（reciprocal agreements）和非互惠协议（non-reciprocal agreements）。非互惠协议可以获得更多豁免。这种区分体现了更大的灵活性，使欧盟委员会能够根据协议实质判断协议条款是否分割市场，而不必局限于条款的形式。欧共体《772/2004号条例》还列举了严重性限制条款（hard core restrictions）。总之，该

〔1〕 郑友德、胡章怡：《欧盟知识产权滥用的反垄断问题研究——以欧盟新修订的〈技术许可协议集体豁免条例〉为中心》，载《法学评论》2006年第6期。

条例不再将豁免限于指明的某些具体协议和条款，而是首先对竞争者之间的协议和非竞争者之间的协议区别对待、分别列举，对两类协议的条款作一般性豁免。其次再针对严重限制条款作绝对禁止。这一豁免安排，为更广范围的技术许可协议提供了更大的法律确定性，给予知识产权人更大的缔约自由，使审查机关更简捷地适用。

欧共体《772/2004 号条例》主要对下列严重性限制条款规定了不能豁免的情况：(1) 价格限制。对竞争者的协议来说，任何价格的限制都不能得到豁免。而在非竞争者的协议中，固定价格和固定最低销售价格不能被豁免，固定最高销售价格和价格推荐则属于可以豁免的情形。(2) 产量限制。在竞争者之间的协议中，限制产量被严格禁止，不能豁免。但如果在一份非互惠协议中，许可人许可被许可人使用非竞争性技术，并对被许可人规定产量限制，是可以豁免的。即使这份协议包含竞争性技术，只要许可人只对多个被许可人中的一个规定产量限制，也是可以得到豁免的。而对非竞争者之间的协议，产量限制不在规制范围内。在满足条例规定的市场份额的条件下，由《欧盟条约》第 81 条第 (3) 项进行规范。(3) 发展创新条款限制。在竞争者之间的协议中，限制被许可人对技术进行改善或发展是被禁止的，除非是因保证专有技术的秘密性而必需。而在非竞争者之间的协议中，这种限制条款可以豁免，前提是必须满足《欧盟条约》第 81 条第 (3) 项的规定。(4) 独家许可 (sole license) 与独占许可 (exclusive license)。该条例规定，独占许可中，当协议双方是竞争者且达成一个交互授权或互惠协议时，这个协议是一种划分市场的协议，它将被《欧盟条约》第 81 条第 (1) 项完全禁止。但当竞争者之间的协议是非互惠的独占许可时，可以被豁免。如果独占协议是在非竞争者之间达成的，则可能会因为满足《欧盟条约》第81条第（3）项的规定得到豁免。独家许可则更复杂。当协议双方是竞争者时，企业之间必须要满足市场份额的限制且许可人不得限制被许可人参与平行竞争，才能得到豁免。因此，根据欧盟委员会为新条例颁布的配套实施指南，委员会仅仅反对两种许可——一个占显著市场地位的企业得到一个或多个竞争性技术的独占许可，以及独占许可包括一个交互授权许可，该交互许可可以导致控制性的工业标准。(5) 销售限制。在一份技术许可协议中，销售限制是为了更好地保护被许可人开发利用专利技术，避免"搭便车"（free-riding）情况的出现。但这种限制又是一种划分市场的协议，如果不谨慎审查，将会背离欧盟竞争法统一市场的目标。该条例区分竞争者与非竞争者两类，对销售限制作了明确规定——竞争者之间，在一份互惠协议中，禁止限制被许可人从事主动销售和被动销售；在非互惠协议中，这种限制可以得到豁免；非竞争者之间，当企业满足市场份额条件时，限制主动销售可以被豁免；禁止限制被动销售，但限制销往许可人保留的独占地域或独占消费者群体的行为可以得到豁免，豁免期限为2年。[1]

4.《欧盟企业间横向合作协议的反垄断评估指南》(2010)

2010年12月14日，欧盟委员会公布了最新的企业间横向合作协议的反垄断评估指南，从而替代了此前的2001年版本指南。在这版新指南中，最为引人注目的就是增加了关于技术标准制定领域的竞争法适用规则，包括专利池相关规定；此外对于信息交换问题也进行了专门的规定。

该指南是欧洲委员会对Rambus、高通和微软等多家技术公司标

---

〔1〕 刘庆：《欧盟专利转让协议条例的新发展》，载《河南公安高等专科学校学报》2006年第1期。

准制定行为进行公开调查后分析总结而成，将为企业提供更多参与标准制定的指导性意见，从而确保制定程序在合理竞争的环境下进行，且标准中所涉及的知识产权许可遵循公正、合理和无歧视原则。欧盟委员会期望指南的出台能够解决标准制定中引起各方分歧的一个主要根源，即企业对纳入标准的知识产权征收的许可费数额不稳定。

新版指南第7部分以“标准化协议”（Standardisation Agreement）为小标题，十分详尽地规定了对于技术标准制定行为的反垄断法规则。这一部分明确了“标准化协议”的定义，指明了“兼容性”作为核心要素。与前一版指南的框架类似，新版指南将标准化协议的情形分为三类：通常会限制竞争的情形、通常不会限制竞争的情形、需要进行效果分析的情形。第一种的典型情形包括，标准化协议是一个本身违法的大协议的组成部分，或者被用来作为联合固定价格的伪装等。第二种情形实际上相当于安全港，在标准制定组织遵循了开放、透明、自愿的程序原则的情况下适用。新版指南还详尽规定了标准化过程中的相关市场概念，以及标准化协议对于竞争有利和不利的各种分析因素。而针对必要专利的披露和许可这两项核心命题，新版指南同样规定了细致而不乏新意的规则。比如，对于公平合理无歧视原则（FRAND），新版指南一方面肯定了其重要地位，另一方面给出了判断何为“合理”许可费用的具体方法，包括比照标准制定前后的许可费率、指定独立评估专家、比照其他标准中的类似知识产权许可费率等。[1]

5. 欧盟委员会《SEPs 涉及垄断问题的竞争政策简报》

鉴于欧盟有关滥用标准中知识产权进行市场垄断案件的快速增

---

〔1〕 刘晓春：《欧洲委员会：新指南规定技术标准反垄断审查规则》，载《电子知识产权》2011年第1—2期。

多，2014 年 6 月，欧盟委员会发布了《SEPs 涉及垄断问题的竞争政策简报》（*Competition Policy Brief*）[1]。在该报告中，欧盟委员会借助对几个滥用 SEPs 进行市场垄断案件的裁决，明确阐述了欧盟针对此问题的立场和观点：严格限制 SEPs 权利人利用禁令救济限制和排除竞争，实施市场垄断，最终损害消费者权益的行为。

报告还重点对 SEPs 涉及的垄断和限制竞争问题进行了详细阐述。报告介绍了欧盟委员会对 Rambus、摩托罗拉和三星利用 SEPs 实施垄断行为的处理决定，分析了摩托罗拉和三星案件对欧盟造成的反竞争影响，同时指出此类决定可以为日后欧盟成员国法院处理类似案件提供指引性指导。[2]

（三）日本

1. 反垄断法

日本反垄断法主要包括 1934 年《防止不正当竞争法》、1962 年《不当赠品及不当表示防止法》及 1947 年《禁止私人垄断及确保公正交易法》（2002 年修订）。《禁止私人垄断及确保公正交易法》的制定受到美国占领军推行的经济民主化政策的很大影响，因此最初从规制对象到执行机构的设置几乎都仿效了美国的做法。在对何谓“垄断”的规定中，日本采取了不同于欧盟列举法的一般性规定。日本《禁止垄断法》第 2 条第 7 款规定，垄断状态必须具备以下三个条件：第一，企业市场占有量过大，即企业在全国市场的年产品销售量超过规定的比例；第二，给其他企业进入该市场带来明显的困难；第三，给市场造成其他不利。

---

〔1〕 Competition Policy Brief，European Commission，June 2014，http://ec.europa.eu/competition/publications/cpb/2014/008_en.pdf，2014 年 9 月 20 日访问。

〔2〕 王丽慧：《公私权博弈还是融合：标准必要专利与反垄断法的互动》，载《电子知识产权》2014 年第 9 期。

日本《禁止垄断法》自颁布以来，为适应日本经济的发展变化，一直在不断地修改。发展到今天，日本《禁止垄断法》已经呈现出自己鲜明的特点，概括起来讲，其内容可以分为竞争限制规制法、结构规制法和妨害公正竞争的规制三个部分。

竞争限制规制法的对象是私人垄断和不正当交易。结构规制法大致上可以分为三类，即禁止控股公司、大企业的股份所有的总量规制，金融公司的股份保有规制，合并、营业转让、股份所有、干部兼任的规制、垄断状态的规制。妨害公正竞争的规制则主要通过禁止不公正的交易方法，从而促进“公正而自由的竞争”。其中，日本关于垄断状态的规制在各国反垄断法中是独树一帜的。《禁止私人垄断及确保公正交易法》在协调与知识产权法的关系方面，一开始就设有专门的条款，该法第23条规定：“本法规定，不适用于被认为是行使著作权法、专利法、实用新型法、外观设计法或商标法规定的权利的行为。”这就明确将行使知识产权的行为纳入到禁止垄断法适用的除外领域。[1]

2.《关于规制专利和技术秘密许可协议中的不公正交易方法的指导方针》

1968年5月24日，日本公正交易委员会根据《禁止垄断法》第6条的规定发布了《国际许可协议的反垄断指导方针》，规定了在专利权或新式样权的国际贸易协议中不得签订的不公平交易条款。1989年2月15日，日本公正交易委员会颁布了《关于规制专利和技术秘密许可协议中的不公正交易方法的指导方针》，同年4月6日实施。1999年7月30日，日本公正交易委员会又颁布了新的《关于规制专利和技术秘密许可协议中的不公正交易方法的指导

〔1〕杨帆：《技术标准中的专利问题研究》，中国政法大学2006年博士学位论文。

方针》（以下简称《新指导方针》），旧的被废止。

《新指导方针》对技术交易当事人在许可合同中设定的有关限制性条款可能导致违反禁止垄断法的问题，作出了比较明确的界定。其基本上保留了原指导方针中关于公正交易委员会分析许可协议时的适用标准。在某些方面，它明显借鉴了美国法和欧盟法。一方面，它将限制条款分为白色条款、灰色条款和黑色条款三类：(1) 原则上属于不公正交易方法并违法的限制；(2) 在某些情况下属于不公正交易方法并违法的限制，对这类限制条款将依它们的具体情况进行评估；(3) 原则上不属于不公正交易方法的限制。这个方面明显类似于欧盟的整批豁免或整体豁免制度。而另一方面，在对特定类型限制的必要性与对竞争不利影响的可能性之间进行权衡时，它又表现出与美国的合理分析原则的类似。《新指导方针》根据经济全球化和日本国内放松政府管制的新情况作出了修改，对在知识产权领域适用《禁止垄断法》的问题提出了全面、系统的指导意见。

3.《知识产权利用的反垄断法指南》

2007年9月28日，日本公正交易委员会颁布了《知识产权利用的反垄断法指南》。该指南是日本公正交易委员会就《禁止私人垄断及确保公正交易法》第21条的适用除外条款所作的理解和适用，或者说是对该条“权利行使行为”进行界定的基本政策主张。该指南比1999年《新指导方针》所涵盖的知识产权权利类型和权利行使方式都更为广泛，是对新形势下在知识产权领域适用反垄断法要求的反映。同时，该指南在指导思想、适用原则、分析方法等方面也更为完整和成熟。[1] 此外，2007年，日本公平贸易委员会

〔1〕 张平主编：《冲突与共赢：技术标准中的私权保护——信息产业技术标准的知识产权政策分析》，北京大学出版社2011年版，第182—183页。

还专门发布了《标准化与专利联营安排指南》。[1]

三、专利标准化的反垄断法规制措施

如前文所述，除了完善标准制定组织的专利许可政策和以市场导向建立专利池外，还应当在专利法和反垄断法视野下寻求针对标准化中专利权滥用的反垄断规制措施。虽然从本质上说，知识产权法与反垄断法目标一致，具有内在一致性，二者互为补充，只是实现手段不一样——反垄断法是鼓励竞争和反对垄断的法律制度，知识产权法是鼓励人们通过发明创造在市场上取得优势地位的法律制度。但是，在某种意义上，知识产权是一种由国家赋予的合法垄断权，这种垄断性权利会产生限制竞争的效果，会与反垄断法促进"竞争"的目标存在一定的矛盾，二者具有某种紧张、冲突的内在关系。[2] 2005年，美国反垄断执法机构已经不再将标准制定组织内知识产权价格谈判作为当然违法行为加以禁止，但仍对该问题提出了严重警告。[3]

2008年8月1日，我国《反垄断法》正式施行。反垄断法是中国社会主义市场经济内在和本能的要求。这部法律的颁布不仅是中国法制建设中的一件大事，对建立和完善中国社会主义市场法律

---

〔1〕 www.jftc.go.jp/e-page/legislation/ama/Patent_Poo.l pdf，2012年12月10日访问。

〔2〕 美国联邦贸易委员会在1995年指出信息领域中存在着专利过宽的危险。美国联邦贸易委员会在回答美国专利和商标局关于对计算机软件实施专利条例的函件中要求他们谨慎从事。不适当地或过宽地授予专利会影响到创新和市场竞争。计算机软件发明和其他种类的发明不同，如果一种软件是某一产品的一部分且存在于某一产品或相邻产品及生产方法中，那么专利的授予就可能对创新产生更大的负面效应。参见江清云、单晓光：《欧美知识产权领域中的反垄断诉讼及其经济分析》，载《比较法研究》2008年第2期。

〔3〕 Deborah Platt M ajoras："Recognizing the Procompetitive Potential of Royalty Discussions in Standard Setting"，September 23，2005，http：www.ftc. gov//bc.tech.standards/index.htm，2010年10月8日访问。

体系有着极其重要的意义，而且也是中国经济建设中的一件大事，是中国经济体制改革的里程碑。我国《反垄断法》主要确立了以下主要任务：禁止垄断协议、禁止滥用市场支配地位、控制经营者集中以及禁止行政垄断。〔1〕我国《反垄断法》第55条的规定被视为知识产权不享受反垄断法豁免适用的法律依据，说明知识产权和一般财产权一样，不能得到反垄断法的豁免。那么，如何理解本条的“滥用”知识产权呢？应该说，知识产权的滥用行为不一定就必然违反反垄断法，此处的“滥用”应在反垄断法的视野下进行词义解释。也即“滥用”知识产权是否限制了竞争，其判断标准只能是以反垄断法为原则，一般适用合理分析原则，而非适用本身违法原则。〔2〕行使知识产权的行为限制了相关市场竞争的，要受到反垄断法的规制，而不论其是否滥用知识产权。即使存在滥用知识产权，但如果没有对相关市场竞争造成负面影响，也不适用反垄断法，对其应以知识产权法、民法等民事法律加以规制。〔3〕换言之，知识产权本身的滥用，如滥用问题专利（过期专利或专利保护范围过宽的），均不适用反垄断法，而直接由知识产权法律制度解决。因此，专利标准化中滥用专利权的行为并不直接等同于触犯反

〔1〕王晓晔：《反垄断法——中国经济体制改革的里程碑》，载《法制日报》，2007年9月2日。

〔2〕从国外的实践来看，以美国和欧共体为例：一是本身违法原则，二是合理分析原则。本身违法原则是只要发生特定的行为即构成违法，而不考虑行为的目的和后果。合理分析原则需要同时考虑很多因素来判断，如产业本身的特殊状况、行为人的目的、受影响产业本身的特殊状况等，通过个案具体分析，得出最终结果。

〔3〕黄勇：《〈反垄断法〉实施对我国信息技术企业的影响》，工业和信息化部科技司第十届信息技术领域专利态势发布会演讲稿，2008年11月20日。这一点在2008年修订的《专利法》中有所体现。例如，根据我国《专利法》第48条规定，专利权人行使专利权的行为被依法认定为垄断行为，为消除或者减少该行为对竞争产生的不利影响，国务院专利行政部门根据具备实施条件的单位或者个人的申请，可以给予实施发明专利或者实用新型专利的强制许可。

垄断法的行为，应该说“滥用专利权”行为的范围较之触犯反垄断法的行为要更宽一些。美国学者 Jay Dratler，Jr 指出，专利权滥用与违反反垄断法行为存在以下区别：第一，与反垄断诉求不同，专利权滥用是盾而不是矛。它使得被控侵权人免于因其侵权行为受到法律制裁，但是它不能为被控侵权人提供要求金钱或禁令救济的基础。第二，虽然违反反垄断法的行为一般足以构成专利权滥用，但专利权滥用并不必然构成违反反垄断法的行为。第三，与违反反垄断法的行为不同，专利权滥用可以得到矫正。一旦专利持有人放弃了不适当的行为，且专利权滥用的后果得到消除，专利持有人可以重新强制执行其专利权。〔1〕

（一）对滥用市场支配地位的专利标准化行为的反垄断法规制

拥有支配地位的知识产权人有可能滥用这一地位来过高定价，谋取垄断利润，同时对竞争者实施排挤行为，以防止竞争者在其提高价格时扩大产出，并阻止潜在竞争者进入市场。这均属于对支配地位的滥用，被反垄断法禁止。在考察这次滥用行为时，知识产权因素也会带来一些特殊问题。〔2〕滥用市场支配地位的专利许

〔1〕张颖：《技术标准化中专利权滥用规制的法律分析》，载《标准化与知识产权》2008 年第 10 期。

〔2〕例如，过高定价与掠夺性定价在含有知识产权因素时，则须将生产环节之前的研发成本包括进来，特别在软件等新经济产业中，研发成本所占的比重远大于生产、销售成本。这增加了软件产品成本认定的难度，因此，对于软件产品的过高定价及掠夺性定价的认定也变得不那么容易。搭售在含有知识产权因素的情况下，“独立产品”要件的考察须考虑创新的因素。比如软件得到著作权的保护，但两个原本独立的软件结合在一起后如果产生独立的功能，赢得独立的消费者需求，这时应将其视为一种新产品（或称“集成产品”），而不再是两种产品的简单相加。由于不再满足独立产品要件，因而该行为不构成搭售。知识产权人在同等条件下对不同的人进行许可时，如果采用不同的许可费水平，则构成价格歧视。但在新经济产业等高度依赖知识产权的领域，采用差别定价却有助于收回研发成本。即使被许可人拥有支配地位，也有权购买他人的知识产权许可，甚至是竞争性知识产权的许可。但这时需要对案情进行具体分析，以判明其收购的目的是提高效率，还是排斥竞争。参见许光耀：《知识产权因素在反垄断法上的特殊性》，载《电子知识产权》2011 年第 3 期。

可行为主要包括不当披露专利信息、不公平许可、拒绝许可、搭售等情形。此处要求，不光要有滥用行为，还需要造成损害后果。

1. 不当披露专利信息与禁止反言

所谓不当披露专利信息，是指专利权人在参加标准化制定过程中故意隐藏或不当披露相关专利信息。在标准制定之前或标准引入专利过程中，有些专利权人故意不透露其拥有专利权的情况，等到标准出台后，再以专利权人的身份向标准使用者索取许可费，迫使标准使用者“无意识”地侵犯其专利权，从而获利，或反对其他公司使用该标准，或收取高昂的专利使用费。有时由于信息不对称，专利权人仅仅披露了专利授权信息，不披露专利申请信息，在技术标准发布实施后，原来的专利申请得到了授权，同样会限制技术标准的实施并产生相应的连锁效应。

如果是在标准制定过程中没有履行披露义务，则可以根据衡平法的禁止反言（Estoppel）原则进行处理，此原则的基本要素是：某一方误导性的行为被禁止反悔；主张禁止反悔的一方应提出误导行为与合理损害之间的联系。例如，美国 Unocal 案、Dell 案、Rambus 案就是其中的典型案例。

2. 不公平许可

不公平许可主要包括价格歧视、掠夺性定价与过高定价等情形。

价格歧视是指企业在提供或接受产品或服务时，对不同的客户实行与成本无关的价格上的差别待遇。“价格歧视使提供或接受相同产品或服务的企业的交易机会不同，尤其不利于中小企业获得公平竞争的机会，并可能成为阻碍制造商层次或零售商层次市场进入的障碍。”[1]

目前关于定价的问题，是一个难点和争论的焦点。不过，禁止令的威胁和专利费累加被认为将使被许可人处于劣势，被迫接受超高的许可费用。[2] 欧洲通信标准协会关于专利费上限的规定，被竞争机构认为有违反竞争政策的嫌疑。日本《标准化与专利联营指南》则认为超高价格将受到反垄断审查。

3. 拒绝许可

拒绝许可是指专利权人利用自己所拥有的专有权，拒绝授予其竞争对手合理的使用许可，以达到排除其他人参与竞争、巩固和加强自己垄断地位的目的的行为。知识产权人有权拒绝许可，但如果该项知识产权构成“关键设施”，则需要向竞争让步。与有形财产相比，知识产权构成关键设施的要件有所不同。[3]

由于美国专利制度是建立在坚实的财产权与自由市场的基础

---

〔1〕 王先林著：《知识产权与反垄断法——知识产权滥用的反垄断问题研究》，法律出版社 2001 年版，第 240 页。

〔2〕 Mark Lemley and Carl Shapiro，“Patent Hold-Up and Royalty Stacking”，*Texas Law Review*，Vol. 85，2007.

〔3〕 关键设施原则主要是欧盟以反垄断法来限制知识产权人拒绝许可行为的措施。根据欧盟 Bronner 案的判决，如果有形财产的所有人拥有支配地位，则在满足以下条件时，须将其财产向竞争者开放，供后者用来与自己竞争：(1) 拒绝行为有可能消除下游市场上的所有竞争；(2) 这种拒绝没有合理理由；(3) 对请求人来说，该项财产是其从事自己的活动所必不可少的，没有实际的或潜在的替代品。这里存在两个市场：一是关键设施所在的市场，拒绝人在该市场上拥有支配地位；二是利用关键设施所从事的另一种经营活动所在的市场。如果后一市场上没有竞争，而该项设施又是竞争者进入该市场所必需的，则可以对设施的所有权进行限制。根据欧盟 IMS 案的判决，支配企业拒绝对其著作权进行许可的行为须满足以下要件，才构成滥用：(1) 请求许可的企业打算在下游市场上，供应知识产权人所没有供应的新产品或新服务，…… (2) 这一拒绝行为没有客观合理的理由；(3) 这一拒绝会在下游市场上排除所有的竞争，……增加了一个“新产品”要件。参见许光耀：《知识产权因素在反垄断法上的特殊性》，载《电子知识产权》2011 年第 3 期。

上，专利权人对专利保护对象拒绝许可几乎拥有绝对的权利。美国专利制度总是赋予专利权人近乎绝对的自由——可以单方决定是否对他人授予许可。美国专利法中没有对专利权人必须使用或许可其专利的要求，即使专利权人不使用自己的专利或者拒绝许可他人使用自己的专利，也不会产生专利法上的责任。因此，美国法院长期以来对专利保护期内的拒绝许可采取容忍的态度，认为“单方的拒绝许可是正当、合法的，无论是由开发该项专利发明的企业自己实施，还是由其他于该专利获得经济市场的控制地位之前通过受让取得该专利的公司实施”[1]。按照美国联邦最高法院的用语，专利权人总是有权决定他人使用（其专利）的价格，选择由自己使用并拒绝许可他人使用，或者由自己保留该项专利，既不使用也不许可他人使用的权利。美国联邦最高法院确认，排除他人使用的权利是一项专利的“本质”，一个长久以来的观点认为，专利授予的本质是“使专利权人有权排除他人从获得专利的发明中获得利益”[2]。

美国《知识产权许可反托拉斯指南》规定，反托拉斯执法机构并不要求专利权人用自己的创新为市场创造竞争，并规定了在分析知识产权许可问题上，主管机关将把知识产权与其他财产权相似对待。该《指南》虽然没有对经营者拒绝许可是否承担反垄断责任作出规定，但是“与其他财产权相似对待”的一般原则对后来美国执法机构讨论对待单方拒绝许可行为的一般态度起到了指导作用。2007年联邦贸易委员会发布的“反托拉斯执法和知识产权——促进创新与竞争”的报告对单方面拒绝许可得出了如下结论：单方面

〔1〕［美］Jay Dratler, Jr 著：《知识产权许可》，王春燕等译，清华大学出版社2003年版，第160页。

〔2〕 Dawson Chemical Co. v. Rohm & Haas Co.，448 U. S. 176，215（1980）.

拒绝授予专利许可的权利是专利授权的核心内容之一；对单方无条件拒绝许可行为追究反托拉斯责任不会在专利权保护和竞争保护之内起到良好的过渡效果，并且会迫使经营者主动帮助自己的竞争者，破坏了专利权利的核心要素——排他性。但是，附条件的拒绝许可很可能会对竞争造成损害，因此在适当情形下会被认定为违反反托拉斯法。[1]

4. 搭售

搭售（tie-ins），又称为“捆绑”或“捆绑销售”，是指卖方在销售一种商品时，以买方同时购买另一种商品为条件。知识产权许可中的搭售是指许可人要求被许可人接受一项本不需要的知识产权的许可或者购买、使用本不需要的产品或服务，以作为得到所需知识产权的许可之条件。搭售与其他限制性协议一样，属于垂直限制性协议，具有正反两方面的作用，应适用合理性原则加以分析。某些搭售的积极意义在于提高生产效率，确保产品的质量和安全。在知识产权许可中的搭售还可以增加许可人的报酬，因而有利于激励创新、刺激创新市场上的竞争。搭售的消极方面在于，其毕竟不是完全出自购买者的真实意愿，限制了购买者的选择自由，并排斥搭售商品市场上的竞争对手，因而，搭售又有妨碍竞争的一面。一言以蔽之，搭售的主要弊病则系市场支配力的重心从许可的知识产权或受保护的产品或服务的市场转移到其他无关的市场，以及由此导致的不在许可知识产权范围市场中竞争的消除。[2]“搭售是一个事实，但它们之所以得到采用（当法律允许时），并不是因为它使得

---

〔1〕 美国联邦贸易委员会：《反托拉斯执法和知识产权——促进创新与竞争》，2007年。

〔2〕［美］Jay Dratler，Jr 著：《知识产权许可》，王春燕等译，清华大学出版社2003年版，第39页。

一个卖方能够利用其现有的垄断来获得另一个垄断，而是出于其他原因，比如有利于实行价格歧视。”[1]

搭售属于一种限制性贸易惯例。在专利许可中，搭售也是常见现象。搭售的表现形态多种多样，比如专利零部件搭售附属部件、专利方法搭售实施该方法的设备、专利设备搭售售后服务、专利搭售商标，等等。一般人们听到搭售，直接的反应是它限制竞争，但这并不是绝对的，搭售当然有限制竞争的效果，但它也有保证专利的效用及促进竞争的效果。各国对专利许可中搭售的态度也由绝对禁止发展到了弹性处理，即运用合理原则进行分析。[2] 例如，美国反托拉斯法上曾长期对搭售适用本身违法规则，虽然自芝加哥学派兴起后，人们已认识到搭售有众多积极效果，但司法上仍长期在本身违法规则的框架内进行修补，以求在把效率因素考虑进来的同时又不动摇传统的范式。美国1995年《知识产权许可反托拉斯指南》指出，“以受许人购买另一项知识产权或商品或服务为条件而授予某一项知识产权，这一做法在某些情况下被认定为构成非法搭售”。其中言及的“某些情况”则是非法搭售的构成要件。《指南》进一步指明了这些构成要件：(1) 销售者在搭售产品方面具有市场支配力；(2) 该安排对相关的搭售产品市场中的竞争有负面影响；(3) 以效率提高为理由进行辩解尚不足以抵消对竞争所带来的不利影响。其中，核心要件是第 (1) 条，强调销售者必须要具有市场支配力，即经济上控制市场的力量和取消市场竞争的能力。由此可见，只有当搭售商品的市场支配力足以削弱市场竞争，并影响消费

---

〔1〕［美］威廉·M. 兰德斯、［美］理查德·A. 波斯纳著：《知识产权法的经济结构》，金海军译，北京大学出版社2005年版，第473页。

〔2〕郭德忠：《专利许可中的搭售》，载《河北法学》2007年第9期。

者选择时，搭售行为才是非法的。而拥有知识产权并不等于就拥有市场支配力。虽然美国各法院的具体操作方法有一定的差异，但一般说来，如果一项搭售行为满足以下四个要件，则视为本身违法而予以禁止：(1) 结卖品和搭卖品是各自独立的产品；(2) 卖方实施了强制，使得买方事实上不得不接受搭卖品；(3) 卖方在结卖品市场拥有相当大的经济力量，来强制买方接受搭卖品；(4) 搭售行为在搭卖品市场上产生了反竞争效果。[1] 因此，在搭售行为的反垄断法调整上，美国司法实践中出现了从本身违法规则向合理规则转化的趋势。采用合理规则进行分析大致有两个步骤：首先应当证明行为人拥有支配地位，其行为产生了反竞争效果；然后考察这种行为能否产生效率，比如能否节约生产成本与交易成本，能否增进产品的功能、质量，或给消费者带来其他利益，从而足以补偿其对竞争所造成的损害。由于着眼于对行为效果的分析，因而该行为是否严格满足搭售的要件就不再至关重要了。支配企业用于排斥竞争者的行为有很多类型，比如掠夺性定价、拒绝交易、价格歧视等，各种行为产生的效果有所不同，产生排斥的方式也有差异，因而必须对所涉行为进行初步定性，以作为分析的起点。如果不能满足“独立产品”要件，则行为不构成搭售，但这并不意味着它不会产生严重的排斥效果；而即使满足了“独立产品”要件，该行为如果能产生显著的效率，足以抵消其对竞争所造成的损害，则该行为也应当是合法的。[2]

搭售的另一种形式就是“一揽子”许可和专利联盟。“一揽

---

〔1〕［美］赫伯特·霍温坎普著：《联邦反托拉斯政策——竞争法律及其实践》，许光耀等译，法律出版社2009年版，第433页。

〔2〕许光耀：《搭售行为的反垄断法分析》，载《电子知识产权》2011年第11期。

子”许可是指在某一单独的许可证中或在一组相关的许可证中授权许可数项知识产权，以作为接受另外一项单独的产品为条件而进行的许可。“一揽子”许可在某种情况下有助于效率的推进，因而自愿的“一揽子”许可通常是被允许的。但强制性“一揽子”许可则可能构成非法搭售。TRIPs 协议第 40 条明确规定了禁止强制性“一揽子”许可。“一揽子”许可的高级表现形式就是专利联盟。一般来说，专利联盟也称“专利池”，是指由多个专利拥有者为了能够彼此之间相互分享专利权利或者同意对外进行专利许可而形成的一个正式或者非正式的战略联盟组织。在知识经济以及全球经济一体化的时代，专利联盟已经成为全球技术贸易的主要方式之一。前文所述搭售的反垄断法审查与规制的基本原理同样适用于专利联盟中的搭售行为。然而，与普通的搭售行为相比，专利联盟中的搭售行为却因为借助专利技术和技术标准，情况比普通的搭售行为更为复杂。专利联盟中的单个成员即使不具有市场支配地位，它也可以借助知识产权的“合抱力量”产生限制市场中的合理竞争行为的效果，因此对该行为进行审查和规制的难度也比传统的搭售行为更大。[1] 对专利联盟中的搭售行为进行审查时，要坚持以保障市场合理竞争秩序和消费者利益为目的进行合理性审查。

因而，知识产权许可中的搭售行为并非全然是非法的。非法搭售的前提条件是许可人必须要有市场支配力。但具有市场支配力的搭售行为也并非必然就是非法的，其还有除外条件予以豁免，即合理性存在。我国《反垄断法》第 17 条第 5 款规定，“没有正当理由搭售商品，或者在交易时附加其他不合理的交易条件”，属于非法

〔1〕 黄良才：《专利联盟中的搭售问题分析——以 MPEGLA 下的 H. 264、DVB2T 专利池为视角》，载《电子知识产权》2007 年第 10 期。

行为。但合理性存在的搭售，则可能为合法行为。

（二）对垄断性协议的专利标准化行为的反垄断规制

垄断性协议的专利标准化行为主要包括横向协议和纵向协议两大方面。横向协议主要表现为专利联营和交叉许可[1]，纵向协议行为即许可限制措施等。Sylvan ia 案是美国“二战”后最重要的判例之一，是现代反垄断法的一座里程碑。在该案中，美国最高法院拒绝了 Schw inn 案对非价格纵向限制所适用的本身违法原则，转而主张适用合理性原则。法院对该案的判决产生了以下三个实用准则：（1）限制性协议的效果是水平的还是垂直的。水平效果的限制性协议通常适用本身违法原则；垂直性效果的，除了维持转售价格的以外，通常适用合理性原则。（2）限制性协议是价格限制还是非价格限制。属于价格限制的，无论是水平效果还是垂直效果均是非法的；而非价格垂直性限制绝大部分适用合理性原则。（3）限制性协议是否会有利于品牌之间的竞争。有利于品牌之间竞争的限制性协议通常属于合理性范畴。GTE Sylvan ia 案的判决受到了学者和法官的普遍认同，事实上形成了以后法院在审查非价格的纵向限制性协议的标准。但该标准在实际操作中也有一定的难度，即水平限制与垂直限制的区分、价格限制与非价格限制的区分并非是泾渭分明，要根据实际的经济效果进行具体分析。[2]

现代技术标准在技术许可中经常用到的方式就是交叉许可和专利技术联营。交叉许可和联营协议是指两个或者多个不同知识产权

〔1〕 在交叉许可协议中，两个发明者很少互惠向对方授权使用自己的发明。他们的许可通常涉及互为竞争的公司，在专利联盟者间，多个发明者把他们的知识产权联合一起向使用方提供“一揽子”许可。参见江清云、单晓光：《欧美知识产权领域中的反垄断诉讼及其经济分析》，载《比较法研究》2008 年第 2 期。

〔2〕 黄勇、董灵著：《反垄断法经典判例解析》，人民法院出版社 2002 年版，第 346 页。

人之间的一种协议，这种协议规定合同各方可以使用其他方所拥有的知识产权。一般来说，交叉许可和联营协议是有助于竞争的，这体现在：（1）将互补性技术融合起来；（2）降低交易成本；（3）清除相互阻碍的地位；（4）避免高昂的侵权诉讼。但另一方面，这样的许可协议在某些时候也可能产生限制竞争的效果，尤其是当这样的协议被用作一种明显的实现固定价格、分配市场和顾客的机制时，就会对竞争产生严重的妨碍作用。当交叉许可损害了作为实际或潜在的竞争者之间的竞争，就会引起反垄断上的问题。《知识产权许可反托拉斯指南》一般并不要求联营协议是对外开放的，也就是任何人希望参加就可以参加；但是如果具有市场支配力的实体之间订立的这种协议排除其他人参加，则触犯反垄断指南。此外，如果一项联营协议导致减少了参与者进行研究开发的积极性，例如，联营协议要求成员以相当低的费用相互许可使用目前已开发及未来可能开发出之技术，则会被认为可能造成相互搭便车，可能降低联营协议成员各自从事研究开发活动的积极性，从而产生妨碍创新的后果，也将被认为是触犯反垄断指南。[1]

知识产权许可协议是一种纵向协议，与其他纵向协议一样，根据双方当事人之间是否存在竞争关系，反垄断法予以区别对待。如果许可人与被许可人互为竞争者，则须对该协议进行双重考察：首先作为横向协议来评价，关注它是否在竞争者之间产生协调效果；如果没有，再作为纵向协议来考察。如果当事人之间不具有竞争关系，则只需考察其纵向效果，主要关注其是否对第三人产生排

〔1〕 马骁：《技术标准许可战略中的法律热点研究》，北大法律信息网，http://article.chinalawinfo.com/Article_Detail.asp? ArticleID=20477，2009 年 11 月 9 日访问。

斥，从而加强一方当事人的市场力量。[1] 例如，美国司法部与联邦贸易委员会1995年《知识产权特许协议中的反托拉斯指南》规定，涉及知识产权交叉许可的协议安排中，如果其能够达到提高效率的目的，那么法院一般会支持这类协议的安排；但是如果交叉许可协议安排牵涉到横向水平关系的竞争者，由于这类市场主体在没有交叉许可协议安排的情况下完全有可能成为相关市场上的实际的或潜在的竞争对手，因此在不存在能够抵消阻碍竞争影响的效率提高这一理由时，这类协议安排可能会被法院认定为非法限制了贸易的发展。[2]

专利联营协议是一种常见的涉及横向限制的知识产权许可协议。例如，MPEG-2 Technology pools 技术标准问世之后，就有竞争对手以违反指南为由将 MPEG-2 技术标准组织告到司法部，司法部的最终裁决是认可 MPEG-2 技术标准的知识产权许可模式。在该案件中，司法部作出不采取强制行动的结论是基于以下6个方面的因素：(1) 该专利联营只包括互补性的而非竞争性的专利，它们各自是遵守 MPEG-2 技术标准所必需的，并且该联营协议对“必需”(Essential) 的界定是明确的，因为它要求两点，一是包括在联营中的每一专利没有技术上的替代品，二是参加联营的各项专利只在彼此相结合时才对 MPEG 产品有用。那些专利权人不是组合成竞争性的技术联营，而是将单个技术组合成互补的技术成分。(2) 该许可是非独占性的，参加联营的每一个专利仍然可从单个的许可人那里单独得到，因此该联营不是采取一种要求被许可人接受其不想要

---

〔1〕 许光耀：《知识产权因素在反垄断法上的特殊性》，载《电子知识产权》2011年第3期。

〔2〕 参见 Cf. United States v. Singer Manufacturing Co., 374U. s. 174 (1963)。转引自杨帆：《技术标准中的专利问题研究》，中国政法大学2006年博士学位论文。

的多重许可的机制。（3）该专利联营利用专家来选择哪些专利是必需的，可以从联营中来，因此避免了不适当地将联营中其他专利的竞争性替代专利包括在内的情况。共同的许可人作为独立的实体聘请专家并支付费用。另外，由于每个成员的许可使用费是以其提供的必需专利的数量为依据，因此这种许可使用费的结构会促使联营成员拒绝其他企业非必需的专利。（4）该专利联营承诺平等进入。（5）该专利联营允许单方面同该标准进行竞争，这意味着它没有任何内容限制许可人开发替代技术，因此该专利联营协议将不会限制创新。（6）该专利联营带来了显著的效率，联营协议减少了为制造MPEG-2产品所需的各种许可证的时间和费用，该联营可能有利于竞争。[1]

鉴于交叉许可协议和联营协议对于竞争各有利弊，美国反垄断执法机构对专利交叉许可协议和专利联营协议的态度是灵活的，在执法过程中往往会综合考虑各种因素。比如反托拉斯执法机构在确认一个专利联营协议是否违法时主要考虑以下因素：专利联营中包括的专利是互补性的还是竞争性的；许可是否是独占性的；专利联营是否存在歧视性许可进入条件；联营是否有效率等。

（三）对其他违反反垄断法的专利标准化行为的规制

其他违反反垄断法的专利标准化行为主要表现为经营者集中、行政垄断等违反反垄断法的专利标准化行为，这些行为适用一般的反垄断法规制措施。

1. 经营者集中

经营者集中的专利挟持行为主要包括在某企业与其他企业集中

---

〔1〕 王先林著：《知识产权与反垄断法——知识产权滥用的反垄断问题研究》，法律出版社2001年版，第278页。

过程中，可能会违反该企业先前与另外的企业之间签署的专利交叉许可协议，构成排除和限制竞争的违法集中。例如，AMD 分拆业务引起英特尔侵权警告[1]，AMD 宣布分拆其制造业务，并与阿布扎比高科技投资公司 ATIC 成立新合资企业。随后，英特尔称这笔交易很可能影响到英特尔与 AMD 之间的专利授权协议，AMD 回应称分拆制造业务、成立合资公司交易并未侵犯英特尔与 AMD 之间的专利授权协议。同理可推断，当 A 企业与 B 企业达成专利交叉许可协议后，A 企业再与 C 企业发生集中时，可能会违反 A 企业与 B 企业先前的专利交叉许可，进而发生排除和限制市场竞争的情况。

2. 行政垄断

政府或行业协会主导标准化工作都有可能产生限制竞争的问题，在我国，虽然标准是由国家主导的，但是许多标准在实践中却是由企业制定的，并报经国家批准，而国家的审批过程有时纯粹是一种形式化过程。因此，这部分企业制定并以国家标准的面相出现的标准，一般不会受到反垄断法的指控，但在实质上其却有可能是限制竞争和阻扼革新的。[2] 政府标准管理机构以及标准化协会或组织指定、引导企业使用某标准，就会发生行政垄断的情形，为专利持有人的专利挟持创造便利条件。

第五节　完善司法救济

总体上，避免专利至上主义的泛滥，减少专利对标准化的挟

---

〔1〕 友亚：《AMD 回击英特尔 否认分拆制造业务协议侵权》，载“赛迪网” 2008 年 10 月 9 日。

〔2〕 鲁篱：《标准化与反垄断问题研究》，载《中国法学》2003 年第 1 期。

持，需要对专利至上主义理念下的司法救济措施予以纠偏，适当限制专利权人的司法救济，提高“问题专利”或“坏专利”被清除出去的可靠性，以平衡在专利标准化过程中对其他标准制定组织成员及社会公众的利益保护。

一、专利违约救济

契约自由原则起源于古代罗马法，随着中世纪后期兴起的“复兴罗马法运动”，它又再次引起资产阶级启蒙思想家的关注，后在《法国民法典》中得以真正确立。进入20世纪后，契约自由原则在新的社会条件下有了新的表现形式，从追求形式正义走向追求实质正义。[1] 契约自由作为私法中最具魅力的法律原则，与所有权绝对、过错责任并称为近代私法的三大原则。契约自由是私法自治的核心部分，其本质是当事人对与契约有关的一切事项都有选择和决定的自由，契约确定的权利义务关系只有基于当事人的自由而产生时，才对当事人具有约束力。根据英国著名的契约法学者阿蒂亚的理论，契约自由的思想应当包括两方面的含义：首先，契约是当事人相互同意的结果；其次，契约是自由选择的结果。[2]

自由和正义是人类追求的两个永恒的价值目标。在这两个价值目标中，近代契约突出地表现出“厚此薄彼”的特征，即对契约自

---

〔1〕 起源于罗马法的契约自由原则，经过中世纪的启蒙复兴，成为资产阶级民法典的基本原则，到了19世纪，被各国陆续确定了下来。1804年的《法国民法典》“被公认为是明确规定了契约自由的第一部近代民法典”。参见傅静坤著：《二十世纪契约法》，法律出版社1997年版，第259页。梁慧星先生将近代民法向现代民法转变的理念归结为形式正义向实质正义的转变。详见梁慧星：《近代民法到现代民法》，载《民商法论丛》，梁慧星主编，法律出版社1997年版，第238页。

〔2〕［英］阿蒂亚著：《合同法概论》，程正康等译，法律出版社1989年版，第8页。

由无限向往，而对契约正义在很长一段时间内置之不理。现代契约模式开始对契约自由的适用进行限制，以求契约自由与契约正义的平衡。20 世纪以来，契约正义的理论在学术界已经被广泛接受，并且对于契约自由的限制，以是否实现契约正义为标准，理论上有以契约正义代替契约自由之限制的趋势。[1] 当垄断资本通过各种标准化契约事实上左右了合同当事人的意志时，契约自由所代表的正当性受到了种种质疑。雇主与劳动者、大企业与消费者、出租人与承租人之间出现了社会强者与弱者的身份区别，破坏了契约当事人交易地位的平等性，使社会弱者不得不服从强者的意志，而当这种强者意志以契约的形式表现出来时，契约自由就只能是强者的自由。资本主义国家的学者、法官对契约理论进行了深刻的反思。如美国学者施瓦茨以大量事实描述了上述不公平社会现象，并认为标准契约打破了契约平等，造成实质的社会不公平。[2]

自由本来就不是绝对的自由，是一种有法律边界的自由，正如罗尔斯所说，“限制自由的理由来自自由原则本身”[3]。因此，在技术标准化中的专利许可协议中，合同自由原则在与专利权的法律发生冲突的时候必须让位于后者，并受反垄断法的检验。例如，TRIPs 第 8 节第 40 条第 2 款明确将专利许可协议中阻止对有效性的质疑确定为知识产权滥用行为。我国《合同法》第 4 条规定：“当事人依法享有自愿订立合同的权利，任何单位和个人不得非法干

---

〔1〕 尹鸿翔：《解读契约自由之限制与契约自由之关系》，载《广西大学学报（哲学社会科学版）》2010 年第 6 期。

〔2〕 大量的标准化契约，或附和契约，开始取代那些具体条款是自由协商的契约，越来越多的标准化契约是以要么接受、要么拒绝的方式提交给当事人。参见［美］伯纳德·施瓦茨著：《美国法律史》，王军等译，中国政法大学出版社 1997 年版，第 210 页。

〔3〕 ［美］罗尔斯著：《正义论》，何怀宏等译，中国社会科学出版社 1988 年版，第 233 页。

预。”这显然是对合同自由的规定。与此同时，《合同法》第5条至第7条则规定：当事人应当遵循公平原则、诚实信用原则，应当遵守法律，尊重社会公共利益，这显然是对合同自由限制的规定。

不过，知识产权的合同限制是指：立法者与司法界必须根据法律规定与具体情况判断知识产权的哪些权能可以通过私人之间的意思自治予以限制，以及在何种程度上予以限制。从理论上讲，合同自由是合同法的基本原则，只要没有违反法律的强制性规定，没有违反公序良俗，依法成立的合同都应当受法律保护，当事人都应当按照约定履行自己的义务。但是，对知识产权的限制必须受到一定的反限制，否则将可能与知识产权法的本旨——通过为创新者提供保障从而鼓励创新——发生冲突。限制知识产权应当考虑公共利益的需要，必须考虑对权利人的保护，不得对精神权利予以限制，不得改变知识产权的权利类型。

从合同法角度看待标准必要专利（SEPs），存在两个问题：一是主动将专利纳入标准是否构成默示许可他人实施其专利；二是FRAND承诺的法律性质如何。[1] 如上文所述，私权自治在技术标准化专利许可中主要体现在两个层面上：一是标准制定组织制定了章程（或专利许可政策条款）；二是专利权人在技术标准化实施过程中对他人的专利许可，以及专利权人之间有关专利交叉许可的协议内容。例如，FRAND承诺本质上是一种合同承诺。对于FRAND承诺的合同性质，美国法院曾认定了两点：一是向标准制定组织（SSOs）作出的以FRAND条款进行专利许可的承诺构成标准必要专利（SEPs）权利人、标准制定组织（SSOs）与标准制定组织

---

〔1〕 朱理：《标准必要专利的法律问题：专利法、合同法、竞争法的交错》，载《竞争政策研究》2016年第3期。.

(SSOs) 成员之间的有约束力的合同；二是标准的潜在实施人（第三方）是FRAND承诺的受益方。[1]

在许多情况下，协议当事人一方或双方为了使自己获得更加有利的市场竞争地位，往往会利用某些合法的或不合法的方式给对方当事人设定某些限制性条款。即技术标准化中的专利权人有可能对被许可人运用该专利技术的地域范围、营销方式、技术保障等提出严格的要求或限制，而被许可人对此则没有太多的商谈的余地，这些限制条款实有显失公平之嫌，但被许可人却不得依民法当中的显失公平原则对抗之。

因此，在专利标准化的专利许可合同纠纷过程中，本着适当限制合同自由的原则，为了维护公众利益，对于违反标准制定组织专利政策的各种专利挟持，以及专利权人滥用优势地位利用专利许可合同谋求高额收益，进而排挤甚至打压竞争对手的，司法机关可以采取衡平法救济措施，判定违反竞争政策法规的专利许可合同无效，或者部分无效。

二、专利侵权救济

法院往往是从专利法的角度看待标准必要专利问题，而没有从合同法或竞争法的角度看待。当然，在专利法的角度，存在两类典型问题：一是从标准必要专利权人的角度而言，其维护自身权益的主要法律手段是提起专利侵权诉讼，寻求针对标准实施者的损害赔偿和禁令救济；二是标准实施者为应对专利侵权诉讼，提出专利法上的抗辩，如不侵权抗辩（诉争专利并非标准必要专利）、专利无

〔1〕［美］Koren Wong-Ervin：《作出FRAND承诺的SEPs与禁令救济》，载《竞争政策研究》2016年第3期。

效抗辩等。[1]

对于专利标准化的专利侵权救济，建议适当降低专利权人的专利侵权救济，提高问题专利或坏专利被清除出去的可靠性，以平衡在专利标准化过程中其他标准制定组织成员及社会公众的利益保护，主要包括提高永久禁令的核发难度，限制标准中专利的禁止令，限制故意性（limit willfulness），综合确定合理授权费率和损害赔偿计算方法，放宽专利无效诉讼的提起条件以降低专利有效性质疑成本，提高专利的“非显而易见性”标准。

（一）提高永久禁令的核发难度

美国联邦最高法院在 eBay 公司诉 MercExchange 公司案中，[2] 改变了之前的惯例。MercExchange 拥有在线拍卖技术专利，却没有实施这些专利，2001 年 MercExchange 指控 eBay 使用的“立刻购买”交易方法侵害其专利，美国联邦巡回上诉法院认定 eBay 侵权并且签发永久禁令。2006 年 5 月，美国最高法院对此案作出终审判决，强调核发永久禁令要比照如下的检验标准：（1）若不予核发禁令，该侵权行为将导致无法弥补的损害；（2）权衡双方的损害，若不予核发禁令，对申请人造成的损害将大于核发禁令对被告造成的损害，即依法获得的金钱补偿不足以弥补该损害；（3）核发禁令不会对公共利益产生负面的影响。

根据这一标准，即使侵权事实成立，法院也不一定核发永久禁令。本案中，MercExchange 并没有将其专利予以实际应用，eBay 的侵权行为不会对其造成难以弥补的损害，因此美国最高法院拒绝核

---

〔1〕 朱理：《标准必要专利的法律问题：专利法、合同法、竞争法的交错》，载《竞争政策研究》2016 年第 3 期。

〔2〕 eBay Inc v. MercExchange，L. L. C.，547 U. S. 388 (2006).

发永久禁令。但其同时认为，专利权人为研究机构时例外，因为研究机构一般不从事实际市场运作，而是以授权方式利用该专利，所以前述情况对于研究机构而言，只要单纯侵权就可能对其造成不可弥补的损害。因此，研究机构即使没有实际应用其专利，也有机会申请核发永久禁令。[1]

ICT 产业里往往含有大量专利技术，这些技术由于数量众多而无法为包括标准制定组织和标准实施者在内的相关方所轻易知悉。标准制定组织往往会在不知情的情况下，将受知识产权保护的技术写入标准，权利人则可能等标准广泛实施后，再主张权利。此时，由于标准实施者已经进行了大量不可逆转的投资，如果受到专利侵权诉讼中的诉前禁令威胁，标准实施者在专利许可谈判中往往会被迫接受专利人的不合理条件，标准的实施和顺利推广将因此受到很大阻碍。[2] 因此，需要重新定位专利侵权中的禁止令救济，提高永久禁令的核发难度。

（二）综合确定合理专利许可费和损害赔偿计算方法

ICT 产业里往往含有大量专利技术，在涉及专利侵权的情况下，由于类似的“伏击”专利往往不止一个，也不只属于一个权利人，法院在不考虑标准化的实际情况下，往往会认为单个专利人在法庭上要求侵权方交纳产品价格 1% 的专利费听上去是很合理的，在现有知识产权保护司法体系下，这一请求也很容易得到法院的支持。但最终累加起来的总的专利费，往往使标准实施无利可图，最终导致专利权人阻碍标准的采用和产品的市场化，从而出现

---

〔1〕 李海涛：《从判例看美国专利法的发展趋势》，载《管理观察》2008 年第 21 期。

〔2〕 Mark Lemley，“Ten Things to do about Patent Holdup of Standards（and One Not To）”，*Boston College Law*，Vol. 48，2007.

ICT 产业内专利权人阻挠生产商按照标准进行生产的现象。[1] 因此，法院必须综合考量，判定合理的专利许可费和损害赔偿计算方法。法院判定“合理许可使用费”时须基于该专利与在先技术相比的特殊贡献，即损害赔偿以其实际专利技术价值来判断，专利侵权诉讼的胜诉方不能按含有侵权技术的商品数量来计算赔偿金额，专利权人更不得以“损失利润与机会”作为其要求许可费的基础。[2]

（三）放宽专利无效诉讼的提起条件

长期以来，在美国专利审判实务中，专利的被许可人不能轻易提起质疑专利有效性的诉讼。一般只有在存在重大违约行为或终止许可协议的情形下，被许可人才能提起专利有效性的诉讼。然而，2007 年 1 月，美国联邦最高法院在 MedImmune 公司诉 Genentech 公司的专利诉讼案中推翻了这一惯例。[3]

MedImmune 公司为了经营一种儿科呼吸道药品而“被迫”同意根据原先协议向 Genentech 公司支付专利费。经过近五年的诉讼，美国联邦最高法院最后推翻了上诉法院的判决，认为不必终止或实质违反许可协议，被许可人就可以针对专利权人提起质疑专利有效性的诉讼，或就是否侵害专利提起诉讼。

此判决对之后类似案件的影响是巨大的。这意味着被许可人如

---

〔1〕 Mark Lemley, “Ten Things to do about Patent Holdup of Standards (and One Not To)”, *Boston College Law*, Vol. 48, 2007; Mark Lemley and Carl Shapiro, “Patent Holdup and Royalty Stacking”, *Texas Law Review*, Vol. 85, 1991, 2007.

〔2〕 美国参议院 2007 年提出的 S. 1145 号“2007 年专利改革法案”，在第 284 条第 1 款第（3）项增加了对全部市场价值规则的限定，“除非请求人表明专利对现有技术的特别贡献是侵权产品或方法的市场需求的主要基础，否则赔偿不可以该侵权产品或方法的全部市场价值作为基础”。详见和育东：《专利侵权赔偿中的技术分摊难题——从美国废除专利侵权“非法获利”赔偿说起》，载《法律科学》2009 年第 3 期。

〔3〕 MedImmune, Inc. v. Genentech, Inc., 549 U. S. 118 (2007).

果基于某种原因被迫接受许可协议，在接受协议后，仍有权利提起专利无效诉讼。以前在这种情形下，立案的可能性很小。之后只要被许可人能证明接受该许可协议是被迫的，就可以在支付专利许可费的同时，主张专利无效。本案表明美国联邦最高法院放宽了提起专利无效诉讼的条件，等于给了企业更多的选择，企业可以视情况先接受许可协议再提起诉讼。

（四）提高专利的“非显而易见性”标准

“非显而易见性”（non-obviousness），是取得美国专利的一个实质性条件，类似于我国专利所要求的“创造性”。美国法院对非显而易见性的判断是根据其《专利法》第 103 条的规定发展出的教导—建议—动机标准（teaching-suggestion-motivation，简称 TSM 标准）。根据该标准，对于由分散在数个在先发明中的要件所组成的一项新发明，在没有教导、建议或动机来将这些要件组合出这件发明的专利范围的条件下，这件发明不被视为显而易见，因此可以获得专利权。然而，2007 年 4 月，美国联邦最高法院在 KSR 公司诉 Teleflex 公司案中推翻了这一标准。[1]

2002 年 11 月，Teleflex 公司向美国地方法院起诉 KSR 公司生产的可调节油门踏板装置侵害其专利权，Teleflex 的专利是一种经电子传感器控制引擎的可调油门踏板，在该发明被公开之前，就有公司生产和销售可调油门踏板以及带有电子传感器的踏板。因此，KSR 认为该专利显然是根据这两种既有设计方案结合而来，不能被授予专利权。地方法院同意 KSR 公司的观点，但上诉法院认为该专利符合 TSM 标准，具有非显而易见性。

---

〔1〕 KSR International Co. v. Teleflex Inc., http://www.supremecourtus.gov/opinions/06pdf/04-1350.pdf，2009 年 12 月 10 日访问。

2007年4月，美国联邦最高法院作出终审判决，认为TSM标准并非一个硬性规则，上诉法院对于TSM标准的解读过于僵化。美国联邦最高法院认为，在判定其是否具有非显而易见性的过程中，应考虑既有技术的既定功能，其后的改良是否超越了既有技术要素可预见的用途，以及既有技术领域的普通技术人员是否能得出此推论或创新步骤。如果不能的话，这一技术方案才具有非显而易见性。

美国联邦最高法院的判决提高了专利的“非显而易见性”的标准，提高了获取专利的门槛，当然也有助于提高专利品质。这一判决对于商业方法、软件专利的影响尤为重大，因为在这些专利的申请范围中，往往有一部分在既有技术中已经存在。依据此判决，美国专利局可能以不具有“非显而易见性”为由，驳回申请人的专利申请，这自然增加了获得专利的难度，涉案侵权人在诉讼中也可以以涉案的专利不具有非显而易见性为由，主张专利权无效从而降低自己的辩护难度。

第五章　完善我国专利标准化政策建议

一、我国标准化管理现状及问题

我国标准化工作采用了中央政府集中制管理体制：政府对企业的生产进行管理和控制，组织制定所有国家标准、行业标准和地方标准并强制实施。1988 年 12 月，《标准化法》正式颁布。《标准化法》为当时我国的经济建设提供了标准化的保障，起到了应有的历史作用。但随着我国国民经济和社会事业的发展，现行《标准化法》确立的标准体系和管理措施已不能完全适应实际需要：一是标准范围过窄，主要限于工业产品、工程建设和环保要求，难以满足经济提质增效升级的需求；二是强制性标准制定主体分散，范围过宽，内容交叉重复矛盾，不利于建立统一的市场体系；三是标准体系不够合理，政府主导制定标准过多，对团体、企业等市场主体自主制定标准限制过严，导致标准有效供给不足；四是标准化工作机制不完善，制约了标准化管理效能提升，不利于加强事中事后监管。[1]

我国标准化管理体制属于计划经济色彩下的国家行政主导体制，现行标准体系和标准化管理体制已不能适应社会主义市场经济

---

〔1〕 详情参见国务院法制办：《关于〈中华人民共和国标准化法（修订草案征求意见稿）〉的说明》，http://zqyj.chinalaw.gov.cn/draftExplain? DraftID = 1002，2017 年 9 月 4 日访问。

发展的需要，甚至在一定程度上影响了经济社会发展，具体表现为以下方面。

（一）标准体系不够合理，标准化工作基本上由国家主导制定和实施，企业未能成为标准化主体

我国虽然成立了国家标准化管理委员会负责国家标准的立项、协调、审查和批准发布，但是它还没有成为真正意义上的“委员会”，只不过是原国家质量技术监督局标准化司分离出来而成的事业机构，仍然是政府管理标准化的一级机构。国家标准委管理着200多个标准化技术委员会。这些标准化技术委员会绝大部分分布在政府的行业主管部门中。经过近年来的政府机构改革，有些行业主管部门取消了（如机械部、冶金部等），有的还保留着或得到了加强（如原信息产业部、建设部、农业部等）。所以，有的行业部门标准化还在延续计划经济体制，有的则由行业协会进行管理。但是，我国的行业协会政府色彩浓厚，民间组织体系不完善。我国现行的《标准化法》也决定了行业协会没有权力制定真正意义上的能够代表企业利益的专业标准，不能体现企业和消费者（利益各方）的权益。标准的立项和制定、修订缺乏透明度，不能适应市场经济和我国加入 WTO 的要求。由于计划经济体制不透明的管理模式，制定出来的国家标准可能成为垄断的工具，也可能在工业中毫无用处。标准化体制的不合理造成我国标准数量越来越多，却没有一个合理的机制逐步淘汰不能适应市场需求的标准。当前我国的企业未能成为标准化的主体。标准化是政府对企业的要求，而不是企业自身发展的需求。企业对于标准制定、修订采取消极的态度。[1]

---

〔1〕 王平：《中国标准化管理体制：问题及对策》，载《世界标准化与质量管理》2003 年第 3 期。

国家标准、行业标准、地方标准均由政府主导制定，且70%为一般性产品和服务标准，这些标准中许多应由市场主体遵循市场规律制定。而国际上通行的团体标准在我国没有法律地位，市场自主制定、快速反映需求的标准不能有效供给。即使是企业自己制定、内部使用的企业标准，也要到政府部门备案甚至审查性备案，企业能动性受到抑制，缺乏创新和竞争力。[1]

根据《标准化法》第5条的规定，国务院标准化行政主管部门统一管理全国标准化工作。国务院有关行政主管部门分工管理本部门、本行业的标准化工作。省、自治区、直辖市标准化行政主管部门统一管理本行政区域的标准化工作。省、自治区、直辖市政府有关行政主管部门分工管理本行政区域内、本部门、本行业的标准化工作。市、县标准化行政主管部门和有关行政主管部门，按照省、自治区、直辖市政府规定的各自的职责，管理本行政区域内的标准化工作。

根据《标准化法》第6条的规定，对需要在全国范围内统一的技术要求，应当制定国家标准。国家标准由国务院标准化行政主管部门制定。在我国，除企业标准由企业制定外（仅需报标准行政主管部门备案即可），国家标准、行业标准、地方标准均由国家制定和公布。标准工作实践中，标准的具体起草、审定是由行政主管部门组织相关部门完成，如国家标准由全国专业标准化技术委员会、专业标准化技术归口单位完成；行业标准由经授权的联合会、协会以及具有行业管理职能的公司完成；地方标准由省级质量技术监督管理部门委托的相关部门完成。但从法律关系分析，负责标准草

〔1〕 详见《国务院关于印发深化标准化工作改革方案的通知》（国发〔2015〕13号）。

拟、审定工作的专业技术部门接受标准化行政主管机关的委托，且由标准化行政主管机关批准并以其名义公布，因而标准化行政主管部门是标准的制定者。[1]

（二）标准缺失老化滞后与标准交叉重复矛盾并存，难以满足经济提质增效升级的需求，且不利于统一市场体系的建立

现代农业和服务业标准仍然很少，社会管理和公共服务标准刚刚起步，即使在标准相对完备的工业领域，标准缺失现象也不同程度地存在。特别是当前节能降耗、新型城镇化、信息化和工业化融合、电子商务、商贸物流等领域对标准的需求十分旺盛，但标准供给仍有较大缺口。我国国家标准制定周期平均为3年，远远落后于产业快速发展的需要。标准更新速度缓慢，“标龄”高出德、美、英、日等发达国家1倍以上。标准整体水平不高，难以支撑经济转型升级。我国主导制定的国际标准仅占国际标准总数的0.5%，“中国标准”在国际上认可度不高。[2]

标准是生产经营活动的依据，是重要的市场规则，必须增强统一性和权威性。目前，现行国家标准、行业标准、地方标准中仅名称相同的就有近2000项，有些标准技术指标不一致甚至冲突，既造成企业执行标准困难，也造成政府部门制定标准的资源浪费和执法尺度不一。特别是强制性标准涉及健康、安全、环保，但是制定主体多，28个部门和31个省（区、市）制定发布强制性行业标准和地方标准；数量庞大，强制性国家、行业、地方三级标准万余项，缺乏强有力的组织协调，交叉重复矛盾难以避免。[3]

---

〔1〕中国标准化研究院编：《2006中国标准化发展研究报告》，中国标准出版社2006年版，第26—28页。

〔2〕详见《国务院关于印发深化标准化工作改革方案的通知》（国发〔2015〕13号）。

〔3〕详见《国务院关于印发深化标准化工作改革方案的通知》（国发〔2015〕13号）。

（三）强制性技术标准规定详细的技术内容且涉及的范围较宽

一般而言，欧美各国没有采用如我国的直接明确规定强制性国家技术标准的模式，而是采用了更为隐蔽的、自愿性国家技术标准向强制性国家技术标准转化的模式，使得许多表面上看似自愿性的国家技术标准实际上拥有了强制效力。

在我国标准体系下，强制性技术标准并不像欧盟的新方法指令那样仅仅规定框架性技术要求，而是直接详细规定技术内容，其规定的对象包括方法标准、标准中术语、抽样、试验方法、外观指标、待定数据指标等。因此，我国的强制性国家标准也可能会涉及专利技术。我国的国家强制性标准依靠国家强制力推行。按照《标准化法》第 7 条的规定，国家标准、行业标准分为强制性标准和推荐性标准。保障人体健康，人身、财产安全的标准和法律、行政法规规定强制执行的标准是强制性标准，其他标准是推荐性标准。但是在实际工作中，国家强制性标准的范围并没有严格按照此规定执行。由于我国已经参加了 WTO/TBT 协议，按照该协议的规定，只有在保障国家安全、防止欺诈、保护人体健康和人身财产安全、保护动植物生命健康、保护环境等领域才能制定和实施技术法规，一旦我国超出标准化法的规定和 TBT 协议的规定推行国家强制性标准就可能遭到其他 TBT 成员国的反对。[1]

（四）标准化协调推进机制不完善，制约了标准化管理效能提升

标准反映各方共同利益，各类标准之间需要衔接配套。很多标准技术面广、产业链长，特别是一些标准涉及部门多、相关方立场

---

〔1〕 张平、赵启杉、费清清等：《强制性国家技术标准与专利权的关系》，载《〈专利法〉及〈专利法实施细则〉第三次修改专题研究报告》，国家知识产权局条法司编，知识产权出版社 2006 年版，第 1116—1130 页。

不一致，协调难度大，由于缺乏权威、高效的标准化协调推进机制，越重要的标准越“难产”。有的标准实施效果不明显，相关配套政策措施不到位，尚未形成多部门协同推动标准实施的工作格局。[1]

造成这些问题的根本原因是现行标准体系和标准化管理体制是20世纪80年代确立的，政府与市场的角色错位，市场主体活力未能充分发挥，既阻碍了标准化工作的有效开展，又影响了标准化作用的发挥，必须切实转变政府标准化管理职能，深化标准化工作改革。[2]

二、我国专利标准化规制政策现状

在专利标准化立法方面，由于考虑到现实存在的困难和需要均衡的各方利益，在我国《标准化法》《专利法》或其配套法规中，都没有明确规定调整标准化与专利之间法律关系的条文，也没有出台相关的专门法规。鉴于技术标准与专利权之间相互耦合和冲突，甚至发生对我国相关产业和经济发展产生重大影响的有关案例，国内有关部门一直在试图通过立法或发布司法解释的形式规范专利标准化行为。

（一）《专利法修订草案》

2011年11月，国家知识产权局启动专利法特别修改的准备工作。在充分考虑各方面意见的基础上，形成了《中华人民共和国专利法修订草案（送审稿）》，于2013年1月上报国务院。2014年上

〔1〕 详见《国务院关于印发深化标准化工作改革方案的通知》（国发〔2015〕13号）。

〔2〕 详见《国务院关于印发深化标准化工作改革方案的通知》（国发〔2015〕13号）。

半年，全国人大常委会开展了专利法执法检查工作，从专利质量、专利保护、专利运用、公共服务等方面对专利法修改提出了具体意见。国家知识产权局在广泛征求社会各界意见的基础上对 2013 年《中华人民共和国专利法修订草案（送审稿）》作了进一步补充完善，形成了新的《中华人民共和国专利法修订草案（送审稿）》。2015 年 12 月，国务院法制办公室将国家知识产权局报请国务院审议的新的《中华人民共和国专利法修订草案（送审稿）》（以下简称《专利法修订草案（送审稿）》）及其说明公布，征求社会各界意见。[1] 其中，涉及标准中专利的内容主要有以下方面。

1. 标准化组织会议讨论中的技术信息与新颖性问题

根据《专利法修订草案（送审稿）》第 24 条规定，申请专利的发明创造在申请日以前 6 个月内，有下列情形之一的，不丧失新颖性：

（1）在中国政府主办或者承认的国际展览会上首次展出的；

（2）在规定的学术会议或者技术会议上首次发表的；

（3）他人未经申请人同意而泄露其内容的。

对于不丧失新颖性公开的时间（宽限期），我国现行《专利法》规定为 6 个月，属于狭义宽限期，在标准化组织会议中讨论过的技术信息，适用上述规定。[2]

2. 专利实施的强制许可

根据《专利法修订草案（送审稿）》第 48 条规定，有下列情

---

〔1〕 国务院法制办公室：《关于〈中华人民共和国专利法修订草案（送审稿）〉公开征求意见的通知》，http://www.chinalaw.gov.cn/article/cazjgg/201512/20151200479591.shtml，2016 年 6 月 20 日访问。

〔2〕 吴韬、安佰生：《标准化、知识产权与反垄断研究报告（中期）》，2016 年 4 月，第 73—74 页。

形之一的，国务院专利行政部门根据具备实施条件的单位或者个人的申请，可以给予实施发明专利或者实用新型专利的强制许可：

（1）专利权人自专利权被授予之日起满3年，且自提出专利申请之日起满4年，无正当理由未实施或者未充分实施其专利的；

（2）专利权人行使专利权的行为被依法认定为垄断行为，为消除或者减少该行为对竞争产生的不利影响的。

根据该条规定，强制许可需要经由反垄断执法机构的依法认定，就专利标准化而言，《送审稿》没有明确涉及标准必要专利的强制许可问题。

3. 专利标准化的默示许可制度

《专利法修订草案（送审稿）》新增“专利的实施和运用”一章，其中第85条规定：“参与国家标准制定的专利权人在标准制定过程中不披露其拥有的标准必要专利的，视为其许可该标准的实施者使用其专利技术。许可使用费由双方协商；双方不能达成协议的，可以请求国务院专利行政部门裁决。当事人对裁决不服的，可以自收到通知之日起十五日内向人民法院起诉。”

（二）《国家标准涉及专利的管理规定（暂行）》(2014)

标准中的专利正成为一个严重问题。为适当处理与标准有关的专利问题、调整国家标准的规则、在国家标准中促进采用新技术、保护专利所有人和公共利益、保证国家标准的有效实施，2004年9月21日，国家标准化管理委员会发布了《国家标准涉及专利的规定（暂行）》（征求意见稿）（以下简称2004年版征求意见稿）。[1]但由于未能处理好标准化与专利权之间的矛盾，招致各方反对而未能正式出台。之后，国家标准化管理委员会又于2009年11月2日

[1] http://www.sac.gov.cn/news/general/4119_1.doc，2011年10月8日访问。

公布了《涉及专利的国家标准制修订管理规定（暂行）》（征求意见稿）（以下简称2009年版征求意见稿），于2010年1月公布了《国家标准涉及专利的处置规则》（征求意见稿），并公开征询各方意见。[1] 2010年的草案受到美国方面的高度关注，[2] 美国贸易代表办公室指出，草案措施规定当强制性国家标准囊括专利技术时，如果专利权人拒绝给予免费许可，就有采取强制许可的可能性。这与其他国家中获得认可的标准制定组织的典型做法有所不同，他们要求在标准制定过程中披露知识产权信息并支持对纳入标准的知识产权适用“合理和非歧视性的”授权政策。合理和非歧视性政策要求相关专利权利人，将这些组织制定的标准中所包含的知识产权，基于合理和非歧视性原则提供给所有利益相关方。在标准制定过程中，授权条款通常是由专利权利人和专利使用者协商达成的。

2013年12月19日，国家标准化管理委员会、国家知识产权局联合制定发布《国家标准涉及专利的管理规定（暂行）》（以下简称《暂行规定》），自2014年1月1日起施行。《暂行规定》共24条，首次对国家标准涉及专利的相关问题作了规范，其中包括专利信息的披露、专利实施许可、强制性国家标准涉及专利的特殊规定等方面的内容。《暂行规定》基本是参照美国和欧盟标准化组织的

---

〔1〕 http://www.gsiic.com.cn/Article/200911/20091105155141_102527.html，2011年10月8日访问。基于此，中国标准化研究院于2010年1月就其颁布的《国家标准涉及专利的处置规则》征询公众意见。此份《处置规则》是中国国家标准化管理委员会颁布的暂行规定的辅助文件。中国电子技术标准化研究所于2010年10月完成了《国家标准涉及专利的暂行规定》的二次草案——《国家标准涉及专利的标准制定特别程序》，并提交给中国国家标准化管理委员会审查。

〔2〕 Office of the United States Trade Representative：2011 Special 301 Report. http://www.ustr.gov/webfm_send/2841，2015年3月5日访问。

专利政策制定的，其具体内容可概括为以下几个方面。

1. 不反对在国家标准中纳入必要专利技术，但强制性国家标准原则上不涉及专利

相比2004年版征求意见稿，2009年版征求意见稿和《暂行规定》都没有明确区分国家强制性技术标准与国家推荐性技术标准，只在《暂行规定》第4条笼统规定："国家标准中涉及的专利应当是必要专利，即实施该项标准必不可少的专利。"[1] 但第四章"强制性国家标准涉及专利的特殊规定"中，第14条规定："强制性国家标准一般不涉及专利"；第15条规定："强制性国家标准确有必要涉及专利，且专利权人或者专利申请人拒绝作出第九条第一项或者第二项规定的专利实施许可声明的，应当由国家标准化管理委员会、国家知识产权局及相关部门和专利权人或者专利申请人协商专利处置办法。"[2]《暂行规定》的措施使标准的制定过程符合我国的愿景及建立强制性国家标准不包含专利技术的总体原则。

2. 专利信息披露义务、核实及违反后果

(1) 专利信息披露义务主体

一是专业标准化技术委员会或归口单位。《暂行规定》第7条规定："全国专业标准化技术委员会或者归口单位应当将其获得的专利信息尽早报送国家标准化管理委员会。"

---

[1] 2004年版征求意见稿第3条规定："……推荐性国家标准原则上不反对标准中含有专利。但该专利应是国家标准中难以替代的技术，且不存在其他拒绝涉及该专利的实质性理由。"2009年版征求意见稿第3条规定："国家标准中涉及的专利技术应是实施该项标准必须的技术，且不存在拒绝涉及该专利的实质性理由。"

[2] 2009年版征求意见稿第13条规定："强制性国家标准如确有必要涉及专利，应由专利权人免费许可或者由国家标准化行政主管部门提请相关部门和专利权人共同协商专利处置。如相关部门和专利权人未能取得一致的专利处置结果，则相应国家标准暂不批准发布或依法给予强制许可。"

二是参与国家标准制定和修订的组织或个人。《暂行规定》第5条规定:“在国家标准制修订的任何阶段，参与标准制修订的组织或者个人应当尽早向相关全国专业标准化技术委员会或者归口单位披露其拥有和知悉的必要专利，同时提供有关专利信息及相应证明材料，并对所提供证明材料的真实性负责。”

三是没有参与标准起草但知悉与国家标准有关的专利信息的组织或个人。《暂行规定》第6条规定:“鼓励没有参与国家标准制修订的组织或者个人在标准制修订的任何阶段披露其拥有和知悉的必要专利，同时将有关专利信息及相应证明材料提交给相关全国专业标准化技术委员会或者归口单位，并对所提供证明材料的真实性负责。”

（2）专利信息的真实性由报送主体自负

2009年版征求意见稿第7条还规定了专利信息的核实主体是专业标准化技术委员会或归口单位，“涉及专利的国家标准报批时，专业标准化技术委员会或归口单位应对专利信息表和相应证明材料的真实性进行核实，并将证明其真实性的书面材料与专利情况说明一同报送国家标准化行政主管部门”。

但在《暂行规定》中取消了对专利信息及相应证明材料的真实性由专业标准化技术委员会或归口单位核实的上述规定，而由“参与国家标准制定和修订的组织或个人”（第5条）和“没有参与标准起草但知悉与国家标准有关的专利信息的组织或个人”（第6条）分别对所提供证明材料的真实性自行负责。第11条规定，涉及专利的国家标准草案报批时，全国专业标准化技术委员会或者归口单位应当同时向国家标准化管理委员会提交专利信息、证明材料和专利实施许可声明。

（3）违反专利信息披露义务的法律后果

《暂行规定》第5条规定："参与标准制定的组织或者个人未按要求披露其拥有的专利，违反诚实信用原则的，应当承担相应的法律责任。"

3. FRAND专利许可原则及违反后果

（1）FRAND许可原则

《暂行规定》第9条规定，国家标准制定和修订过程中涉及专利的，全国专业标准化技术委员会或归口单位应及时获得专利权人作出专利实施许可声明。[1]

《暂行规定》第9条同时规定，该声明应当由专利权人或者专利申请人在以下三项内容中选择一项：①专利权人或者专利申请人同意在公平、合理、无歧视基础上，免费许可任何组织或者个人在实施该国家标准时实施其专利；②专利权人或者专利申请人同意在公平、合理、无歧视基础上，收费许可任何组织或者个人在实施该国家标准时实施其专利；③专利权人或者专利申请人不同意按照以上两种方式进行专利实施许可。[2]

（2）违反FRAND原则的法律后果

《暂行规定》第12条规定："国家标准发布后，发现标准涉及专利但没有专利实施许可声明的，国家标准化管理委员会应当责成全国专业标准化技术委员会或者归口单位在规定时间内获得专利权

---

〔1〕 2009年版征求意见稿要求"国家标准制定和修订过程中涉及专利时，专业标准化技术委员会或归口单位应及时获得专利权人做出不可撤销的专利实施书面许可声明"。

〔2〕 2009年版征求意见稿第9条第2款要求，该声明应当包含以下内容，专利权人应选择其中一项：(1) 专利权人同意在合理无歧视基础上，免费许可任何组织和个人实施该国家标准时实施其专利；(2) 专利权人同意在合理无歧视基础上，许可任何组织和个人实施该国家标准时实施其专利，但支付的数额应明显低于正常的许可使用费；(3) 专利权人不同意按照以上两种方式进行专利许可。

人或者专利申请人作出的专利实施许可声明，并提交国家标准化管理委员会。除强制性国家标准外，未能在规定时间内获得专利权人或者专利申请人根据第九条第一项或者第二项规定作出的专利实施许可声明的，国家标准化管理委员会可以视情况暂停实施该国家标准，并责成相应的全国专业标准化技术委员会或者归口单位修订该标准。”第 13 条规定：“对于已经向全国专业标准化技术委员会或者归口单位提交实施许可声明的专利，专利权人或者专利申请人转让或者转移该专利时，应当事先告知受让人该专利实施许可声明的内容，并保证受让人同意受该专利实施许可声明的约束。”

（三）《关于禁止滥用知识产权排除、限制竞争行为的规定》(2015 年)

2015 年 4 月 7 日，国家工商总局发布了中国第一部专门针对知识产权滥用方面的反垄断规则，即《关于禁止滥用知识产权排除、限制竞争行为的规定》（以下简称《禁止滥用知识产权规定》），自 2015 年 8 月 1 日起施行。[1]

《禁止滥用知识产权规定》第 13 条明确定义了“标准必要专利”，并具体规定了标准必要专利权人的义务，特别是专利信息披露义务及公平、合理和无歧视原则许可的义务。

《禁止滥用知识产权规定》第 13 条规定：“经营者不得在行使知识产权的过程中，利用标准（含国家技术规范的强制性要求，下同）的制定和实施从事排除、限制竞争的行为。

具有市场支配地位的经营者没有正当理由，不得在标准的制定和实施过程中实施下列排除、限制竞争行为：

---

〔1〕 http://www.saic.gov.cn/zwgk/zyfb/zjl/fld/201504/t20150413_155103.html，2015 年 4 月 20 日访问。

（一）在参与标准制定的过程中，故意不向标准制定组织披露其权利信息，或者明确放弃其权利，但是在某项标准涉及该专利后却对该标准的实施者主张其专利权。

（二）在其专利成为标准必要专利后，违背公平、合理和无歧视原则，实施拒绝许可、搭售商品或者在交易时附加其他的不合理交易条件等排除、限制竞争的行为。

本规定所称标准必要专利，是指实施该项标准所必不可少的专利。”

（四）《关于滥用知识产权的反垄断指南》（征求意见稿）

根据国务院反垄断委员会有关工作部署，《国务院反垄断委员会关于滥用知识产权的反垄断执法指南》由商务部、工商总局、发改委、知识产权局依据职责分别起草，由国家发展和改革委员会办公室统筹形成正式版本。

1. 国家发改委《关于滥用知识产权的反垄断执法指南》（征求意见稿）（2015年）

2015年12月31日，国家发改委发布了《关于滥用知识产权的反垄断指南》（征求意见稿），向社会公开征求意见。[1] 该文件不仅很多条款整体上适用标准中的专利问题，还有多个条款规定了专利标准化滥用问题。

在第二部分“二、可能排除、限制竞争的知识产权协议”第（一）条“具有竞争关系的经营者达成的协议”项下，文件对“标准制定”进行了规定：

---

〔1〕国家发展和改革委员会价格监督检查与反垄断局：《〈关于滥用知识产权的反垄断指南〉（征求意见稿）公开征求意见》，http://www.sdpc.gov.cn/yjzq/201512/t20151231_770310.html，2016年1月15日访问。

“4. 标准制定

本指南所称标准制定，是指经营者共同制定在一定范围内统一实施的涉及知识产权的标准。

标准制定有助于实现不同产品之间的通用性，降低成本，提高效率，保证产品质量，促进竞争，增进社会福祉。但是，具有竞争关系的经营者共同参与标准制定也可能排除、限制竞争，具体分析时可以考虑以下因素：

（1）是否排除其他特定经营者；

（2）是否排斥特定经营者的相关方案；

（3）是否约定不实施其他竞争性标准；

（4）对行使标准中所包含的知识产权是否有必要、合理的约束机制。

分析不具有竞争关系的经营者达成的联合研发、专利联营、交叉许可及标准制定等知识产权协议是否排除、限制竞争，同样可以考虑上述相应的分析因素，但是需要充分考虑达成上述知识产权协议的经营者不具有竞争关系这一重要因素。”

在第三部分“涉及知识产权的滥用市场支配地位行为”的第（一）条“市场支配地位的认定”项下，文件对标准必要专利经营者是否具有支配地位问题作出了明确规定：

“认定标准必要专利经营者是否具有市场支配地位，可继续考虑以下因素：

1. 相关标准的市场价值与应用程度；

2. 是否存在替代标准；

3. 行业对相关标准的依赖程度及使用替代标准的转换成本；

4. 不同代际相关标准的演进情况与兼容性；

5. 纳入标准的相关技术被替换的可能性。”

在第三部分“涉及知识产权的滥用市场支配地位行为”的第（二）条“滥用市场支配地位行为”项下“禁令救济”方面，文件明确规定：

“6. 禁令救济

……

禁令救济是标准必要专利权人依法享有的维护其合法权利的救济手段。但是，拥有市场支配地位的标准必要专利权人利用禁令救济申请迫使被许可人接受其提出的不公平的高价许可费或其他不合理的许可条件，可能排除、限制竞争。

分析和认定标准必要专利经营者申请禁令救济是否排除、限制竞争，可考虑以下因素：

（1）谈判双方在谈判过程中的行为表现及其体现出的真实意愿；

（2）相关标准必要专利所负担的有关禁令救济的承诺；

（3）谈判双方在谈判过程中所提出的许可条件；

（4）申请禁令救济对许可谈判、相关市场及下游市场竞争和消费者利益的影响。”

2. 国家工商行政管理总局《关于滥用知识产权的反垄断执法指南（国家工商总局第七稿）》(2016 年)

2016 年 2 月 4 日，国家工商总局发布了《关于滥用知识产权的反垄断执法指南（国家工商总局第七稿）》及其起草说明，向社会公开征求意见。其中，在第六章“涉及知识产权的若干特定行为的反垄断分析”中，第 28 条明确规定了与专利标准化直接相关的“涉及标准制定和实施的垄断行为”。

第28条规定："经营者不得在行使知识产权的过程中，利用标准（含国家技术规范的强制性要求，下同）的制定和实施从事排除、限制竞争的行为。

具有市场支配地位的经营者没有正当理由，在标准的制定和实施过程中实施下列行为，会排除、限制相关市场的竞争：

（一）在参与标准制定的过程中，故意不向标准制定组织披露其权利信息，或者明确放弃其权利，但是在某项标准涉及该专利后却对该标准的实施者主张其专利权；

（二）在其专利成为标准必要专利后，以不公平的高价许可其标准必要专利，不公平高价的判定方法可参见本指南第二十三条的规定；

（三）在其专利成为标准必要专利后，实施拒绝许可、搭售、差别待遇，或者在交易时附加其他的不合理交易条件等排除、限制竞争的行为；

（四）在其专利成为标准必要专利后，滥用禁令救济或者诉权强迫被许可方接受其提出的各种不合理的交易条件。

本指南所称标准必要专利，是指实施该项标准所必不可少的专利；禁令救济，是指专利权人请求司法机关或者其他组织向其颁发禁止或者限制相关经营者使用其专利的命令。"

（五）最高人民法院相关司法解释

1.《关于审理侵犯专利权纠纷案件应用法律若干问题的解释》（征求意见稿）（2009年）

2003年7月，最高人民法院公布了《关于处理专利侵权纠纷案件有关问题解决方案草稿》（征求意见稿2003.7.9），其中第75条第1款规定："标准管理组织或者标准制定者未经专利权人许可，也未获得专利实施的强制许可，将专利纳入国家标准、行业标准和其他专业技术标准，因实施标准而使用专利的，标准管理组织或者标准制定者应承担专利侵权责任。”[1] 2003 年 10 月，最高人民法院公布了该司法解释草案的会议讨论稿《关于审理专利侵权纠纷案件若干问题的规定》（会议讨论稿 2003. 10. 27—29），在会议讨论稿中，原征求意见稿的第 75 条第 1 款被调整为第 36 条，大致内容未变，只是在表述方式上进行了调整。第 36 条规定：“专利权人参与了有关标准的制定，但在标准发布前未申明其中的有关内容落入其有效专利权的保护范围的，视为已经获得专利权人的免费实施的默认许可，标准管理组织、标准制定者和标准采用人的有关行为，不视为专利侵权。”但后来，由于国内启动了《专利法》的第三次修改工作，这一司法解释被搁置。

2009 年 6 月，最高人民法院发布《关于审理侵犯专利权纠纷案件应用法律若干问题的解释》（征求意见稿），其中第 20 条对专利与标准化的内容进行了规定：“经专利权人同意，专利被纳入国家、行业或者地方标准制定组织公布的标准中，且标准未披露该专利的，人民法院可以认定专利权人许可他人在实施该标准的同时实施其专利，但专利依法必须以标准的形式才能实施的除外。专利权人要求标准实施人支付使用费的，人民法院应当综合考虑专利的创新程度及其在标准中的作用、标准所属的技术领域、标准的性质、标准实施的范围等因素合理确定使用费的数额，但专利权人承诺放弃使用费的除外。标准披露了该专利及其许可实施条件，他人未按

---

[1] 另一种方案是，“标准管理组织或者标准制定者未经专利权人许可，也未获得专利实施专利的强制许可，将专利纳入国家标准、行业标准和其他专业技术标准的，人民法院应当认定其构成专利侵权；他人根据国家有关规定，标准管理组织的章程或者标准制定者规定的条件实施包括专利在内的标准的，构成专利共同侵权”。

照披露的条件实施该专利，当事人主张按照披露的许可实施条件实施的，人民法院应当支持。披露的许可实施条件明显不合理的，经当事人请求，人民法院可以适当调整。未披露许可实施条件或者披露的许可实施条件不明确的，当事人可以协商解决，协商不成的，可以请求人民法院确定。法律、行政法规对实施标准中的专利另有规定的，从其规定。”

从绪论中所列举的广西壮族自治区高级人民法院审理的“邕江药业公司诉天工药业公司侵犯专利权”专利侵权上诉案就可以看出，专利权人在参与制定技术标准的过程中，如果想达到将其专利纳入技术标准中而又能有效保护其专利的目的，必须在制定标准的过程中申明标准的哪些部分是受其专利保护的。如果在标准的制定过程中不作这样的申明，则视为专利权人给予了标准使用人免费实施其专利的默认许可。广西高院的这种主张与美国 FTC 在 Dell 公司诉 VESA 一案中的观点有异曲同工之处,〔1〕在一定程度上也体现了《关于审理专利侵权纠纷案件若干问题的规定》（会议讨论稿）第 36 条的精神。

《关于审理专利侵权纠纷案件若干问题的规定》（征求意见稿）第 75 条第 1 款的规定容易导致国家标准化行政主管部门承担专利侵权责任。因为，我国标准化管理体制还属于计划经济色彩下的国家行政主导体制，除企业标准由企业制定外（仅需报标准化行政主管部门备案即可），国家标准、行业标准、地方标准均由国家制定和公布。这样的标准化管理体制容易导致国家标准化行政主管部门的专利侵权责任。《关于审理专利侵权纠纷案件若干问题的规定》（会议讨论稿）第 36 条明确承认“默示许可”，而我国《专利法》

〔1〕 李德山：《技术标准与专利侵权》，载“人民网—科技频道”2008 年 10 月 27 日。

侵权除外制度中并不涉及专利技术标准化问题，“默示许可”尚未得到法律明确承认。

与2003年两个司法解释征求意见稿及国家标准化管理委员的规定草案相比，2009年版征求意见稿第20条细化了专利权人在专利被纳入标准时的权利和义务，并对专利实施方式及使用费支付问题进行了规定，相对而言更加强调专利权人的利益保障。例如，就涉标准专利未履行披露义务后果的规定而言，最高人民法院与国家标准化管理委员会的观点并不一致。前者认为可“合理确定使用费的数额”，后者则认为“视为免费许可”。在司法解释征求意见的过程中，各方针对该条规定在今后司法实践活动中的可操作性提出很多意见。以至于在2009年12月正式公布时，该条规定就直接消失了。由此可见，因涉及专利权人、标准起草人和标准实施人等多方主体的权利和义务，要从立法层面实现利益平衡，的确不是一件轻松的事情。

2.《最高人民法院关于审理侵犯专利权纠纷案件应用法律若干问题的解释（二）》（2016年）

2016年1月25日，最高人民法院审判委员会第1676次会议通过了《最高人民法院关于审理侵犯专利权纠纷案件应用法律若干问题的解释（二）》，自2016年4月1日起施行。该解释第24条规定：“推荐性国家、行业或者地方标准明示所涉必要专利的信息，被诉侵权人以实施该标准无需专利权人许可为由抗辩不侵犯该专利权的，人民法院一般不予支持。

推荐性国家、行业或者地方标准明示所涉必要专利的信息，专利权人、被诉侵权人协商该专利的实施许可条件时，专利权人故意违反其在标准制定中承诺的公平、合理、无歧视的许可义务，导致无法达成专利实施许可合同，且被诉侵权人在协商中无明显过错的，对于权利人请求停止标准实施行为的主张，人民法院一般不予支持。”

其中，专利人违反 FRAND 承诺，且被诉侵权人无明显过错的，实质上将导致专利人无法申请禁令。

3. 最高法院四号函（2008 年）

本书绪言中完整摘录的《最高人民法院关于朝阳兴诺公司按照建设部颁发的行业标准〈复合载体夯扩桩设计规程〉设计、施工而实施标准中专利的行为是否构成侵犯专利权问题的函》（〔2008〕民三他字第 4 号）（简称“最高法四号函”），实则是一则个案的批复意见，仅仅涉及建筑领域的技术方案，还不具有普遍适用的约束效力，因此不是严格意义上的司法解释。但是，该函是司法实践中处理标准化与知识产权关系纠纷法律适用的重要案例，其阐述的原则对同类纠纷处理具有重要的借鉴参考意义。

专利权人参与了标准制定或经其同意，将专利纳入国家、行业或者地方标准的，视为专利权人许可他人在实施标准的同时实施该专利，此种许可属于自愿许可还是强制许可？何种情况下应免费许可？何种情况下应有偿许可？适当的使用费如何确定？该批复明确承认“默示许可”，而我国《专利法》侵权除外制度中并不涉及专利技术标准化问题，“默示许可”尚未得到法律明确承认。对于参与技术标准制定的专利权人来说，存在一定的法律风险，因为在拒绝许可或以不公平条件实施许可的情况下，其专利有可能被强制许可。

三、完善我国专利标准化规制政策建议

如上文分析，美国主要通过私法上的专利侵权及反垄断诉讼的

司法途径保护专利，过于强调专利法律制度的激励和保护作用，“亲专利”态度非常明显，知识产权反垄断执法也呈现宽松趋势。而中国处于知识产权保护制度的上升阶段，行政机关比较强势，还未达到专利至上主义的程度。而且，反垄断法并不足以解决专利标准化问题特别是专利挟持问题。因此，在构建我国专利标准化总体策略与规制原则时，应当考虑专利保护与反垄断规制的平衡。

（一）专利标准化总体策略与规制原则

20 世纪末期以来，国际上大国与大国的竞争很大程度上不再简单地表现在军事实力和经济实力上，而是越来越多地体现在影响现有经济和潜在经济持续发展的核心技术方面。除了技术本身，知识产权和标准的影响会越来越显著，而且更重要的是，知识产权和标准的影响是更全面、深入和持久的。因此，必须把对知识产权标准化的重视程度提高到战略高度。我国知识产权公共政策将会经历三个阶段，即从“弱知识产权保护、无反垄断制度”到“强知识产权保护、无反垄断制度”，再到“强知识产权保护、强反垄断制度”的转变。在我国的国家知识产权战略中，也屡次提到技术标准与知识产权的密切关系。在某种意义上，技术标准把知识产权的私人财产权特性迅速放大。与任何其他政策一样，知识产权政策的制定也需要从一国实际情况出发。知识产权保护的“最优”力度，是和该国的技术吸收能力、人力资本、市场规模等因素联系在一起的。[1] 所以说，专利标准化总体策略和规制原则也应符合我国现阶段的技术发展等实际情况。

目前我国法律法规中并无一个对于知识产权标准化的总体策略

---

〔1〕 吴欣望著：《知识产权——经济、规则与政策》，经济科学出版社 2007 年版，第 39 页。

与规制原则，仅仅是在个别司法案件中有所涉及。从绪言所述的几个典型案例、最高人民法院的相关司法解释征求意见及个案批复来看，有必要将司法实践中对标准和知识产权关系纠纷法律适用的个案处理原则上升为统一的司法解释，甚或应当从法律法规上构建起有关专利标准化的总体策略与规制原则。

1. “禁止反言”原则

“禁止反言”制度实则是违反专利信息披露义务的法律责任。美国司法判例表明，一旦专利技术并入了标准，没有向标准设定组织披露专利的公司，随后可能被禁止针对成员的反言，而且有理由相信，在专利权人有重大遗漏或对标准设定组织进行误述时，法庭倾向采用禁止反言原则。美国知识产权法协会也建议，对于参与技术标准制定的专利权人不披露专利信息引起的法律责任，法院最好依据禁止反言处理。[1]

其具体制度设计为：“标准披露了该专利及其许可实施条件，他人未按照披露的条件实施该专利，当事人主张按照披露的许可实施条件实施的，人民法院应当支持。披露的许可实施条件明显不合理的，经当事人请求，人民法院可以适当调整。未披露许可实施条件或者披露的许可实施条件不明确的，当事人可以协商解决，协商不成的，可以请求人民法院确定。”

2. “默示许可”原则

专利权人参与了有关标准的制定，但在标准发布前未披露申明其中的有关内容落入其专利权或专利申请的保护范围的，视为已经获得专利权人的免费实施的默认许可，标准管理组织、标准制定者

〔1〕 徐曾沧：《WTO 背景下技术标准中专利并入的法律问题研究》，华东政法大学 2008 年博士学位论文。

和标准采用人的有关行为，不视为专利侵权。

具体设计为："专利权人要求标准实施人支付使用费的，人民法院应当综合考虑专利的创新程度及其在标准中的作用、标准所属的技术领域、标准的性质、标准实施的范围等因素合理确定使用费的数额，但专利权人承诺放弃使用费的除外。"

3. 共同侵权责任

从法律上说，未经专利权人许可，标准管理组织或者标准制定者擅自将专利纳入国家标准、行业标准和其他专业技术标准的，标准采用人根据国家有关规定、标准管理组织的章程或者标准制定者规定的条件实施包括专利在内的标准的，标准采用人与标准管理组织或者标准制定者承担共同专利侵权责任。为了避免由国家标准化主管部门承担侵权责任，只能进一步推动标准化工作的市场化程度，让企业真正成为标准化的主体。

具体设计为："标准管理组织或者标准制定者未经专利权人许可，也未获得专利实施的强制许可，将专利纳入国家标准、行业标准和其他专业技术标准，标准采用人因实施标准而使用专利的，标准管理组织或者标准制定者应承担专利侵权责任。"

（二）完善专利法律制度

1. 禁止专利权滥用制度

目前，我国《专利法》（2008 年修正）及《专利法实施细则》（2010 年修正）对专利权滥用未作出明确规定。而北京市高级人民法院《专利侵权判定若干问题的意见（试行）》（京高法发〔2001〕

229号）第88~91条规定了“滥用专利权抗辩”。[1] 但是，该地方司法解释主要是针对原告的“专利权无效”（如专利权已经超过保护期、已经被权利人放弃、已经被中国专利局撤销或者已经被专利复审委员会宣告无效，以及专利权不符合专利性条件或者其他法律规定应当被宣告无效的）和“恶意取得专利权”的情形，适用的范围比较狭窄，与技术标准化中的滥用专利权（包括有效的专利权和无效专利权）的情形还不完全一致。

因此，为了体现民法上的诚实信用原则、权利滥用之禁止原则及公序良俗原则，在专利法制度上对专利权予以内在限制，有必要在《专利法》及《专利法实施细则》中明确规定禁止专利权滥用制度，可以考虑在《专利法》总则部分增设“禁止专利权滥用”专门条款，明确规定：“专利权的取得和行使，应当遵守法律，尊重社会公德，不得损害公共利益和他人合法权益。”[2]

2. 强制许可制度

《专利法》（2008年修正）第48条规定了强制许可：“有下列情形之一的，国务院专利行政部门根据具备实施条件的单位或者个人的申请，可以给予实施发明专利或者实用新型专利的强制许可：（一）专利权人自专利权被授予之日起满三年，且自提出专利申请之日起满四年，无正当理由未实施或者未充分实施其专利的；

---

〔1〕 第88条规定，被告以原告的专利权已经超过保护期、已经被权利人放弃、已经被中国专利局撤销或者已经被专利复审委员会宣告无效进行抗辩的，应当提供相应的证据。第89条规定，被告以原告的专利权不符合专利性条件或者其他法律规定，应当被宣告无效的，其无效宣告请求应当向专利复审委员会提出。第90条规定，被告以原告恶意取得专利权，并滥用专利权进行侵权诉讼的，应当提供相关的证据。恶意取得专利权，是指将明知不应当获得专利保护的发明创造，故意采取规避法律或者不正当手段获得了专利权，其目的在于获得不正当利益或制止他人的正当实施行为。

〔2〕 实指专利权人应在法律规定的权利范围内正当行使其专利权，不得滥用专利权。

（二）专利权人行使专利权的行为被依法认定为垄断行为，为消除或者减少该行为对竞争产生的不利影响的。”

《专利法》第48条第2款规定的“强制许可”实质上是反垄断性强制许可，即如果专利权人行使专利权的行为被依法认定为垄断行为，为消除或者减少该行为对竞争产生的不利影响，可以强制授权其他人实施该专利。不过，是否构成垄断行为要依据《反垄断法》判断。由此，在技术标准化中的专利许可过程中，如果专利权人的专利许可行为被认定为垄断行为，其专利有可能被国家专利行政部门给予强制许可。

不过，技术标准化中专利许可行为多半会产生限制竞争的效果，还达不到垄断程度，因此，未来可以考虑在《专利法》中增加“限制竞争”这一强制许可的法定事由，但应当严格限定其适用条件，以免被滥用，可在《专利法实施细则》及国家知识产权局的《专利实施强制许可办法》中明确规定“限制竞争”的适用条件，为合理解决技术标准化中专利许可限制竞争提供法律依据。

（三）完善反垄断法律制度

技术标准化的知识产权与反垄断话题，在国际和国内都是历久弥新，多年来一直牵动着政府和企业敏感的神经。从世界各国的法律实践可以看到，当前对知识产权与反垄断之间关系的研究主要着眼于反垄断法对知识产权滥用行为的规制，尤其侧重于对知识产权实施许可行为的规制。在知识经济条件下，仅仅将反垄断法对知识产权滥用行为的规制集中在对知识产权实施许可方面是不全面的，应当说，反垄断法追求的实现有效竞争的目的，是寄托在“权利不得滥用”等民法原则之上，从而全面扩张至知识产权制度的各个领域。[1]

1. 知识产权反垄断执法机构

反垄断法是一个不同于一般经济法律的重要法律，需要设立专门的执法机构，如美国是司法部和联邦贸易委员会，德国是联邦经济部和卡特尔局，只有专业的反垄断执法机关才能保证反垄断法的有效实施。当前，我国是二元、多机构的反垄断执法机制，反垄断“三驾马车”，即按照国务院“三定”方案授权，由国家工商行政管理总局、国家发展和改革委员会、商务部负责《反垄断法》的具体执法工作，这三个部门同属于国务院反垄断执法机构。

国务院“三定”方案规定，国家工商行政管理总局的主要职责之一是：负责垄断协议、滥用市场支配地位、滥用行政权力排除限制竞争方面的反垄断执法工作（价格垄断行为除外）。同时，“三定”方案规定，国家工商行政管理总局内设反垄断与反不正当竞争执法局，具体负责拟定有关反垄断、反不正当竞争的具体措施、办法；承担有关《反垄断法》执法工作；查处市场中的不正当竞争、商业贿赂、走私贩私及其他经济违法案件，督查督办大案要案和典型案件。据此，国家工商行政管理总局将负责：除价格卡特尔（即价格垄断协议）之外的大部分垄断协议的禁止和查处工作，除价格垄断行为之外的大部分滥用市场支配地位行为的禁止和查处工作，滥用行政权力排除限制竞争行为的有关执法工作。

国务院“三定”方案规定：依法查处价格违法行为和价格垄断行为属于国家发展和改革委员会的一项职责。国家发展和改革委员会内设价格监督检查司，负责依法查处价格垄断行为等工作。价格

---

〔1〕 黄勇：《论我国反垄断法在知识产权领域的应然取向》，载《电子知识产权》2006年第5期。

卡特尔，即价格垄断协议，就是毫无争议的价格垄断行为。

国务院“三定”方案规定：依法对经营者集中行为进行反垄断审查，指导企业在国外的反垄断应诉工作，开展多、双边竞争政策交流与合作，是商务部的重要职责。商务部内设反垄断局，具体负责以上职能工作。

一般领域的反垄断执法分别由上述国家工商行政管理总局、国家发展和改革委员会、商务部三部委承担，而管制性、垄断性行业的监管机构也有相当程度的执法权，如电监会、银监会、保监会、证监会及通信主管部门等。在相关执法过程中，三大反垄断执法机构需要与管制性行业主管部门协同配合。

因此，知识产权领域的反垄断执法主要由国家工商行政管理总局承担，涉及价格垄断行为的，由国家工商行政管理总局联合国家发展和改革委员会承担，在具体执法过程中，还需要与国家知识产权局协同配合。

2.《知识产权领域反垄断执法指南》

我国《反垄断法》仅仅对知识产权垄断行为作了原则性规定，其第55条规定：“经营者依照有关知识产权的法律、行政法规规定行使知识产权的行为，不适用本法；但是，经营者滥用知识产权，排除、限制竞争的行为，适用本法。”但该规定过于原则，没有详细规范知识产权的行使行为，还存在一些缺陷。[1]

---

〔1〕 该条前半句重申了知识产权制度的价值，但条文总体所传达的意思似乎表明，对知识产权适用反垄断法只是一种例外情况，即知识产权被“滥用”的情况，而“依据有关知识产权的法律、行政法规规定行使知识产权的行为”似乎并不属于滥用。另外，“滥用”一词在反垄断法上有明确的含义，应与美国判例法上的“专利滥用原则”相区别。不过，从这一条文的立法意图来看，只打算作出原则性的规定，将来需要通过相关的补充性立法来填补具体规则，并由此澄清相关概念的含义，因而上述缺陷可能尚不足以产生实际的负面影响。参见许光耀：《知识产权因素在反垄断法上的特殊性》，载《电子知识产权》2011年第3期。

现有的有关知识产权的反垄断规定也非常零散，主要集中于技术合同的垄断规制方面，而缺乏统一的知识产权反垄断执法指南。例如，《合同法》第329条规定："非法垄断技术、妨碍技术进步或者侵害他人技术成果的技术合同无效。"2005年1月1日施行的《最高人民法院关于审理技术合同纠纷案件适用法律若干问题的解释》（法释〔2004〕20号），第10条明确规定了"非法垄断技术、妨碍技术进步"的具体情形。[1]《对外贸易法》第30条规定，权利人在知识产权许可中实施的限制危害对外贸易公平竞争秩序的，国务院对外贸易主管部门可以进行调查，并可"采取必要的措施消除危害"。《技术进出口管理条例》第29条规定了技术进出口合同不得含有的限制性条款。因此，为了有效规制知识产权标准化的垄断行为，有必要合理借鉴美国1995年《知识产权许可反托拉斯审查指南》、欧盟《技术转移协议责任免除条例》及日本《专利及技术秘密许可合同中的不正当行为规制指南》的立法经验，依据我国《反垄断法》第55条和《专利法》第48条的规定，结合我国当前经济发展和国家知识产权战略实施中所遇到的问题和困境，制定和颁布《知识产权领域反垄断执法指南》（建议的暂定名）。

---

〔1〕该司法解释第10条规定："下列情形，属于合同法第三百二十九条所称的'非法垄断技术、妨碍技术进步'：（一）限制当事人一方在合同标的技术基础上进行新的研究开发或者限制其使用所改进的技术，或者双方交换改进技术的条件不对等，包括要求一方将其自行改进的技术无偿提供给对方、非互惠性转让给对方、无偿独占或者共享该改进技术的知识产权；（二）限制当事人一方从其他来源获得与技术提供方类似技术或者与其竞争的技术；（三）阻碍当事人一方根据市场需求，按照合理方式充分实施合同标的技术，包括明显不合理地限制技术接受方实施合同标的技术生产产品或者提供服务的数量、品种、价格、销售渠道和出口市场；（四）要求技术接受方接受并非实施技术必不可少的附带条件，包括购买非必需的技术、原材料、产品、设备、服务以及接收非必需的人员等；（五）不合理地限制技术接受方购买原材料、零部件、产品或者设备等的渠道或者来源；（六）禁止技术接受方对合同标的技术知识产权的有效性提出异议或者对提出异议附加条件。"

《知识产权领域反垄断执法指南》的具体制度设计如下：

总体上，应明确知识产权反垄断规制的三大基本原则。第一，将专利与其他财产权同等对待，适用相同的反垄断法原则。第二，拥有专利不应被假定为具有市场支配地位，不能被当然地认定为违反反垄断法。第三，专利许可总体上应具有促进竞争的积极效果。[1] 同时，明确规定专利权人不得利用技术标准限制竞争或进行垄断。

在具体制度方面，应当规定知识产权限制竞争的主要类型，例如，价格限制（包括横向价格限制和纵向价格限制）、市场限制、排他性许可（包括独占性回授、不质疑义务和不竞争义务）、单方拒绝许可、专利联营和交叉许可、搭售及标准专利权滥用等。

---

〔1〕 金善明：《结合知识产权战略　完善专利许可中的垄断规制》，载《中国社会科学报》，2011 年 7 月 12 日第 11 版。实质上是借鉴了美国 1995 年《知识产权许可反托拉斯指南》三个原则，参见王晓晔：《滥用知识产权限制竞争的法律问题》，载《中国社会科学》2007 年第 4 期。

结　论

标准的锁定效应使得标准对市场的影响力空前强大，由此标准的追随效应反而会阻碍正常的竞争和技术的进步，标准化使知识产权的滥用成为滥用市场垄断力的重要手段，标准化中的专利许可提出了对知识产权的保护适度问题，将标准化中的专利许可纳入反垄断法视野进行规制有着重要意义。通过对美国标准化中的专利挟持典型案例的解析，可以观察到美国司法机构和行政机构对于标准化活动中专利持有人披露义务及专利许可政策的不同倾向和立场，也给我国技术标准化处理专利挟持问题提供了有益的参考。近年来，我国国家标准化管理委员会一直在起草并最终出台的《国家标准设计专利的暂行规定》，最高人民法院相关司法解释征求意见稿及“最高法四号函”〔1〕，都曾进行了一些有益尝试，但是目前我国有关标准中专利信息的公开披露及专利许可使用制度等相关制度仍有待进一步完善。

专利标准化特别是专利挟持问题已引发了国内外的广泛关注，专利标准化包括了许多复杂的政策和法律问题，这些问题背后存在着左右其发展变化的更深层次的理论和规律。纵观专利制度的历史发展，专利至上主义理念居于主导地位，持续时间也最长。而

〔1〕“最高法四号函”对于参与技术标准制定的专利权人仍存在一定法律风险，因为在拒绝许可或以不公平条件实施许可的情况下，其专利有可能被强制许可。

此一专利至上主义理念，竟也泛滥于技术标准化中的专利许可之中，主要表现为技术标准受制于知识产权的专利挟持行为，因为搭乘技术标准化便车的专利权人获得的更多专利收入以及竞争优势都是未标准化的专利权人难以获得的。此外，专利至上主义在标准制定组织的专利政策中具体表现为过于强调专利权作为私权的意思自治性以及专利许可协议自由，标准制定组织的专利政策对技术标准化中的专利信息披露义务的弱约束，模糊的 RAND 专利许可条件，标准制定组织不审查专利权信息、不介入知识产权纠纷，等等。上述种种情形，导致专利权人滥用其在耦合进技术标准中的专利权，甚至利用专利权挟持整个技术标准。专利至上主义是一个历史产物，其存在有其特定历史背景。当前，专利至上主义的理念正日益成为创新的障碍，对专利标准化造成了极大的不确定性，值得深刻反思。

综上，解决专利标准化问题是一项复杂的系统工程，需要从不同视角积极探索解决之道，要实现标准与知识产权的高度融合，既方便实行标准，又推广专利技术，保持标准化过程中的利益均衡。因此，最重要的是考虑专利法自身的完善，即专利法应寻求重新调整激励机制，使专利权人所获得回报与其发明所创造的价值之间保持合理的平衡关系，减少日益威胁整个创新系统的不确定性和专利挟持、专利欺诈；完善标准制定组织的专利政策，辅以合同法、侵权法及反垄断法，系统解决专利标准化问题。应当进行理念更张，将以前的“专利至上主义”的理念转变为“创新至上主义”，将“创新至上主义”理念作为衡量具体法律制度有效性的尺度，专利标准化的法律规制措施的构建也在此理念下合理展开。还应当借鉴衡平法的禁止反悔原则和民法上的诚实信用原则，建立由民法、知识产权法和反垄断法共同适用的规制体系，在法律法规中明确规定对于专利标准化的总体策略与规制原则，主要应从以下几大方面解决标准化中的专利许可问题。

首先，应完善标准制定程序和标准制定机构的知识产权政策。此为最为有效的预防和解决方式。标准制定机构要提升专利政策和必要专利信息的透明度、清晰度和确定性，其知识产权政策应鼓励对必要专利信息事先披露，并且进行授权承诺。事先披露是关键，随时披露是保证。界定相对确定的 RAND 原则。在法律诉讼程序之外建立可选择的 ADR 纠纷解决机制。在市场层面，由专利权人通过许可协议的方式进行交叉许可，以市场为导向建立专利池，降低知识产权许可成本，建立提高许可条件确定性的机制。从平衡研发成本和经济公平的角度界定考虑专利保护程度，应考虑专利生产成本降低的幅度以及产品的需求弹性，当技术成为标准的组成部分时，由于标准的特性使专利技术所有人的权利已经能够得到应有的回报，因此，应放松该技术的专利许可。[1] 要以合理的低成本实施标准，避免知识产权对标准的消极影响。

其次，从专利权限制角度看，对专利标准化予以专利法的内在限制。在知识产权法定原则下对专利权客体范围予以必要限制，遵循法定的内容，而不得随意增加专利权的客体范围。知识产权本身的滥用，如滥用问题专利（过期专利或专利保护范围过宽的），均不构成反垄断，而直接由知识产权法律制度解决。通过专利法限制技术标准化中专利滥用如不当披露专利信息、违反 RAND 原则超高定价以及拒绝许可等行为。

---

〔1〕 安佰生著：《WTO 与国家标准化战略》，中国商务出版社 2005 年版，第 11—19 页。

再次，通过反垄断法规制标准化中的专利许可。从竞争政策的角度探索专利标准化中的限制竞争行为管制，是当前专利标准化工作的一个重点任务。因此，我国应借鉴美国和欧盟经验，明确知识产权反垄断执法机构及其职责，细化《反垄断法》在标准化中知识产权适用的操作规则，制定《知识产权领域反垄断执法指南》，明确专利标准化的各种滥用行为表现形式，建立专利标准化的反垄断审查规则。同时，国家反垄断主管机关可就专利标准化行为进行反垄断调查和行政处理。

最后，完善司法救济，促进整体创新。通过提高永久禁令的核发难度、放宽专利无效诉讼的提起条件、提高专利的“非显而易见性”标准等措施完善司法审查机制。

参考文献

中文论著

[1] 安佰生：《技术标准作为交易信号及其治理》，载《北京工商大学学报(社会科学版)》2004年第6期。

[2] 安佰生：《标准化的准公共物品性与政府干预》，载《中国标准化》2004年第7期。

[3] 安佰生著：《WTO与国家标准化战略》，中国商务出版社2005年版。

[4] 安佰生：《标准中的知识产权问题》，载《世界标准信息》2005年第11期。

[5] 安佰生：《标准化条件下知识产权许可中的限制竞争问题初探》，载《上海WTO事务咨询中心报告》2005年。

[6] 安佰生：《标准化条件下知识产权保护问题初探》，载《国际贸易》2005年第12期。

[7] 安佰生：《法律、不安、教育——关于"问题"的思考》，载《中国标准化》2007年第2期。

[8] 安佰生：《洛夏墨点：关于知识产权保护制度与竞争政策关系的争论》，载《经济理论与经济管理》2008年第2期。

[9] 安佰生：《标准化中的专利权问题：进展与挑战》，载《知识产权》2008年第5期。

[10] 安佰生：《标准化中的知识产权：一个政策的视角》，载《电子知识产权》2009年第2期。

[11] 毕春丽：《信息通信技术标准化下的专利竞赛研究》，北京邮电大学2007年博士学位论文。

[12] 曹新明：《专利许可协议中的有色条款功能研究》，载《法商研究》2007年第1期。
[13] 陈昌云：《云南："硬"规范与专利权起冲突》，载《工人日报》，2001年9月5日。
[14] 陈礼和、刘品：《论技术性贸易壁垒的两大政策工具》，载《标准与知识产权》2006年第3期。
[15] 陈武：《问题专利与专利权的重构———拟议中的"美国专利改革法案"思想评述》，载《环球法律评论》2009年第4期。
[16] 程晓军：《反垄断法视野下的技术标准化》，安徽大学2006年硕士学位论文。
[17] 丁道勤、杨晓娇：《标准化中的专利挟持问题研究》，载《法律科学》2011年第4期。
[18] 丁道勤：《从Rambus案看标准化中专利权滥用的法律规制》，载《法律适用》2012年第4期。
[19] 丁道勤：《美国亲专利政策的司法变迁及其启示》，载《云南法学（法学版）》2014年第5期。
[20] 丁蔚：《标准化中知识产权的"事前披露"政策》，载《电子知识产权》2007年第10期。
[21] 段瑞春著：《技术合同》，法律出版社1999年版。
[22] 冯晓青、杨利华著：《知识产权法热点问题研究》，中国人民公安大学出版社2004年版。
[23] 傅静坤著：《二十世纪契约法》，法律出版社1997年版。
[24] 高洁、陆健华：《专利权滥用与反公地悲剧》，载《湖北经济学院学报》2007年第1期。
[25] 顾金焰、郑颖捷：《知识产权标准化的法律规制初探》，载《中国发明与专利》2010年第6期。
[26] 顾金焰著：《专利标准化的法律规制》，知识产权出版社2014年版。
[27] 管煜武、单晓光：《美国亲专利政策与高科技产业竞争力》，载《科学学

研究》2007 年第 4 期。
[28] 郭玲:《标准化组织的专利政策研究》，西南财经大学 2007 年硕士学位论文。
[29] 郭德忠:《专利许可中的搭售》，载《河北法学》2007 年第 9 期。
[30] 郭德忠著:《专利许可的反垄断规制》，知识产权出版社 2007 年版。
[31] 郭丽峰、高志前:《专利池的形成机理及对我国的启示》，载《中国科技产业》2006 年第 4 期。
[32] 韩赤风:《对 DVD 事件中知识产权滥用的法律思考》，载《法商研究》2005 年第 3 期。
[33] 韩立余:《欧盟反托拉斯法的现代化》，载《法学家》2004 年第 5 期。
[34] 何刚、黄良才:《美国专利侵权判定标准的新动向》，载《电子知识产权》2008 年第 3 期。
[35] 何怀文:《互联网技术标准化的知识产权问题》，北京大学 2006 年硕士学位论文。
[36] 何京:《国家技术标准与专利保护的若干问题》，载《科技与法律》2005 年第 4 期。
[37] 和育东:《“专利丛林”问题与美国专利政策的转折》，载《知识产权》2008 年第 1 期。
[38] 胡宏:《“专利丛林”问题及对策研究》，载《湖南工业职业技术学院学报》2009 年第 3 期。
[39] 胡丽芹:《思科 VS. 华为案后的冷思考》，载《电子知识产权》2003 年第 4 期。
[40] 胡水晶、余翔:《技术标准组织中联合抵制行为的反垄断规制——以 GBT 诉诺基亚案为例》，载《电子知识产权》2006 年第 8 期。
[41] 黄良才:《专利联盟中的搭售问题分析——以 MPEGLA 下的 H.264、DVB2T 专利池为视角》，载《电子知识产权》2007 年第 10 期。
[42] 黄勇、董灵著:《反垄断法经典判例解析》，人民法院出版社 2002 年版。
[43] 黄勇:《论我国反垄断法在知识产权领域的应然取向》，载《电子知识产

权》2006 年第 5 期。
[44] 黄武双:《竞争法视野下的关键设施规则在知识产权领域的运用——以欧盟判例为主线》,载《电子知识产权》2008 年第 7 期。
[45] 金碚主编:《中国企业竞争力报告(2006)——创新与竞争》,社会科学文献出版社 2006 年版。
[46] 金善明:《结合知识产权战略 完善专利许可中的垄断规制》,载《中国社会科学报》2011 年 7 月 12 日。
[47] 姜奇平:《技术标准的程序正当问题》,载《互联网周刊》2004 年第 17 期。
[48] 江清云、单晓光:《专利许可、专利联盟中的反垄断诉讼及其经济分析——兼从欧美的司法实践谈我国目前的对策》,载《制度经济学研究》2007 年第 3 期。
[49] 江清云、单晓光:《欧美知识产权领域中的反垄断诉讼及其经济分析》,载《比较法研究》2008 年第 2 期。
[50] 解静:《标准化中专利许可的反垄断研究》,北京大学 2007 年硕士学位论文。
[51] [美] Koren Wong-Ervin:《作出 FRAND 承诺的 SEPs 与禁令救济》,载《竞争政策研究》2016 年第 3 期。
[52] 满璐:《标准组织知识产权政策中的专利信息披露制度研究》,山东大学 2009 年硕士学位论文。
[53] 毛丰付著:《标准竞争与竞争政策:以 ICT 产业为例》,上海三联书店 2007 年版。
[54] 李琛:《禁止知识产权滥用的若干基本问题研究》,载《电子知识产权》2007 年第 12 期。
[55] 李海涛:《从判例看美国专利法的发展趋势》,载《管理观察》2008 年第 21 期。
[56] 李建华:《论知识产权法定原则——兼论我国知识产权制度的创新》,载《吉林大学社会科学学报》2006 年第 4 期。

[57] 李明德著:《美国知识产权法》，法律出版社 2003 年版。
[58] 李素华:《技术标准制定之竞争法规范与调和》，载《法商研究》2005 年第 4 期。
[59] 李蕊:《标准和专利权结合引发的反垄断法律问题研究》，载《中央民族大学》2009 年。
[60] 李文文:《标准制定组织在处理知识产权问题上的角色和作用》，载《中国标准化》2007 年第 2 期。
[61] 李扬著:《知识产权的合理性、危机及其未来模式》，法律出版社 2003 年版。
[62] 李扬等主编:《知识产权基础理论和前沿问题》，法律出版社 2004 年版。
[63] 李再扬、杨少华:《GSM：技术标准化联盟的成功案例》，载《中国工业经济》2003 年第 7 期。
[64] 李祖名:《标准与知识产权》，载《法学杂志》2004 年第 3 期。
[65] 黎运智、孟奇勋:《问题专利的产生及其控制》，载《科学学研究》2009 年第 5 期。
[66] 梁慧星著:《民法总论》，法律出版社 1996 年版。
[67] 梁志文:《标准制定组织知识产权政策实证研究》，载《科技与法律》2003 年第 3 期。
[68] 梁志文、李卫军:《钢丝绳上的平衡——论事实标准与知识产权》，载《电子知识产权》2004 年第 1 期。
[69] 缪剑文等:《知识产权与竞争法》，载《法学》1999 年第 6 期。
[70] 林秀芹:《FRAND 原则助华为赢得“中国标准专利第一案”》，载《中国知识产权报》，2013 年 11 月 13 日。
[71] 刘茂林著:《知识产权法的经济分析》，法律出版社 1996 年版。
[72] 刘鹏:《论 3G 知识产权许可及其限制》，华中科技大学 2009 年硕士学位论文。
[73] 刘庆:《欧盟专利转让协议条例的新发展》，载《河南公安高等专科学校学报》2006 年第 1 期。

[74] 刘晓春:《欧洲委员会:新指南规定技术标准反垄断审查规则》,载《电子知识产权》2011年第1—2期。
[75] 刘耀威主编:《竞争优势新要素——国际贸易标准化规范与实施》,中国经济出版社1997年版。
[76] 龙卫球著:《民法总论》,中国法制出版社2002年版。
[77] 龙卫球著:《民法基础与超越》,北京大学出版社2010年版。
[78] 龙卫球:《债的本质研究:以债务人关系为起点》,载《中国法学》2005年第6期。
[79] 龙卫球:《法治进程中的中国民法——纪念〈民法通则〉施行20周年》,载《比较法研究》2007年第1期。
[80] 龙卫球:《物权法定原则之辨:一种兼顾财产正义的自由论视角》,载《比较法研》2010年第6期。
[81] 鲁篱:《标准化与反垄断问题研究》,载《中国法学》2003年第1期。
[82] 马海生著:《专利许可的原则:公平、合理、无歧视许可研究》,法律出版社2010年版。
[83] 马海生:《技术标准中的"必要专利"问题研究》,载《知识产权》2009年第2期。
[84] 马海生:《标准制定组织的RAND许可政策实证分析》,载《电子知识产权》2009年第2期。
[85] 马俊驹、梅夏英:《财产权制度的历史评析和现实思考》,载《中国社会科学》1999年第1期。
[86] 马铁良:《技术标准中引入专利的原则》,载《电子知识产权》2004年第12期。
[87] 马忠法:《技术标准与技术许可之关系探究》,载《电子知识产权》2007年第10期。
[88] 孟奇勋:《"异化"的权利与权利的"异化"——以知识产权的私权保护与公权规制之协调为视角》,载《电子知识产权》2006年第8期。
[89] 孟庆法、高义著:《美国专利及商标保护》,专利文献出版社1992年版。

[90] 那英：《技术标准中的必要专利研究》，载《知识产权》2010 年第 6 期。
[91] 宁立志、胡贞珍：《美国反托拉斯法中的专利权行使》，载《法学评论》2005 年第 5 期。
[92] 邱永清著：《专利许可合同法律问题研究》，法律出版社 2010 年版。
[93] 曲三强：《知识产权许可合同中契约自由原则的适用和限制》，载《云南社会科学》2006 年第 2 期。
[94] 邵静程：《论专利联营的反垄断法规制》，南京理工大学 2010 年硕士学位论文。
[95] 时艳蕾：《技术标准制定中的专利信息披露制度研究》，河南大学 2010 年硕士学位论文。
[96] 孙南申、徐曾沧：《美国对技术标准中专利信息不披露行为的反垄断措施》，载《华东政法大学学报》2009 年第 1 期。
[97] 孙嫱：《专利许可协议中限制竞争条款的反垄断法规制》，中国政法大学 2005 年硕士学位论文。
[98] 王炳银、王剑峰：《专利制度的发展沿革：技术的垄断与反垄断》，载《广西社会科学》2004 年第 3 期。
[99] 王长河、周永胜著：《日本禁止垄断法》，法律出版社 1999 年版。
[100] 王充：《专利标准化问题研究》，西南政法大学 2009 年硕士学位论文。
[101] 王洁：《专利实施许可合同中核心条款的探究》，上海交通大学 2007 年硕士学位论文。
[102] 王剑锋：《专利联盟反垄断规制研究》，湖南大学 2009 年硕士学位论文。
[103] 王丽慧：《公私权博弈还是融合：标准必要专利与反垄断法的互动》，载《电子知识产权》2014 年第 9 期。
[104] 王平：《中国标准化管理体制：问题及对策》，载《世界标准化与质量管理》2003 年第 3 期。
[105] 王蔷：《知识产权许可反托拉斯指南》，载《主要国家（地区）反垄断法规汇编》，尚明主编，法律出版社 2004 年版。

[106] 王为农著：《日本反知识产权滥用的立法与实践》，知识产权出版社2004年版。

[107] 王为农：《“技术标准化”引发的垄断与反垄断法律问题》，载《中南大学学报（社会科学版）》2004年第1期。

[108] 王先林著：《知识产权与反垄断法——知识产权滥用的反垄断问题研究》，法律出版社2001年版。

[109] 王先林著：《知识产权滥用及其法律规制》，中国法制出版社2008年版。

[110] 王先林：《从微软垄断案看知识产权滥用的反垄断控制》，载《法学家》2001年第3期。

[111] 王先林：《日本关于知识产权滥用的反垄断控制及其借鉴意义》，载《知识产权》2002年第2期。

[112] 王先林：《若干国家和地区对知识产权滥用的反垄断控制》，载《武汉大学学报（社会科学版）》2003年第2期。

[113] 王先林：《知识产权滥用及其法律规制》，载《法学》2004年第3期。

[114] 王先林：《反垄断执法与知识产权保护之间的平衡——美国〈反托拉斯执法与知识产权：促进创新和竞争〉报告述评》，载《知识产权》2007年第6期。

[115] 王先林：《滥用市场支配地位与知识产权》，载《电子知识产权》2007年第7期。

[116] 王先林：《知识产权行使行为的反垄断法规制——〈反垄断法〉第55条的理解与适用》，载《法学家》2008年第1期。

[117] 王先林、潘志成：《反垄断法适用于知识产权领域的基本政策主张——日本〈知识产权利用的反垄断法指南〉介评》，载《电子知识产权》2008年第1期。

[118] 王先林：《竞争法视野的知识产权问题论纲》，载《中国法学》2009年第4期。

[119] 王晓晔：《知识产权滥用行为的反垄断规制》，载《法学》2004年第

3 期。
[120] 王晓晔：《滥用知识产权限制竞争的法律问题》，载《中国社会科学》2007 年第 4 期。
[121] 王晓晔：《知识产权强制许可中的反垄断法》，载《现代法学》2007 年第 4 期。
[122] 王晓晔：《滥用知识产权限制竞争的法律问题》，载《中国社会科学》2007 年第 4 期。
[123] 王晓晔：《与技术标准相关的知识产权强制许可》，载《当代法学》2008 年第 5 期。
[124] 王晓晔：《技术标准、知识产权与反垄断法》，载《电子知识产权》2011 年第 4 期。
[125] 王学先、杨异：《技术标准中必要专利的认定》，载《沈阳农业大学学报（社会科学版）》2010 年第 7 期。
[126] 王泽鉴著：《民法学说与判例研究》（第 8 册），中国政法大学出版社 2003 年版。
[127] 王争：《专利制度的经济学研究综述》，载《北京大学学报（哲学社会科学版）》2006 年第 2 期。
[128] 吴洪华：《对跨国公司在 TD-SCDMA 中专利滥用的法律规制及对策》，湖南大学 2009 年硕士学位论文。
[129] 吴欣望著：《知识产权——经济、规则与政策》，经济科学出版社 2007 年版。
[130] 夏志豪：《标准选定过程中知识产权保护的冲突与平衡》，中国政法大学 2008 年博士学位论文。
[131] 徐棣枫：《问题专利探析》，载《东南大学学报（哲学社会科学版）》2007 年第 4 期。
[132] 徐国栋著：《民法基本原则解释——成文法局限性之克服》，中国政法大学出版社 1992 年版。
[133] 徐红菊著：《专利许可法律问题研究》，法律出版社 2007 年版。

[134] 徐同远：《担保物权论：体系构成与范畴变迁》，中国政法大学 2009 年博士学位论文。

[135] 徐瑄：《专利权垄断性的法哲学分析》，载《中国法学》2002 年第 4 期。

[136] 徐瑄：《知识产权的正当性》，载《中国社会科学》2003 年第 4 期。

[137] 徐曾沧：《我国技术标准实施中专利侵权问题及立法规制》，载《WTO 经济导刊》2007 年第 11 期。

[138] 徐曾沧：《WTO 背景下技术标准中专利并入的法律问题研究》，华东政法大学 2008 年博士学位论文。

[139] 许光耀：《知识产权因素在反垄断法上的特殊性》，载《电子知识产权》2011 年第 3 期。

[140] 许光耀：《搭售行为的反垄断法分析》，载《电子知识产权》2011 年第 11 期。

[141] 薛兆丰：《专利要挟的一个治理原则》，载《电子知识产权》2011 年第 4 期。

[142] 杨帆：《技术标准中的专利问题研究》，中国政法大学 2006 年博士学位论文。

[143] 杨帆：《国际技术标准与知识产权》，人民法院出版社 2006 年版。

[144] 杨海江：《技术标准与专利保护刍议》，载《电子知识产权》2006 年第 1 期。

[145] 杨华权：《论必要专利的评估》，载《科技与法律》2010 年第 5 期。

[146] 杨绍兰：《国际视野下专利许可限制性条款及其法律规制研究》，复旦大学 2009 年硕士学位论文。

[147] 尹鸿翔：《解读契约自由之限制与契约自由之关系》，载《广西大学学报（哲学社会科学版）》2010 年第 6 期。

[148] 詹映：《美国专利池反垄断政策的新发展及其对我国的影响》，载《科研管理》2011 年第 11 期。

[149] 詹映、朱雪忠：《标准和专利战的主角——专利池解析》，载《研究与

发展管理》2007年第1期。

[150] 赵启彬:《论技术标准中知识产权滥用行为的反垄断规制》,载《知识产权文丛》(第12卷),郑成思主编,中国方正出版社2005年版。

[151] 赵启杉、黄良才:《技术标准中的事先披露原则——VITA新专利政策介评》,载《电子知识产权》2007年第6期。

[152] 张冬:《解析美国滥用专利权认定的发展原则》,载《知识产权》2008年第4期。

[153] 张海燕:《含技术标准专利联营反垄断法律问题研究》,大连海事大学2009年硕士学位论文。

[154] 张红:《基本权利与私法——以法律行为无效规则和权利侵害救济规则为中心》,中国政法大学2009年博士学位论文。

[155] 张吉豫:《标准必要专利"合理无其实"许可费计算的原则和方法》,载《知识产权》2003年第8期。

[156] 张林胜:《知识产权与〈反垄断法〉关系之我见》,载《电子知识产权》2008年第7期。

[157] 张乃根等著:《美国专利法:判例与分析》,上海交通大学出版社2010年版。

[158] 张乃根:《专利许可、标准化与反垄断的三角关系》,载《WTO经济导刊》2007年第7期。

[159] 张平:《ICT标准之知识产权"开放授权"模式探讨》,载《科技与法律》2008年第3期。

[160] 张平:《知识产权政策的合同法分析(上)》,载《WTO经济导刊》2007年第3期。

[161] 张平:《知识产权政策的合同法分析(下)》,载《WTO经济导刊》2007年第4期。

[162] 张平:《标准制定机构与专利许可机构政策分离的利弊分析——以3GPP与3G专利平台为例》,载《电子知识产权》2007年第10期。

[163] 张平:《技术标准中的专利权限制——兼评最高法院就实施标准中专利

的行为是否构成侵权问题的函》，载《电子知识产权》2009 年第 2 期。
[164] 张平、马骁著：《标准化与知识产权战略》，知识产权出版社 2002 年版。
[165] 张平、马骁著：《标准化与知识产权战略（第二版）》，知识产权出版社 2005 年版。
[166] 张平、马骁：《技术标准与知识产权战略的结合（上）》，载《电子知识产权》2003 年第 1 期。
[167] 张平、马骁：《技术标准与知识产权战略的结合（下）》，载《电子知识产权》2003 年第 2 期。
[168] 张平、马骁：《标准化组织的知识产权政策（1）》，载《标准与知识产权》2004 年第 3 期。
[169] 张平、马骁：《标准化组织的知识产权政策（2）》，载《标准与知识产权》2004 年第 4 期。
[170] 张平、马骁：《标准化组织的知识产权政策（3）》，载《标准与知识产权》2004 年第 5 期。
[171] 张平、孟兆平：《专利联营的反垄断法规制》，载《电子知识产权》2007 年第 7 期。
[172] 张平、何怀文：《美国 ATSC 数字电视标准中的专利权：问题分析与应对思考》，载《电子知识产权》2007 年第 4 期。
[173] 张平主编：《冲突与共赢：技术标准中的私权保护——信息产业技术标准的知识产权政策分析》，北京大学出版社 2011 年版。
[174] 张曦：《标准、专利池与知识产权滥用辨析》，载《电子知识产权》2008 年第 4 期。
[175] 张向晨、安佰生：《WTO 与中国国家标准化战略：一个基本的理论分析框架》，载《WTO 经济导刊》2005 年第 7 期。
[176] 张伟君著：《规制知识产权滥用法律制度研究》，知识产权出版社 2008 年版。
[177] 张伟君、单晓光：《滥用专利权与滥用专利制度之辨析——从日本“专

利滥用”的理论与实践谈起》，载《知识产权》2006 年第 6 期。
[178] 张勇刚、张素亮：《“专利性技术标准”——一种新的知识产权形态》，载《建设科技》2005 年第 11 期。
[179] 张玉敏著：《私法的理论反思与制度重构》，中国检察出版社 2006 年版。
[180] 赵栋：《美欧竞争执法对拒绝许可的态度差异及其原因探究》，载《电子知识产权》2011 年第 9 期。
[181] 郑成思主编：《知识产权文丛》（第 1 卷至第 6 卷），中国政法大学出版社 1998—2002 年版。
[182] 郑成思著：《知识产权论》，法律出版社 2003 年版。
[183] 郑成思著：《知识产权——应用法学与基本理论》，人民出版社 2005 年版。
[184] 郑友德、胡章怡：《欧盟知识产权滥用的反垄断问题研究——以欧盟新修订的〈技术许可协议集体豁免条例〉为中心》，载《法学评论》2006 年第 6 期。
[185] 仲春：《标准必要专利禁令滥用的规制：安全港原则及其他》，载《电子知识产权》2014 年第 9 期。
[186] 钟云龙、马聪著：《知识产权法前沿问题报告——全球化与信息化背景下知识产权法前沿问题研究及其启示》，中国经济出版社 2007 年版。
[187] 朱虎：《萨维尼法律关系理论研究》，中国政法大学 2009 年博士学位论文。
[188] 朱理：《滥用问题专利》，载《电子知识产权》2008 年第 11 期。
[189] 朱理：《标准必要专利的法律问题：专利法、合同法、竞争法的交错》，载《竞争政策研究》2016 年第 3 期。
[190] 朱晓薇、朱雪忠：《专利与技术标准的冲突及对策》，载《科研管理》2003 年第 1 期。
[191] 朱颖：《技术标准中的专利权滥用问题研究》，中国政法大学 2009 年硕士学位论文。

中文译作

[1] [澳] 布拉德·谢尔曼、[英] 莱昂内尔·本特利著：《现代知识产权法的演进》，金海军译，北京大学出版社年 2006 年版。

[2] [德] K. 茨威格特、H. 克茨著：《比较法总论》，潘汉典等译，法律出版社 2003 年版。

[3] [美] 埃尔曼著：《比较法律文化》，贺卫方、高鸿钧译，三联书店 1990 年版。

[4] [美] 伯纳德·施瓦茨著：《美国法律史》，王军等译，中国政法大学出版社 1997 年版。

[5] [美] 亚当·杰夫、乔希·勒纳著：《创新及其不满：专利体系对创新与进步的危害及对策》，罗建平、兰花译，中国人民大学出版社 2007 年版。

[6] [美] Danid J. Gifford 著：《专利法、版权法和反垄断法之下的标准制定问题相关对策的发展模型》，部超译，载《网络法律评论》(第 3 卷)，张平主编，法律出版社 2003 年版。

[7] [美] 马克·莱姆利：《标准制订机构知识产权规则的反垄断分析》，载《经济法研究》(第三卷)，杨紫煊主编，北京大学出版社 2003 年版。

[8] [美] 罗伯特·考特、托马斯·尤伦著：《法与经济学》，张军等译，上海三联书店、上海人民出版社 1994 年版。

[9] [美] 罗尔斯著：《正义论》，何怀宏等译，中国社会科学出版社 1988 年版。

[10] [美] Jay Dratler, Jr 著：《知识产权许可》，王春燕等译，清华大学出版社 2003 年版。

[11] [美] 赫伯特·霍温坎普著：《联邦反托拉斯政策——竞争法律及其实践》，许光耀等译，法律出版社 2009 年版。

[12] [美] 苏珊·K. 塞尔著：《私权、公法——知识产权的全球化》，董刚、周超译，中国人民大学出版社 2008 年版。

[13] [美] 桑德斯著:《标准化的目的与原理》，中国科学技术情报研究所译，科学技术文献出版社 1974 年版。

[14] [美] 威廉·M. 兰德斯、理查德·A. 波斯纳著:《知识产权法的经济结构》，金海军译，北京大学出版社 2005 年版。

[15] [美] 约瑟夫·熊彼特著:《经济发展理论》，何畏、易家详等译，商务印书馆 1990 年版。

[16] [英] 贝尔纳著:《科学的社会功能》，陈体芳译，商务印书馆 1982 年版。

[17] [日] 富田彻男著:《市场竞争中的知识产权》，廖正衡等译，商务印书馆 2000 年版。

[18] 美国联邦贸易委员会、司法部:《美国知识产权许可反托拉斯指南》，载尚明:《主要国家（地区）反垄断法律汇编》，法律出版社 2004 年版。

[19] 欧盟委员会:《关于对技术转让协议适用欧共体条约第 81 条的指南的委员会的通告（技术转让协议指南）》，载许光耀:《欧共体竞争立法》，武汉大学出版社 2006 年版。

英文论著

[1] Alfred E. Kahn, "Fundamental Deficiencies of the American Patent Law", *The American Economic Review*, Vol. 30, No. 3, Sep. 1940.

[2] Arnold Plant, "The Economics Theory Concerning Patents for Innovation", *Economica*, Vo. 1, No. 1, Feb. 1934.

[3] Bradford L. Smith Susan O. Mann Colloquium, "Innovation and Intellectual Property Protection in the Software Industry: An Emerging Role for Patents", *University of Chicago Law Review Winter*, 2004.

[4] Broadcom Corp. v. Qualcomm Inc., 501 F. 3d 297. 84 U. S. P. Q. 2D (BNA) 1129; 2007-2 Trade Cas. (CCH) P75, 852.

[5] Broadcom Hits Qualcomm With Lawsuit Over Licensing Of Wireless CDMA Chips

(Melanie Reynolds. Electronics Weekly. Sutton: Jul 13, 2005, Iss. 2202; pg. 14, 1 pgs, http://proquest.umi.com/pqdweb? index = 24&did = 879556701& SrchMode = 1&sid = 22&Fmt = 4&VInst = PROD&VType = PQD&RQT = 309& VName = PQD&TS = 1134473457&clientId = 3490.

[6] Carl Shapiro, Hal R. Varian, *Information Rules: A Strategic Guide to the Network Economy*, Harvard Business School Press, 1999.

[7] Carl Shapiro, Hal R. Varian , Joseph Farrell, "The Economics of Information Technology", 2004.

[8] Carl Shapiro, "Standard Setting and Patents", 16 October 2008.

[9] Charles Allen Black, "The Cure for Deadly Patent Practices: Preventing Technology Suppression and Patent Shelving in the Life Sciences", *Albany Law Journal of Science & Technology*, 2004.

[10] Dana R. Wagne, "The Keepers of the Gates: Intellectual Property, Antitrust, and the Regulatory Implications of Systems Technology", *University of Hastings Law Journal*, August, 2000.

[11] Daniel J. GIFFORD, PTC Research Foundation of Franklin Pierce Law Center IDEA, "Developing Models for a Coherent Treatment of Standard - Setting Issues Under the Patent, Copyright and Antitrust Laws", *The Journal of Law and Technology*, 2003.

[12] Daniel G. Swanson & William J. Baumol, "Reasonable and Nondiscriminatory (RAND) Royalties, Standards Selection, and Control of Market Power", 73 Antitrust L. J. 1, 5, 10-11 (2005).

[13] David J. Teece and Edward F. Sherry, "The Interface Between Intellectual Property Law and Antitrust Law: Standards Setting and Antitrust", *Minnesota Law Review* , June, 2003.

[14] David L. Meyer: "How to Address 'Hold Up' in Standard Setting Without Deterring Innovation: Harness Innovation by SDOs", http://www.usdoj.gov/atr/public/speeches/234124.htm.

[15] Deborah Platt Majoras: "Recognizing the Precompetitive Potential of Royalty Discussions in Standard Setting", Stanford University, Stanford, California, September 23, 2005, http://www.ftc.gov/speeches/majoras/050923stanford.pdf.

[16] Emma Barraclough, "Winning the IP Standard Game", Manage IP, July/August, 2005.

[17] Fritz Machlup, *An Economic Review of the Patent System*, United States Government Printing Office, Washington, 1958.

[18] Janice M. Muelle, "Patenting Industry Standards", *The John Marshall Law Review Summer*, 2001.

[19] Janice M. Mueller Symposium, "Patent System Reform: Patent Misuse Through the Capture of Industry Standards", *Berkeley Technology Law Journal*, 2002.

[20] Kraig A. Jakobsen, "Revisiting Standard-Setting Organizations' Patent Policies Northwestern Journal of Technology and Intellectual Property", Fall, 2004.

[21] Mark A. Lemley, "Symposium Standardizing Government Standard-Setting Policy for Electronic Commerce", *Berkeley Technology Law Journal Spring*, 1999.

[22] Mark A. Lemley, "Intellectual Property Rights and Standard-Setting Organizations", *California Law Review* , December, 2002.

[23] Mark A. Lemley& Kimberly A. Moore, "Ending Abuse of Patent Continusations", *Boston University Law Review*, February, 2004.

[24] Mark A. Lemley Colloquium, "Ex Ante versus Ex Post Justifications for Intellectual Property", *University of Chicago Law Review Winter*, 2004.

[25] Mark Lemley and Carl Shapiro, "Patent Hold-Up and Royalty Stacking", *Texas Law Review*, Vol. 85, 2007.

[26] Mark Lemley, "Ten Things to do about Patent Holdup of Standards (and One Not To) ", *Boston College Law*, Vol. 48, 2007.

[27] Mark R. Patterson, "Inventions, Industry Standards, and Intellectual Property",

Berkeley Technology Law Journal Summer, 2002.

[28] Matthew John Duane, "For the People and by the People: A New Proposal for Defining Industry Standards in Computer Software", *Wake Forest Intellectual Property Law Journal*, 2006.

[29] Martin Campbell-Kelly & Patrick Valduriez, "A Technical Critique of Fifty Software PATENTS", *Marquette Intellectual Property Law Review Summer*, 2005.

[30] Maurits Dolmans, "Standards for Standards Fordham International", *Law Journal*, November, 2002.

[31] Melvin F. Jager, "Licensing Law Handbook (2005-2006 edition)", 2005: 55-56.

[32] Michael A. Gollin, "Using Intellectual Property To Improve Environmental Protection", *Harvard Journal of Law & Technology Spring*, 1991.

[33] Mobile Giants File Qualcomm EC Complaint (Electronic News), Executive Quote and Information Service: EQUIS. Waltham: Nov 7, 2005. pg. n/a, http://proquest.umi.com/pqdweb? index = 5&did = 923478831&SrchMode = 1&sid = 21&Fmt = 3&VInst = PROD&VType = PQD&RQT = 309&VName = PQD&TS=1134471396&clientId=3490.

[34] Nicholas A. Smith Note, "Business Method Patents and Their Limits: Justifications, History, and the Emergence of a Claim Construction Justifications", *Michigan Telecommunications and Technology Law Review*, Fall, 2002.

[35] Nicos L. Tsilas, "Toward Greater Clarity and Consistency in Patent Disclosure Policies in a Post-Rambus World", *Harvard Journal of Law & Technology Spring*, 2004.

[36] OECD. Competition Policy And Intellectual Property Rights DAFFE/CLP (98) 18, http://www.oecd.org/dataoecd/34/57/1920398.pdf.

[37] Osama Hussain and Dennis Fernandez, ESQ, "Strategic Intellectual Property and Emerging Standards for Entering the Chinese Market", *The Regents of the*

University of California Business Law Journal, 2001.

[38] Pamela Samuelson, "Benson Revisited: The Case Against Patent Protection for Algorithms and Other Computer Program-Related Inventions", *Emory Law Journal Fall*, 1990.

[39] Patrick D. Curran COMMENT, "Standard-Setting Organizations: Patents, Price Fixing, and Per Se Legality", *University of Chicago Law Review Summer*, 2003.

[40] Peter S. Menel, "Can Our Current Conception of Copyright Law Survive the Internet Age: Envisioning Copyright Law's Digital Future", *New York Law School Law Review*, 2002/2003.

[41] Philip J. Weiser, "The Internet, Innovation and Intellectual Property Policy", *The Columbia Law Review*, April, 2003.

[42] Qualcomm, "Rival Continue Battling Over Patents Kathryn Balint", Knight Ridder Tribune Business News, Washington: Oct 19, 2005. pg. 1, http://proquest.umi.com/pqdweb? index=14&did=913344421&SrchMode=1&sid=22&Fmt=3&VInst=PROD&VType=PQD&RQT=309&VName=PQD&TS=1134472843&clientId=3490.

[43] Richard Brunell, "Appropriability for antitrust: how much is enough", *Antitrust Law Journal*, 69, 2001.

[44] Richard Levin, Alvin Klevorick, Richard Nelson and Sydney Winter, "Appropriating the Returns from Industrial Research and Development", *Brookings Papers on Economic Activity*, 1987.

[45] Richard A. Posner, "The law & economics of intellectual property", Dcedalus Spring 2002, www. intellecta. org.

[46] Robert M. Webb, "There is A Better Way: It's Time to Overhaul the Model for Participation in Private Standard-Setting", *Journal of Intellectual Property Law fall*, 2004.

[47] Robert P. Merges Wilson Sonsini Goodrich, Rosati Professor, "Institutions for

Intellectual Property Transactions: The Case of Patent Pools", 1998.

[48] Rita R. Kanno, Frederick M. Gonzalez CASE NOTE, "Controlling Patent Rights in the Industry Standard Context: Micron Technology, Inc. v. Rambus Inc.", *Santa Clara Computer and High Technology Law Journal*, May, 2002.

[49] Sean P. Gates, "Standards, Innovation and Antitrust: Integrating Innovation Concerns into the Analysis of Collaborative Standard Setting", *Emory Law Journal Spring*, 1998.

[50] Standard Committee on the Law of Patents, Standards and Patents, Document prepared by the Secretariat, Thirteenth Session Geneva, March 23 to 27, 2009, http://www.wipo.int/edocs/mdocs/scp/en/scp_13/scp_13_2.pdf.

附　　录

最高人民法院关于审理侵犯专利权纠纷案件应用法律若干问题的解释（二）

（2016年1月25日最高人民法院审判委员会第1676次会议通过　2016年3月21日最高人民法院公告公布自2016年4月1日起施行　法释〔2016〕1号）

为正确审理侵犯专利权纠纷案件，根据《中华人民共和国专利法》《中华人民共和国侵权责任法》《中华人民共和国民事诉讼法》等有关法律规定，结合审判实践，制定本解释。

第一条　权利要求书有两项以上权利要求的，权利人应当在起诉状中载明据以起诉被诉侵权人侵犯其专利权的权利要求。起诉状对此未记载或者记载不明的，人民法院应当要求权利人明确。经释明，权利人仍不予明确的，人民法院可以裁定驳回起诉。

第二条　权利人在专利侵权诉讼中主张的权利要求被专利复审委员会宣告无效的，审理侵犯专利权纠纷案件的人民法院可以裁定驳回权利人基于该无效权利要求的起诉。

有证据证明宣告上述权利要求无效的决定被生效的行政判决撤销的，权利人可以另行起诉。

专利权人另行起诉的，诉讼时效期间从本条第二款所称行政判决书送达之日起计算。

第三条 因明显违反专利法第二十六条第三款、第四款导致说明书无法用于解释权利要求，且不属于本解释第四条规定的情形，专利权因此被请求宣告无效的，审理侵犯专利权纠纷案件的人民法院一般应当裁定中止诉讼；在合理期限内专利权未被请求宣告无效的，人民法院可以根据权利要求的记载确定专利权的保护范围。

第四条 权利要求书、说明书及附图中的语法、文字、标点、图形、符号等存有歧义，但本领域普通技术人员通过阅读权利要求书、说明书及附图可以得出唯一理解的，人民法院应当根据该唯一理解予以认定。

第五条 在人民法院确定专利权的保护范围时，独立权利要求的前序部分、特征部分以及从属权利要求的引用部分、限定部分记载的技术特征均有限定作用。

第六条 人民法院可以运用与涉案专利存在分案申请关系的其他专利及其专利审查档案、生效的专利授权确权裁判文书解释涉案专利的权利要求。

专利审查档案，包括专利审查、复审、无效程序中专利申请人或者专利权人提交的书面材料，国务院专利行政部门及其专利复审委员会制作的审查意见通知书、会晤记录、口头审理记录、生效的专利复审请求审查决定书和专利权无效宣告请求审查决定书等。

第七条 被诉侵权技术方案在包含封闭式组合物权利要求全部技术特征的基础上增加其他技术特征的，人民法院应当认定被诉侵权技术方案未落入专利权的保护范围，但该增加的技术特征属于不可避免的常规数量杂质的除外。

前款所称封闭式组合物权利要求，一般不包括中药组合物权利要求。

第八条 功能性特征，是指对于结构、组分、步骤、条件或其之间的关系等，通过其在发明创造中所起的功能或者效果进行限定的技术特征，但本领域普通技术人员仅通过阅读权利要求即可直接、明确地确定实现上述功能或者效果的具体实施方式的除外。

与说明书及附图记载的实现前款所称功能或者效果不可缺少的技术特征相比，被诉侵权技术方案的相应技术特征是以基本相同的手段，实现相同的功能，达到相同的效果，且本领域普通技术人员在被诉侵权行为发生时无需经过创造性劳动就能够联想到的，人民法院应当认定该相应技术特征与功能性特征相同或者等同。

第九条 被诉侵权技术方案不能适用于权利要求中使用环境特征所限定的使用环境的，人民法院应当认定被诉侵权技术方案未落入专利权的保护范围。

第十条 对于权利要求中以制备方法界定产品的技术特征，被诉侵权产品的制备方法与其不相同也不等同的，人民法院应当认定被诉侵权技术方案未落入专利权的保护范围。

第十一条 方法权利要求未明确记载技术步骤的先后顺序，但本领域普通技术人员阅读权利要求书、说明书及附图后直接、明确地认为该技术步骤应当按照特定顺序实施的，人民法院应当认定该步骤顺序对于专利权的保护范围具有限定作用。

第十二条 权利要求采用“至少”“不超过”等用语对数值特征进行界定，且本领域普通技术人员阅读权利要求书、说明书及附图后认为专利技术方案特别强调该用语对技术特征的限定作用，权利人主张与其不相同的数值特征属于等同特征的，人民法院不予支持。

第十三条 权利人证明专利申请人、专利权人在专利授权确权程序中对权利要求书、说明书及附图的限缩性修改或者陈述被明确否定的，人民法院应当认定该修改或者陈述未导致技术方案的放弃。

第十四条 人民法院在认定一般消费者对于外观设计所具有的知识水平和认知能力时，一般应当考虑被诉侵权行为发生时授权外观设计所属相同或者相近种类产品的设计空间。设计空间较大的，人民法院可以认定一般消费者通常不容易注意到不同设计之间的较小区别；设计空间较小的，人民法院可以认定一般消费者通常更容易注意到不同设计之间的较小区别。

第十五条 对于成套产品的外观设计专利，被诉侵权设计与其一项外观设计相同或者近似的，人民法院应当认定被诉侵权设计落入专利权的保护范围。

第十六条 对于组装关系唯一的组件产品的外观设计专利，被诉侵权设计与其组合状态下的外观设计相同或者近似的，人民法院应当认定被诉侵权设计落入专利权的保护范围。

对于各构件之间无组装关系或者组装关系不唯一的组件产品的外观设计专利，被诉侵权设计与其全部单个构件的外观设计均相同或者近似的，人民法院应当认定被诉侵权设计落入专利权的保护范围；被诉侵权设计缺少其单个构件的外观设计或者与之不相同也不近似的，人民法院应当认定被诉侵权设计未落入专利权的保护范围。

第十七条 对于变化状态产品的外观设计专利，被诉侵权设计与变化状态图所示各种使用状态下的外观设计均相同或者近似的，人民法院应当认定被诉侵权设计落入专利权的保护范围；被诉侵权设计缺少其一种使用状态下的外观设计或者与之不相同也不近似的，人民法院应当认定被诉侵权设计未落入专利权的保护范围。

第十八条 权利人依据专利法第十三条诉请在发明专利申请公布日至授权公告日期间实施该发明的单位或者个人支付适当费用的，人民法院可以参照有关专利许可使用费合理确定。

发明专利申请公布时申请人请求保护的范围与发明专利公告授权时的专利权保护范围不一致，被诉技术方案均落入上述两种范围的，人民法院应当认定被告在前款所称期间内实施了该发明；被诉技术方案仅落入其中一种范围的，人民法院应当认定被告在前款所称期间内未实施该发明。

发明专利公告授权后，未经专利权人许可，为生产经营目的使用、许诺销售、销售在本条第一款所称期间内已由他人制造、销售、进口的产品，且该他人已支付或者书面承诺支付专利法第十三条规定的适当费用的，对于权利人关于上述使用、许诺销售、销售行为侵犯专利权的主张，人民法院不予支持。

第十九条 产品买卖合同依法成立的，人民法院应当认定属于专利法第十一条规定的销售。

第二十条 对于将依照专利方法直接获得的产品进一步加工、处理而获得的后续产品，进行再加工、处理的，人民法院应当认定不属于专利法第十一条规定的“使用依照该专利方法直接获得的产品”。

第二十一条 明知有关产品系专门用于实施专利的材料、设备、零部件、中间物等，未经专利权人许可，为生产经营目的将该产品提供给他人实施了侵犯专利权的行为，权利人主张该提供者的行为属于侵权责任法第九条规定的帮助他人实施侵权行为的，人民法院应予支持。

明知有关产品、方法被授予专利权，未经专利权人许可，为生产经营目的积极诱导他人实施了侵犯专利权的行为，权利人主张该诱导者的行为属于侵权责任法第九条规定的教唆他人实施侵权行为的，人民法院应予支持。

第二十二条 对于被诉侵权人主张的现有技术抗辩或者现有设计抗辩，人民法院应当依照专利申请日时施行的专利法界定现有技术或者现有设计。

第二十三条 被诉侵权技术方案或者外观设计落入在先的涉案专利权的保护范围，被诉侵权人以其技术方案或者外观设计被授予专利权为由抗辩不侵犯涉案专利权的，人民法院不予支持。

第二十四条 推荐性国家、行业或者地方标准明示所涉必要专利的信息，被诉侵权人以实施该标准无需专利权人许可为由抗辩不侵犯该专利权的，人民法院一般不予支持。

推荐性国家、行业或者地方标准明示所涉必要专利的信息，专利权人、被诉侵权人协商该专利的实施许可条件时，专利权人故意违反其在标准制定中承诺的公平、合理、无歧视的许可义务，导致无法达成专利实施许可合同，且被诉侵权人在协商中无明显过错的，对于权利人请求停止标准实施行为的主张，人民法院一般不予支持。

本条第二款所称实施许可条件，应当由专利权人、被诉侵权人协商确定。经充分协商，仍无法达成一致的，可以请求人民法院确定。人民法院在确定上述实施许可条件时，应当根据公平、合理、无歧视的原则，综合考虑专利的创新程度及其在标准中的作用、标准所属的技术领域、标准的性质、标准实施的范围和相关的许可条件等因素。

法律、行政法规对实施标准中的专利另有规定的，从其规定。

第二十五条 为生产经营目的使用、许诺销售或者销售不知道是未经专利权人许可而制造并售出的专利侵权产品，且举证证明该产品合法来源的，对于权利人请求停止上述使用、许诺销售、销售行为的主张，人民法院应予支持，但被诉侵权产品的使用者举证证明其已支付该产品的合理对价的除外。

本条第一款所称不知道，是指实际不知道且不应当知道。

本条第一款所称合法来源，是指通过合法的销售渠道、通常的买卖合同等正常商业方式取得产品。对于合法来源，使用者、许诺销售者或者销售者应当提供符合交易习惯的相关证据。

第二十六条 被告构成对专利权的侵犯，权利人请求判令其停止侵权行为的，人民法院应予支持，但基于国家利益、公共利益的考量，人民法院可以不判令被告停止被诉行为，而判令其支付相应的合理费用。

第二十七条 权利人因被侵权所受到的实际损失难以确定的，人民法院应当依照专利法第六十五条第一款的规定，要求权利人对侵权人因侵权所获得的利益进行举证；在权利人已经提供侵权人所获利益的初步证据，而与专利侵权行为相关的账簿、资料主要由侵权人掌握的情况下，人民法院可以责令侵权人提供该账簿、资料；侵权人无正当理由拒不提供或者提供虚假的账簿、资料的，人民法院可以根据权利人的主张和提供的证据认定侵权人因侵权所获得的利益。

第二十八条 权利人、侵权人依法约定专利侵权的赔偿数额或者赔偿计算方法，并在专利侵权诉讼中主张依据该约定确定赔偿数额的，人民法院应予支持。

第二十九条 宣告专利权无效的决定作出后，当事人根据该决定依法申请再审，请求撤销专利权无效宣告前人民法院作出但未执行的专利侵权的判决、调解书的，人民法院可以裁定中止再审审查，并中止原判决、调解书的执行。

专利权人向人民法院提供充分、有效的担保，请求继续执行前款所称判决、调解书的，人民法院应当继续执行；侵权人向人民法院提供充分、有效的反担保，请求中止执行的，人民法院应当准许。人民法院生效裁判未撤销宣告专利权无效的决定的，专利权人应当赔偿因继续执行给对方造成的损失；宣告专利权无效的决定被人民法院生效裁判撤销，专利权仍有效的，人民法院可以依据前款所称判决、调解书直接执行上述反担保财产。

第三十条 在法定期限内对宣告专利权无效的决定不向人民法院起诉或者起诉后生效裁判未撤销该决定，当事人根据该决定依法申请再审，请求撤销宣告专利权无效前人民法院作出但未执行的专利侵权的判决、调解书的，人民法院应当再审。当事人根据该决定，依法申请终结执行宣告专利权无效前人民法院作出但未执行的专利侵权的判决、调解书的，人民法院应当裁定终结执行。

第三十一条 本解释自 2016 年 4 月 1 日起施行。最高人民法院以前发布的相关司法解释与本解释不一致的，以本解释为准。

国家标准涉及专利的管理规定（暂行）

第一章　总　则

第一条　为规范国家标准管理工作，鼓励创新和技术进步，促进国家标准合理采用新技术，保护社会公众和专利权人及相关权利人的合法权益，保障国家标准的有效实施，依据《中华人民共和国标准化法》、《中华人民共和国专利法》和《国家标准管理办法》等相关法律法规和规章制定本规定。

第二条　本规定适用于在制修订和实施国家标准过程中对国家标准涉及专利问题的处置。

第三条　本规定所称专利包括有效的专利和专利申请。

第四条　国家标准中涉及的专利应当是必要专利，即实施该项标准必不可少的专利。

第二章　专利信息的披露

第五条　在国家标准制修订的任何阶段，参与标准制修订的组织或者个人应当尽早向相关全国专业标准化技术委员会或者归口单位披露其拥有和知悉的必要专利，同时提供有关专利信息及相应证明材料，并对所提供证明材料的真实性负责。参与标准制定的组织或者个人未按要求披露其拥有的专利，违反诚实信用原则的，应当承担相应的法律责任。

第六条 鼓励没有参与国家标准制修订的组织或者个人在标准制修订的任何阶段披露其拥有和知悉的必要专利，同时将有关专利信息及相应证明材料提交给相关全国专业标准化技术委员会或者归口单位，并对所提供证明材料的真实性负责。

第七条 全国专业标准化技术委员会或者归口单位应当将其获得的专利信息尽早报送国家标准化管理委员会。

第八条 国家标准化管理委员会应当在涉及专利或者可能涉及专利的国家标准批准发布前，对标准草案全文和已知的专利信息进行公示，公示期为 30 天。任何组织或者个人可以将其知悉的其他专利信息书面通知国家标准化管理委员会。

第三章 专利实施许可

第九条 国家标准在制修订过程中涉及专利的，全国专业标准化技术委员会或者归口单位应当及时要求专利权人或者专利申请人作出专利实施许可声明。该声明应当由专利权人或者专利申请人在以下三项内容中选择一项：

（一）专利权人或者专利申请人同意在公平、合理、无歧视基础上，免费许可任何组织或者个人在实施该国家标准时实施其专利；

（二）专利权人或者专利申请人同意在公平、合理、无歧视基础上，收费许可任何组织或者个人在实施该国家标准时实施其专利；

（三）专利权人或者专利申请人不同意按照以上两种方式进行专利实施许可。

第十条 除强制性国家标准外，未获得专利权人或者专利申请人根据第九条第一项或者第二项规定作出的专利实施许可声明的，国家标准不得包括基于该专利的条款。

第十一条 涉及专利的国家标准草案报批时，全国专业标准化技术委员会或者归口单位应当同时向国家标准化管理委员会提交专利信息、证明材料和专利实施许可声明。除强制性国家标准外，涉及专利但未获得专利权人或者专利申请人根据第九条第一项或者第二项规定作出的专利实施许可声明的，国家标准草案不予批准发布。

第十二条 国家标准发布后，发现标准涉及专利但没有专利实施许可声明的，国家标准化管理委员会应当责成全国专业标准化技术委员会或者归口单位在规定时间内获得专利权人或者专利申请人作出的专利实施许可声明，并提交国家标准化管理委员会。除强制性国家标准外，未能在规定时间内获得专利权人或者专利申请人根据第九条第一项或者第二项规定作出的专利实施许可声明的，国家标准化管理委员会可以视情况暂停实施该国家标准，并责成相应的全国专业标准化技术委员会或者归口单位修订该标准。

第十三条 对于已经向全国专业标准化技术委员会或者归口单位提交实施许可声明的专利，专利权人或者专利申请人转让或者转移该专利时，应当事先告知受让人该专利实施许可声明的内容，并保证受让人同意受该专利实施许可声明的约束。

第四章 强制性国家标准涉及专利的特殊规定

第十四条 强制性国家标准一般不涉及专利。

第十五条 强制性国家标准确有必要涉及专利，且专利权人或者专利申请人拒绝作出第九条第一项或者第二项规定的专利实施许可声明的，应当由国家标准化管理委员会、国家知识产权局及相关部门和专利权人或者专利申请人协商专利处置办法。

第十六条 涉及专利或者可能涉及专利的强制性国家标准批准发布前，国家标准化管理委员会应当对标准草案全文和已知的专利信息进行公示，公示期为 30 天；依申请，公示期可以延长至 60 天。任何组织或者个人可以将其知悉的其他专利信息书面通知国家标准化管理委员会。

第五章 附 则

第十七条 国家标准中所涉及专利的实施许可及许可使用费问题，由标准使用人与专利权人或者专利申请人依据专利权人或者专利申请人作出的专利实施许可声明协商处理。

第十八条 等同采用国际标准化组织（ISO）和国际电工委员会（IEC）的国际标准制修订的国家标准，该国际标准中所涉及专利的实施许可声明同样适用于国家标准。

第十九条 在制修订国家标准过程中引用涉及专利的标准的，应当按照本规定第三章的规定重新要求专利权人或者专利申请人作出专利实施许可声明。

第二十条 制修订国家标准涉及专利的，专利信息披露和专利实施许可声明的具体程序依据《标准制定的特殊程序第 1 部分：涉及专利的标准》国家标准中有关规定执行。

第二十一条 国家标准文本有关专利信息的编写要求按照《标准化工作导则》国家标准中有关规定执行。

第二十二条 制修订行业标准和地方标准中涉及专利的，可以参照适用本规定。

第二十三条 本规定由国家标准化管理委员会和国家知识产权局负责解释。

第二十四条 本规定自 2014 年 1 月 1 日起施行。

关于禁止滥用知识产权排除、限制竞争行为的规定

（2015 年 4 月 7 日国家工商行政管理总局令第 74 号公布　自 2015 年 8 月 1 日起施行）

第一条　为了保护市场公平竞争和激励创新，制止经营者滥用知识产权排除、限制竞争的行为，根据《中华人民共和国反垄断法》（以下简称《反垄断法》），制定本规定。

第二条　反垄断与保护知识产权具有共同的目标，即促进竞争和创新，提高经济运行效率，维护消费者利益和社会公共利益。

经营者依照有关知识产权的法律、行政法规规定行使知识产权的行为，不适用《反垄断法》；但是，经营者滥用知识产权，排除、限制竞争的行为，适用《反垄断法》。

第三条　本规定所称滥用知识产权排除、限制竞争行为，是指经营者违反《反垄断法》的规定行使知识产权，实施垄断协议、滥用市场支配地位等垄断行为（价格垄断行为除外）。

本规定所称相关市场，包括相关商品市场和相关地域市场，依据《反垄断法》和《国务院反垄断委员会关于相关市场界定的指南》进行界定，并考虑知识产权、创新等因素的影响。在涉及知识产权许可等反垄断执法工作中，相关商品市场可以是技术市场，也

可以是含有特定知识产权的产品市场。相关技术市场是指由行使知识产权所涉及的技术和可以相互替代的同类技术之间相互竞争所构成的市场。

第四条 经营者之间不得利用行使知识产权的方式达成《反垄断法》第十三条、第十四条所禁止的垄断协议。但是，经营者能够证明所达成的协议符合《反垄断法》第十五条规定的除外。

第五条 经营者行使知识产权的行为有下列情形之一的，可以不被认定为《反垄断法》第十三条第一款第六项和第十四条第三项所禁止的垄断协议，但是有相反的证据证明该协议具有排除、限制竞争效果的除外：

（一）具有竞争关系的经营者在受其行为影响的相关市场上的市场份额合计不超过百分之二十，或者在相关市场上存在至少四个可以以合理成本得到的其他独立控制的替代性技术；

（二）经营者与交易相对人在相关市场上的市场份额均不超过百分之三十，或者在相关市场上存在至少两个可以以合理成本得到的其他独立控制的替代性技术。

第六条 具有市场支配地位的经营者不得在行使知识产权的过程中滥用市场支配地位，排除、限制竞争。

市场支配地位根据《反垄断法》第十八条和第十九条的规定进行认定和推定。经营者拥有知识产权可以构成认定其市场支配地位的因素之一，但不能仅根据经营者拥有知识产权推定其在相关市场上具有市场支配地位。

第七条 具有市场支配地位的经营者没有正当理由，不得在其知识产权构成生产经营活动必需设施的情况下，拒绝许可其他经营者以合理条件使用该知识产权，排除、限制竞争。

认定前款行为需要同时考虑下列因素：

（一）该项知识产权在相关市场上不能被合理替代，为其他经营者参与相关市场的竞争所必需；

（二）拒绝许可该知识产权将会导致相关市场上的竞争或者创新受到不利影响，损害消费者利益或者公共利益；

（三）许可该知识产权对该经营者不会造成不合理的损害。

第八条 具有市场支配地位的经营者没有正当理由，不得在行使知识产权的过程中，实施下列限定交易行为，排除、限制竞争：

（一）限定交易相对人只能与其进行交易；

（二）限定交易相对人只能与其指定的经营者进行交易。

第九条 具有市场支配地位的经营者没有正当理由，不得在行使知识产权的过程中，实施同时符合下列条件的搭售行为，排除、限制竞争：

（一）违背交易惯例、消费习惯等或者无视商品的功能，将不同商品强制捆绑销售或者组合销售；

（二）实施搭售行为使该经营者将其在搭售品市场的支配地位延伸到被搭售品市场，排除、限制了其他经营者在搭售品或者被搭售品市场上的竞争。

第十条 具有市场支配地位的经营者没有正当理由，不得在行使知识产权的过程中，实施下列附加不合理限制条件的行为，排除、限制竞争：

（一）要求交易相对人将其改进的技术进行独占性的回授；

（二）禁止交易相对人对其知识产权的有效性提出质疑；

（三）限制交易相对人在许可协议期限届满后，在不侵犯知识产权的情况下利用竞争性的商品或者技术；

（四）对保护期已经届满或者被认定无效的知识产权继续行使权利；

（五）禁止交易相对人与第三方进行交易；

（六）对交易相对人附加其他不合理的限制条件。

第十一条 具有市场支配地位的经营者没有正当理由，不得在行使知识产权的过程中，对条件相同的交易相对人实行差别待遇，排除、限制竞争。

第十二条 经营者不得在行使知识产权的过程中，利用专利联营从事排除、限制竞争的行为。

专利联营的成员不得利用专利联营交换产量、市场划分等有关竞争的敏感信息，达成《反垄断法》第十三条、第十四条所禁止的垄断协议。但是，经营者能够证明所达成的协议符合《反垄断法》第十五条规定的除外。

具有市场支配地位的专利联营管理组织没有正当理由，不得利用专利联营实施下列滥用市场支配地位的行为，排除、限制竞争：

（一）限制联营成员在联营之外作为独立许可人许可专利；

（二）限制联营成员或者被许可人独立或者与第三方联合研发与联营专利相竞争的技术；

（三）强迫被许可人将其改进或者研发的技术独占性地回授给专利联营管理组织或者联营成员；

（四）禁止被许可人质疑联营专利的有效性；

（五）对条件相同的联营成员或者同一相关市场的被许可人在交易条件上实行差别待遇；

（六）国家工商行政管理总局认定的其他滥用市场支配地位行为。

本规定所称专利联营，是指两个或者两个以上的专利权人通过某种形式将各自拥有的专利共同许可给第三方的协议安排。其形式可以是为此目的成立的专门合资公司，也可以是委托某一联营成员或者某独立的第三方进行管理。

第十三条 经营者不得在行使知识产权的过程中，利用标准（含国家技术规范的强制性要求，下同）的制定和实施从事排除、限制竞争的行为。

具有市场支配地位的经营者没有正当理由，不得在标准的制定和实施过程中实施下列排除、限制竞争行为：

（一）在参与标准制定的过程中，故意不向标准制定组织披露其权利信息，或者明确放弃其权利，但是在某项标准涉及该专利后却对该标准的实施者主张其专利权。

（二）在其专利成为标准必要专利后，违背公平、合理和无歧视原则，实施拒绝许可、搭售商品或者在交易时附加其他的不合理交易条件等排除、限制竞争的行为。

本规定所称标准必要专利，是指实施该项标准所必不可少的专利。

第十四条 经营者涉嫌滥用知识产权排除、限制竞争行为的，工商行政管理机关依据《反垄断法》和《工商行政管理机关查处垄断协议、滥用市场支配地位案件程序规定》进行调查。

第十五条 分析认定经营者涉嫌滥用知识产权排除、限制竞争行为，可以采取以下步骤：

（一）确定经营者行使知识产权行为的性质和表现形式；

（二）确定行使知识产权的经营者之间相互关系的性质；

（三）界定行使知识产权所涉及的相关市场；

（四）认定行使知识产权的经营者的市场地位；

（五）分析经营者行使知识产权的行为对相关市场竞争的影响。

分析认定经营者之间关系的性质需要考虑行使知识产权行为本身的特点。在涉及知识产权许可的情况下，原本具有竞争关系的经营者之间在许可合同中是交易关系，而在许可人和被许可人都利用该知识产权生产产品的市场上则又是竞争关系。但是，如果当事人之间在订立许可协议时不是竞争关系，在协议订立之后才产生竞争关系的，则仍然不视为竞争者之间的协议，除非原协议发生实质性的变更。

第十六条 分析认定经营者行使知识产权的行为对竞争的影响，应当考虑下列因素：

（一）经营者与交易相对人的市场地位；

（二）相关市场的市场集中度；

（三）进入相关市场的难易程度；

（四）产业惯例与产业的发展阶段；

（五）在产量、区域、消费者等方面进行限制的时间和效力范围；

（六）对促进创新和技术推广的影响；

（七）经营者的创新能力和技术变化的速度；

（八）与认定行使知识产权的行为对竞争影响有关的其他因素。

第十七条 经营者滥用知识产权排除、限制竞争的行为构成垄断协议的，由工商行政管理机关责令停止违法行为，没收违法所得，并处上一年度销售额百分之一以上百分之十以下的罚款；尚未实施所达成的垄断协议的，可以处五十万元以下的罚款。

经营者滥用知识产权排除、限制竞争的行为构成滥用市场支配地位的，由工商行政管理机关责令停止违法行为，没收违法所得，并处上一年度销售额百分之一以上百分之十以下的罚款。

工商行政管理机关确定具体罚款数额时，应当考虑违法行为的性质、情节、程度、持续的时间等因素。

第十八条 本规定由国家工商行政管理总局负责解释。

第十九条 本规定自2015年8月1日起施行。

国务院反垄断委员会
关于滥用知识产权的反垄断指南
（征求意见稿）[1]

（2015年12月31日）

序言

反垄断与知识产权制度具有共同的目标，即促进竞争和创新，提高经济运行效率，维护消费者利益，增进社会福祉。《反垄断法》通过维护市场竞争，推动创新，促进技术传播和利用；知识产权制度以保护和激励创新作为直接目标，促进市场竞争。因此，《反垄断法》不适用于经营者依照法律法规行使知识产权的行为。但是，知识产权行使行为有可能背离知识产权制度的初衷，排除、限制竞争，阻碍创新。《反垄断法》作为维护市场自由公平竞争的基本法律制度，对排除、限制竞争的行为进行规制，包括滥用知识产权排除、限制竞争的行为。

在反垄断执法实践中，分析和认定排除、限制竞争的滥用知识产权行为具有一定的特殊性，在适用《反垄断法》基本分析框架的

---

〔1〕 国家发展和改革委员会价格监督检查与反垄断局：《〈关于滥用知识产权的反垄断指南〉（征求意见稿）公开征求意见》，http://www.sdpc.gov.cn/yjzq/201512/t20151231_770310.html，2016年2月10日访问。

基础上，需要进一步明确一系列具体问题。鉴于此，为了建立滥用知识产权反垄断规制的指引性规则，提高反垄断执法的透明度，给市场提供更为明确的合理预期，引导经营者正当行使知识产权，根据《反垄断法》，制定本指南。

一、基本问题

（一）执法原则

反垄断执法机构在涉及知识产权领域的反垄断执法过程中，坚持四个方面的原则：

1. 对知识产权行使行为进行反垄断规制，采用与其他财产性权利相同的规制标准，遵循《反垄断法》的基本分析框架，同时考虑知识产权的特点；

2. 不因经营者拥有知识产权而直接推定其在相关市场上具有市场支配地位；

3. 对可能排除、限制竞争的知识产权行使行为进行分析，根据个案需要，充分考虑知识产权行使行为对竞争和创新的积极影响；

4. 坚持公正透明，充分考虑经营者提出的行使知识产权正当与否的事实、证据和理由。

（二）相关市场界定

界定涉及知识产权的相关市场，既要遵循相关市场界定的一般原则和方法，即通常需要界定相关商品市场和相关地域市场，同时也需要考虑知识产权的特殊性。

知识产权既可以直接作为交易的标的，也可以被用于提供商品或者服务（以下统称商品）。因此，在涉及知识产权的反垄断分析中，如果仅界定相关商品市场难以全面评估相关知识产权行使行为的竞争影响，需引入对相关技术市场的界定。根据个案需要，还可以考虑知识产权行使对研发投资、创新活动的影响。

相关技术市场是指行使知识产权所涉及的技术和具有替代关系的技术之间相互竞争所构成的市场。判断技术的可替代性可以考虑的因素包括技术属性、用途、许可费、知识产权时间期限及其需求者转向其他可替代性技术的可能性及成本等。当利用不同的技术能够提供具有替代关系的商品时，这些不同的技术之间可能具有可替代性。

涉及知识产权的相关商品市场和相关技术市场均需界定相关地域市场。界定相关技术市场的地域市场，需考虑知识产权的地域性。当相关交易涉及多个国家和地区的知识产权时，还需考虑相关交易条件对相关地域市场界定的影响。

（三）总体分析思路

反垄断执法机构在分析和认定经营者是否违反《反垄断法》，滥用知识产权排除、限制竞争时，需综合运用法学、经济学等学科中的分析方法，就相关知识产权行使行为可能构成的垄断行为类型进行具体分析，可以考虑相关市场的竞争状况，相关知识产权行使行为是否排除、限制竞争，相关知识产权行使行为是否促进创新、提高效率。

1. 相关市场的竞争状况分析

对相关市场的竞争状况进行分析，可考虑以下因素：

（1）经营者与相关竞争者、交易相对人的市场地位；

（2）相关市场的集中度；

（3）相关市场进入的难易程度；

（4）交易相对人对相关知识产权的依赖程度；

（5）产业特点与产业发展状况；

（6）相关市场中的技术状况，包括技术的更新、可替代技术及其市场份额等。

在计算相关技术市场的市场份额时，根据个案，可以采用以下方法：

（1）相关知识产权的许可费收入在相关市场的许可费总收入的占比；

（2）利用相关知识产权提供的商品在下游市场的市场份额的占比计算市场份额；

（3）考虑相关知识产权在所有具有可替代关系的知识产权中的数量占比。

2. 排除、限制竞争的分析

分析知识产权行使行为是否排除、限制竞争，可考虑以下因素：

（1）行为对相关市场存在的竞争及潜在竞争的消除或者阻碍；

（2）行为控制关键技术等资源，设置或者提高相关市场进入障碍的可能性；

（3）行为对技术创新、推广和发展的阻碍；

（4）行为对相关产业发展的阻碍；

（5）行为在产量、区域、消费者等方面产生限制的时间、范围和程度。

3. 促进创新、提高效率分析

分析知识产权行使行为是否促进创新、提高效率，需考虑以下因素：

（1）知识产权行使行为与促进创新、提高效率之间的因果关系；

（2）知识产权行使行为促进创新、提高效率的程度；

（3）知识产权行使行为不会严重限制相关市场的竞争或者阻碍其他经营者的创新。

（4）消费者能够分享促进创新、提高效率所产生的利益；

二、可能排除、限制竞争的知识产权协议

判断经营者达成的相关知识产权协议是否排除、限制竞争，需要考虑知识产权的特点，结合个案进行具体分析。一般而言，具有竞争关系的经营者达成的知识产权协议比不具有竞争关系的经营者达成的知识产权协议，更有可能排除、限制竞争。判断达成协议的经营者之间是否具有竞争关系，需要考虑在没有达成该协议的情况下，经营者之间在相关市场上是否存在实际或者潜在的竞争关系，还需要考虑在达成该协议后，经营者在相关市场中行使知识产权或利用知识产权提供的商品或服务之间是否构成竞争关系。

（一）具有竞争关系的经营者达成的协议

结合《反垄断法》第十三条第一款第（一）至（五）项规定的垄断协议，具有竞争关系的经营者达成的下列知识产权协议，也可能排除、限制竞争。

1. 联合研发

本指南所称联合研发，是指两个或者两个以上经营者共同研发技术或者产品。

联合研发一般能够节约研发成本，提高研发效率，推动创新，具有促进竞争的效果。但是，联合研发也可能排除、限制竞争，具体分析时可以考虑以下因素：

（1）是否限制经营者在联合研发无关的领域独立研发新技术或者新产品；

（2）是否限制经营者在联合研发无关的领域与第三方合作研发新技术或者新产品；

（3）是否限定经营者在联合研发无关的领域研发的新技术或者新产品所涉知识产权的归属和行使。

2. 专利联营

本指南所称专利联营，是指两个或者两个以上的专利权人将各自的专利共同对外许可。专利联营包括专门成立公司、委托特定成员管理或者由独立的第三方进行管理等形式。

专利联营一般可以降低交易成本，提高效率，具有促进竞争的效果。但是，专利联营也可能排除、限制竞争，具体分析时可以考虑以下因素：

（1）联营中的专利是否完全或者主要由相互具有替代关系的技术组成；

（2）是否限制联营成员单独对外许可其在联营中的专利；

（3）是否利用专利联营排斥替代技术，或者阻碍其他经营者进入相关市场；

（4）联营成员是否通过专利联营交换并非专利联营所必需的商品价格、产量、市场划分等与竞争有关的信息；

（5）是否限制联营成员研发新技术。

3. 交叉许可

本指南所称交叉许可，是指经营者将各自拥有的知识产权相互许可使用。

交叉许可通常可以降低知识产权许可成本，激励创新，促进知识产权实施。但是，交叉许可也可能排除、限制竞争，具体分析时可以考虑以下因素：

（1）交叉许可是否为排他性许可；

（2）交叉许可是否构成第三方进入相关市场的壁垒；

（3）交叉许可是否阻碍了下游相关商品市场的竞争。

4. 标准制定

本指南所称标准制定，是指经营者共同制定在一定范围内统一实施的涉及知识产权的标准。

标准制定有助于实现不同产品之间的通用性，降低成本，提高效率，保证产品质量，促进竞争，增进社会福祉。但是，具有竞争关系的经营者共同参与标准制定也可能排除、限制竞争，具体分析时可以考虑以下因素：

（1）是否排除其他特定经营者；

（2）是否排斥特定经营者的相关方案；

（3）是否约定不实施其他竞争性标准；

（4）对行使标准中所包含的知识产权是否有必要、合理的约束机制。

分析不具有竞争关系的经营者达成的联合研发、专利联营、交叉许可及标准制定等知识产权协议是否排除、限制竞争，同样可以考虑上述相应的分析因素，但是需要充分考虑达成上述知识产权协议的经营者不具有竞争关系这一重要因素。

（二）不具有竞争关系的经营者达成的协议

结合《反垄断法》第十四条第（一）项、第（二）项规定的垄断协议，不具有竞争关系的经营者达成的下列知识产权协议，也可能排除、限制竞争。

1. 价格限制

许可人固定被许可人向第三人销售利用其知识产权提供的商品的价格，或者限定其最低销售价格，适用《反垄断法》关于固定转售价格、限定最低转售价格的规定。

2. 独占性回授

本指南所称回授，是指被许可人就被许可的知识产权所作的后续改进，或者通过使用被许可的知识产权所获得的新成果授权给许可人。独占性回授，是指仅许可人有权实施被许可人回授的改进或者新成果。

回授通常可以降低许可人的许可风险，推动对新成果的投资和运用，促进创新与竞争。但是，独占性回授可能使许可人获得对改进或者新成果的控制，降低被许可人的创新动力，可能排除、限制竞争，具体分析时可以考虑以下因素：

（1）许可人是否就该独占性回授提供实质性对价；

（2）许可人与被许可人在交叉许可中是否相互要求独占性回授；

（3）独占性回授是否导致相关知识产权的改进或者新成果向单一经营者集中，进而使其获得或者加强对相关市场的控制；

（4）独占性回授是否损害被许可人进行后续改进的积极性。

如果许可人要求被许可人将上述的后续改进或者新成果转让给许可人，或者独占许可、转让给其指定的第三人，分析该行为是否排除、限制竞争，同样考虑上述因素。

3. 不质疑条款

本指南所称不质疑条款，是指许可人要求被许可人不得对其知识产权的有效性提出异议。

不质疑条款一般可以避免滥诉，提高交易效率。但是，不质疑条款限制了被许可人质疑知识产权有效性的权利，可能排除、限制竞争，具体分析时可以考虑以下因素：

（1）许可人是否要求所有的被许可人不质疑其知识产权的有效性；

（2）不质疑条款涉及的知识产权是否为有偿许可或者可能构成下游市场的进入障碍；

（3）不质疑条款涉及的知识产权是否阻碍其他竞争性知识产权的实施；

（4）许可人是否通过提供错误或者误导性信息取得知识产权；

（5）许可人是否通过不正当手段使被许可人接受不质疑条款。

4. 其他限制条款

不具有竞争关系的经营者达成的知识产权协议中，可能包括下列限制条款：

（1）限制被许可人在特定领域内使用知识产权；

（2）限制被许可人利用知识产权提供的商品的销售渠道、销售范围或者交易对象；

（3）限制被许可人利用知识产权生产或者销售的商品的数量；

（4）禁止被许可人从第三方获得许可、使用其竞争性知识产权，或者禁止被许可人生产、销售与许可人商品相竞争的商品。

上述限制条款一般具有商业合理性，会提高效率，促进知识产权实施。但是，在特定情况下，上述限制条款可能排除、限制竞争，具体分析时可以考虑以下因素：

（1）限制的内容、程度及实施方式；

（2）利用知识产权提供的商品的特点；

（3）持有竞争性知识产权的其他经营者是否实施相同或者相似的限制；

（4）是否促进许可人知识产权的实施和发展；

（5）是否阻碍其他知识产权的实施和发展。

分析具有竞争关系的经营者在知识产权协议中达成的独占性回授、不质疑条款及其他限制条款是否排除、限制竞争，同样可考虑上述相应的分析因素，但是需要充分考虑达成上述知识产权协议的经营者具有竞争关系这一重要因素。如果上述协议实质上构成《反垄断法》第十三条第一款第（一）至（五）项规定的垄断协议，则适用《反垄断法》关于上述垄断协议的规定。

（三）协议的豁免

在考虑相关知识产权协议是否可以依据《反垄断法》第十五条的规定获得豁免时，应重点考虑该协议在促进创新、提高效率等方面的积极效果。市场份额较小的经营者达成的相关知识产权协议通常不会严重排除、限制竞争，为了提高反垄断执法效率，给市场主体提供明确的预期，达成相关知识产权协议的经营者符合下列条件之一的，推定该知识产权协议依据《反垄断法》第十五条的规定可以获得豁免：

1. 具有竞争关系的经营者在相关市场的市场份额合计不超过15%；

2. 不具有竞争关系的经营者在协议涉及的任一相关市场上的市场份额均不超过25%。

经营者达成的相关知识产权协议构成《反垄断法》第十三条、第十四条明确列举的垄断协议，以及本指南列举的价格限制，不适用上述推定。

如果相关知识产权协议虽然符合上述豁免推定情形，但有证据证明其实际上并不符合《反垄断法》第十五条的规定，则不能获得豁免。

三、涉及知识产权的滥用市场支配地位行为

分析经营者行使知识产权的行为是否构成滥用市场支配地位，需首先界定相关市场并认定该经营者是否在相关市场具有市场支配地位，再根据个案具体分析其行使知识产权的行为是否构成滥用市场支配地位的行为。

（一）市场支配地位的认定

经营者拥有知识产权，并不意味着其必然具有市场支配地位。认定拥有知识产权的经营者在相关市场上是否具有支配地位，应依据《反垄断法》规定的认定或推定市场支配地位的因素和情形进行分析，结合知识产权的特点，还可具体考虑以下因素：

1. 交易相对人转向替代知识产权的可能性及转换成本；
2. 下游市场对利用相关知识产权所提供的商品的依赖程度；
3. 交易相对人对经营者的制衡能力。

认定标准必要专利经营者是否具有市场支配地位，可继续考虑以下因素：

1. 相关标准的市场价值与应用程度；
2. 是否存在替代标准；
3. 行业对相关标准的依赖程度及使用替代标准的转换成本；
4. 不同代际相关标准的演进情况与兼容性；
5. 纳入标准的相关技术被替换的可能性。

（二）滥用市场支配地位行为

《反垄断法》第十七条禁止滥用市场支配地位的行为，对在相

关市场具有支配地位的经营者行使知识产权是否构成滥用行为，需要考虑知识产权的特点和对竞争的影响，结合个案进行具体分析。

1. 以不公平的高价许可知识产权

经营者有权就其知识产权获得合理的激励性回报，以收回研发投入，继续创新。经营者依照有关知识产权的法律法规收取许可费的行为，通常不会受到《反垄断法》的规制。但是，如果经营者滥用其具有的市场支配地位，以不公平的高价许可知识产权，会排除、限制竞争，损害消费者利益。

分析和认定经营者是否以不公平的高价许可知识产权，可考虑以下因素：

（1）经营者主张的许可费是否与其知识产权价值明显不符；

（2）相关知识产权所负担的许可承诺；

（3）相关知识产权许可历史或者可比照的许可费标准；

（4）经营者是否超出知识产权的地域范围或者覆盖的产品范围收取许可费；

（5）经营者进行一揽子许可时是否就过期或者无效的知识产权收取许可费；

（6）知识产权许可协议中是否包含其他导致不公平高价的许可条件；

（7）经营者是否采取不正当手段使被许可人接受其提出的许可费。

分析和认定经营者是否以不公平的高价许可标准必要专利，还可考虑符合相关标准的产品所承担的整体许可费情况及其对相关产业正常发展的影响。

2. 拒绝许可

拒绝许可是经营者行使知识产权的一种表现形式，一般情况下，经营者不承担与竞争对手或者交易相对人进行交易的义务。但是，具有市场支配地位的经营者无正当理由拒绝许可，可能排除、限制相关市场的竞争，损害消费者利益或者公共利益。

分析拒绝许可是否具有正当理由，在个案中根据具体情况，可以考虑以下因素：

（1）相关知识产权所负担的许可承诺；

（2）相关知识产权是否为进入相关市场所必需，以及是否存在可合理获得的替代知识产权；

（3）许可相关知识产权对经营者进行创新的影响及程度；

（4）被拒绝方是否缺乏支付合理许可费的意愿和能力；

（5）被拒绝方是否缺乏必要的质量、技术保障，以确保知识产权的正当使用或者产品的安全和性能；

（6）被拒绝方使用知识产权是否会对节约能源、保护环境等社会公共利益产生不利影响。

3. 搭售

本指南所称搭售，是指经营者许可、转让知识产权时，要求交易相对人接受其他知识产权的许可、转让，或者接受其他商品。

搭售在一定程度上可以降低交易成本，促进商品功能的完善。但是，具有市场支配地位的经营者没有正当理由进行搭售，可能排除、限制竞争。

分析搭售是否构成滥用市场支配地位行为，可考虑以下因素：

（1）是否违背交易相对人意愿；

（2）是否符合交易惯例或者消费习惯；

（3）是否无视相关知识产权或者商品的性质差异及相互关系；

（4）是否为实现技术兼容、产品安全、产品性能等所必不可少的措施；

（5）是否排除、限制其他经营者的交易机会。

4. 附加不合理的交易条件

具有市场支配地位的经营者在与知识产权有关的交易中附加下列限制条件，可能排除、限制竞争：

1. 要求交易相对人将其改进的技术进行独占性回授；

2. 禁止交易相对人对其知识产权的有效性提出质疑，或者针对其提起知识产权侵权诉讼；

3. 限制交易相对人利用竞争性的技术或者商品；

4. 对过期或者无效的知识产权主张权利；

5. 禁止交易相对人与第三方进行交易，或者对交易相对人与第三方的交易行为在对象选择、交易地域等交易条件方面进行限制。

5. 差别待遇

经营者有权对不同的被许可人实施不同的许可条件。但是，具有市场支配地位的经营者，没有正当理由，对条件实质相同的被许可人实施不同的许可条件，可能排除、限制竞争。

判断差别待遇是否构成滥用市场支配地位，可以考虑以下因素：

（1）被许可人的条件是否实质相同，可以考虑被许可的知识产权范围、不同的被许可人利用相关知识产权提供的商品或服务是否存在替代关系；

（2）许可条件是否实质不同，除分析许可协议本身的条款外，还需综合考虑许可人和被许可人之间达成的其他商业安排对许可条件的实质影响；

（3）是否对被许可人参与相关市场竞争产生显著不利影响。

6. 禁令救济

本指南所称禁令救济，是指专利权人请求司法机构或者准司法机构颁发限制使用相关专利的命令。

禁令救济是标准必要专利权人依法享有的维护其合法权利的救济手段。但是，拥有市场支配地位的标准必要专利权人利用禁令救济申请迫使被许可人接受其提出的不公平的高价许可费或其他不合理的许可条件，可能排除、限制竞争。

分析和认定标准必要专利经营者申请禁令救济是否排除、限制竞争，可考虑以下因素：

（1）谈判双方在谈判过程中的行为表现及其体现出的真实意愿；

（2）相关标准必要专利所负担的有关禁令救济的承诺；

（3）谈判双方在谈判过程中所提出的许可条件；

（4）申请禁令救济对许可谈判、相关市场及下游市场竞争和消费者利益的影响。

四、涉及知识产权的经营者集中

（略）

国务院关于印发深化标准化工作改革方案的通知

（2015 年 3 月 11 日　国发〔2015〕13 号）

现将《深化标准化工作改革方案》印发给你们，请认真贯彻执行。

深化标准化工作改革方案

为落实《中共中央关于全面深化改革若干重大问题的决定》、《国务院机构改革和职能转变方案》和《国务院关于促进市场公平竞争维护市场正常秩序的若干意见》（国发〔2014〕20 号）关于深化标准化工作改革、加强技术标准体系建设的有关要求，制定本改革方案。

一、改革的必要性和紧迫性

党中央、国务院高度重视标准化工作，2001 年成立国家标准化管理委员会，强化标准化工作的统一管理。在各部门、各地方共同努力下，我国标准化事业得到快速发展。截至目前，国家标准、行业标准和地方标准总数达到 10 万项，覆盖一二三产业和社会事业各领域的标准体系基本形成。我国相继成为国际标准化组织（ISO）、国际电工委员会（IEC）常任理事国及国际电信联盟（ITU）理事国，我国专家担任ISO主席、IEC副主席、ITU秘书长等一系列重要职务，主导制定国际标准的数量逐年增加。标准化在保障产品质量安全、促进产业转型升级和经济提质增效、服务外交外贸等方面起着越来越重要的作用。但是，从我国经济社会发展日益增长的需求来看，现行标准体系和标准化管理体制已不能适应社会主义市场经济发展的需要，甚至在一定程度上影响了经济社会发展。

一是标准缺失老化滞后，难以满足经济提质增效升级的需求。现代农业和服务业标准仍然很少，社会管理和公共服务标准刚刚起步，即使在标准相对完备的工业领域，标准缺失现象也不同程度存在。特别是当前节能降耗、新型城镇化、信息化和工业化融合、电子商务、商贸物流等领域对标准的需求十分旺盛，但标准供给仍有较大缺口。我国国家标准制定周期平均为3年，远远落后于产业快速发展的需要。标准更新速度缓慢，“标龄”高出德、美、英、日等发达国家1倍以上。标准整体水平不高，难以支撑经济转型升级。我国主导制定的国际标准仅占国际标准总数的0.5%，“中国标准”在国际上认可度不高。

二是标准交叉重复矛盾，不利于统一市场体系的建立。标准是生产经营活动的依据，是重要的市场规则，必须增强统一性和权威性。目前，现行国家标准、行业标准、地方标准中仅名称相同的就有近2000项，有些标准技术指标不一致甚至冲突，既造成企业执行标准困难，也造成政府部门制定标准的资源浪费和执法尺度不一。特别是强制性标准涉及健康安全环保，但是制定主体多，28

个部门和31个省（区、市）制定发布强制性行业标准和地方标准；数量庞大，强制性国家、行业、地方三级标准万余项，缺乏强有力的组织协调，交叉重复矛盾难以避免。

三是标准体系不够合理，不适应社会主义市场经济发展的要求。国家标准、行业标准、地方标准均由政府主导制定，且70%为一般性产品和服务标准，这些标准中许多应由市场主体遵循市场规律制定。而国际上通行的团体标准在我国没有法律地位，市场自主制定、快速反映需求的标准不能有效供给。即使是企业自己制定、内部使用的企业标准，也要到政府部门履行备案甚至审查性备案，企业能动性受到抑制，缺乏创新和竞争力。

四是标准化协调推进机制不完善，制约了标准化管理效能提升。标准反映各方共同利益，各类标准之间需要衔接配套。很多标准技术面广、产业链长，特别是一些标准涉及部门多、相关方立场不一致，协调难度大，由于缺乏权威、高效的标准化协调推进机制，越重要的标准越“难产”。有的标准实施效果不明显，相关配套政策措施不到位，尚未形成多部门协同推动标准实施的工作格局。

造成这些问题的根本原因是现行标准体系和标准化管理体制是20世纪80年代确立的，政府与市场的角色错位，市场主体活力未能充分发挥，既阻碍了标准化工作的有效开展，又影响了标准化作用的发挥，必须切实转变政府标准化管理职能，深化标准化工作改革。

二、改革的总体要求

标准化工作改革，要紧紧围绕使市场在资源配置中起决定性作用和更好发挥政府作用，着力解决标准体系不完善、管理体制不顺畅、与社会主义市场经济发展不适应问题，改革标准体系和标准化管理体制，改进标准制定工作机制，强化标准的实施与监督，更好发挥标准化在推进国家治理体系和治理能力现代化中的基础性、战略性作用，促进经济持续健康发展和社会全面进步。

改革的基本原则：一是坚持简政放权、放管结合。把该放的放开放到位，培育发展团体标准，放开搞活企业标准，激发市场主体活力；把该管的管住管好，强化强制性标准管理，保证公益类推荐性标准的基本供给。二是坚持国际接轨、适合国情。借鉴发达国家标准化管理的先进经验和做法，结合我国发展实际，建立完善具有中国特色的标准体系和标准化管理体制。三是坚持统一管理、分工负责。既发挥好国务院标准化主管部门的综合协调职责，又充分发挥国务院各部门在相关领域内标准制定、实施及监督的作用。四是坚持依法行政、统筹推进。加快标准化法治建设，做好标准化重大改革与标准化法律法规修改完善的有机衔接；合理统筹改革优先领域、关键环节和实施步骤，通过市场自主制定标准的增量带动现行标准的存量改革。

改革的总体目标：建立政府主导制定的标准与市场自主制定的标准协同发展、协调配套的新型标准体系，健全统一协调、运行高效、政府与市场共治的标准化管理体制，形成政府引导、市场驱动、社会参与、协同推进的标准化工作格局，有效支撑统一市场体系建设，让标准成为对质量的“硬约束”，推动中国经济迈向中高端水平。

三、改革措施

通过改革，把政府单一供给的现行标准体系，转变为由政府主导制定的标准和市场自主制定的标准共同构成的新型标准体系。政府主导制定的标准由6类整合精简为4类，分别是强制性国家标准和推荐性国家标准、推荐性行业标准、推荐性地方标准；市场自主制定的标准分为团体标准和企业标准。政府主导制定的标准侧重于保基本，市场自主制定的标准侧重于提高竞争力。同时建立完善与新型标准体系配套的标准化管理体制。

（一）建立高效权威的标准化统筹协调机制。建立由国务院领导同志为召集人、各有关部门负责同志组成的国务院标准化协调推进机制，统筹标准化重大改革，研究标准化重大政策，对跨部门跨领域、存在重大争议标准的制定和实施进行协调。国务院标准化协调推进机制日常工作由国务院标准化主管部门承担。

（二）整合精简强制性标准。在标准体系上，逐步将现行强制性国家标准、行业标准和地方标准整合为强制性国家标准。在标准范围上，将强制性国家标准严格限定在保障人身健康和生命财产安全、国家安全、生态环境安全和满足社会经济管理基本要求的范围之内。在标准管理上，国务院各有关部门负责强制性国家标准项目提出、组织起草、征求意见、技术审查、组织实施和监督；国务院标准化主管部门负责强制性国家标准的统一立项和编号，并按照世界贸易组织规则开展对外通报；强制性国家标准由国务院批准发布或授权批准发布。强化依据强制性国家标准开展监督检查和行政执法。免费向社会公开强制性国家标准文本。建立强制性国家标准实施情况统计分析报告制度。

法律法规对标准制定另有规定的，按现行法律法规执行。环境保护、工程建设、医药卫生强制性国家标准、强制性行业标准和强制性地方标准，按现有模式管理。安全生产、公安、税务标准暂按现有模式管理。核、航天等涉及国家安全和秘密的军工领域行业标准，由国务院国防科技工业主管部门负责管理。

（三）优化完善推荐性标准。在标准体系上，进一步优化推荐性国家标准、行业标准、地方标准体系结构，推动向政府职责范围内的公益类标准过渡，逐步缩减现有推荐性标准的数量和规模。在标准范围上，合理界定各层级、各领域推荐性标准的制定范围，推荐性国家标准重点制定基础通用、与强制性国家标准配套的标准；推荐性行业标准重点制定本行业领域的重要产品、工程技术、服务和行业管理标准；推荐性地方标准可制定满足地方自然条件、民族风俗习惯的特殊技术要求。在标准管理上，国务院标准化主管部门、国务院各有关部门和地方政府标准化主管部门分别负责统筹管理推荐性国家标准、行业标准和地方标准制修订工作。充分运用信息化手段，建立制修订全过程信息公开和共享平台，强化制修订流程中的信息共享、社会监督和自查自纠，有效避免推荐性国家标准、行业标准、地方标准在立项、制定过程中的交叉重复矛盾。简化制修订程序，提高审批效率，缩短制修订周期。推动免费向社会公开公益类推荐性标准文本。建立标准实施信息反馈和评估机制，及时开展标准复审和维护更新，有效解决标准缺失滞后老化问题。加强标准化技术委员会管理，提高广泛性、代表性，保证标准制定的科学性、公正性。

（四）培育发展团体标准。在标准制定主体上，鼓励具备相应能力的学会、协会、商会、联合会等社会组织和产业技术联盟协调相关市场主体共同制定满足市场和创新需要的标准，供市场自愿选用，增加标准的有效供给。在标准管理上，对团体标准不设行政许可，由社会组织和产业技术联盟自主制定发布，通过市场竞争优胜劣汰。国务院标准化主管部门会同国务院有关部门制定团体标准发展指导意见和标准化良好行为规范，对团体标准进行必要的规范、引导和监督。在工作推进上，选择市场化程度高、技术创新活跃、产品类标准较多的领域，先行开展团体标准试点工作。支持专利融入团体标准，推动技术进步。

（五）放开搞活企业标准。企业根据需要自主制定、实施企业标准。鼓励企业制定高于国家标准、行业标准、地方标准，具有竞争力的企业标准。建立企业产品和服务标准自我声明公开和监督制度，逐步取消政府对企业产品标准的备案管理，落实企业标准化主体责任。鼓励标准化专业机构对企业公开的标准开展比对和评价，强化社会监督。

（六）提高标准国际化水平。鼓励社会组织和产业技术联盟、企业积极参与国际标准化活动，争取承担更多国际标准组织技术机构和领导职务，增强话语权。加大国际标准跟踪、评估和转化力度，加强中国标准外文版翻译出版工作，推动与主要贸易国之间的标准互认，推进优势、特色领域标准国际化，创建中国标准品牌。结合海外工程承包、重大装备设备出口和对外援建，推广中国标准，以中国标准“走出去”带动我国产品、技术、装备、服务“走出去”。进一步放宽外资企业参与中国标准的制定。

四、组织实施

坚持整体推进与分步实施相结合，按照逐步调整、不断完善的方法，协同有序推进各项改革任务。标准化工作改革分三个阶段实施。

（一）第一阶段（2015—2016 年），积极推进改革试点工作。

——加快推进《中华人民共和国标准化法》修订工作，提出法律修正案，确保改革于法有据。修订完善相关规章制度。（2016 年

6月底前完成）

——国务院标准化主管部门会同国务院各有关部门及地方政府标准化主管部门，对现行国家标准、行业标准、地方标准进行全面清理，集中开展滞后老化标准的复审和修订，解决标准缺失、矛盾交叉等问题。（2016年12月底前完成）

——优化标准立项和审批程序，缩短标准制定周期。改进推荐性行业和地方标准备案制度，加强标准制定和实施后评估。（2016年12月底前完成）

——按照强制性标准制定原则和范围，对不再适用的强制性标准予以废止，对不宜强制的转化为推荐性标准。（2015年12月底前完成）

——开展标准实施效果评价，建立强制性标准实施情况统计分析报告制度。强化监督检查和行政执法，严肃查处违法违规行为。（2016年12月底前完成）

——选择具备标准化能力的社会组织和产业技术联盟，在市场化程度高、技术创新活跃、产品类标准较多的领域开展团体标准试点工作，制定团体标准发展指导意见和标准化良好行为规范。（2015年12月底前完成）

——开展企业产品和服务标准自我声明公开和监督制度改革试点。企业自我声明公开标准的，视同完成备案。（2015年12月底前完成）

——建立国务院标准化协调推进机制，制定相关制度文件。建立标准制修订全过程信息公开和共享平台。（2015年12月底前完成）

——主导和参与制定国际标准数量达到年度国际标准制定总数的50%。（2016年完成）

（二）第二阶段（2017—2018 年），稳妥推进向新型标准体系过渡。

——确有必要强制的现行强制性行业标准、地方标准，逐步整合上升为强制性国家标准。（2017 年完成）

——进一步明晰推荐性标准制定范围，厘清各类标准间的关系，逐步向政府职责范围内的公益类标准过渡。（2018 年完成）

——培育若干具有一定知名度和影响力的团体标准制定机构，制定一批满足市场和创新需要的团体标准。建立团体标准的评价和监督机制。（2017 年完成）

——企业产品和服务标准自我声明公开和监督制度基本完善并全面实施。（2017 年完成）

——国际国内标准水平一致性程度显著提高，主要消费品领域与国际标准一致性程度达到 95%以上。（2018 年完成）

（三）第三阶段（2019—2020 年），基本建成结构合理、衔接配套、覆盖全面、适应经济社会发展需求的新型标准体系。

——理顺并建立协同、权威的强制性国家标准管理体制。（2020 年完成）

——政府主导制定的推荐性标准限定在公益类范围，形成协调配套、简化高效的推荐性标准管理体制。（2020 年完成）

——市场自主制定的团体标准、企业标准发展较为成熟，更好满足市场竞争、创新发展的需求。（2020 年完成）

——参与国际标准化治理能力进一步增强，承担国际标准组织技术机构和领导职务数量显著增多，与主要贸易伙伴国家标准互认数量大幅增加，我国标准国际影响力不断提升，迈入世界标准强国行列。（2020 年完成）

《中华人民共和国标准化法（修订草案征求意见稿）》及其说明

中华人民共和国标准化法[1]

（修订草案征求意见稿）

第一章　总　则

第一条　为了加强标准化工作，保证产品和服务质量，促进产业转型升级，提高经济社会发展水平，制定本法。

第二条　本法所称标准（含标准样品），是指农业、工业、服务业和社会事业等领域统一的技术和管理要求。

第三条　县级以上人民政府应当将标准化工作纳入本级国民经济和社会发展规划，将标准化工作经费纳入本级财政预算。

本法所称标准化工作，是指制定标准、组织实施标准和对标准实施进行监督的活动。

第四条　国务院标准化行政主管部门统一管理全国标准化工作。国务院有关行政主管部门分工管理本部门、本行业的标准化工作。

---

〔1〕详见"国务院法制办公室关于公布《中华人民共和国标准化法（修订草案征求意见稿）》公开征求意见的通知"，http://www.chinalaw.gov.cn/article/cazjgg/201603/20160300480477.shtml,2016年5月15日访问。

省、自治区、直辖市人民政府标准化行政主管部门统一管理本行政区域内的标准化工作。省、自治区、直辖市人民政府有关行政主管部门分工管理本行政区域内本部门、本行业的标准化工作。

市、县人民政府标准化行政主管部门和有关行政主管部门按照省、自治区、直辖市人民政府规定的各自的职责，管理本行政区域内的标准化工作。

第五条 国务院建立标准化协调推进机制，统筹协调全国标准化工作重大事项。县级以上地方人民政府可以根据工作需要建立标准化协调推进机制，统筹协调本行政区域内标准化工作重大事项。

第六条 国家鼓励积极参与国际标准化活动，参与制定、采用和推广国际标准；鼓励开展标准化国际合作与交流，推进中国标准与国外标准间的转化运用。

第七条 各级人民政府和有关行政主管部门对在标准化工作中做出显著成绩的组织和个人，按照国家有关规定给予表彰和奖励。

第二章　标准的制定

第八条 对需要在全国范围内统一的技术和管理要求，应当制定国家标准。国家标准分为强制性标准和推荐性标准。

第九条 为保障人身健康和生命财产安全、国家安全、生态环境安全以及满足社会经济管理基本要求，需要统一的技术和管理要求，应当制定强制性国家标准。

国务院标准化行政主管部门统一管理强制性国家标准，负责强制性国家标准的立项、编号和发布，并开展对外通报。

国务院各有关行政主管部门依据职责负责强制性国家标准的项目提出、组织起草、征求意见、技术审查、组织实施和监督。省、自治区、直辖市人民政府可以向国务院标准化行政主管部门提出强制性国家标准的立项建议，由国务院标准化行政主管部门决定。

法律、行政法规对强制性标准的制定另有规定的，从其规定。

强制性国家标准免费向社会公开。

第十条 推荐性国家标准由国务院标准化行政主管部门制定。

第十一条 对没有国家标准、需要在全国某个行业内统一的技术和管理要求，可以制定行业标准。行业标准为推荐性标准。

行业标准由国务院有关行政主管部门制定，并报国务院标准化行政主管部门备案。在公布国家标准之后，该项行业标准自行废止。

第十二条 对没有国家标准和行业标准、需要在特定行政区域内统一的技术和管理要求，可以制定地方标准。地方标准为推荐性标准。

地方标准由省、自治区、直辖市人民政府标准化行政主管部门制定；设区的市人民政府标准化行政主管部门根据本行政区域的特殊需要，经所在省、自治区人民政府标准化行政主管部门批准，可以制定本市的地方标准。地方标准由省、自治区、直辖市人民政府标准化行政主管部门报国务院标准化行政主管部门和国务院有关行政主管部门备案。在公布国家标准或者行业标准之后，该项地方标准自行废止。

第十三条 依法成立的社会团体可以制定团体标准，供社会自愿采用。团体标准的制定工作由国务院标准化行政主管部门规范、引导和监督。

团体标准管理办法由国务院标准化行政主管部门制定。

第十四条 国家鼓励企业制定严于国家标准或者行业标准、地方标准的企业标准。企业和企业间联盟可根据需要自行制定企业标准。

企业生产的产品没有国家标准、行业标准、地方标准和团体标准的，应当制定企业标准作为组织生产的依据。

第十五条 国务院标准化行政主管部门或者国务院有关行政主管部门应当对国民经济、社会发展急需的标准项目优先立项，抓紧开展组织起草、征求意见、技术审查等工作，确保定期完成。

第十六条 制定标准应当符合下列要求：

（一）有利于合理利用国家资源；

（二）有利于推广科学技术成果；

（三）有利于提高经济效益；

（四）有利于产品通用互换；

（五）有利于促进对外经济技术合作和对外贸易。

第十七条 制定标准不得存在下列内容：

（一）损害人身健康或者生命、财产安全的；

（二）侵犯消费者合法权益的；

（三）干扰市场秩序，妨碍公平竞争的；

（四）危害国家安全、公共安全、经济安全或者生态安全的。

禁止利用标准从事行业壁垒、地区封锁、不正当竞争等违法活动。

第十八条 制定标准应当发挥企业、科研机构、消费者和社会团体的作用，广泛听取意见。

第十九条 制定推荐性国家标准、行业标准和地方标准的行政主管部门，应当组织由相关方组成的标准化技术委员会，负责推荐性标准的起草和技术审查工作。

强制性国家标准的起草和技术审查工作可以委托标准化技术委员会承担。

标准化技术委员会的组成应当具有广泛代表性。

第二十条 国家标准、行业标准、地方标准、团体标准和企业标准的代号和编号规则，由国务院标准化行政主管部门规定。

第二十一条 制定标准的行政主管部门、社会团体或者企业负责解释标准。

受著作权法保护的标准，其著作权由制定标准的行政主管部门、社会团体或者企业享有。

第二十二条 制定标准的行政主管部门、社会团体和企业应当定期对标准进行复审，并根据科学技术进步的状况和经济社会发展的需要及时开展标准的修订、废止工作。

制定标准的行政主管部门、社会团体和企业应当对其制定标准的实施情况进行跟踪评价；评价结果应当作为标准修订、废止的依据。对强制性标准实施情况的跟踪评价，国家建立统计分析报告制度。

第三章 标准的实施

第二十三条 强制性标准必须执行。不符合强制性标准的产品、服务，禁止生产、销售、进口或者提供。

推荐性标准自愿采用。

第二十四条 国家实行企业产品或者服务标准自我声明公开制度。

企业执行的产品标准应当通过企业标准信息公共服务平台向社会公开；鼓励企业将执行的服务标准向社会公开。

企业公开自行制定的产品或者服务标准，应当包括产品、服务的功能指标、产品的性能指标以及相应的检验方法。

企业公开所执行的国家标准、行业标准、地方标准或者团体标准，应当包括标准的代号、编号和名称。

企业生产的产品、提供的服务应当符合企业公开标准的要求。

第二十五条 出口产品和服务的技术要求，依照合同的约定执行。

第二十六条 企业研制新产品、改进产品，进行技术改造，应当符合本法规定的标准化要求。

第二十七条 国家鼓励依据本法规定的标准开展认证认可。开展认证认可应当遵守认证认可相关法律、行政法规的规定。

第二十八条 国家鼓励各级人民政府运用标准实施经济调控、市场准入、行政监管，提供公共服务。

第二十九条 各级人民政府应当支持开展标准化试点示范工作，传播标准化理念，推广标准化经验，推动全社会运用标准化方式组织生产、经营、管理和服务。

第三十条 国家鼓励社会团体、企业、科研机构、高等学校、中等职业学校等开展实施和推广标准工作，提供标准化信息咨询、技术指导、宣传培训和人才培养等服务，培育发展标准化服务业。

第四章 标准化工作的监督

第三十一条 县级以上人民政府标准化行政主管部门、有关行政主管部门依照法定职责对标准化工作进行监督检查；强制性国家标准的实施情况应当作为监督检查的重点。

实施监督检查的行政主管部门有权依据法律、行政法规采取行政强制措施。

第三十二条 国务院标准化行政主管部门发现国务院有关行政主管部门未按时完成强制性国家标准的起草和技术审查工作的，应当要求国务院有关行政主管部门说明情况，并限期完成。

第三十三条 国务院标准化行政主管部门发现行业标准、地方标准、团体标准或者企业标准有下列情形之一的，应当要求国务院有关行政主管部门或者省、自治区、直辖市人民政府标准化行政主管部门、社会团体、企业说明情况，并限期改正；逾期不改正的，由国务院标准化行政主管部门公告废止：

（一）代号、编号不符合规定的；

（二）未按规定备案的；

（三）未按规定复审的。

第三十四条 各级标准化行政主管部门应当建立标准争议协调机制，有关行政主管部门可以根据工作需要建立标准争议协调机制，对社会反映的标准问题进行协调处理。

第三十五条 县级以上人民政府标准化行政主管部门和有关行政主管部门可以根据工作需要，委托检验检测机构对产品是否符合标准进行检验检测。检验检测机构应当具备基本检验检测条件和技术能力，具备法定资质。

第五章 法律责任

第三十六条 生产、销售、进口产品或者提供服务不符合强制性国家标准的，由法律、行政法规规定的行政主管部门依法处理；法律、行政法规未作规定的，由标准化行政主管部门责令改正，予以警告、没收违法所得，根据情节处违法所得一倍以上五倍以下的罚款；没有违法所得的，处十万元以上五十万元以下的罚款；情节严重的，责令停业整顿；构成犯罪的，依法追究刑事责任。

第三十七条 有关行政主管部门违反本法第十七条第一款规定制定标准的，由国务院标准化行政主管部门公告废止相关标准，对负有责任的领导人员和直接责任人员，由任免机关、监察机关依法给予处分。

社会团体、企业违反本法第十七条第一款规定制定标准的，由国务院标准化行政主管部门公告废止相关标准，由法律、行政法规规定的行政主管部门依法查处；法律、行政法规未作规定的，由标准化行政主管部门根据情节予以警告、没收违法所得，处违法所得一倍以上五倍以下的罚款；没有违法所得的，处十万元以上五十万元以下的罚款；构成犯罪的，依法追究刑事责任。

违反本法第十七条第二款规定，利用标准从事行业壁垒、地区封锁、不正当竞争等违法活动的，依照相关法律、行政法规查处。

第三十八条 企业生产、销售的产品和提供的服务不符合其公开的标准要求的，由有关行政主管部门依照法律、行政法规规定给予行政处罚；造成他人损失的，依法承担相应的赔偿责任；构成犯罪的，依法追究刑事责任。

违反本法第二十四条规定，企业未公开其执行的产品标准，企业公开的产品标准与所执行标准不一致或者企业公开标准弄虚作假的，由标准化行政主管部门责令限期改正，并在企业标准信息公共服务平台向社会公示；逾期未改正的，处一万元以上十万元以下罚款。

第三十九条 社会团体制定的团体标准违反法律、行政法规或者强制性标准的，由国务院标准化行政主管部门责令限期改正，处一万元以上十万元以下的罚款；逾期不改正的，由国务院标准化行政主管部门公告废止团体标准，并将有关情况通报社会团体登记管理部门。

第四十条 标准化工作的监督、检验检测、管理人员滥用职权、玩忽职守、徇私舞弊的，依法给予处分；构成犯罪的，依法追究刑事责任。

第六章 附 则

第四十一条 本法实施条例由国务院制定。

第四十二条 本法自 1989 年 4 月 1 日起施行。

关于《中华人民共和国标准化法（修订草案征求意见稿）》的说明

一、修订必要性

1989 年施行的《中华人民共和国标准化法》（以下称现行法）对建立我国的标准化法律体系，提升产品质量，促进经济社会发展发挥了重要作用。随着我国国民经济和社会事业的发展，现行法确立的标准体系和管理措施已不能完全满足实际需要：一是标准范围过窄，主要限于工业产品、工程建设和环保要求。二是强制性标准制定主体分散，交叉重复问题突出。三是政府主导制定标准过多，团体、企业等市场主体自主制定、快速反映市场需求的标准少，导致标准有效供给不足。四是缺少对标准制定、实施、评价、标准化工作等进行监督的具体措施，不利于加强事中事后监管。

党中央、国务院高度重视标准化改革工作，在《深化标准化工作改革方案》（国发〔2015〕13号，以下简称《改革方案》）中明确要求“加快推进《中华人民共和国标准化法》修订工作，确保改革于法有据”。

质检总局根据《改革方案》要求，于2015年7月起草了《中华人民共和国标准化法修正案（送审稿）》（以下简称送审稿）上报国务院。收到此件后，法制办征求了有关部门、地方人民政府和行业协会意见，并赴地方调研，会同质检总局对送审稿进行反复研究修改，形成了《中华人民共和国标准化法（修订草案征求意见稿）》（以下简称征求意见稿）。

二、总体思路

一是坚持问题导向，着力解决标准化工作中存在的突出问题，优化现行标准体系结构，理顺标准管理体制，更好发挥标准化在促进经济持续发展和社会全面进步等方面的基础性、战略性作用。二是坚持简政放权、鼓励科技创新，更加充分发挥市场主体在标准制定、实施中的重要作用，由政府、部门和市场主体共同努力推进标准化工作，积极培育和推动团体标准发展。三是根据社会管理和公共服务需要，扩大制定标准的范围。四是厘清部门监管职责，建立部门间协调机制、完善监管措施，强化对标准化工作的事中事后监管。

三、征求意见稿的主要内容

（一）扩大标准范围。根据国民经济和社会发展需要，将制定标准的范围扩大到农业、服务业和社会管理领域，由产品扩大到服务（第二条）。

（二）加强强制性标准的统一管理。针对强制性标准层级多，内容交叉、重复甚至矛盾等突出问题，作了以下规定：一是将强制性标准范围限定为保障人身健康和生命财产安全、国家安全、生态环境安全以及满足社会经济管理基本要求需要统一的技术和管理要求（第九条第一款）。二是明确规定强制性国家标准由国务院标准化行政主管部门统一管理，由其负责立项、编号、发布和对外通报；国务院有关行政主管部门依据职责负责强制性国家标准的项目提出、组织起草、征求意见、技术审查、组织实施和监督；省、自治区、直辖市人民政府也可以向国务院标准化行政主管部门提出强制性国家标准的立项建议（第九条第二款、第三款）。同时规定强制性国家标准免费向社会公开，并建立强制性标准实施情况统计分析报告制度（第九条第五款、第二十二条）。

（三）优化推荐性标准体系。征求意见稿明确行业标准和地方标准属于推荐性标准（第十一条第一款、第十二条第一款）。同时，为满足地方实际需要，征求意见稿规定，除省、自治区、直辖市人民政府标准化行政主管部门有权制定地方标准外，设区的市人民政府标准化行政主管部门根据本行政区域的特殊需要，经所在省、自治区人民政府标准化行政主管部门批准，可以制定本行政区域的地方标准（第十二条第二款）。

（四）引入团体标准，完善企业标准有关规定。为推动科学技术进步，提高产品和服务竞争力，征求意见稿一是明确团体标准的法律地位，规定依法成立的社会团体可以制定团体标准，供社会自愿采用（第十三条第一款）。二是考虑到团体标准尚在试点阶段，规定团体标准管理办法由国务院标准化行政主管部门制定（第十三条第二款）。三是鼓励企业制定严于国家标准或者行业标准、地方标准的企业标准（第十四条）。四是建立企业产品或者服务标准自我声明公开制度，取代企业产品标准备案要求（第二十四条）。

（五）完善制定标准的原则、程序等要求。征求意见稿一是明确规定对国民经济、社会发展急需的标准项目，国务院标准化行政主管部门或者国务院有关行政主管部门应当优先立项，确保定期完成（第十五条）。二是规定制定标准应当符合有利于合理利用国家资源等要求，并不得存在损害人身健康或者生命、财产安全等方面的内容（第十六条、第十七条）。三是突出标准化技术委员会在标准制定中的作用，并规定制定标准应当广泛听取企业、科研机构、消费者和社会团体的意见（第十八条、第十九条）。四是建立标准实施跟踪评价制度，并将评价结果作为标准修订、废止的依据（第二十二条）。

（六）厘清监管部门职责，赋予必要监管手段。一是国务院建立标准化协调推进机制，统筹协调全国标准化工作重大事项。县级以上地方人民政府可以根据工作需要建立标准化协调推进机制，统筹协调本行政区域内标准化工作重大事项（第五条）。二是明确规定县级以上人民政府标准化行政主管部门、有关行政主管部门依照法定职责对标准化工作进行监督检查，并将强制性国家标准的实施情况作为监督检查的重点（第三十一条第一款）。三是明确国务院标准化主管部门的监管职责（第三十二条、第三十三条）。四是建立标准争议协调机制，对标准制定、实施中存在的问题进行协调处理（第三十四条）。

此外，征求意见稿还规定国家鼓励各级人民政府运用标准实施经济调控、市场准入、行政监管和提供公共服务，培育发展标准化服务业，并针对有关标准化违法行为补充完善相应的法律责任（第二十八条、第三十条、第三十六条至第四十条）。

《中华人民共和国专利法修订草案（送审稿）》及其说明

中华人民共和国专利法修订草案（送审稿）[1]

（条文中黑体部分为修改内容）

第一章　总　则

第一条　为了保护专利权人的合法权益，鼓励发明创造，推动发明创造的应用，提高创新能力，促进科学技术进步和经济社会发展，制定本法。

第二条　本法所称的发明创造是指发明、实用新型和外观设计。

发明，是指对产品、方法或者其改进所提出的新的技术方案。

实用新型，是指对产品的形状、构造或者其结合所提出的适于实用的新的技术方案。

外观设计，是指对产品的**整体或者局部的**形状、图案或者其结合以及色彩与形状、图案的结合所作出的富有美感并适于工业应用的新设计。

---

〔1〕 http://www.chinalaw.gov.cn/article/cazjgg/201512/20151200479591.shtml，2016年5月15日访问。

第三条 国务院专利行政部门负责管理全国的专利工作，统一受理和审查专利申请，依法授予专利权，**负责涉及专利的市场监督管理，查处有重大影响的专利侵权和假冒专利行为，建设专利信息公共服务体系，促进专利信息传播与利用。**

地方人民政府**专利行政部门**负责本行政区域内的**专利工作，依法开展专利行政执法，提供专利公共服务。**

前款所称地方人民政府专利行政部门是指省级、设区的市级以及法律法规授权的县级人民政府专利行政部门。

第四条 申请专利的发明创造涉及国家安全或者重大利益需要保密的，按照国家有关规定办理。

第五条 对违反法律、社会公德或者妨害公共利益的发明创造，不授予专利权。

对违反法律、行政法规的规定获取或者利用遗传资源，并依赖该遗传资源完成的发明创造，不授予专利权。

第六条 **执行本单位的任务所完成的发明创造为职务发明创造。**

职务发明创造申请专利的权利属于该单位；申请被批准后，该单位为专利权人。

非职务发明创造，申请专利的权利属于发明人或者设计人；申请被批准后，该发明人或者设计人为专利权人。

利用本单位的物质技术条件所完成的发明创造，单位与发明人或者设计人订有合同，对申请专利的权利和专利权的归属作出约定的，从其约定；**没有约定的，申请专利的权利属于发明人或者设计人。**

第七条 对发明人或者设计人的非职务发明创造专利申请，任何单位或者个人不得压制。

第八条 两个以上单位或者个人合作完成的发明创造、一个单位或者个人接受其他单位或者个人委托所完成的发明创造，除另有协议的以外，申请专利的权利属于完成或者共同完成的单位或者个人；申请被批准后，申请的单位或者个人为专利权人。

第九条 同样的发明创造只能授予一项专利权。但是，同一申请人同日对同样的发明创造既申请实用新型专利又申请发明专利，先获得的实用新型专利权尚未终止，且申请人声明放弃该实用新型专利权的，可以授予发明专利权。

两个以上的申请人分别就同样的发明创造申请专利的，专利权授予最先申请的人。

第十条 专利申请权和专利权可以转让。

中国单位或者个人向外国人、外国企业或者外国其他组织转让专利申请权或者专利权的，应当依照有关法律、行政法规的规定办理手续。

转让专利申请权或者专利权的，当事人应当订立书面合同，并向国务院专利行政部门登记，由国务院专利行政部门予以公告。专利申请权或者专利权的转让自登记之日起生效。

第十一条 发明和实用新型专利权被授予后，除本法另有规定的以外，任何单位或者个人未经专利权人许可，都不得实施其专利，即不得为生产经营目的制造、使用、许诺销售、销售、进口其专利产品，或者使用其专利方法以及使用、许诺销售、销售、进口依照该专利方法直接获得的产品。

外观设计专利权被授予后，任何单位或者个人未经专利权人许可，都不得实施其专利，即不得为生产经营目的制造、许诺销售、销售、进口其外观设计专利产品。

第十二条 任何单位或者个人实施他人专利的，应当与专利权人订立实施许可合同，向专利权人支付专利使用费。被许可人无权允许合同规定以外的任何单位或者个人实施该专利。

第十三条 发明专利申请公布后，申请人可以要求实施其发明的单位或者个人支付适当的费用。

第十四条（新增，原条文移至第八十条） 申请专利和行使专利权应当遵循诚实信用原则。不得滥用专利权损害公共利益或者不合理地排除、限制竞争。

第十五条 专利申请权或者专利权的共有人对权利的行使有约定的，从其约定。没有约定的，共有人可以单独实施或者以普通许可方式许可他人实施该专利；许可他人实施该专利的，收取的使用费应当在共有人之间分配。

除前款规定的情形外，行使共有的专利申请权或者专利权应当取得全体共有人的同意。

第十六条 职务发明创造被授予专利权后，单位应当对**其**发明人或者设计人给予奖励；发明创造专利实施后，**单位应当**根据其推广应用的范围和取得的经济效益，对发明人或者设计人给予合理的报酬。

单位与发明人或者设计人根据本法第六条第四款的规定，约定发明创造申请专利的权利属于单位的，单位应当根据前款规定对发明人或者设计人给予奖励和报酬。

第十七条 发明人或者设计人有权在专利文件中写明自己是发明人或者设计人。

专利权人有权在其专利产品或者该产品的包装上标明专利

标识。

第十八条 在中国没有经常居所或者营业所的外国人、外国企业或者外国其他组织在中国申请专利的，依照其所属国同中国签订的协议或者共同参加的国际条约，或者依照互惠原则，根据本法办理。

第十九条 在中国没有经常居所或者营业所的外国人、外国企业或者外国其他组织在中国申请专利和办理其他专利事务的，应当**按照规定**委托依法设立的专利代理机构办理。

中国单位或者个人在国内申请专利和办理其他专利事务的，可以委托依法设立的专利代理机构办理。

专利代理机构**以及专利代理师**应当遵守法律、行政法规，按照被代理人的委托办理专利申请或者其他专利事务；对被代理人发明创造的内容，除专利申请已经公布或者公告的以外，负有保密责任。专利代理机构**以及专利代理师**的具体管理办法由国务院规定。

第二十条 任何单位或者个人将在中国完成的发明或者实用新型向外国申请专利的，应当事先报经国务院专利行政部门进行保密审查。保密审查的程序、期限等按照国务院的规定执行。

中国单位或者个人可以根据中华人民共和国参加的有关国际条约提出**国际申请并获得相关保护**。申请人提出**国际申请**的，应当遵守前款规定。

国务院专利行政部门依照中华人民共和国参加的有关国际条约、本法和国务院有关规定处理**国际申请**。

对违反本条第一款规定向外国申请专利的发明或者实用新型，在中国申请专利的，不授予专利权。

第二十一条 国务院专利行政部门及其专利复审委员会应当按

照客观、公正、准确、及时的要求，依法处理有关专利的申请和请求。

国务院专利行政部门应当完整、准确、及时发布专利信息，定期出版专利公报，**提供专利信息基础数据**。

在专利申请公布或者公告前，国务院专利行政部门的工作人员及有关人员对其内容负有保密责任。

第二章　授予专利权的条件

第二十二条　授予专利权的发明和实用新型，应当具备新颖性、创造性和实用性。

新颖性，是指该发明或者实用新型不属于现有技术；也没有任何单位或者个人就同样的发明或者实用新型在申请日以前向国务院专利行政部门提出过申请，并记载在申请日以后公布的专利申请文件或者公告的专利文件中。

创造性，是指与现有技术相比，该发明具有突出的实质性特点和显著的进步，该实用新型具有实质性特点和进步。

实用性，是指该发明或者实用新型能够制造或者使用，并且能够产生积极效果。

本法所称现有技术，是指申请日以前在国内外为公众所知的技术。

第二十三条　授予专利权的外观设计，应当不属于现有设计；也没有任何单位或者个人就同样的外观设计在申请日以前向国务院专利行政部门提出过申请，并记载在申请日以后公告的专利文件中。

授予专利权的外观设计与现有设计或者现有设计特征的组合相

比，应当具有明显区别。

授予专利权的外观设计不得与他人在申请日以前已经取得的合法权利相冲突。

本法所称现有设计，是指申请日以前在国内外为公众所知的设计。

第二十四条 申请专利的发明创造在申请日以前六个月内，有下列情形之一的，不丧失新颖性：

（一）在中国政府主办或者承认的国际展览会上首次展出的；

（二）在规定的学术会议或者技术会议上首次发表的；

（三）他人未经申请人同意而泄露其内容的。

第二十五条 对下列各项，不授予专利权：

（一）科学发现；

（二）智力活动的规则和方法；

（三）疾病的诊断和治疗方法；

（四）动物和植物品种；

（五）原子核变换方法以及用原子核变换方法获得的物质；

（六）对平面印刷品的图案、色彩或者二者的结合作出的主要起标识作用的设计。

对前款第（四）项所列产品的生产方法，可以依照本法规定授予专利权。

第三章 专利的申请

第二十六条 申请发明或者实用新型专利的，应当提交请求书、说明书及其摘要和权利要求书等文件。

请求书应当写明发明或者实用新型的名称，发明人的姓名，申请人姓名或者名称、地址，以及其他事项。

说明书应当对发明或者实用新型作出清楚、完整的说明，以所属技术领域的技术人员能够实现为准；必要的时候，应当有附图。摘要应当简要说明发明或者实用新型的技术要点。

权利要求书应当以说明书为依据，清楚、简要地限定要求专利保护的范围。

依赖遗传资源完成的发明创造，申请人应当在专利申请文件中说明该遗传资源的直接来源和原始来源；申请人无法说明原始来源的，应当陈述理由。

第二十七条　申请外观设计专利的，应当提交请求书、该外观设计的图片或者照片以及对该外观设计的简要说明等文件。

申请人提交的有关图片或者照片应当清楚地显示要求专利保护的产品的外观设计。

第二十八条　国务院专利行政部门收到专利申请文件之日为申请日。如果申请文件是邮寄的，以寄出的邮戳日为申请日。

第二十九条　申请人自发明或者实用新型在外国第一次提出专利申请之日起十二个月内，或者自外观设计在外国第一次提出专利申请之日起六个月内，又在中国就相同主题提出专利申请的，依照该外国同中国签订的协议或者共同参加的国际条约，或者依照相互承认优先权的原则，可以享有优先权。

申请人自发明或者实用新型在中国第一次提出专利申请之日起十二个月内，**或者外观设计在中国第一次提出专利申请之日起六个月内**，又向国务院专利行政部门就相同主题提出专利申请的，可以享有优先权。

第三十条　申请人要求优先权的，应当**按照规定**提出书面声明，并且提供第一次提出的专利申请文件的副本；未按照规定提出书面声明或者提供专利申请文件副本的，视为未要求优先权。

第三十一条 一件发明或者实用新型专利申请应当限于一项发明或者实用新型。属于一个总的发明构思的两项以上的发明或者实用新型，可以作为一件申请提出。

一件外观设计专利申请应当限于一项外观设计。同一产品两项以上的相似外观设计，或者用于同一类别并且成套出售或者使用的产品的两项以上外观设计，可以作为一件申请提出。

第三十二条 申请人可以在被授予专利权之前随时撤回其专利申请。

第三十三条 申请人可以对其专利申请文件进行修改，但是，对发明和实用新型专利申请文件的修改不得超出原说明书和权利要求书记载的范围，对外观设计专利申请文件的修改不得超出原图片或者照片表示的范围。

第四章 专利申请的审查和批准

第三十四条 国务院专利行政部门收到发明专利申请后，经初步审查认为符合本法要求的，自申请日起满十八个月，即行公布。国务院专利行政部门可以根据申请人的请求早日公布其申请。

第三十五条 发明专利申请自申请日起三年内，国务院专利行政部门可以根据申请人随时提出的请求，对其申请进行实质审查；申请人无正当理由逾期不请求实质审查的，该申请即被视为撤回。

国务院专利行政部门认为必要的时候，可以自行对发明专利申请进行实质审查。

第三十六条 发明专利的申请人请求实质审查的时候，应当提交在申请日前与其发明有关的参考资料。

发明专利已经在外国提出过申请的，国务院专利行政部门可以要求申请人在指定期限内提交该国为审查其申请进行检索的资料或者审查结果的资料；无正当理由逾期不提交的，该申请即被视为撤回。

第三十七条 国务院专利行政部门对发明专利申请进行实质审查后，认为不符合本法规定的，应当通知申请人，要求其在指定的期限内陈述意见，或者对其申请进行修改；无正当理由逾期不答复的，该申请即被视为撤回。

第三十八条 发明专利申请经申请人陈述意见或者进行修改后，国务院专利行政部门仍然认为不符合本法规定的，应当予以驳回。

第三十九条 发明专利申请经实质审查没有发现驳回理由的，由国务院专利行政部门作出授予发明专利权的决定，发给发明专利证书，同时予以登记和公告。发明专利权自公告之日起生效。

第四十条 实用新型和外观设计专利申请经初步审查没有发现驳回理由的，由国务院专利行政部门作出授予实用新型专利权或者外观设计专利权的决定，发给相应的专利证书，同时予以登记和公告。实用新型专利权和外观设计专利权自公告之日起生效。

第四十一条 国务院专利行政部门设立专利复审委员会。专利申请人对国务院专利行政部门驳回申请的决定不服的，可以自收到通知之日起三个月内，向专利复审委员会请求复审。

专利复审委员会对复审请求进行审查，必要的时候可以对专利申请是否符合本法有关规定的其他情形进行审查，作出决定，并通知专利申请人。

专利申请人对专利复审委员会的复审决定不服的，可以自收到通知之日起三个月内向人民法院起诉。

第五章　专利权的期限、终止和无效

第四十二条　发明专利权的期限为二十年，实用新型专利权的期限为十年，**外观设计专利权的期限为十五年，**均自申请日起算。

第四十三条　专利权人应当自被授予专利权的当年开始缴纳年费。

第四十四条　有下列情形之一的，专利权在期限届满前终止：

（一）没有按照规定缴纳年费的；

（二）专利权人以书面声明放弃其专利权的。

专利权在期限届满前终止的，由国务院专利行政部门登记和公告。

第四十五条　自国务院专利行政部门公告授予专利权之日起，任何单位或者个人认为该专利权的授予不符合本法有关规定的，可以请求专利复审委员会宣告该专利权无效。

第四十六条　专利复审委员会对宣告专利权无效的请求**进行审查，必要的时候可以对专利权是否符合本法有关规定的其他情形进行审查，**及时作出决定，并通知请求人和专利权人。宣告专利权无效**或者维持专利权**的决定，由国务院专利行政部门登记和公告。

对专利复审委员会宣告专利权无效或者维持专利权的决定不服的，可以自收到通知之日起三个月内向人民法院起诉。人民法院应当通知无效宣告请求程序的对方当事人作为第三人参加诉讼。

第四十七条　宣告无效的专利权视为自始即不存在。

宣告专利权无效的决定，对在宣告专利权无效前人民法院作出并已执行的专利侵权的判决、调解书，已经履行或者强制执行的专利侵权纠纷处理、处罚决定，以及已经履行的专利实施许可合同和专利权转让合同，不具有追溯力。但是因专利权人的恶意给他人造成的损失，应当给予赔偿。

依照前款规定不返还专利侵权赔偿金、专利使用费、专利权转让费，明显违反公平原则的，应当全部或者部分返还。

第六章　专利实施的强制许可

第四十八条　有下列情形之一的，国务院专利行政部门根据具备实施条件的单位或者个人的申请，可以给予实施发明专利或者实用新型专利的强制许可：

（一）专利权人自专利权被授予之日起满三年，且自提出专利申请之日起满四年，无正当理由未实施或者未充分实施其专利的；

（二）专利权人行使专利权的行为被依法认定为垄断行为，为消除或者减少该行为对竞争产生的不利影响的。

第四十九条　在国家出现紧急状态或者非常情况时，或者为了公共利益的目的，国务院专利行政部门可以给予实施发明专利或者实用新型专利的强制许可。

第五十条　为了公共健康目的，对取得专利权的药品，国务院专利行政部门可以给予制造并将其出口到符合中华人民共和国参加的有关国际条约规定的国家或者地区的强制许可。

第五十一条　一项取得专利权的发明或者实用新型比前已经取得专利权的发明或者实用新型具有显著经济意义的重大技术进步，其实施又有赖于前一发明或者实用新型的实施的，国务院专利行政部门根据后一专利权人的申请，可以给予实施前一发明或者实用新型的强制许可。

在依照前款规定给予实施强制许可的情形下，国务院专利行政部门根据前一专利权人的申请，也可以给予实施后一发明或者实用新型的强制许可。

第五十二条 强制许可涉及的发明创造为半导体技术的，其实施限于公共利益的目的和本法第四十八条第（二）项规定的情形。

第五十三条 除依照本法第四十八条第（二）项、第五十条规定给予的强制许可外，强制许可的实施应当主要为了供应国内市场。

第五十四条 依照本法第四十八条第（一）项、第五十一条规定申请强制许可的单位或者个人应当提供证据，证明其以合理的条件请求专利权人许可其实施专利，但未能在合理的时间内获得许可。

第五十五条 国务院专利行政部门作出的给予实施强制许可的决定，应当及时通知专利权人，并予以登记和公告。

给予实施强制许可的决定，应当根据强制许可的理由规定实施的范围和时间。强制许可的理由消除并不再发生时，国务院专利行政部门应当根据专利权人的请求，经审查后作出终止实施强制许可的决定。

第五十六条 取得实施强制许可的单位或者个人不享有独占的实施权，并且无权允许他人实施。

第五十七条 取得实施强制许可的单位或者个人应当付给专利权人合理的使用费，或者依照中华人民共和国参加的有关国际条约的规定处理使用费问题。付给使用费的，其数额由双方协商；双方不能达成协议的，由国务院专利行政部门裁决。

第五十八条 专利权人对国务院专利行政部门关于实施强制许可的决定不服的，专利权人和取得实施强制许可的单位或者个人对国务院专利行政部门关于实施强制许可的使用费的裁决不服的，可以自收到通知之日起三个月内向人民法院起诉。

第七章 专利权的保护

第五十九条 发明或者实用新型专利权的保护范围以其权利要求的内容为准，说明书及附图可以用于解释权利要求的内容。

外观设计专利权的保护范围以表示在图片或者照片中的该产品的外观设计为准，简要说明可以用于解释图片或者照片所表示的该产品的外观设计。

第六十条 未经专利权人许可，实施其专利，即侵犯其专利权，引起纠纷的，由当事人协商解决；不愿协商或者协商不成的，专利权人或者利害关系人可以向人民法院起诉，也可以请求**专利行政部门**处理。**专利行政部门**处理时，认定侵权行为成立的，可以责令侵权人立即停止侵权行为，当事人不服的，可以自收到处理通知之日起十五日内依照《中华人民共和国行政诉讼法》向人民法院起诉；侵权人期满不起诉又不停止侵权行为的，**专利行政部门**可以申请人民法院强制执行。

对群体侵权、重复侵权等扰乱市场秩序的故意侵犯专利权行为，专利行政部门可以依法查处，责令侵权人立即停止侵权行为，并可以没收侵权产品、专门用于制造侵权产品或者使用侵权方法的零部件、工具、模具、设备等。对重复侵犯专利权的行为，专利行政部门可以处以罚款，非法经营额五万元以上的，可以处非法经营额一倍以上五倍以下的罚款；没有非法经营额或者非法经营额

五万元以下的，可以处二十五万元以下的罚款。

第六十一条（新增） 处理专利侵权纠纷的专利行政部门，应当事人的请求，可以就侵犯专利权的赔偿数额进行调解；调解不成的，当事人可以依照《中华人民共和国民事诉讼法》向人民法院起诉。调解协议达成后，一方当事人拒绝履行或者未全部履行的，对方当事人可以申请人民法院确认并强制执行。

第六十二条（新增） 明知有关产品系专门用于实施专利的原材料、中间物、零部件、设备，未经专利权人许可，为生产经营目的将该产品提供给他人实施了侵犯专利权的行为的，应当与侵权人承担连带责任。

明知有关产品、方法属于专利产品或者专利方法，未经专利权人许可，为生产经营目的诱导他人实施了侵犯该专利权的行为的，应当与侵权人承担连带责任。

第六十三条（新增） 网络服务提供者知道或者应当知道网络用户利用其提供的网络服务侵犯专利权或者假冒专利，未及时采取删除、屏蔽、断开侵权产品链接等必要措施予以制止的，应当与该网络用户承担连带责任。

专利权人或者利害关系人有证据证明网络用户利用网络服务侵犯其专利权或者假冒专利的，可以通知网络服务提供者采取前款所述必要措施予以制止。网络服务提供者接到合格有效的通知后未及时采取必要措施的，对损害的扩大部分与该网络用户承担连带责任。

专利行政部门认定网络用户利用网络服务侵犯专利权或者假冒专利的，应当通知网络服务提供者采取本条第一款所述必要措施予以制止，网络服务提供者未及时采取必要措施的，对损害的扩大部

分与该网络用户承担连带责任。

第六十四条 专利侵权纠纷涉及新产品制造方法的发明专利的，制造同样产品的单位或个人应当提供其产品制造方法不同于专利方法的证明。

专利侵权纠纷涉及实用新型专利或者外观设计专利的，人民法院或者**专利行政部门**可以要求专利权人或者利害关系人出具由国务院专利行政部门对相关实用新型或者外观设计进行检索、分析和评价后作出的专利权评价报告，作为审理、处理专利侵权纠纷的证据。**双方当事人均可以主动出具上述专利权评价报告。**

第六十五条 在专利侵权纠纷中，被控侵权人有证据证明其实施的技术或者设计属于现有技术或者现有设计的，不构成侵犯专利权。

第六十六条 假冒专利的，除依法承担民事责任外，由**专利行政部门**责令改正并予公告。**非法经营额五万元以上的，可以处非法经营额一倍以上五倍以下的罚款；没有非法经营额或者非法经营额五万元以下的，可以处二十五万元以下的罚款**；构成犯罪的，依法追究刑事责任。

第六十七条 **专利行政部门**根据已经取得的证据，对涉嫌**侵犯专利权行为或者**假冒专利行为进行**处理或者**查处时，可以询问有关当事人，调查与涉嫌违法行为有关的情况；对当事人涉嫌违法行为的场所实施现场检查；查阅、复制与涉嫌违法行为有关的合同、发票、账簿以及其他有关资料；检查与涉嫌违法行为有关的产品，对有证据证明是**扰乱市场秩序的故意侵犯专利权的产品或者**假冒专利的产品，可以查封或者扣押。

专利行政部门依法行使前款规定的职权时，当事人应当予以协助、配合。**当事人拒绝、阻挠专利行政部门行使职权的，由专利行政部门予以警告；构成违反治安管理行为的，由公安机关依法给予处罚；构成犯罪的，依法追究刑事责任。**

第六十八条 侵犯专利权的赔偿数额按照权利人因被侵权所受到的实际损失确定；实际损失难以确定的，可以按照侵权人因侵权所获得的利益确定。权利人的损失或者侵权人获得的利益难以确定的，参照该专利许可使用费的倍数合理确定。**对于故意侵犯专利权的行为，人民法院可以根据侵权行为的情节、规模、损害后果等因素，在按照上述方法确定数额的一倍以上三倍以下确定赔偿数额。**赔偿数额还应当包括权利人为制止侵权行为所支付的合理开支。

权利人的损失、侵权人获得的利益和专利许可使用费均难以确定的，人民法院可以根据专利权的类型、侵权行为的性质和情节等因素，确定给予**十万元以上五百万元以下**的赔偿。

人民法院认定侵犯专利权行为成立后，为确定赔偿数额，在权利人已经尽力举证，而与侵权行为相关的账簿、资料主要由侵权人掌握的情况下，可以责令侵权人提供与侵权行为相关的账簿、资料；侵权人不提供或者提供虚假的账簿、资料的，人民法院可以参考权利人的主张和提供的证据判定赔偿数额。

第六十九条 专利权人或者利害关系人有证据证明他人正在实施或者即将实施侵犯专利权的行为，如不及时制止将会使其合法权益受到难以弥补的损害的，可以在起诉前向人民法院申请采取责令停止有关行为的措施。

申请人提出申请时，应当提供担保；不提供担保的，驳回申请。

人民法院应当自接受申请之时起四十八小时内作出裁定；有特

殊情况需要延长的，可以延长四十八小时。裁定责令停止有关行为的，应当立即执行。当事人对裁定不服的，可以申请复议一次；复议期间不停止裁定的执行。

申请人自人民法院采取责令停止有关行为的措施之日起十五日内不起诉的，人民法院应当解除该措施。

申请有错误的，申请人应当赔偿被申请人因停止有关行为所遭受的损失。

第七十条 为了制止专利侵权行为，在证据可能灭失或者以后难以取得的情况下，专利权人或者利害关系人可以在起诉前向人民法院申请保全证据。

人民法院采取保全措施，可以责令申请人提供担保；申请人不提供担保的，驳回申请。

人民法院应当自接受申请之时起四十八小时内作出裁定；裁定采取保全措施的，应当立即执行。

申请人自人民法院采取保全措施之日起十五日内不起诉的，人民法院应当解除该措施。

第七十一条 侵犯专利权的诉讼时效为二年，自专利权人或者利害关系人得知或者应当得知侵权行为之日起计算。

发明专利申请公布后至专利权授予前使用该发明未支付适当使用费的，专利权人要求支付使用费的诉讼时效为二年，自专利权人得知或者应当得知他人使用其发明之日起计算，但是，专利权人于专利权授予之日前即已得知或者应当得知的，自专利权授予之日起计算。

第七十二条 有下列情形之一的，不视为侵犯专利权：

（一）专利产品或者依照专利方法直接获得的产品，由专利权人或者经其许可的单位、个人售出后，使用、许诺销售、销售、进口该产品的；

（二）在专利申请日前已经制造相同产品、使用相同方法或者已经作好制造、使用的必要准备，并且仅在原有范围内继续制造、使用的；

（三）临时通过中国领陆、领水、领空的外国运输工具，依照其所属国同中国签订的协议或者共同参加的国际条约，或者依照互惠原则，为运输工具自身需要而在其装置和设备中使用有关专利的；

（四）专为科学研究和实验而使用有关专利的；

（五）为提供行政审批所需要的信息，制造、使用、进口专利药品或者专利医疗器械的，以及专门为其制造、进口专利药品或者专利医疗器械的。

第七十三条　为生产经营目的使用、许诺销售或者销售不知道是未经专利权人许可而制造并售出的专利侵权产品，能证明该产品合法来源的，不承担赔偿责任。

第七十四条（新增）　专利行政部门应当建立专利权保护信用信息档案，并纳入全国信用信息共享交换平台。

第七十五条（新增）　设立专利代理机构或者取得专利代理师资格需经国务院专利行政部门许可。

未经国务院专利行政部门许可，任何单位或者个人不得为经营目的从事专利代理业务。违反本款规定的，由专利行政部门视其情节责令停止违法行为，没收违法所得，可以并处罚款。

第七十六条　违反本法第二十条规定向外国申请专利，泄露国家秘密的，由所在单位或者上级主管机关给予**处分**；构成犯罪的，依法追究刑事责任。

第七十七条 专利行政部门不得参与向社会推荐专利产品等经营活动。

专利行政部门违反前款规定的，由其上级机关或者监察机关责令改正，消除影响，有违法收入的予以没收；情节严重的，对直接负责的主管人员和其他直接责任人员依法给予**处分**。

第七十八条 从事专利管理工作的国家机关工作人员以及其他有关国家机关工作人员玩忽职守、滥用职权、徇私舞弊的，依法给予**处分；构成犯罪的，依法追究刑事责任**。

第八章 专利的实施和运用（新增）

第七十九条（新增） **各级专利行政部门应当促进专利实施和运用，鼓励和规范专利信息市场化服务和专利运营活动。**

第八十条（原第十四条） 国有企业事业单位的发明专利，对国家利益或者公共利益具有重大意义的，国务院有关主管部门和省、自治区、直辖市人民政府报经国务院批准，可以决定在批准的范围内推广应用，允许指定的单位实施，由实施单位按照国家规定向专利权人支付使用费。

第八十一条（新增） **国家设立的研究开发机构、高等院校自职务发明创造获得专利权之后，在不变更专利权属的前提下，发明人或者设计人可以与单位协商自行实施或者许可他人实施该专利，并按照协议享有相应的权益。**

第八十二条（新增） **专利权人以书面方式向国务院专利行政部门声明其愿意许可任何人实施其专利，并明确许可使用费的，由国务院专利行政部门予以公告，实行当然许可。**

就实用新型、外观设计专利提出当然许可声明的，应当提供专利权评价报告。

撤回当然许可声明的，应当以书面方式提出，并由国务院专利行政部门予以公告。当然许可声明被撤回的，不影响在先给予的当然许可的效力。

第八十三条（新增）　任何人有意愿实施当然许可的专利的，为获得当然许可，应当以书面方式通知专利权人，并支付许可使用费。

当然许可的被许可人可以向国务院专利行政部门备案，作为获得当然许可的证明。

当然许可期间，专利权人不得就该专利给予独占或者排他许可、请求诉前临时禁令。

第八十四条（新增）　当事人就当然许可发生纠纷的，可以请求国务院专利行政部门裁决。当事人对裁决不服的，可以自收到通知之日起十五日内向人民法院起诉。

第八十五条（新增）　参与国家标准制定的专利权人在标准制定过程中不披露其拥有的标准必要专利的，视为其许可该标准的实施者使用其专利技术。许可使用费由双方协商；双方不能达成协议的，可以请求国务院专利行政部门裁决。当事人对裁决不服的，可以自收到通知之日起十五日内向人民法院起诉。

第八十六条（新增）　以专利权出质的，由出质人和质权人共同向国务院专利行政部门办理出质登记，质权自登记之日起生效。

第九章　附　则

第八十七条　向国务院专利行政部门申请专利和办理其他手

续，应当按照规定缴纳费用。

第八十八条（新增）　专利代理行业组织应当接受专利行政部门的指导、监督。

专利代理行业组织应当按照章程规定，严格执行吸纳会员的条件，对违反行业自律规范的会员实行惩戒；对其吸纳的会员以及对会员的惩戒情况，应当及时向社会公布。

第八十九条　本法自1985年4月1日起施行。

国家知识产权局关于《中华人民共和国专利法修订草案（送审稿）》的说明

一、专利法修改的必要性

随着我国经济社会的快速发展，加强知识产权保护、提高自主创新能力，成为加快转变经济发展方式、实施创新驱动发展战略的内在要求。党的十八大明确提出“实施知识产权战略，加强知识产权保护”；十八届三中全会强调要“加强知识产权运用和保护，健全技术创新激励机制”；十八届四中全会提出“全面推进依法治国”“完善激励创新的产权制度、知识产权保护制度和促进科技成果转化的体制机制”。新的形势对专利法律制度提出了更新更高的要求。

近年来，我国在专利保护方面开展了扎实有效的工作，取得了举世公认的成绩和进步。但是，随着科技发展和市场竞争加剧，专利保护领域的新问题、新矛盾不断出现。在开展“打击侵犯知识产权和制售假冒伪劣商品”专项行动过程中，发现专利侵权现象较为普遍，特别是群体侵权、重复侵权较为严重，加之专利权无形性和侵权行为隐蔽性的特点，导致专利维权举证难、周期长、成本高、赔偿低、效果差，使我国一些创新型企业处境艰难。这些企业既难以从创新中获利，也难以在竞争中获得优势地位。专利保护不力严重挫伤了我国企业的创新积极性，甚至导致部分企业丧失了对专利保护的信心。

我局于2011年11月启动专利法特别修改的准备工作，陆续在北京、浙江、江苏、湖南和广东等地进行实地调研，并多次组织召开相关研讨会、座谈会。在充分考虑各方面意见的基础上，形成了《中华人民共和国专利法修订草案（送审稿)》，于2013年1月上报国务院。2014年上半年，全国人大常委会开展了专利法执法检查工作，从专利质量、专利保护、专利运用、公共服务等方面对专利法修改提出了具体意见。为此，有必要对2013年专利法修订草案（送审稿）进一步补充完善，对专利法进行全面修改。据此，我局在广泛征求社会各界意见的基础上对2013年专利法修订草案（送审稿）作了进一步补充完善，形成了新的《中华人民共和国专利法修订草案（送审稿)》(以下简称草案)。

二、指导思想

本次专利法修改的指导思想是：高举中国特色社会主义伟大旗帜，以邓小平理论和“三个代表”重要思想、科学发展观为指导，全面贯彻落实党的十八大和十八届三中、四中全会精神，落实《中共中央　国务院关于深化体制机制改革加快实施创新驱动发展战略的若干意见》要求，紧紧围绕党和国家工作大局，以建设知识产权强国为目标，立足国情，放眼世界，针对我国专利法实施中的突出问题，提出有针对性的解决措施，实行严格的专利保护制度，保护创新者的合法权益，促进专利实施与运用，充分激发全社会的创新活力，为深化科技和经济体制改革、转变经济发展方式、实施创新驱动发展战略、建设创新型国家提供法律保障。

三、修改的主要内容

草案涉及实质性修改的条文共 33 条，新增“专利的实施和运用”一章，其中对现有条文修改 18 条，新增 14 条，删除 1 条。另有适应性文字修改或调整的条文 4 条。

内容主要包括：

（一）加大专利保护力度，维护权利人合法权益。

进一步完善具有中国特色的专利保护制度，实行严格的专利保护制度，围绕加强专利保护、加大执法力度，针对专利权人普遍反映的专利维权举证难、周期长、成本高、赔偿低、效果差等问题，提出相应措施，建立健全打击专利侵权长效机制，促进专利行政执法和司法保护有效衔接，提高执法效率，降低专利维权成本，营造公正公平、规范透明的法治和市场环境。主要建议包括：为解决“举证难”问题，完善相关证据规则；为解决“周期长”问题，明确行政调解协议的效力；为解决“赔偿低”问题，增设对故意侵权的惩罚性赔偿制度；为解决“成本高、效果差”问题，增加对群体侵权、重复侵权等故意侵权行为的查处，加大对假冒专利的处罚力度，完善行政执法手段，明确间接侵权责任和网络服务提供者的法律责任，建立专利权保护信用信息档案。（第六十条至第六十三条、第六十六条至第六十八条、第七十四条）

（二）促进专利的实施和运用，实现专利价值。

完善职务发明制度，解决专利创造、管理和运用中的突出问题，健全以市场需求为导向的专利技术转化机制，更好地激励创新并推动专利的实施和运用。主要建议包括：为充分调动发明人、设计人的积极性，促进技术创新，明确职务发明创造的范围，规定利用本单位物质技术条件完成的发明创造的权属适用约定优先原则；为解决国家设立的研究机构、高等院校专利技术转化率低的问题，允许发明人或者设计人根据与单位的协议实施专利技术，并获得相应收益；为解决专利许可供需信息不对称问题，借鉴国外经验，引入当然许可制度，降低专利许可成本；为处理好标准与专利的关系，规定标准必要专利默示许可制度；增加防止专利权滥用的原则性规定。（第六条、第十四条、第十六条、第八十一条至第八十五条）

（三）落实政府职能法定要求，建设服务型政府。

按照依法治国、职能法定要求，加快政府部门职能转变，明确国家和地方专利行政部门的职责，强调专利行政部门在加强市场监管、提供专利公共服务、促进专利运用等方面的责任。（第三条、第二十一条、第七十五条、第七十九条）

（四）完善专利审查制度，提升专利质量。

适应我国经济发展和创新需求，结合国际发展趋势，适当扩大专利保护客体范围，增加对局部外观设计的保护，延长外观设计专利保护期限；从方便申请人、提高专利质量角度出发，优化专利申请、审查、复审和无效程序，增加外观设计国内优先权制度，完善有关优先权要求的规定，明确专利复审和无效宣告程序的依职权审查原则。（第二条、第十九条至第二十条、第二十九条至第三十条、第四十一条至第四十二条、第四十六条）

（五）完善专利代理法律制度，促进知识产权服务业健康发展。

根据实践发展需求，进一步完善专利代理法律制度，规定专利代理机构、专利代理师的执业基本准则，加强事中事后监管，制止

“黑代理”行为，对专利代理行业组织作出明确规定，营造有利于合法经营、诚实守信、有序竞争的法治环境；明确专利行政部门鼓励和规范专利信息市场化服务和专利运营活动的责任，积极培育形成一批市场化、专业化和国际化的专利信息服务机构，为创新主体提供专利战略规划、专利分析预警、海外维权等高层次服务。（第十九条、第七十五条、第七十九条、第八十八条）

此外，还对部分条文进行了完善和适应性修改。（第二十五条、第四十七条、第六十四条、第八十六条）

致 谢

诚惶诚恐是我一直的心态。

因为工作的关系，自2003年硕士毕业“半路出家”研习知识产权，特别是有幸能在信息产业（ICT）领域持续学习。2005年年底调入工业和信息化部电信研究院（现在的中国信息通信研究院）后，从事电信和互联网法律政策研究。信息通信标准制定是院里积累深厚的优势领域，使我有机会与国际和国内的ICT标准化组织广泛深入地接触和研讨。

又是因为工作的关系，2008年工业和信息化部电信研究院组建成立了知识产权中心，我进入了该部门，再次与知识产权结缘，从事了ICT标准化和知识产权的研究工作。2008年那年，正是最高人民法院针对那则个案的批复意见（即“最高法四号函”）进一步激发了我对知识产权和标准化问题的浓厚兴趣，特别是标准化中的专利挟持问题。我自那时候开始研究，后来写了一篇这方面的文章发表在《法律科学》上。

2009年，我有幸跟从龙卫球教授读博，研习民商法和知识产权。对于我这样产业界非学术界的学生，基础差底子薄，龙老师很开明，同意并鼓励我结合工作积累进行博士选题，于是我就将标准化与知识产权问题确定为博士论文的选题，持续深化研究。

本书是在2012年上半年我的博士论文基础上修改完成的。科技昌明，日新月异，标准化和知识产权方面的研究也是一日千里，人才辈出，当年完成的本文就显得有些稚嫩。为了保持本文原貌，主要还是囿于我的能力限制，本书出版时仅更新了少部分的文献信息，没做大的调整，以求教于各位方家贤达。

本书得以出版，首先特别感谢我的恩师龙卫球教授！是他的鼓励与帮助，使我最终完成了学业。感谢龙老师的宽容，自 2012 年博士论文答辩之后，龙老师就一直鼓励和催促出版本文，因为我的拖延症，一直迟延到现在。龙老师学识渊博、诚挚仗义。在研究过程中，龙老师在开题设计和理论提炼及对策研究等各个方面给予我悉心指导与帮助，使我受益匪浅。同时，龙老师敏锐的洞察力、严谨的治学态度、认真勤奋的作风为我终生敬仰。

感谢校外评阅本文和参加答辩会的张楚教授、王轶教授、梅夏英教授、来小鹏教授和钱明星教授，感谢各位老师在百忙中抽出宝贵时间对本文提出的各种意见和建议。感谢参加论文开题和预答辩的刘保玉教授、任自力教授、付翠英教授、肖建华教授，以及高全喜教授、赵明教授、孙新强教授、孙国瑞教授等在我学习期间的帮助。感谢北航法学院的谭华霖教授、李昊副教授、夏春利副教授、李斌副教授等各位老师。

感谢论文写作过程中，北大教育学院魏建国副教授、华东政法大学徐同远博士、上海交通大学法学院程金华教授、华东政法大学廖志敏副教授在论文开题和结构设计方面的帮助。

感谢中国法制出版社编辑马颖和靳晓婷的大力帮助。

最后，感谢我的家人一直以来所给予我的关心、理解和支持。

图书在版编目（CIP）数据

专利标准化的法律规制研究：从专利至上主义到创新至上主义／丁道勤著．—北京：中国法制出版社，2017．8

ISBN 978-7-5093-8681-1

Ⅰ．①专… Ⅱ．①丁… Ⅲ．①专利—标准化—法规—研究—中国 Ⅳ．①D923．429

中国版本图书馆 CIP 数据核字（2017）第 154050 号

责任编辑 靳晓婷（tinajxt@126．com） 封面设计 周黎明

专利标准化的法律规制研究：从专利至上主义到创新至上主义

ZHUANLI BIAOZHUNHUA DE FALÜ GUIZHI YANJIU：CONG ZHUANLI ZHISHANG ZHUYI DAO CHUANGXIN ZHISHANG ZHUYI

著者／丁道勤

经销／新华书店

印刷／人民日报印刷厂

开本／880 毫米×1230 毫米 32 开 印张／12．75 字数／310 千

版次／2017 年 11 月第 1 版 2017 年 11 月第 1 次印刷

中国法制出版社出版

书号 ISBN 978-7-5093-8681-1 定价：52．00 元

北京西单横二条 2 号 值班电话：66026508

邮政编码 100031 传真：66031119

网址：http：//www．zgfzs．com **编辑部电话：66034242**

市场营销部电话：66033393 **邮购部电话：66033288**

（如有印装质量问题，请与本社编务印务管理部联系调换。电话：010-66032926）